中国科学技术信息研究所研究生系列教材
本书列入中国科学技术信息研究所学术著作出版计划

THE ORGANIZATION OF INFORMATION (SECOND EDITION)

# 信息组织

## （第二版）

常 春　王刘安　编著

·北京·

图书在版编目（CIP）数据

信息组织 = THE ORGANIZATION OF INFORMATION
（SECOND EDITION）/ 常春，王刘安编著. -- 2版.
北京：科学技术文献出版社，2025.2. -- ISBN 978-7
-5235-1853-3

Ⅰ. G254

中国国家版本馆 CIP 数据核字第 2024QS9902 号

## 信息组织（第二版）

策划编辑：张　丹　　责任编辑：赵　斌　李　斌　　责任校对：张永霞　　责任出版：张志平

| 出　版　者 | 科学技术文献出版社 |
|---|---|
| 地　　　址 | 北京市复兴路15号　邮编 100038 |
| 出　版　部 | （010）58882952，58882087（传真） |
| 发　行　部 | （010）58882868，58882870（传真） |
| 官方网址 | www.stdp.com.cn |
| 发　行　者 | 科学技术文献出版社发行　全国各地新华书店经销 |
| 印　刷　者 | 北京厚诚则铭印刷科技有限公司 |
| 版　　　次 | 2025 年 2 月第 2 版　2025 年 2 月第 1 次印刷 |
| 开　　　本 | 787×1092　1/16 |
| 字　　　数 | 392千 |
| 印　　　张 | 18 |
| 书　　　号 | ISBN 978-7-5235-1853-3 |
| 定　　　价 | 68.00元 |

版权所有　违法必究

购买本社图书，凡字迹不清、缺页、倒页、脱页者，本社发行部负责调换

# 第二版说明

自 2019 年《信息组织》（第一版）问世以来，受到广大读者的热烈欢迎和好评。本书因其系统的内容、严谨的结构和实用性，被众多开设"信息组织"课程的综合性大学推荐为研究生教材，尤其是作为中国科学技术信息研究所研究生系列教材的重要组成部分，其影响力和应用范围日益扩大。

随着时代的进步和科技的发展，新技术、新知识层出不穷，如新质生产力、大模型、ChatGPT、元宇宙等正在飞速发展，数字化转型、数智化平台、"互联网+"应用也在不断进步。线上会议、网络直播广泛普及，网络在线讲座、研讨会听众也呈现出爆炸性增长。同时，网上购物日益普及，销售量正在逐渐超越传统线下大型超市，也推动了网络信息组织的显著发展。

在这样的背景下，《信息组织》（第一版）的某些内容在深度和广度上显得有所局限，已经无法满足读者的需求，此外，信息组织的内涵和外延也在迅速扩展，在各个特定领域的应用也愈发广泛。因此，我们决定对《信息组织》（第一版）进行修订和再版，以适应时代的发展和读者的需求。

《信息组织》（第二版）依然沿用结构化课程设计，遵循信息组织原理、信息组织方法、信息组织工具、信息组织应用的逻辑框架，共分为 8 章。第一章为概论，简要介绍信息组织的核心内容；第二章深入探讨信息组织原理，包括语言学原理、系统论原理、知识分类原理、概念逻辑原理等；第三章重点讲解元数据，作为描述数据的基础方法；第四章详细阐述分类法，分类是信息组织的重要手段；第五章深入探讨主题法，特别是叙词表的编制与应用；第六章介绍本体构建与转化，涉及本体的构建、转化以及概念关系的建立方法；第七章从生态系统视角出发，介绍知识组织的最新研究进展；第八章专注于信息组织在医疗健康系统中的应用，展示该领域的理论研究与实践成果。

《信息组织》（第二版）主要进行了以下更新和调整：一是新增了"元数据"一章，对第一版的相关内容进行了整合和完善，从描述数据的角度弥补了首版的不足；二是增加了第八章，详细介绍信息组织在医疗健康领域的应用，展示专业领域信息组织方法；三是补充了生态系统视角下知识组织研究的最新进展，包括群落交错边缘效应的引用、食物链的应用等；四是将原信息描述一章进行了拆分，使其更合理地融入分类法、主题法等章节；五是对网上资源相关内容和获取地址进行了维护和更新。这些新增和修订的内容，使得《信息组织》（第二版）的逻辑体系更加合理完善，更加符合研究生的认知特点和知识结构，有助于读者全面深入地了解、掌握和应用信息组织方法。

在《信息组织》（第二版）的修订过程中，北京理工大学王刘安主笔了第三章"元数据"和第八章"信息组织在医疗健康系统中的应用"。中国科学技术信息研究所常春负责其他章节的修订工作。两位作者共同完成全书的总体修订和审定。在修订过程中，我们广泛参考了国内外的大量相关研究成果，引用了许多专家学者的著述，在此表示衷心的感谢！

随着信息技术的飞速发展，信息组织的相关知识也在不断更新，其研究领域和方向不断拓展和深化。我们深刻认识到，本书内容仍有改进的空间。因此，我们诚挚邀请广大读者和专家学者提出宝贵意见和建议，共同促进信息组织领域的繁荣与进步。

常　春　王刘安
2024 年 6 月于北京

# 第一版前言

当今世界,大数据、人工智能、物联网发展如火如荼,知识图谱、关联数据、语义网应用日新月异,所有这些新生事物都离不开对信息的深度组织。信息组织作为一门基础学科,对信息和知识具有序化功能,是这些新生事物科技进步的核心技术,也是这些热点研究的基石。信息组织的分类法、叙词表、本体等知识组织系统,在数据、信息和知识的深度组织中发挥着重要作用,也将在新的网络时代得到更大的发展。

本书是面向图书馆学、情报学、档案学、信息资源管理及相关专业研究生的基础教材。从2009年起连续10年,笔者担任中国科学技术信息研究所研究生《信息组织》课程授课任务,一直在探索这门课讲解的深度和广度,形成了适合国内研究生学习特点的教法和教材。虽然选课的多数学生在本科期间不同程度地学过《信息组织》,但研究生阶段又不应该完全等同本科阶段开展类似课程的讲授,针对研究生阶段自主学习的特点,本书强化信息组织的原理和方法,注重逻辑性和可操作性,着力培养研究生科研创新能力,通过信息组织课题实例,使学生更好地了解和掌握信息组织的技术与方法。

本书采用结构化课程设计,按照原理、工具、应用的逻辑板块组织,总共分7章。第一章为概论,概括介绍信息组织的主要内容;第二章为信息组织的原理与方法,包括语言学原理、系统论原理、知识分类原理、概念逻辑原理等;第三章为分类法,分类是信息组织的重要手段;第四章为主题法,主要介绍叙词表编制与应用的相关内容;第五章为本体构建与转化,主要介绍本体的构建、转化和概念关系的建立方法;第六章为信息描述,主要介绍信息描述、信息识别等元数据相关内容;第七章为知识组织生态系统,主要介绍知识组织生态系统的研究成果和进展。这样的设计是从研究生的认知特点和知识结构出发,力图有助于读者对信息组织方法的全景了解和掌握。

笔者2002年主持了联合国粮农组织农业多语种叙词表AGROVOC的中文

翻译工作，2005年主持了AGROVOC与《农业科学叙词表》的映射工作，2006年主持了国家自然科学基金项目"农业ontology的构建和转化研究"，2010年主持了国家社科基金项目"网络环境下叙词表的编制模式与应用方式研究"，2015年主持了第二个国家社科基金项目"面向叙词表构建的知识组织生态系统研究"，参加了2009年开始的《汉语主题词表》修订和重编工作，参加了2011年开始的英文超级科技词表构建研究，所有这些与信息组织相关的课题研究思路、课题研究逻辑方法均在教材中有所体现。最后还以单独章节介绍了知识组织生态系统的研究成果，主要方法是从科研项目、科技论文写作的研究思路展开，这也是本书的特色之一，目的是帮助研究生从本科阶段的学习知识状态，转到研究生阶段的创新研究过程。

本书能够完成，非常感谢信息资源中心曾建勋主任，从讲授《信息组织》课程伊始，就鼓励我"讲几年课后出版相应的研究生教材"；也感谢研究生部的张泽玉主任，在张主任多次组织、协调的前提下，才有了本书的出版。本体构建一章包含了贾黎莉、鲜国建同学在硕士研究生阶段的研究成果；知识组织生态系统一章包含了杨婧、李永泽、邢福元3位同学的主要研究成果；在成书的过程中，研究生雷晓、温斌斌和邹萌萌3位同学参与了大量的文字编辑校对工作，在此一并致谢。

在本书的编写过程中，广泛吸取了国内外大量研究的相关成果，参考与引用了许多专家学者的著述，在此谨向所有作者致以诚挚的谢意！

鉴于知识组织生态系统一章是作者进行的交叉科学探索研究内容，是一个阶段性进展，将来还需要整体完善为一个学科。信息组织相关技术日新月异，多数内容已经上升到知识组织层面，涉及多个研究发展方向，内容和范围也在不断扩大，限于个人能力和水平有限，书中定有不少疏漏和值得商榷的地方，恳请专家学者和广大读者批评指正。

常　春

于中国科学技术信息研究所

2019年4月

# 目　　录

第一章　概　论 ……………………………………………………………… 1
   1.1　信息组织定义 ………………………………………………………… 1
   1.2　信息组织的研究背景 ………………………………………………… 2
   1.3　信息组织核心词汇 …………………………………………………… 3
   1.4　信息组织与信息检索的关系 ………………………………………… 4
   1.5　知识组织系统 ………………………………………………………… 5
   1.6　信息组织方法 ………………………………………………………… 8

第二章　信息组织原理 …………………………………………………… 10
   2.1　语言学原理 ………………………………………………………… 10
   2.2　系统论原理 ………………………………………………………… 16
   2.3　知识分类原理 ……………………………………………………… 18
   2.4　概念逻辑原理 ……………………………………………………… 20

第三章　元数据 …………………………………………………………… 24
   3.1　元数据概述 ………………………………………………………… 24
   3.2　元数据内涵与外延 ………………………………………………… 24
   3.3　元数据标准 ………………………………………………………… 40
   3.4　置标语言 …………………………………………………………… 48
   3.5　元数据的管理与应用 ……………………………………………… 53

第四章　分类法 …………………………………………………………… 57
   4.1　分类法概述 ………………………………………………………… 57
   4.2　分类法含义 ………………………………………………………… 61
   4.3　分类法类型与结构 ………………………………………………… 62
   4.4　分类法编制方法 …………………………………………………… 69
   4.5　分类法标记系统 …………………………………………………… 75
   4.6　国内外文献分类法实例 …………………………………………… 81
   4.7　分类法的映射 ……………………………………………………… 85

4.8　分类标引方法与规则 ········································································· 86

## 第五章　主题法 ···························································································· 88

　　5.1　主题法概述 ························································································ 88
　　5.2　叙词法原理 ························································································ 95
　　5.3　叙词法概念词汇控制方法 ····································································· 101
　　5.4　叙词表概念间语义关系 ········································································ 110
　　5.5　叙词表结构 ······················································································ 125
　　5.6　叙词表编制与维护 ············································································· 132
　　5.7　基础词库建设 ···················································································· 147
　　5.8　词表映射 ························································································· 152
　　5.9　主题标引方法与规则 ·········································································· 158

## 第六章　本体构建与转化 ············································································· 162

　　6.1　本体概述 ························································································· 162
　　6.2　本体组成成分 ···················································································· 168
　　6.3　本体构建方法及策略 ·········································································· 174
　　6.4　叙词表向本体转化 ············································································· 176
　　6.5　本体概念关系类型表示 ········································································ 181

## 第七章　生态系统视角的知识组织 ································································· 194

　　7.1　生态系统视角的知识组织系统总体构架 ·················································· 194
　　7.2　基于种群增长规律的概念成熟过程 ························································ 199
　　7.3　基于种群特征的概念属性 ···································································· 206
　　7.4　基于种间关系的概念语义关系 ······························································ 224
　　7.5　基于生态学能量流动的图书馆知识传递 ·················································· 242

## 第八章　信息组织在医疗健康系统中的应用 ···················································· 245

　　8.1　信息组织在医疗健康领域的角色 ··························································· 245
　　8.2　医疗健康系统中的信息组织方式 ··························································· 249
　　8.3　信息组织在医疗健康研究中的应用 ························································ 261
　　8.4　医疗健康领域信息组织未来趋势 ··························································· 264

## 中文术语索引 ···························································································· 271

## 参考文献 ·································································································· 273

# 第一章 概 论

## 1.1 信息组织定义

信息组织课程，其前身核心内容是情报检索语言，再往前可以追溯到分类法和主题法两门课程。2022年9月13日，国务院学位委员会、教育部印发了《研究生教育学科专业目录（2022年）》《研究生教育学科专业目录管理办法》的通知[①]，将原来的"1205 图书情报与档案管理"一级学科更名为"1205 信息资源管理"，信息组织无论从字面上还是内容上，都成为信息资源管理的一个重要环节，而且信息组织在一些方面，已经完全发展为知识组织，无缝连接到知识组织中。关于信息组织的定义，不同学者前后给出了多种定义，虽然描述用的书面语言、强调的核心内容有所不同，但含义大致相同，本书选定时间比较新的两个定义，用作相关介绍和参考。有学者对信息组织的概念进行了如下定义："信息组织就是根据信息检索与获取的需要，采用一定的规则、技术与方法，对信息进行揭示与序化的过程。其核心内容是对信息的描述与揭示及序化，应该包括三个要素：一是采用一定的规则、方法和技术；二是揭示信息与序化信息联系在一起；三是信息组织目的是信息检索与获取"[②]。这个定义基本上清晰地描述了信息组织的基本含义，定义中的"规则、技术与方法"，主要是通过信息组织工具实现的，如《中国图书馆分类法》（CLC，以下简称《中图法》）、《汉语主题词表》（以下简称《汉表》）、《杜威十进分类法》（DDC）、医学主题词表（MeSH）等，这些都是信息组织工具。"揭示与序化"，如关于图书的分类，如果将几百部图书放置在一起，要想找到其中一本关于考研的复习资料，就很难找出来，而如果有个书架，将这些书进行排序，分别放到不同的位置，如第一排是考研的复习资料，第二排是自己学习的专业教材，第三排是小说类文学作品，第四排是字典词典类工具书等，经过这样的归类和排序后，就能轻松地找到目标图书。"信息检索与获取"不仅用于文献方面，也可以用于任何信息资源方面，如一个班有30多个学生，教师一下难以认识和记下来，如果将男生和女生分开，男生一排，女生一排，如果男生少，通过男生的自我介绍就可以简单地认识男生；还可以按教研室分，分别是哪个教研室的，然后再分成几个组，分组后也很容易记住了。如果再加上导师是谁，来自哪个省或直辖

---

[①] 国务院学位委员会 教育部关于印发《研究生教育学科专业目录（2022年）》《研究生教育学科专业目录管理办法》的通知[EB/OL].[2024-04-02]. http://www.moe.gov.cn/srcsite/A22/moe_833/202209/t20220914_660828.html.

[②] 司莉，曾粤亮，陈辰. 信息组织原理与方法[M]. 2版. 武汉：武汉大学出版社，2020：2.

市，有这些属性特征就更容易认识了。总之，给人员加上不同的属性特征，包括性别、专业、籍贯等，就可将无序的信息变成有序的系统，建立了这样的信息系统，就便于信息的检索和利用，既容易找到每个学生，也清晰地体现了每个学生的特征属性。

也有学者将信息组织定义为："信息组织是为了信息的有效获取与利用，采用科学的规则与方法，对信息的特征进行分析、选择、描述、标引、存储、排序和优化重组的信息处理活动[1]。"这个定义体现了信息组织的过程和特点，强调了是一种"信息处理活动"。还有许多学者对信息组织进行了定义，虽然使用的描述语言、强调的重点不同，但表达的内容基本上相同。

本书在参考前人解释的基础上，给定一个简化的定义，即信息组织是使用合适的工具，为了满足查找信息资源的需要，将信息进行序化的过程。其特征一是需要合适的工具，如各类词表；特征二是序化，序化的目的是检索。

信息组织英文对照可直接翻译为 information organization，但作为固定短语通常翻译为 the organization of information。如果是书名，通常使用 The Organization of Information，如 *The Organization of Information* 一书，目前已经修订到第四版[2]。

## 1.2 信息组织的研究背景

首先是信息组织深度发生了变化，变化方向为题录组织→文献组织→信息组织→知识组织。信息组织深度最早就是一个题录，相当于只有标题或者书名就可以；往后发展到文献角度，补充了如书的作者、出版社、页码数、主题等信息；继续发展到了信息角度，就可能会涉及书的主要内容；然后到了知识层面，就包含有哪些知识，甚至是每个段落、每个位置的知识关联。这也是从信息到知识的过程，它的深度在加大。

其次是信息组织工具编制方式发生了改变，从手工编制到计算机单机编制，发展到网络化构建的方式。例如，《汉表》是一个信息组织工具，最早使用的是卡片、目录等纸本材料，手工编制的；随后有了计算机的辅助，可以输入输出、编辑排版等；到现在是通过网络平台编制的，编制者只要身处任何可以上网的地方，就可以在网络平台上进行术语的选择和关系的建立。比如，一个主题词，它与哪些主题词相关，它的上位词是什么，下位词是什么，概念间互相有什么关系，有什么定义等都能在网上直接完成，这就是网络化的编制手段。

最后是以用户为主的智能推送发展。信息检索用户涉及所有人，如学生、教师及社会各界人士，他们不是图书馆员，不是信息组织者，但需要检索到自己需要的信息。同时，还有机器推理和推荐信息等功能。一般是基于大数据的推理。例如，如果一个网络用户在

---

[1] 张自然，何琳，范炜，等. 信息组织 [M]. 北京：科学出版社，2023：5.
[2] JOUDREY D N, TAYLOR A G. The organization of information [M]. 4th ed. Westport, Conn：Libraries Unlimited，2017.

网购中购买了蜂蜜等保健品,销售平台会显示买蜂蜜的客户多数也买了燕麦片,由此推荐给用户购买。再如,买手机时平台可能会显示买这个手机的客户,还买了什么型号的手机套、什么品牌的贴膜等。以用户为中心,根据用户的信息检索动向,为用户智能定位推荐相关信息,成为信息检索的发展方向。为了适应这些变化,信息组织者需要考虑建立更加广泛的概念关系。

## 1.3 信息组织核心词汇

与信息组织相关的核心词汇有以下几类:第一类是名词类术语,如数据、信息、知识、智慧、资源、文本、图书、文献、情报、网络等;第二类是动名词特点的词汇,如序化、处理、选择、分析、组织、检索、利用、分类、理解等;还有一些如工具、技术、系统、语言、用户等词汇,也与信息组织相关。作为信息资源管理专业的学生,经常需要区分和辨析这些与信息组织相关的核心词。例如,什么是数据,什么是信息,什么是消息,什么是知识,什么是智慧,什么是情报,它们之间有什么区别,什么时候可以相互转化等。曾有人举例说明信息与情报的区别,说 20 世纪 60 年代,日本非常关注中国是否发现了大型油田,他们发现当时中国家庭使用的火柴盒,上面有一个类似油田的版画图案,基于图案的形状信息、该版本火柴盒上市时间等信息,推理出在中国东北发现了大型油田。有人认为这就是一个由信息到情报的转化过程,这是一种观点,如果这种观点成立,那么情报的知识含量更大,概念颗粒度比信息更小。20 世纪 90 年代,我国多数领域将情报改为信息,如中国科学技术情报研究所于 1992 年改名为中国科学技术信息研究所,这是另一种观点,认为信息涵盖的范围更大。

关于概念含义涉及的范围大小,国际上有人进行了专门的统计和调研,认为理解角度不同,会有不同的排序。本课程也测试了类似的概念,如数据、信息、知识、情报、理解 5 个概念,在信息组织课上进行概念从前到后的排序,有以下 3 种答案。第一种顺序为:信息、数据、情报、理解、知识;第二种顺序为:数据、信息、情报、理解、知识;第三种顺序为:数据、信息、理解、知识、情报。三种排序大体顺序基本一致,只有个别环节的不同,每种排序都有合理之处。本书给的顺序为:信息、数据、理解、知识、情报。理由分析如下。

第一是信息和数据的位置先后。信息加工人员认为,先有信息后有数据,信息比数据早,信息比数据更靠前。先有信息,通过不同工具,将信息记录下来,就成了数据。例如,森林里有鸟叫,用录音设备录下来,存储的音频文件就是数据,可见,是先有信息,后有数据,信息是最原始的。再如,下雨时雨滴从空中落地,会有雨滴声音;在森林中看到红色的鲜花,用手机拍张照片,文件是数据,对拍照者来说,也是先有信息后有数据。

另一种观点是先有数据,后有信息,描述的现象如同学们每天使用的计算机、互联网等,拥有海量的数据,通过合适的软件平台,就可以将这些数据转化为相应的文本信息、音频或视频信息。这时直接处理的是数据，可以是文本数据，或者是网络数据，是先有数据，然后转化出相应的信息。再如，电子书就是一个文件，文件当然是数据，通过数据转化出信息。还有就是网上不断变化的股票数据，通过涨跌趋势决定买入或卖出。这里是从读者角度，从用户角度，是先有数据，数据里含有信息。又如，生活中的天气预报，预报温度是-20℃，这个-20℃，当然是一个数据，这个数据转化为信息，再通过已经具备的知识，就知道是冷天，需要穿棉衣类服装或羽绒服。以上是对用户来说，是信息的使用者最先接触的数据，从信息使用者本人看是先有数据。

对于以上两种观点，数据在先，只是从信息使用者角度出发造成的一种假象。要知道，信息使用者从数据里获取的信息是从哪里来的？当然是信息加工者先将信息提前转化为数据了，使用者才能从数据中转化出信息。可见，本质上应该是先有信息，然后是加工出相关的数据。

第二是信息与知识的顺序，先有信息，后有知识。例如，上面举例的天气预报，-20℃是一个信息，穿羽绒服就是知识。但也有人这样想，气温-20℃这个信息，对不同的人来说反应是不一样的，非洲或海南的居民，有人不知道-20℃有多冷，对冷没有概念，不知道要穿羽绒服还是穿薄棉袄，没有这个生活知识的话，-20℃只是一个信息，没有引申到知识。但这只能说明到信息之后就没有向下引申，并不能否定从信息到知识的顺序。

从信息到知识是有个中间过程的，那就是理解，在这里理解是个动名词，理解了信息，调动已有的知识，做出相应的抉择。理解了才能把信息转化为知识，没理解就只能是信息，所以-20℃这一信息，有人接收到并理解了，知道冷的程度，需要穿羽绒服，这便形成知识。

第三是知识与情报的顺序，按照已有的观点，应该是从知识到情报。情报比知识更远一些，只有在知识的基础上才能推断出有价值的情报，不管是人推理的还是计算机推理的。

## 1.4 信息组织与信息检索的关系

与信息组织课程相对应的是信息检索课，是另一门课程。一般先讲信息组织，后讲信息检索，也有将组织与检索放到一起研究，如《基于内容的多语言信息组织与检索》[①] 一书。通常认为，信息组织和信息检索是有先后顺序的，组织在先，检索在后。例如，将图书按一定规律排在书架上，才更容易找到。信息组织的目的在于信息检索，信息组织在先，信息检索在后；信息组织者与信息检索者可以是同一个（批）人，但更多的是不同属性的人，如图书馆员负责信息组织工作，用户有信息检索的需求。

信息组织者与信息检索者的关系有以下 3 种：①信息组织者＞信息检索者，组织者制

---

① 司莉，庄晓喆，贾欢，等. 基于内容的多语言信息组织与检索［M］.武汉：武汉大学出版社，2023.

定规则，对检索者进行培训；②信息组织者＝信息检索者，这是最理想的状态；③信息组织者＜信息检索者，以用户为中心，用户参与编辑，如维基百科。

第一种情景为信息组织者大于信息检索者，就如同图书馆制定信息组织规则，读者进行信息检索使用，检索的问题可由图书馆员对读者进行指导或培训解决。第二种情景为组织者和检索者想法一致，也即两者想的一样，图书馆员把书放到这个架上，读者也觉得就应该放那儿，也知道应该在那儿找，即图书馆员与读者想到一起了，这是最理想的状态。既然是最理想的，通常就只能是目标，相对而言比较难以实现，毕竟信息组织者的工作要求与信息检索者的需求不可能完全一致，所以出现了第三种类型，即信息组织者小于信息检索者，就是现在很多论文中提到的以用户为中心，如编制叙词表，有用户参与编制；或者像维基百科，就是由用户参与编辑的，用户可以直接提供数据；再如百度百科、百度知道等，都是由用户解答、用户编辑的。就相当于这本图书，存放位置以读者的意见为主。当然这涉及个体和群体的问题，例如，参与的用户多了以后，用户之间的意见可能又不一样，这时可以协调，大家可以商量，最后采纳多数人认可的意见进行存放，这就诞生了目前网络上大量讨论和使用的大众分类法。这是一种观念，到底是以谁为主，以组织者为主，还是以检索者为主。这时，信息组织和信息检索是不一样的，角度不一样，做的虽然是一个事，但不是一批人。从事信息组织的员工类似图书馆员，如图书馆专业的同学，这个专业的学生找工作时有很多去了门户网站类公司工作，去网站工作就是因为有这样的信息组织专业知识，可以把栏目设置得更合理，更符合规律，更利于知识的有效组织与查找。

## 1.5 知识组织系统

信息组织是通过信息组织工具实现的，分类法、叙词表是传统的信息组织核心工具，在当今信息时代，仍然发挥着重要作用。从知识组织角度看，信息组织工具也可以叫作知识组织系统（knowledge organization systems，KOS），是指任何用来定义并组织和表述真实世界物体的术语和符号的系统。英文缩写是 KOS，K 是 knowledge 的首字母，O 是 organization 的首字母，S 是 systems 的首字母。在不同英文应用场景中，S 有时指 systems，即知识组织系统；有时是 service，是把知识组织当作一种服务，或者说知识组织工具也是为服务所利用，相当于为检索服务所利用；有时 S 是 structures 的缩写，是指知识组织工具具有一定的结构。例如，国际上许多场合把分类表、叙词表叫作结构化词表。分类法中的上位类、下位类关系，层级体系、同一关系、横向关系、树形结构等，所有这些都表示分类法具有结构特征，这个结构决定了知识组织系统不同于一般的词典或者字典，具有一定的语义关系，是有结构的系统。过去的检索语言，如分类法、叙词表，是知识组织系统的主要成员，但知识组织系统涵盖面更大。

知识组织系统的主要类型是分类法、叙词表、本体等，依据功能的复杂程度，揭示关系的维度，参考 Zeng 等[①]总结的类型，将知识组织系统从简单到复杂分为以下几种类型，见图 1.1。首先是可选词单（pick lists），如一本教学参考书，一般在参考书后面按首字母列出来这本书里面涉及的一些专业术语，通常是几百个。该词单既有体现重要概念索引的作用，也可以大体了解书的主要内容。词单是一个词汇系统，如信息组织教材的词单应该有信息、数据、主题法、分类法、标引、编目等大量相关概念词汇，所有这些词基本上能够完整描述信息组织的知识系统。词典（glossaries/dictionaries），如各种专业的英汉词典，或通用的英汉词典等，一般是按字顺列出了所有的词或短语，每个词对应一个或几个汉语翻译对照词，其他可能还有一些简单的含义解释或词性介绍等。但相对而言，词典语义信息简单，甚至没有语义信息。

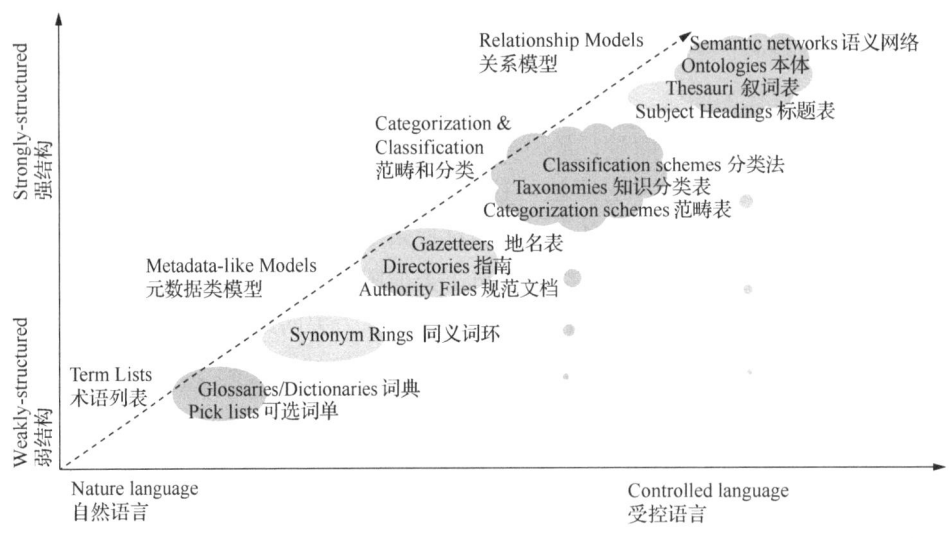

图 1.1　知识组织系统

同义词环（synonym rings），我们通常叫同义词表，如 A 和 B 是同义词，B 和 C 是同义词，C 和 D 是同义词，常常发现 D 和 A 也是同义词，这样，ABCD 就形成一个同义词环。实际上完全为等同含义的同义词很少存在，就像世界上找不出完全相像的两个人一样，一般是近义词。同义词有时是使用人群或语境不同，而含义相同，如土豆、马铃薯、洋芋，其中土豆、洋芋是方言或俗称，马铃薯是书面用语，它们是完全的同义词，只不过是对于不同的人群、不同的场景，其称呼不一样；在学术研究或比较正式的政府文件中，一般叫马铃薯，政府文件会有"今年马铃薯长势好、产量达到……"等表达，使用的是规范性用语；但农田里的农民、菜市场的卖菜人，他们口语中交流的就是土豆、洋芋。总之，土豆、洋芋的叫法在日常生活中多一些，书面表达中则叫马铃薯多一些，但它们是同义词。将某一领域所有可以收集到的同义词集中进行编排或入库，可以查到同义词的种类

---

[①] ZENG M L, SALABA A. Toward an international sharing and use of subject authority data [EB/OL]. [2024-04-02]. http://www.oclc.org/research/events/frbr-workshop/presentations/zeng/zeng_salaba.ppt.

与数量，就是同义词表。

语义信息多于同义词表的词表类型，如规范文档（authority files）、指南（directories）、地名表（gazetteers）等。这类词表的词条通常有统一的属性规范格式。规范文档近几年在国内研究较多，在国际上较普及。所有文档，如一篇文献，应该有标题、作者、摘要等信息。通常规范文档用于人或事物的属性规范化，如人的职业、职称、习惯、专业等，规范属性种类类似于元数据，是对文档进行规范化描述。指南类词表可以有旅游、风土人情、景点、博物馆等不同类型的信息介绍。地名表是对地区、景区、生态区域等进行名称规范化的参考工具，类似于电话黄页或旅游黄页等。另外，区域也可以介绍成类似于现在的地图，突出二维的特点。

语义再复杂一些的版块是范畴表（categorization schemes）、知识分类表（taxonomies）、分类法（classification schemes）。范畴表与分类表基本上是类似的，范畴表概念颗粒度稍粗一些，而分类表概念颗粒度更细一些。知识分类表如果限定是生物领域就是生物分类表，是将所有生物按照界、门、纲、目、科、属、种的等级体系结构，以物种为单位，使用林奈属种命名法则，将所有物种进行分类的办法。所有物种都统一用拉丁文命名，如脊椎动物、无脊椎动物，然后脊椎动物又按其分类等级体系往下细分，一直到具体的种，如马、牛、羊等。

语义更复杂的是标题表（subject headings）、叙词表（thesauri）、本体（ontology）、语义网络（semantic networks）。分类法如自然科学分为数、理、化、天、地、生，均为一个学科、一个领域。到标题表，颗粒度要比分类法更细一些，甚至也有了更规范化的等同、等级和相关关系，而且通过词汇先组和限定形成的标题，含义更加具体。叙词表是一种应用最广、规范化程度更高，既吸收了标题法的优点，也吸收了单元词法优点的知识组织工具，它的概念颗粒度又细一些。再往后的本体，概念颗粒度更小，语义关系更复杂，描述维度是多维的；到语义网络，形成了更加复杂的网络多维层次。

以上是知识组织系统的种类和属性特征变化过程，所有这些词单、分类法、叙词表、本体等，有学者统一简称为词表。

知识组织系统，也称知识组织工具，在工具功能方面可以类比于交通工具。在日常生活中，如果是一千米、两千米或者几千米的距离，可以骑自行车，或者骑行共享单车；如果再远一点，如在城市，则可以选乘公交或地铁，半小时左右便能到达；更远一点，如城市间交通，则可以选择长途汽车、火车，尤其是现在的高铁，几个小时就能达到；省市甚至国家间的交通方式，则可以选择火车、飞机、轮船等，如从北京去欧洲、去美国，过去轮船需几十天，现在乘坐飞机十多个小时，是非常方便的；更远的行程，如国际上宣传的太空旅行，用到了航天飞机，虽然远但也能实现。可见，不同的距离，选择的工具是不一样的，而且，常常是组合使用不同交通工具，才能更方便有效地到达自己的目的地。例如，现在的高铁非常方便，北京到成都不到8个小时就到了，到了成都，一般还需要乘坐地铁、公交车甚至长途大巴才能回到家中，所以，要通过不同交通工具组合来到达目的地。选择合适交通工具的对立面是使用了不适当的交通工具，例如，城市间100~200千米的路程，轿车 2 小时左右，高铁半小时就可以到达，如果选择自行车就是不合适的，一方面，时间需 10 个小时以上；另一方面，体力、交通安全性也不是最佳选择。所以，交通出行，要针对不同的距离，按照到达时间的要求，选择最合适的交通工具，不是最高级的、最快的就是最好的工具。

同理，如果是一本书，想找到重要知识点、重要概念，直接到书后面列出的术语表浏览就能发现。如果是小型书屋或阅览室，用个简单分类就可以，不用使用《中图法》全表 5 万多个类目去分类，而用《中图法》的简表即可。如果是国家图书馆、省级图书馆等大型图书馆，就需要用到《中图法》《汉表》这样的大型工具书进行标引和检索，才能有效管理并方便查找。每一种知识组织工具，其使用场景、实现的目的、发挥的功能都是不同的。本体尽管复杂，语义关系多样且功能强大，但并非总是最佳选择。例如，查找一本书的知识点时，翻阅术语表即可，无须使用复杂的本体工具。因此，选择合适的工具最为重要，而非盲目追求复杂性或高级性。同样地，若要用术语表来组织大型图书馆的主题分类也是不切实际的。这就像从北京到天津，若仅为通勤，骑自行车并非最佳选择。

## 1.6　信息组织方法

信息组织过程包括优化选择、确定标识、组织排序和改变重组等过程。信息组织也可以按组织的类型划分，如按对象划分，可以是文献或者专利；或者按行业分类，分为服务业、餐饮业等。按对象划分是针对具体的实体类事物，书或者文本、图形图像，或者博物馆的具体展品，抑或美术馆作品。

（1）信息组织层次划分

按信息组织的层次分，主要有 3 个层次，包括语法信息、语义信息、语用信息。语法信息、语义信息和语用信息分别对应着信息的形式、内容和效用 3 个层次。语法信息是从语言学的词汇语法角度出发，主要是主谓宾结构，主语是发起者，谓语是动作，宾语是动作的接受者；语义信息表达概念之间的关系，类似资源描述框架（RDF）三元组结构；语用信息则增加了实体之间、概念之间的联系。信息组织过程的重要目的就是试图让计算机理解这个过程。要实现计算机对信息组织的语法、语义和语用过程的理解还有很长的路程。例如，"冬天，能穿多少穿多少；夏天，能穿多少穿多少"，如果让机器理解其含义，就涉及切词、语法、语义和语境等不同层次的信息处理方法，从语法到语义、再到语境的信息组织是越来越难的。

（2）常用信息组织方法

**分类组织法**：依据某一特定的分类体系和逻辑结构组织信息的方法。在分类体系中，信息的内部特征和外部特征得到有机的统一和结合，以内部特征为主。分类组织法建立了信息的层级和关联体系，便于浏览检索，是应用广泛的信息组织方法。

**主题组织法**：通过揭示信息主题特征并进行序化的组织方法。主题法通过建立主题概念的范畴、族系和关联关系，显示信息的结构体系。主题组织法根据所使用的主题检索语言又分为标题法、单元词法、叙词法、关键词法，应用广泛的自然语言组织法也属此列。在语义网络中，本体组织法实际上也是主题组织法的一种。

集成组织法：每种信息组织方法都有其特有的功用，有些组织方法功能是互补的，在多数情况下将多种方法结合起来使用可能会达到更好的效果。例如，分类主题一体化的组织方法、规范组织方法与自然语言组织法的结合等。

（3）信息组织的应用领域

图书馆、数字图书馆、互联网、档案馆、美术馆、博物馆等都需要进行信息组织。在知识管理、数据管理中，企业的业务营销、产品开发等同样需要信息组织。企业经营也会涉及信息管理、信息组织、知识管理、知识组织等，都要使用信息组织相关的一些原理和方法，如系统论、概念逻辑体系、语言学等理论体系。

# 第二章 信息组织原理

信息组织的原理与方法，主要是指信息组织理论遵循哪些规律，主要包括语言学原理、系统论原理、知识分类原理及概念逻辑原理4个方面。信息组织原理处于不断研究与发展过程中，除本章提到的这些原理外，本书在后面章节介绍了将生态学的原理和方法引入知识组织过程中，形成知识组织生态系统的研究进展。

## 2.1 语言学原理

### 2.1.1 自然语言与检索语言特征

（1）自然语言与人工语言

对于信息组织，通常会涉及自然语言和人工语言。所谓自然语言，如日常说话、聊天所使用的语言，是使用的母语，是从小自然而然就会的语言，或者口语，如果母语是汉语，汉语就是自然语言；如果母语是英语，那英语就是自然语言。即使没上过学，通过口语也能交流，别人也能理解，而别人说的话，自己也能理解。如果把自然语言用文字记下来，虽然有人工的含义，但还是自然语言。人工语言则是在自然语言的基础上，经过文法、修辞等规范化以后，用一定的方法记录和交流的语言，如课程中使用的教学参考书中的书面表达方式。

（2）信息组织者与信息检索者使用的语言

信息组织者使用的是信息检索语言，具有规范性、唯一性，是一种人工语言，是进行了人为规范化的语言，含义更明确、更确切，是计算机可理解的语言，也就是说，规范化以后的语言机器也能理解。信息检索者或用户使用的是自然语言，或者是不完全规范的书面语言，如关键词检索。语言学原理可以解释为，对于普通的读者，若要查询一些信息，想要查哪个方面，哪个领域，对哪些信息比较感兴趣，如想查询化工的文献、信息，查某一种化合物的功能，用某一种化合物的名称作为关键词，或者用其专业术语检索。这些专业术语，可以从专业的术语表中找到，或者从叙词表中找到，更多的其实是用户通过学习或工作掌握的基础知识中得来的。主题词表，或者叙词表，以及分类表，都可以看作一种信息检索语言，可以描述文献相关的功能、作用等，可以使用主题词或者分类号来表示，这些主题词或分类号都是检索语言的一部分。目前接触到的文献，一般都是数字化的，也有印刷版的纸质文献，经过数字化以后，储存到服务器里，或者是扫描成PDF格式。这些文献经过著录，或者是标引后，文献加工者通过信息检索语言进行了标注，给定了相应的标签,如给定主题词或者分类号。用户检索文献时,会使用自己理解的关键词或分类方式。如何使机器可以理解信息组织者使用的语言,同时机器也能读懂用户使用的语言?方法就是使用同一种语言,即信息检索语言。机器理解之后,就能够把与化合物的功能、作用相关的文献找出来,提供给用户,这就是信息检索语言。即信息组织者和用户使用的语言,机器都能够理解,作为中介的就是信息检索语言。

(3) 信息组织与信息检索的语言一致性

生活中,汉语对于中国人来说似乎都能听懂、理解,但若是不懂中文的外国人,可能就听不懂了,因为讲解者与听众使用的不是同一种语言。信息检索语言是一种语言,是信息组织者与信息检索者可以共同理解的语言。张琪玉先生对信息检索语言的定义是:"根据信息检索的需要而创制的,专门用于各种手工的和计算机化的文献信息存贮检索系统,能够唯一地表达各种文献信息内容(主题概念),能够显示概念之间的相互关系,并便于进行系统排列,便于将标引用语和检索用语进行相符性比较的人工语言"。这一概念包含以下几层含义:检索语言的目的是用于标引和检索,而根本目的是为满足检索的需要;它是规范化的概念体系,能准确表达信息主题并显示其相互关系;它是有序的,可用于系统排序;它是一种人工语言。

信息组织者与信息检索者使用的是同一种语言,机器可以理解,就实现了信息组织与检索的功能。信息检索语言是根据情报学的需要创造的,即用户有查找信息的需求,对其有需要,才去创造这种语言。另外,创造的信息检索语言使用的术语必须与信息组织者使用的术语具有相同的含义。如果信息组织者使用的术语是一种含义,信息检索者使用的同一术语是另外的含义,机器就无法正确解读这个术语,无法将组织者的信息传递给检索者,所以,使用的术语概念含义必须是唯一的。

使用的术语需要具有一定的知识关联,能够显示事物之间的联系和相互关系,这是信息检索语言的优势,它和字典不一样。词典或字典,如英汉词典,一个英语词条给出一个或多个对照的汉语翻译,对照汉语翻译,可以是一个含义,也可以是多个语义。例如,bank 既可以翻译成银行,也可以翻译成岸或堤,但对检索语言的术语来说,加工者与检索者使用的只能是一对一的唯一含义术语。另外,这些术语还有一些等级关系、相关关系。例如,甲和乙是关联的,找甲可以提示是否对乙也感兴趣,也就是所谓的语义关系,语义关系可以将事物相互关联起来,便于系统排列和索引,检索者就可以通过事物关联查找需要的信息。

检索语言是一种人工语言,当机器标注的概念和用户查找的信息一致时,就能检索到所需信息。标引和检索使用的是规范化的概念体系,是完整的系统,如化工、建材、农业或医学领域,都是完整的领域,不是分散杂乱的,是完整有序的。有序才能被检索到,诸如此类就是一种人工语言。

(4) 信息检索语言的名称与类型

信息检索语言(information retrieval language,IRL),过去称为情报检索语言,其他相近概念名称还有标引语言、索引语言、信息表示语言、信息组织语言或知识组织语言等;

国际上多用受控语言（controlled vocabulary）、索引语言（indexing languages）。其实，"受控"和"人工"是一致的，人工也是受控的，受控也是人工的、人为的。以上这几个名称，大致含义是一样的，只是不同用户在不同场合用了不一样的语词。随着计算机和网络技术的发展，自然语言的广泛应用，检索语言逐渐突破了传统的人工语言范畴。

检索语言的类型，就是对检索语言的分类，主要包括分类法和主题法两种类型，有时也会扩展到代码和引证关系。分类是人们认识事物最基本的方法，将事物分类以后，就可以对其进行相应的认识，俗话说"物以类聚，人以群分"。例如，根据其性别特征，把学生分为男生和女生，这样便于认识。主题通常是选用代表唯一概念含义的术语表示的，将不同领域的术语，按照固定的语义关系进行排序，就形成了主题检索语言。代码，有时候是缩写，如 GDP、GPS 等；有时候像编码或编号，类似分类号，有分类的特点，但一般都比较简单。关于引证、引证关系，其实就是常见的引文分析、引文索引。例如，一篇文章引用了多少参考文献，而这种应用引证关系，从引证手段去研究问题的方法就是文献计量学的特征所在。

（5）概念先组与后组

"信息组织原理"是一个短语，也是一个先组词，可以切分为信息、组织、原理 3 个术语，3 个术语经过后组，也可以表达"信息组织原理"含义。叙词表从概念出发，通过概念的组配，可以组配出大量新概念、复杂概念。汉语常用的字也就几千个，可以通过后组形成成千上万的短语，表达不同的含义。汉字最早可以追溯到甲骨文，作为几千年前的文字，目前依然可以被理解和认识。从语言学角度，每个字都有相应的含义，通过不同字的后组，可以用来描述社会上产生的任何新生事物。例如，共享单车这个概念，以前用的是自行车、脚踏车或非机动车，而现在的共享单车属于公司所有，其支持电子支付及移动定位，实现了虽无个人拥有权，但可以有偿地自由骑行。外国留学生给中国评出了新的"四大发明"，包括共享单车、网购、高铁、移动支付，这些新词都是通过后组形成的新概念。通过把汉语的几千个字搭配组合，可以组成大量的概念，像"共享单车"就代表一个事物，一个概念。在网购中存在大量的后组查询组合，例如"网购"服装，可分为男装和女装；再加上衣服材质限定，棉质的还是化纤的，或者丝绸的、麻质的，还有颜色、图案、大小型号等限定。以上通过词语限定过的新词就是一种重要的后组，通过这种形式，也可以形成大量的概念。

## 2.1.2 计算语言与检索语言特征

（1）数字化、网络化基础功能

计算机被发明以后，尤其有了互联网以后，以前很多做不到的事，通过互联网、数字图书馆都能得以实现。例如，图书馆的馆际互借，如果只有一本藏书，像古代藏书楼主要是典藏，馆际互借比较困难；而现在的图书馆馆际互借，虽然可以提供服务，但时滞还是比较长的。如果是不同城市、不同国家，那时间会更长。但有了数字图书馆之后，就变得简单了，通过互联网就可以实现实时馆际互借。通过邮件或者直接下载，就可以获取数据文件。再如，人类交通的变化历程，古代外出主要是步行，行走距离有限；后来有了马车、汽车，现在有了火车、飞机。飞机发明以前，远洋轮船跨洋需要用几个月，有飞机以后，几个小时就可以了。所以，现代科技的发明使得许多以前难以实现的事情变得容易，包括信息组织也一样，在图书馆数字化利用以前，即使有很多想法、原理、理论，虽然理论上行得通，但具体实现比较困难。自从有了数字图书馆，通过互联网，就使得图书馆这个学科，发生质的变化。它将以前能实现的变得更简单了，还能实现一些以前实现不了的功能。

（2）计算语言学的词频与共现功能

与信息组织相关的语言学，常见的是普通语言学和计算语言学，计算语言学也叫数理语言学。随着计算机的应用、互联网的发展，计算语言学现在用得越来越多。

词频统计：使用计算语言学，对数量大的文献进行词频统计，将会得到从高到低的曲线图，通用词的词频比较高，如研究、实践、应用等。还有一些是词频特别低的词，只出现过 1~2 次，按照经验，低词频的词经常是一些数字化时识别错了的词，也可能是特别生僻的字。词频高的词多数是一些通用词，甚至是停用词，不是重要概念。只有中间段词汇，词频在 20~50 次，这些词比较常用，是比较重要的信息组织术语。这些术语可以用词量占比来划分，也可以用正态分布表示，统计词频的时候，这部分词汇量最大，而特高词频及低词频的词所占比例都比较小，中间词频比例占得大一些，有正态分布的特征。词频在 5 次以下，词频虽低，但这部分词体量大，研究这些低频词，可参考"长尾理论"；出现 2 次、3 次的可能还会有很多，现在来看，它也有它的价值，但是，主题法主要研究出现在中间偏高词频的语词，中间这一块就可以代表这个领域的所有知识点，这就是计算语言学的一些相关应用。

词频应用：在叙词表编制中，过去主要靠人工收集语词，如《汉表》，就是为每个词建立相应的卡片，这些词有什么特点，有什么属性，谁是上位词，谁是下位词，都是手工记在卡片上。现在则用计算机，用编制平台，用切词、分词软件，对文献去掉停用词、结构助词，如"的、地、得"；去掉一些通用含义的高频词，去掉一些低频词，抽取重要的科学术语或者知识概念。词频统计也需要与领域关联，如"水库"这个词，在水利水电文献中出现频率高，是水利领域非常重要的词，但在综合文献中，其词频就不会太高。这些词频特征都可以通过计算机、计算语言学统计，统计其词频，统计其分词，统计它的特征来实现。在信息组织中，词频的核心应用是通过统计单篇文献中重要专业术语出现的频次，将高频的专业术语确定为单篇文献的主题，实现自动标引的过程。另一个重要应用是文献词频分析，场景是对多篇文献进行词频分析，是群体特征，例如，统计分析上千篇文献的主题，每篇含有一个或几个主题，如果在这个文献群体中出现的高频术语，多数属于某一领域，比如说是化学领域，则这批文献可以统一划归为化学领域文献。对于群体文献，词频分析有时是关注单个主题，分析历年文献词频的变化规律，从而探究该主题的年度变化趋势。

共现或同现：在一篇文献中，某两个单词或某两个术语总是一同出现，两个词总是在一起，如"信息"和"检索"通常会一起出现；再如"检索"和"用户"也经常一起出现。在生活中也一样，比如说甲同学总是和乙同学出现在同一场景中，两人可能是同班同学,也可能是好朋友,或者住同一寝室。在文献中,如果术语"燕麦片"与"蜂蜜"总是同时出现,它们之间就可能存在关系,因为都属于保健类食物,可以通过共现发现这种关系,这是非常重要的应用。

(3) 计算语言学主题标引与分类功能

语言学具有语法体系和语义体系。如果是语言,则肯定有语法,如自然语言的完整句子有主谓宾语法。而检索语言也有语法,其涉及引用次序、控制符号和句式变换,包括词汇控制,或者规范化处理。一些功能是通过计算语言学实现的。

抽词标引:一篇文章经过计算机切词、词频统计,如"水库"这个词出现过15次,"大坝"出现过12次,或者"混凝土"出现过8次等,将这些高频词汇作为标引词,或者叫关键词,对这篇文献进行标引,这就是抽词标引。经过对文献库的数据进行全部抽词标引,就建成经过信息组织的数据库,从而可以实现文献信息的智能准确检索。标引工作在过去是由人工完成的,工作量大,效率低,现在有了抽词标引,工作效率大大提高,人工只需进行辅助审校工作。

自动分类与自动文摘:自动分类也是计算语言学的重要应用,如"水库"这样的水利水电专业名词,通过《汉表》或《中国分类主题词表》(简称《中分表》),就可以对应水利水电的分类号。同样,如果一篇文献的核心词多数都是某一领域的概念,则可以将文献归到某一类中,这就是自动分类。自动文摘,也属于计算语言学的应用。针对一篇没有文摘的文献,通过规则和计算提取一些重要的词和重要的句子,然后计算机给出200~300字的文摘,这就是自动文摘。虽然业界对此应用有大量报道,但自动文摘目前仍难以达到人工文摘的水平。

## 2.1.3　检索语言语法句法

(1) 词汇语法控制的意义

自然语言用于检索存在一些缺点,如词汇的同义现象,"西红柿"和"番茄"是同义词,如果直接使用"西红柿"进行检索,通过字面匹配可能缺失含有"番茄"的文献,而检索语言将"西红柿"和"番茄"合并为同一个概念,无论用哪个词检索,都将检索到全部文献。还有词汇的"多义"现象,生活中的口语或者自然语言,一个词如果没有上下文环境,没有语境,单独使用时会出现语义不明的情况,多义词在自然语言中还是常见的。最常见的概念"运动",在"运动会"中是动词的含义,运动可以增强体质、促进健康,但在"群众运动"中指的是一种社会或政治活动。同样,"水分"一词,基本含义指物体内所含的水。例如,这种水果的水分很充足。有的语境下是比喻义,比喻某一情况中夹杂的不真实的成分。例如,他说的话里有很大水分。所以,在不同语境下它是多义的。自然语言有这些缺点或者特点,所以自然语言主要是用于人工交流,而只有经过规范化以后的语言,才更适合于计算机的应用,这就是检索语言。

(2) 检索语言的语法句法特点

检索语言具有以下特点:唯一性、规律性、定型性、通用性和准确性等。马铃薯,北方称为土豆，也有称为山药蛋、洋芋的。不同地区的方言是不一样的，称呼也可能不一样。作为检索语言，马铃薯是规范名称，在生物学上有对应的拉丁文，拉丁文包括种名和属名，是唯一的，也是通用的。有了唯一通用的名称，计算机就能读懂。规律性是指有固定的结构和系统，如男生和女生各排一队，按身高排列，高在前，低在后。这样就容易找到某个身高、不同性别的同学，是有规律可循的。定型性是稳定的意思，和唯一性类似，是稳定的、不能变化的。通用性和准确性，通用指大家都在使用，但像方言，就不是通用的。准确性是指概念的内涵外延明确，有明确的定义和边界，如植物、动物、微生物就是准确的概念，但"动植物"就不准确，存在是动物还是植物的不准确性。

（3）词汇控制

作为检索语言，需要进行词汇控制，主要包括以下方面。

词量控制：一个领域，如化工领域、建材领域、信息资源管理领域等，可能有上万个概念、上万个主题词，这些概念可以覆盖相应的领域。概念数量是稳定的，每个领域只有这些主题，或只有这些概念。概念通过术语进行表达，所以术语数量需要控制。有些方言、缩写，或者同义词，多是等同概念，只能作入口词，需要控制；人工时代，概念量越少，越容易控制，而有了计算机以后，出现了一些变化，所有术语，只要是一个概念，就可以收录，不再对词量进行绝对控制。

词类控制：词的类型一般选名词或者名词短语。太阳、桌子、椅子、人、男人、女人、工人、科研人员、老师和学生，这些都是比较固定的普通名词。除此之外也包括一些动名词，如控制、管理、操作等。

词形控制：主要指规范化，如马铃薯和土豆，马铃薯比较通用，是规范化的词。对于英语，存在英式写法和美式写法，如一些化工术语，有些包含"ae"，有些包含"ao"，但概念是一样的。再如，英文"colour"，其中的"-our"，在美式英语中是"-or"。这就是词形控制，需要统一。

词义控制：词义控制有两种情况，一种是同义词或近义词，如马铃薯又叫土豆，人工设置后，土豆指的是马铃薯，规定了马铃薯和土豆是同义词，计算机就将这两个词等同起来了，是一个概念；另一种情况是同形异义词的控制，如多义词"疲劳"，计算机不知道什么意思，可以加限定词，如"疲劳（材料）"或"疲劳（生理）"，就可以将词义进行固定，区分出不同含义的概念。

（4）句法控制

作为检索语言，需要进行句法控制，主要包括以下方面。

编制轮排索引：在词汇检索中，计算机很容易实现前方一致、后方一致和中间包含的词汇检索功能。传统的纸本主题词表，使用的是轮排索引。例如，力学包含人体动力学、人体静力学、生物力学等，它是以力学排列的，等同于后方一致，以"力学"结尾。如果在字顺表中，按首字母排序，绿豆、黄豆、红豆、黑豆等这些豆类作物会分散到字顺表不同部位，但使用后方一致，就可以将这些豆类排列在一起显示。

分面限定分类方法：通过分面组配进行概念限定，也是一种句法控制。以《冒号分类法》的概念组配限定方法为例，比如与水稻相关的概念，可以通过从上到下的概念组配限定形成，可以是作物、食用作物、禾本科、水稻、水稻秆、水稻病、真菌引起的水稻病。可以再加一些地区限定、时间限定、年代限定等，通过层层限定，就能够表达某一种具体的概念或者类名。

树形结构控制：我国的图书馆多数都在用《中图法》对文献进行编目，《中图法》的类目主要是树形结构，可用计算机逐级展开。例如，科学分为社会科学和自然科学；社会科学下面又分为统计学、人口学和管理学等；管理学下面有方法、理论、咨询等，这样逐级向下展开就可以描述和展示领域分类体系。

十进分类法控制：杜威十进分类法（DDC）是国际上使用比较多的一种分类法，它分为十大部类，每级分为0～9十个大类，如600是应用技术、应用科学；610是医学。再细分就是疾病或者与人类健康相关的类目，是树形结构，它也是一种语法结构，有十进制的特征。

## 2.2　系统论原理

### 2.2.1　系统论的基本特征和核心思想

系统论认为，整体性、关联性、等级结构性、动态平衡性、时序性等是所有系统的共同基本特征。系统论的核心思想是系统的整体观念。任何系统都是有机的整体，它不是各个部分的机械组合或简单相加，系统的整体功能是各要素在孤立状态下无法实现的。管理学中著名的"木桶理论"即说明了这一道理。作为一个整体、一个系统，要兼顾协调发展，才能发挥系统的整体效应。

整体性：木桶的基本结构是将大小相同的木质材料条块立体排成中空圆柱状，在外侧加两个铁箍，把它箍紧，再加上一个圆形木底。在水中浸泡以后，木条膨胀后就把缝隙挤紧，从而能够盛水。木条是散的，按特定顺序排列箍到一起才能装水；如将木条随意堆到一起，是不能装水的。因此，这可以看作一个系统，各个组成部分紧密结合，它不是各部分的简单相加，不是将几块木条简单一捆就能装水，而是一定要按规则把它箍起来，底下一定要有个圆形底，才能盛水，这就是整体性特征。

关联性：指组成部分相互有关联关系。比如，木桶外面那个铁箍是非常重要的，如果铁箍不结实，箍不住，形成木桶的木条就会散开，这是结构特征。木桶有其使用环境，木桶需要浸泡在水中，有水则木质膨胀，桶就不漏水，这是环境或领域特征。只有木条是相互合作的完整结构，木桶才能装水，这是整体性关系特征。

等级结构：木桶的圆形底、一圈木条，外加铁箍，必须是一圈比一圈大，才能形成一个整体，这种层级关系，是一种等级结构。

动态平衡、时序性：刚开始的新桶肯定是漏水的，拿水浸泡以后，木条膨胀就不漏了。这有一定的时序性，出现各个不同时段，刚开始漏水，然后泡至木条膨胀，则不再漏水；这个木桶用了多少年后，慢慢地木头糟了，又开始漏水了，这是生命周期现象。例如，人从出生到少年、到青年、到壮年、到老年，有生命周期过程。系统具有时序性，或者说具有生命周期特征，这是系统的基本特征。这种思想也可以应用到信息检索语言，或者知识组织系统，例如分类法、主题法中，它们都具有系统的基本特征。

### 2.2.2 信息检索系统

信息检索系统可看作系统，可以细分为各类系统，包含硬件、软件、数据、人员等；也有人分为资源采集系统、词表系统、标引系统、查询系统、用户和信息接口匹配系统等。系统有诞生、应用、消亡的生命周期，而信息检索系统也有这样的生命周期过程，可以创建、查询、应用等。

信息检索系统的应用具有明显的阶段性，在检索系统的发展中，虽然系统的根本结构并没有发生变化，但系统的工作机制却随着技术的发展发生了变化。最开始是由人工完成，如图书馆的排架、卡片目录、分类号等系统都由人工实现。有了计算机以后，从20世纪70年代开始，出现了联机检索，联机检索也等同于计算机远程检索。到20世纪80年代，有了光盘检索系统，而光盘现在一些单位还在用，如一些行政机构通常要求使用光盘提交数据。到20世纪90年代，网络检索系统得到了广泛应用。目前，即使是乡村图书屋、企业借书处等，也有单机图书检索系统，能够查找图书馆的藏书。网络检索系统已经成为主流，如网上的数字图书馆信息检索系统，只要有网络，无论用户身处何时何地，都可以检索数字图书馆的相关信息。总之，在网络检索系统中，用户通过浏览器，或者通过检索系统、索引词系统，可采集信息，查找需要检索的内容，这就是典型的信息检索系统。

### 2.2.3 信息检索系统评价方法

信息检索系统的检索效果如何，需要通过评价实现。各行各业都存在评价，如论文的高被引评价、期刊影响因子评价、政府信息化系统评价、机构人才评价等，各行各业、各个领域，都会涉及评价。对于信息检索语言，也可以通过评价来测试信息检索的相关性、信息检索系统使用的便利性，以及评估找出文献与用户的需求相关度、用户满意度，这些都与评价相关。相关性主要包括满意度、有用性、针对性、时效性等多个方面，其中最重要的是查全率和查准率。

（1）检索系统评价指标

1973年，Lancaster（美国著名情报检索专家兰卡斯特，F. W. Lancaster）在前人研究基础上总结出了测评检索系统的6个评价标准，包括：

查全率（recall）：检索出的相关文档数与系统总的相关文档数的比率；

查准率（precision）：检索出的相关文档数与检出文档总量的比率；

响应时间：检索速度，是衡量系统实用性的重要指标；

收录范围：保证查全率；

用户负担：用户在检索过程中花费精力的总和；

输出形式：影响用户相关性判断。

Lancaster 的评价指标应用比较广泛，如查全率、查准率的评价。响应时间即检索速度，是比较重要的指标。对于计算机或网络检索系统，其重要指标就是响应时间，如果响应时间超过用户的忍受程度，系统就可能被弃用。因此，在计算机系统优化中，缩短响应时间是其重要任务，具体可通过改变数据结构和计算机系统，使检索速度越来越快。而提高检索速度最基本的方式是使用索引目录，在索引中查找到相关信息主题以后，再连接具体信息。收录范围是指查找的时候内容是否全面完整。用户负担是指检索过程中用户花费的精力，检索是非常便利还是麻烦。其他还包括是否需要注册，登录时间长短，响应时间长短等一些相关的指标。

（2）查全率和查准率

用搜索引擎查资料，或者在图书馆查找有关某一专题相关的文献，如找有关雾霾的文献，假设计算机找到 1000 篇雾霾相关文献，但经过浏览，可能发现 800 篇是与雾霾相关的，200 篇真实内容与雾霾无关或关系不大。如果数据库中与雾霾相关的确切文献是 2000 篇，800 篇是应答文档集中的相关文档，则 800/2000 = 0.4，也即查全率是 40%。系统应该把这 2000 篇雾霾文献都找到，但通常不可能，因为有的雾霾文献没有进行标记，一般找不全，这就有了查准率这个指标；还以上述例子为基础，检索的 800 篇是雾霾相关文献，但计算机给出的结果是 1000 篇，800/1000 = 0.8，也即查准率是 80%。鉴于数据库中，全部相关主题文献信息通常是无法确定的，如网络搜索引擎检索是基于因特网进行，网上信息是动态变化的，即使固定在一个时间点上，相关文献也是海量的，无法确认相关文献的总体数量。所以查全率是评估值，查准率也是测试值。传统观点认为，信息检索系统如果查准率比较高，则查全率就低；如果查准率比较低，通常查全率比较高，所以，一般建议取中间值。

（3）网络检索系统性能评价

有关检索系统，可从系统论角度进行评价，还有一些测试网站。有关网络信息检索工具的比较和评价最早见于 1995 年，随着搜索引擎的发展，出现了一些专业性的网络信息检索测评工具，它们通过及时了解和跟踪网络检索工具的最新发展和动态，从定性和定量两个角度对各个搜索引擎进行客观测试、评估。对用户而言，可以帮助用户选择最适合自己检索需求的检索工具；对检索网站而言，可以推进对搜索引擎的研究开发力度，不断提高系统的检索效果。

## 2.3 知识分类原理

### 2.3.1 知识的定义与类型

知识是人类对物质世界和精神世界探索和认识的结果汇总。知识是被验证过的、存在的、可重复的，通常是被公认的。知识具有关联性特征，而且会随着时间、空间、环境的变化，表现出不同的形式。

人类对知识的不同认识、不同利用目的，产生了多种分类方法。例如，根据知识存在形态、可否传播的特征，分为显性知识和隐性知识；根据反映形式分为感性知识和理性知识；联合国经济合作与发展组织按照知识的内容类型分为事实知识、原理知识、技能知识、人际知识，这些知识分别对应知道是什么、知道为什么、知道怎么做、知道谁能做。图书馆对知识的分类常见的是主题分类法和领域分类法。

信息组织的本质是对知识的组织，通过对知识分类实现信息组织，这就是知识分类的原理。人类积累的知识可以按不同领域进行分类，每个领域就是一个知识大类，把不同领域的知识分门别类，就可以对知识进行记录和认识，再按规律排序，这就是知识分类。

英语国家知识分类可以追溯到培根对知识的分类，即根据记忆、想象、理性 3 种思维能力将知识分为历史、诗歌与哲学三大类。记忆是过去的知识，如历史学和语言学，语言可以记录人类已有的知识；想象如文学与艺术，当然包括未来学，因为想象也有虚拟的含义；理性是自然科学和哲学，就是判断是与非，例如数学。现在的《杜威十进分类法》（DDC）分类思想主要来自培根知识分类思想。

国内主流知识分类基于毛泽东思想，比较有代表性的如《中图法》对知识的分类，主要分为 5 个基本部类，分别为：马克思主义、列宁主义、毛泽东思想；哲学；社会科学；自然科学；综合性图书。这就是图书分类界大家熟知的知识分类"五分法"。

联合国教科文组织对学科分为自然科学、工程学、医学科学、农业、社会科学、人文科学和美术等，每一种都可以自成体系。其中将医学、农业和工程学单独列类。科学包括自然科学和社会科学，自然科学如数学、物理、化学、天文学、地理学和生物学。工程学主要是技术，如化学工程、机械工程等；而医学和农业是基础学科。

我国颁布了《普通高等学校本科专业目录》学科体系，主要服务于高考学生报考专业志愿、高等学校设定本科专业课程等需要。学科体系会分得比较详细，如信息管理与信息系统专业，一般分到管理学院或者理学院。

## 2.3.2 知识的关联性

知识分类存在领域特征和知识关联现象，如生物学、医学和农学的关系。生物学和医学有很大联系，生物学也叫生命科学，生物研究一般都使用容易进行实验的材料，如使用果蝇、番茄、拟南芥等实验动物或实验植物。医学更偏重于关注人类，研究人类的疾病，与生物学相关的是一些疾病是由于其他生物侵染。农业关注的是生物的生产性状、经济性状，如提高奶牛的产奶量，提升作物的亩产量等，这些都与经济性状相关。生物、医学和农业 3 个领域的关联，也可以用概念细胞为例来说明，如研究细胞，细胞是有共性的。总之，生物学不管研究对象的形态，只要有生命即可，而农业是研究农作物或者家畜家禽的细胞，医学研究人类的细胞，但是不管什么细胞，都是有生命的，所以它们之间还是有一定联系的。

知识分类有一定的秩序和结构，即对知识排序。例如，《中图法》一般是先综合再专业、再应用这样的排序。这也是人类对知识认识的一种方法。

## 2.4 概念逻辑原理

概念逻辑原理是信息组织的一个重要原理，核心内容认为，概念是知识的单元，从概念的内涵与外延、种类、定义方法、概括与限制等方面，对知识进行组织。

### 2.4.1 概念的内涵与外延

概念是反映对象本质属性的思维形式[①]。人类具有思考的能力，思考的对象可以是有形的，如日月星辰、山川河流等自然界存在的事物；也可以是无形的，如空气、电磁波等通过仪器仪表才可以测试存在的事物。思考的对象可以是物质的，如超市售卖的商品；也可以是抽象的，如管理、情绪等；甚至可以是不存在的，如上帝、鬼神等。总之，思考的对象包罗万象，一切均可被思考。

人类具有抽象思考对象本质属性的能力，属性包括对象的共性特征和对象之间的关系。本质属性是对象固有的特征，如人能劳动、人有创造力等。概念是思维的单元，是反映对象本质属性的思维形式，概念具备对象的本质属性。通过概念本质属性的区分，可以将事物进行分类，形成不同的概念，每个概念具有相同的本质属性。通过概念属性的界线，可以划分出不同的概念，也可以建立不同的概念关系，这些概念关系具备一定的规律，无论人类还是机器，都可以依据概念关系进行知识推理。

概念的含义就是概念的内涵，概念的适用范围就是概念的外延。概念的内涵和外延之间是互相依存而又互相制约的。在概念中，当它的内涵扩大（加深）时，则它的外延就缩小；当它的内涵缩小（变浅）时，则它的外延就扩大。例如，农业中的家畜→牛→普通牛→乳牛→黑白花牛→中国黑白花牛，就是概念内涵递增、外延递减的过程，加的限定越来越多，概念内涵越来越多，外延越来越小。再如，动物病毒→脊椎动物病毒→反转录病毒→肿瘤病毒→白血病病毒→牛白血病病毒，也可以表达出概念等级结构中内涵与外延的变化关系。

### 2.4.2 概念的种类

在知识组织系统中，概念的分类是一个关键步骤，通过明确不同类型的概念及其关系，可以有效地组织和管理知识。概念通常可以根据其外延、属性、对象及语境等特征进行分类。主要的分类包括普遍概念与单独概念、实体概念与属性概念及集合概念与非集合概念。这些分类方法帮助我们更好地理解和应用概念，确保知识体系的清晰和一致性。

普遍概念与单独概念：概念外延包含的对象大于一个，就是普遍概念，通常用普通名词表示。例如，概念"学生"，可以是"张同学"，也可以是"李同学"，"学生"是一个

---

① 中国人民大学哲学系逻辑教研室. 逻辑学［M］.北京：中国人民大学出版社，2002：9-20.

普遍概念。同理,"细胞"也是一个普遍概念,因为"细胞"包含"真核细胞""原核细胞"等更多类型的细胞。单独概念是指外延仅有一个对象的概念,通常用专有名词表示,例如,人名、地名、机构名类术语。"李时珍"是"医学家","李时珍"是单独概念,"医学家"是普遍概念。在知识组织领域,通常将单独概念称为实例,实例是唯一的,世界上只有一个"李时珍",即使是同名,每个李时珍也是唯一的。

实体概念与属性概念:实体概念反映的对象是实体,例如"黑白花奶牛"就是指向可以具体产奶的牛,是实实在在存在的实体。属性概念反映的对象是属性,如"人"具有"身高""体重""性别"等性质属性;"人"也有"思考""创造"等关系属性。用于反映性质属性的概念称为性质概念,如"成活率""传导性"等。用于反映关系属性的概念称为关系概念,如"消毒""控制"等动名词类术语。

集合概念与非集合概念:根据反映的对象是否为集合体,可以划分为集合概念和非集合概念。反映集合体的概念,称为集合概念。反映类的概念,称为非集合概念。例如,"森林"是一个集合概念,因为森林包含森林中各类植物,不能用"森林"去指称某棵树。"树"是一个非集合概念,是反映类的概念,可以用"树"指称具体的某一棵树。集合概念与非集合概念通常是相对的,根据使用的语境,有时可能发生转换,例如,"张三是人,人是由猿类进化而来的",这句话中,前一个"人"表达的是一个非集合概念;后一个"人"是一个集合概念,指"人类"。在知识组织系统中,概念的语境是通过上下位等级关系判定的。分类法的类目多数可以看作集合概念,如《中图法》的 S 大类"农业科学",包含 S3"农学"、S4"植物保护"、S5"农作物"、S6"园艺"等。叙词表的概念,有的是集合概念,有的是非集合概念,可以通过等级关系的词族构成去判断。例如,在生物分类的界门纲目科属种等级关系中,一般情况下,种以上的概念是集合概念,种是非集合概念。例如,"小麦"是一个种,其上位词是"小麦属",再上位是"禾本科",一直到"植物界",这些上位词都是集合概念。"小麦"还可以分为"春小麦""冬小麦""旱地小麦""杂交小麦"等各种类型小麦,都可以指称为小麦,基因型是一样的,所以处于分类"种"一级的"小麦"就是一个"非集合概念"。叙词表中的整体与部分关系,通常也会包含集合概念与非集合概念。例如,由"心脏""血管"等构成"心血管系统","心血管系统"就是一个集合概念。"血管"分为"动脉""静脉"等,这里的"血管"是非集合概念,因为无论是"动脉"还是"静脉",都可以称为"血管",但不能把"血管"称为"心血管系统"。

## 2.4.3 概念的定义方法

概念是反映对象本质属性的思维形式,通过定义明确描述其属性。定义概念需要遵循一定的方法和规则。

定义的结构通常包括被定义项、定义项和联项。例如,在"概念是知识的单元"中,"概念"是被定义项,"知识的单元"是定义项,"是"是联项。正确定义要遵循以下规则:一是被定义项与定义项必须是全同关系;二是定义项中不能直接或间接包含被定义项，避免出现"同语反复"或"循环定义"的逻辑错误；三是不能用比喻的方式描述定义项；四是不用否定的形式给概念下定义。

在知识组织系统中，术语表中的每个术语通常都有定义，每个术语都是一个概念，或者说术语是概念的标签。在分类表中，如《中图法》，每个类目可以理解为一个概念，类目概念含义通常通过隶属关系表达，也经常用注释注明类目的含义。在叙词表中，同样不使用定义对概念进行解释，通常通过概念的等同关系、等级关系、相关关系来限定概念含义。如果叙词表概念有歧义，可以通过加带括号的限定词对概念进行限定，或者通过注释对概念含义进行说明。

### 2.4.4 概念之间的关系

概念之间的关系主要分两大类，即相容关系和不相容关系。相容关系概念的外延有一部分是重叠的，不相容关系概念之间没有重叠。

相容关系：根据概念外延重叠的情况，相容关系可以分为 3 种。第一种是全同关系，两个概念的外延全部重叠，或者说完全相同。例如，在知识组织系统中，同义词性质的等同关系，"马铃薯"与"土豆"的外延是全部重叠的，是同一个概念。分类法的交替类目是全同关系。第二种是属种关系，两个概念间一个概念属于另一个概念的一部分，外延大的是属概念（上位词），外延小的是种概念（下位词）。例如，"人"可以分为"黄种人""白种人""黑人"等，这就是属种关系。"人"是上位词，是属概念；"黄种人""白种人""黑人"是下位词，是种概念。第三种是交叉关系，两个概念的外延有部分重叠，有时重叠的部分也可以形成一个新的概念。例如，"水生动物"是一个概念，"哺乳动物"是一个概念，"水生哺乳动物"是一个新的概念，它们之间就是交叉关系。在叙词表中，概念的全同关系对标等同关系；属种关系是典型的等级关系；部分交叉关系可以建立相关关系。

不相容关系：也叫全异关系，分为矛盾关系、对立关系和一般全异关系 3 种类型，是根据两个概念外延之和的特征确定的。矛盾关系是指两个不相容关系的概念，其外延之和等于第三个概念，这两个概念间就是矛盾关系。例如，"金属"和"非金属"之间是矛盾关系，它们外延之和等同于"元素"概念。对立关系是指不相容的两个概念的外延之和不等于第三个概念，例如"植物"加"动物"与"生物"的关系，"生物"还包括"微生物"，所以"植物"与"动物"是对立关系，对立关系也叫作反对关系。一般全异关系是指两个概念的外延之和找不到可对应的第三个概念，如"奶牛"与"共享单车"就是一般全异关系，它们之间没有任何关系。在知识组织系统中，一般关注的是概念间的关系。在叙词表中，矛盾关系和对立关系多数为等位类，即一个概念的并列下位词。

在知识组织系统的构建中，经常会通过概念关系的推理来检查和修订概念间的关系。概念的内涵和外延大小变化遵循一定的基本原则，子项的外延之和应等于母项的外延。例如，"人"的染色体是 $2n = 46$，其中"男人"拥有 XY 性染色体，"女人"拥有 XX 性染色体，"男人"和"女人"的外延之和应该等于"人"的外延。在现代科技中，发现存在性染色体是 XXY 型的人，这种情况会影响生育能力，所以，本例中概念"人"指称的是能繁衍后代的人。在属种关系中，如果一个概念的外延，大于下位词概念外延之和，则概念逻辑存在问题，常常是遗漏了某个下位词。在具体概念限定中，外延限定也不是绝对的。例如，"人"如果只分为"青年""中年""老年"，则"少年""儿童"甚至"婴儿"可能都要归入"青年"这一层级，如果不将这些群体包含在内，这个逻辑体系就不完整了。在不同的目的和方法下，概念的限定需要遵循一些基本规则或原理，能让别人理解分类组织的目的和应用环境，例如是否用于高考或参军入伍等。比如，在部队招聘或招考中，都会有年龄限制。如果不能够全面覆盖，那就可能会遗漏一部分人群。外延必须相互排斥。例如，将15岁以下定为少年，15岁以上定为青年，那么14岁显然是少年，16岁是青年，但15岁到底是青年还是少年呢？这种情况下，就需要一个清晰的定义，确保分类是互斥的，不能让人认为15岁既是青年又是少年，或者既不属于青年也不属于少年。

## 2.4.5 概念的分析与综合

概念的分析方法是对整体事件和复杂事物进行分解的研究方法，包括将整体事件分解为各个部分，以及将复杂事物分解为简单的要素，并对分解的部分和要素进行详细分析。相对地，概念的综合方法是在思维过程中把对象的各个部分、各个方面和各种因素联系起来考察，从而得出有关它们共性和本质的认识。分析与综合在思维方向上是相反的：前者是在整体基础上去认识部分，后者是在对部分认识的基础上又去重新认识整体，二者是辩证统一的。从总体到具体，是分析的过程，越分越细；从部分或具体到总体，就是综合的过程。

分类法的等级类目划分是一个清晰的综合与分析体系。在众多的知识领域中，依据共同属性概括出分类法的基本大类，然后按照分析的方法，以树状结构形式一层一层展开，这就是典型的分类法。例如，法律分为民法、刑法、宪法等。如果区分国家，则民法下可细分为中国民法、美国民法、日本民法等。

概念之间的关系可以用图形表达。传统方法使用纸版印刷图形，而现代方式多采用计算机图形可视化表达。随着网络应用的扩大，这也成为一个重要的研究方向。简单的图形表示方法可以使用树形结构，类似于不同级别标题的展示方式。

# 第三章 元数据

如何描述数据，数据有什么属性信息，如何支持多种信息服务功能？本章对元数据进行概述，通过具体实例介绍国内外元数据的代表工具：机读目录 MARC 和 DC 元数据；然后介绍元数据的标准、置标语言和元数据的应用等。

## 3.1 元数据概述

一本书的封面和内页都向读者展示了这样的信息：标题、作者姓名、出版商和版权细节、封面的描述、目录、页码。元数据的前身是图书目录，图书目录的信息解决了十分具体的问题：如何帮助用户在图书馆的馆藏书籍中找到具体的资料。首先根据书籍的信息如标题、名称等在图书馆资源库进行检索和识别，而后得到符合要求的图书定位，最后根据检索出来的图书信息选择图书。

在日常生活中，都会有相应的元数据信息保留下来。在数据治理中，元数据是对于数据的描述，存储着关于数据的数据信息。可以通过这些元数据去管理和检索想要的"这本书"。万方数据、中国知网等网络数据库，同样使用了大量的元数据。例如，想在中国知网中找到需要的文献，进入知网平台根据所要查找文献的信息（如主题、作者、文献来源、发表年度等）来检索论文。元数据也应用在网络购物中，如想在京东中购买一个笔记本电脑，可以在购物平台首页检索界面直接检索"笔记本"，将会得到大量笔记本商品供我们选择。也可以按首页分类列出的商品类型，点击其中的电脑/办公/文具用品，可以得到包括笔记本在内的大量商品。点击感兴趣的笔记本后，页面包含笔记本的商品介绍、规模与包装、售后保障、商品评价、商品问答，这些都是元数据。

## 3.2 元数据内涵与外延

元数据在生活中的应用无处不在，了解元数据的重要性对于任何项目都至关重要，以下是几个关键原因。①知道如何以及为什么，熟悉元数据的概念和原理是至关重要的，能够有效地执行现有的标准，如 Dublin Core 等，并制定适合特定项目的元素集和应用纲要。②确定项目环境，元数据可以帮助确定项目所处的环境，包括涉及的实体、功能要求及合作机会。通过分析元数据，了解项目的受众群体、市场定位、相关主题和话题，从而更好地规划和执行项目。③确定责任分工，了解元数据的不同类型和用途，可以帮助团队明确每个成员在元数据管理过程中的责任和角色。这包括确定谁负责收集、录入、验证和维护元数据,以及如何确保数据的一致性、准确性和及时性。④共同编制高质量的可共享元数据,元数据是项目信息的基础,对其质量和完整性要求高。通过共同努力,团队可以确保项目的元数据质量良好,并且可以与其他组织或平台共享,以提高项目的可见性和访问性。这需要建立有效的元数据管理流程,包括规范、标准、工具和培训,以确保元数据的一致性、可靠性和可维护性。

### 3.2.1 元数据定义

元数据是关于数据的数据[1],是对数据进行组织和处理的基础,描述数据的特征和属性,包括数据的存储位置、管理方式、使用方法、内容信息、数据历史等信息,组织、发现和利用信息资源的语言和工具。自从有了人类文明以来,就有了数据概念,如中国古代的结绳记事等。在计算机、互联网普及之前,数据由印刷版的图表等来体现;自从有了计算机、互联网以后,数据概念更加直观,尤其是现在所说的大数据,人们能看到数据、听到数据、运算数据,数据的应用为人们的生活与工作增添了更大的便利。基于人及计算机对数据的管理和应用,诞生了元数据的概念。其实,关于数据的数据,是一个早已存在的数据管理方法,在计算机发明以前就存在,例如,科技论文的标题、摘要,都是对论文核心内容的介绍,这就是典型的元数据。所以在论文写作时,摘要开头写"本文介绍了……"是不妥当的,应该使用第三者的语气,而不是作者本人的语气。摘要开头的写法推荐用"文章介绍了……",具体摘要内容描述论文的研究目的是什么、用了什么方法、经过怎样的分析、得出什么结论等。所以,论文摘要可以看作论文内容的元数据。在实际应用中,元数据的语义场景更多的是指在数字环境下,对计算机、互联网数据的组织管理方法。元数据描述的资源范围非常广泛,可以是一本图书、一篇论文、一个网页信息、一个专利,甚至一张网络照片、一张幻灯片等。元数据就像是个人的"户口本",提供了关于数据的基本信息,还像是图书管理员的"图书目录",帮助他们快速查找图书。同时,它又像是一幅"藏宝图",能够帮助企业盘点自己的数据资产,包括数据的位置、来源、去向、路径等。

在各个领域中,元数据的定义和用途都有所不同。在大学数字图书馆项目中,元数据被视为帮助查找、存取、使用和管理信息资源的关键信息;国际图联将其描述为用于辨识、描述和指示网络电子资源位置的资料;数据库专家认为元数据是定义和描述所有数据项、数据存储、数据结构和外部实体的工具;微软在其.net中将元数据定义为描述存储在可移植可执行文件或内存中的程序的二进制信息;在数据存储领域,元数据展示了巨量数据在存储介质上的分布情况;而在数据仓库领域,元数据描述了数据及其环境,为用户提供了基于用户的信息,并支持系统对数据的管理和维护;在软件构造领域,元数据不是被加工的对象,而是通过其值的改变来改变程序的行为的数据;在图书馆与信息界,元数

---

[1] JOUDREY D N, TAYLOR A G. The organization of information [M]. 4th ed. Westport, Conn: Libraries Unlimited, 2017.

据提供了关于信息资源或数据的结构化描述，类似于图书目录，能够帮助图书管理员快速查找图书。

元数据是描述数据的数据，存在于数据内部，为数据赋予了意义和上下文。一方面，虽然元数据与数据密切相关，但也具有一定的独立性，可以被单独管理和利用；另一方面，元数据也可以与数据紧密相连，作为数据的一部分存储或传输。这种关系使得元数据像是数据的"标签"，为数据提供了额外的信息，有助于更好地理解和处理数据。综合而言，元数据与数据相辅相成，共同构建了信息世界的基础。

### 3.2.2 元数据特征

不同的学者和研究机构分别从不同的角度描述了元数据的特征，强调元数据的数据集特征，是在单元信息资源基础上描述整体信息资源的属性特征；用于描述信息对象的内容和位置属性特征，应用在网络环境下的信息发现和检索；描述的典型场景主要是网络环境下的电子资源，如各类电子数字文献；图书馆的元数据主要是电子书目收藏和检索目录；也有的强调元数据的结构化功能，认为元数据是结构化的数据；强调元数据的中间级别特征，用户通过信息描述数据来确定是否需要获取全文；强调元数据的定位、发现、评价和选择等功能。国际标准和国家标准中对元数据的定义为"定义和描述其他数据的数据"。

元数据具有多种重要特征，首先，它描述了整体信息资源的属性特征，以数据集为单位进行描述。其次，元数据包含内容和位置属性特征，使得在网络环境下可以方便地进行信息发现和检索。最后，在网络环境下电子资源管理中得到广泛应用，尤其是在图书馆等机构中作为电子书目收藏和检索目录的关键工具。此外，元数据还具有结构化特征，强调其数据的结构化功能，有助于数据的组织和管理。

### 3.2.3 元数据类型与结构

（1）元数据分类

元数据有不同的分类方法，从结构和语义的复杂程度可将元数据划分为三类，一是非结构化格式元数据，从资源中自动抽取并建立索引，如通过抽词技术获取高频关键词而建立的索引目录；二是简单结构格式元数据，设置了元数据元素集，针对固定字段建立的索引目录；三是复杂结构格式元数据，是用于特定项目信息资源的管理和描述，元数据元素集也进行了结构层次的划分，如图书馆使用的 MARC 元数据。从数字资源的管理和功能角度出发进行分类，如美国 Getty 信息研究所将元数据分为管理型、描述型、技术型、保存型和使用型元数据，对于这 5 个类型元数据定义和使用实例详情如表 3.1 所示。按照元数据来源，可以将元数据划分为馆藏文献或藏品数字化过程的元数据、数字化以后的元数据。按照建立的方式可以分为计算机自动建立的元数据和有人工参与的元数据。也可以通过是否需要信息组织专业人员参与来区分元数据。按照业务场景的不同，分为业务元数据、技术元数据、操作元数据、管理元数据，如表 3.2 所示。

# 第三章 元数据

**表 3.1 数字资源的管理和功能角度分类**

| 类型 | 定义 | 使用实例 |
| --- | --- | --- |
| 管理型 | 用于管理与控制信息资源的元数据 | • 信息收集<br>• 版权及复制记录<br>• 获取权利控制（密级）<br>• 位置信息<br>• 数字化的选择标准<br>• 版本控制 |
| 描述型 | 用于描述与标识信息资源的元数据，一般为手工制作的元数据 | • 编目记录<br>• 专题索引<br>• 资源之间超链接的关系<br>• 用户所做的注释 |
| 技术型 | 与系统功能相关的元数据或元数据行为模式 | • 硬件及软件文档<br>• 数字化信息，如格式、压缩比及缩放比、定标例程<br>• 系统响应时间的记录<br>• 数据验证与安全，如密码及加密密钥 |
| 保存型 | 与信息资源的保存管理相关的元数据 | • 资源的物理状态描述文档<br>• 有关保存资源物理或数字化版本的文档，如数据的更新与迁移 |
| 使用型 | 与用户级别、类型相关的信息资源的元数据 | • 展出记录<br>• 用户及利用记录<br>• 内容再利用及多个版本的信息 |

**表 3.2 元数据按业务场景的分类**

| 类型 | 定义 | 使用实例 |
| --- | --- | --- |
| 业务元数据 | 描述数据的业务含义、业务规则等，包括业务规则、数据字典以及安全标准等多项内容，明确业务元数据，统一的数据认知，消除数据歧义 | 业务定义、业务术语解释等<br>业务指标名称、计算口径、衍生指标等<br>业务规则引擎的规则、数据质量检测规则、数据挖掘算法等<br>数据的安全或敏感级别 |

续表

| 类型 | 定义 | 使用实例 |
| --- | --- | --- |
| 技术元数据 | 描述数据源信息、数据流转信息及数据结构化信息，用于开发和日常管理数据仓库时用的数据 | 物理数据库表名称、列名称、字段长度、字段类型、约束信息、数据依赖关系等<br>数据存储类型、位置、数据存储文件格式或数据压缩类型等<br>字段级血缘关系、SQL 脚本信息、ETL 抽取加载转换信息、接口程序等<br>调度依赖关系、进度和数据更新频率等 |
| 操作元数据 | 记录与数据的历史操作信息相关的描述数据，是指对数据的描述、定义和管理。它包括对数据的结构、格式、类型、属性、关系和约束等信息的管理 | 数据所有者、使用者等<br>数据的访问方式、访问时间、访问限制等<br>数据访问权限、组和角色等<br>数据处理作业的结果、系统执行日志等<br>数据备份、归档人、归档时间等 |
| 管理元数据 | 管理元数据是描述数据的管理归属信息，包括业务归属、系统归属、运维归属以及数据权限归属等信息，是数据安全的基础 | 数据的来源<br>数据的功用<br>数据的负责人<br>数据的价值体现 |

（2）元数据功能

组织和描述：元数据用于描述和排序存储库中的数据资源。存储库中的信息根据其受众或主题进行组织。另外，通过使用数据库存储的信息动态构造页面来实现分层组织。专家可以通过注册、编目和索引程序生成新的元数据。

搜索和检索：适当的描述性元数据简化了用户查找和获取必要的元数据和数据资源信息的过程。它允许对相似的资源进行分组，并区分不同的资源。

利用率和保留：元数据有助于跟踪数据资源的生命周期，包括监视修改、权限管理和版本管理。为确保数字资源的持续可用性，应将其纳入持续保存制度，并进行刷新、迁移和完整性检查等操作。

信息创建、多版本控制和重用：可以开发资源的各种迭代，用于保存、研究或产品开发。数字化应包括资源的管理和描述性元数据。元数据对于保存和使材料在未来可访问的作用至关重要。资源的保存和维护需要独特的方面来追踪数字对象的来源并描述其物理特性。

促进互操作性：使用已建立的元数据方案、标准化的传输机制以及方案和 API 之间的交互接口可以轻松共享元数据收集和跨系统搜索等资源。

（3）元数据描述对象

元数据的描述对象经历了演进。最初，元数据主要用于描述网络资源的数据。随着电子信息资源的广泛存在，其范围逐渐扩大到各种电子信息资源。如今，元数据的应用已经涵盖了各种类型的信息资源的描述记录。

元数据在不同方面发挥作用。描述资源（description）：元数据对信息对象的内容和位置进行描述，为信息对象的存取与利用提供了必要的基础；定位资源（location）：元数据包含有关网络信息资源位置的信息，能够准确地定位资源的位置；发现资源（discovery）：通过著录过程对信息对象中重要信息的抽取、组织和赋予语意，元数据有助于用户识别资源的价值，发现真正需要的资源；评估资源（evaluation）：元数据还提供有关信息对象的基本属性，使用户能够在不需要浏览信息对象本身的情况下，依据标准对其价值进行评估；选择资源（selection）：基于元数据所提供的描述信息，用户能够作出对信息对象取舍的决定，选择适合自己使用的资源。

（4）元数据结构

元数据的结构主要包括内容结构（content structure）、句法结构（syntax structure）和语义结构（semantic structure）。首先，内容结构描述元数据的构成元素及其定义标准，可包括：描述性元素、技术性元素、管理性元素、结构性元素（例如与编码语言、命名空间即 Namespace、数据单元等的链接）。其次，句法结构定义格式结构及其描述方式，例如元素的分区分段组织、元素选取使用规则、元素描述方法（如 Dublin Core 采用 ISO/IEC 11179 标准）、元素结构描述方法（如 MARC 记录结构、SGML 结构、XML 结构）和结构语句描述语言（如 EBNF Notation）等。最后，语义结构定义元数据元素的具体描述方法，例如，描述元素时所采用的标准、最佳实践或自定义的描述要求。这 3 个结构层面共同构成了元数据的完整结构，为信息的描述、组织和理解提供了坚实的基础。

在图书馆领域，主要使用书目元数据，如 IFLA 的 ISBD 词表和 FRBR 词表、美国国会图书馆的书目框架 BIBFRAME 2.0 等典型书目 RDF 词表都属于元数据范畴。以下详细介绍目前广泛普及使用的 MARC 和 DC 元数据。

### 3.2.4 机读目录 MARC

机读目录（machine readable catalogue，MARC），也叫机器可读目录，是目前图书馆领域广泛使用的计算机识读文献编目目录。它以代码形式和特定的格式结构记录在特定载体上，作为描述文献著录信息的国际标准格式，为实现图书馆书目数据资源的共享作出了重要贡献。

美国国会图书馆早在 1966 年开始实施 MARC 试验计划，并于 1969 年发行了 MARCII 图书馆英文机读目录磁带。1977 年，国际图书馆协会和机构联合会（IFLA）为了统一各国机读目录格式，主持制定了《国际机读目录格式》（Universal MARC Format，UNIMARC），将不同语种、不同载体的信息源机读目录实行了格式一体化，并设置了连接款目块，许多国家开始使用 UNIMARC 作为国际机读目录的交换格式。

北京图书馆（现在的国家图书馆）于 1987 年开始开发《中国机读目录格式》，并于 1991 年 1 月正式发行。《中国机读目录格式》于 1996 年作为中华人民共和国文化和旅游部行业标准（WH/T 0503—1996）[①]，通常称为 CNMARC。该格式等效采用了 UNIMARC 格式，同时，基于中国出版物的一些特殊情况对其进行了必要的补充，是国内图书情报部门和其他国家书目机构书目信息交换的主要格式。CNMARC 不仅适用于专著和连续出版物，也适用于测绘资料、乐谱、声像资料、计算机文件等各种类型文献的著录，在图书馆界得到了普及和推广。

图书馆 MARC 记录的主体是图书和期刊，但也包括缩微文献、电子文献、博硕士论文等。

以张琪玉先生的《情报检索语言实用教程》一书为例，在国家图书馆馆藏目录中进行检索，可以查到在国家图书馆馆藏目录中的 MARC 格式，著录项见表 3.3，字段内容著录含义如下。

FMT　　BK

FMT 国图文献类型代码：图书 BK，电子资源 EL，期刊 SE，博硕士论文 BS。

LDR －－－－－nam0 －22 －－－－－　　450 －

表示记录头标区，计算机识别字段，头标的总长度为 24 个字符

前 5 个字符表示记录长度：－－－－－

第 6 个字符表示记录状态："n"代表新记录

第 7 个字符表示记录类型："a"代表是文字资料印刷品

第 8 个字符表示书目级别："m"代表专著

第 9 个字符表示层次等级："0"代表层次关系未定或不采用层次结构

第 10 个字符表示未定义："－"代表未定义

第 11 个字符表示指示符长度："2"代表指示符长度

第 12 个字符表示子字段标识符长度："2"代表子字段标识符长度

第 13~17 个字符表示数据基地址："－－－－－"代表数据基地址

第 18~20 个字符表示记录附加定义：

　　代表编目等级为完全级

　　代表记录完全采用 ISBD 格式

　　未定义

第 21~23 个字符表示地址目次区项目结构：

　　"4"代表每个地址目次款目中的字段长度（总为 4）

---

[①] 中国机读目录格式 WH/T 0503 - 1996 [EB/OL]. [2024 - 04 - 02]. https：//hbba. sacinfo. org. cn/stdDetail/0af17950d29518d84035e38cc476d93b.

"5"代表每个地址目次款目中的起始字符位置（总为5）

"0"代表执行定义部分长度（总为0）

第24个字符表示未定义空格："-"代表未定义。

0-标识块

001是记录标识号字段，002740078是系统记录号。

005是记录最后处理字段，20041110171920.0意思是编目的最后处理日期为2004年11月10日17点19分20秒。

010是国际标准书号（ISBN）字段，∣a 7-307-04219-3 ∣d CNY18.00，∣a代表图书ISBN号是7-307-04219-3；∣d表示定价是18元。

1-编码信息块

100　　∣a 20041020d2004　　　em y0chiy50　　ea

通用处理数据字段

第1~8个字符表示入档时间："20041020"代表2004年10月20日书目记录建立

第9个字符表示出版时间类型："d"代表一次出全的专著

第10~13个字符表示出版时间1："2004"代表2004年出版

第14~17个字符表示出版时间2：4个空格代表无出版时间

第18~20个字符表示阅读对象代码："e"代表青年，"m"代表普通成人，空格代表未定义

第21个字符表示政府出版物代码："y"代表非政府出版物

第22个字符表示修改记录代码："0"代表记录无变更

第23~25个字符表示编目语种代码："chi"代表编目语种是中文

第26个字符表示音译代码："y"代表未使用音译方案

第27~30个字符表示字符集："50"代表ISO 10646：2020（Unicode统一编码字符集）[1]

第31~34个字符表示补充字符集：4个空代表无补充字符集

第35~36个字符表示题名文字代码：ea代表广义中文。

1010　　∣a chi

中文语种编目。

102　　∣a CN ∣b 110000

出版或制作国别字段，∣a CN表示出版国是中国，∣b 110000表示出版地区为北京，见ISO 3166-2：2020[2]。

105　　∣a y z　000yy

---

[1] Information technology—Universal coded character set（UCS）：ISO/IEC 10646：2020［EB/OL］.［2024-04-02］. https：//www.iso.org/standard/76835.html.

[2] Codes for the representation of names of countries and their subdivisions—Part 2：Country subdivision code：ISO 3166-2：2020［S/OL］.［2024-04-02］. https：//www.iso.org/standard/72483.html.

编码数据字段，专著性文字资料

第1~3个字符表示图表代码：y（y###）代表无图

第4~6个字符表示内容类型代码：z（z###）代表其他

第7个字符表示会议代码：0代表非会议出版物

第8个字符表示纪念文集指示符：0代表非纪念文集

第9个字符表示索引指示符：0代表无索引

第10个字符表示文学体裁代码：y代表非文学作品

第11个字符表示传记代码：y代表非传记。

106　　｜a r

编码数据字段，文字资料形态特征字段，｜a 代表文字资料代码数据，r 代表普通印刷本。

2 - 著录信息块

200 是题名与责任者说明字段。

200 1 ｜a 情报检索语言实用教程 ｜b 专著 ｜f 张琪玉主编 ｜9 qing bao jian suo yu yan shi yong jiao cheng

代表题名有检索意义

｜a 表示图书名称是"情报检索语言实用教程"，｜a 正题名

｜b 代表资源类型是"专著"，参见 GB 3469—2013[①]，｜b 资源类型标识

｜f 表示"张琪玉"是主编，｜f 第一责任说明项

｜9 是图书名称对应的汉语拼音"qing bao jian suo yu yan shi yong jiao cheng"，｜9 正题名汉语拼音。

210　　｜a 武汉 ｜c 武汉大学出版社 ｜d 2004

是出版发行字段

｜a 代表出版地所在城市是武汉

｜c 代表由武汉大学出版社出版

｜d 代表出版年是2004年。

215　　｜a 357 页 ｜d 21 cm

是载体形态项字段

｜a 表示全书357页

｜d 代表图书高21 cm，表示图书尺寸，为书库制作书架提供参考。

3 - 附注块

在300字段中，｜a 标注是"高等学校图书馆学核心课教材"，一般性附注字段。

在330字段中，｜a 记录图书的提要：本书对情报检索语言及情报语言学概论、等级

---

[①] 全国信息与文献标准化技术委员会. 信息资源的内容形式和媒体类型标识：GB/T 3469—2013 [S]. 北京：中国标准出版社，2014.

体系型分类检索语言、情报检索语言构造基本方法、互联网上资源的检索等进行讲述。

**6 - 主题分析块**

**606** 论题名称主题。

**6060** ∣a 信息检索 ∣x 检索语言 ∣x 高等学校 ∣j 教材

代表不需要区分主要词和次要词

∣a 款目要素，符合所用主题标目系统规定形式的词语

∣x 论题复分，附加于主题标目，以进一步说明该主题标目所描述论题方面的词语

∣j 形式复分，附加于主题标目，以进一步说明该文献类型的词语。

**690** ∣a G254.0 ∣v 4

中国图书馆分类法

∣a 表示分类号是 G254.0

∣v 4 表示分类法第四版。

**7 - 知识责任块**

**7010** ∣a 张琪玉 ∣f（1930～）∣9 zhang qi yu ∣4 主编

个人名称，等同知识责任字段

∣a 表示作者是张琪玉，款目要素

∣f 表示作者出生年是 1930 年，年代

∣9 作者名汉语拼音是 zhang qi yu，款目要素汉语拼音

∣4 表示作者是主编；关系词代码（责任方式）参见《中国文献编目规则》[①]。

**090** ∣a G254 ∣b zqy

自定义字段

∣a 表示排架分类号是 G254

∣b 表示作者中文名首字母缩写是 zqy。

**096** ∣a G254 ∣b zqy

自定义字段

∣a 定义国家图书馆排架分类号是 G254

∣b 表示作者中文名首字母缩写是 zqy。

**CAT** ∣a LCX ∣b 01 ∣c 20041020 ∣l NLC01 ∣h 1754

自定义字段，是国家图书馆内部馆藏记录字段，记录书库、编目时间等内部管理信息

∣a LCX 表示编目员代码

∣b 01 表示编目员级别

∣c 20041020 表示编目年月时间

∣l NLC01 表示编目库代码

∣h 1754 表示编目小时和分钟。

---

① 国家图书馆. 新版中国机读目录格式使用手册［M］. 北京：北京图书馆出版社，2004.

OWN ｜a ZB301

编目所属范围，ZB 中编代码，301 编目审核级别。

SYS　002740078

系统号，具体编号是 002740078。

表 3.3 《情报检索语言实用教程》国家图书馆 CNMARC 著录格式

| 编码 | 著录格式 |
|---|---|
| FMT | BK |
| LDR | -----nam0-22-----　450- |
| 001 | 002740078 |
| 005 | 20041110171920.0 |
| 010 | ｜a 7-307-04219-3 ｜d CNY18.00 |
| 100 | ｜a 20041020d2004　　em y0chiy50　　ea |
| 1010 | ｜a chi |
| 102 | ｜a CN ｜b 110000 |
| 105 | ｜a y z 000yy |
| 106 | ｜a r |
| 2001 | ｜a 情报检索语言实用教程 ｜b 专著 ｜f 张琪玉主编 ｜9 qing bao jian suo yu yan shi yong jiao cheng |
| 210 | ｜a 武汉 ｜c 武汉大学出版社 ｜d 2004 |
| 215 | ｜a 357 页 ｜d 21 cm |
| 300 | ｜a 高等学校图书馆学核心课教材 |
| 330 | ｜a 本书对情报检索语言及情报语言学概论、等级体系型分类检索语言、情报检索语言构造基本方法、互联网上资源的检索等进行讲述 |
| 6060 | ｜a 信息检索 ｜x 检索语言 ｜x 高等学校 ｜j 教材 |
| 690 | ｜a G254.0 ｜v 4 |
| 7010 | ｜a 张琪玉 ｜f（1930~） ｜9 zhang qi yu ｜4 主编 |
| 090 | ｜a G254 ｜b zqy |
| 096 | ｜a G254 ｜b zqy |
| CAT | ｜a LCX ｜b 01 ｜c 20041020 ｜l NLC01 ｜h 1754 |
| CAT | ｜a WLX ｜b 40 ｜c 20041026 ｜l NLC01 ｜h 1649 |
| CAT | ｜a NRTY3 ｜b 40 ｜c 20041028 ｜l NLC01 ｜h 1810 |
| CAT | ｜a CRH1 ｜b 60 ｜c 20041105 ｜l NLC01 ｜h 1537 |

续表

| 编码 | 著录格式 |
|---|---|
| CAT | ∣a LT ∣b 60 ∣c 20041109 ∣l NLC01 ∣h 0901 |
| CAT | ∣a XJW3 ∣b 60 ∣c 20041110 ∣l NLC01 ∣h 1719 |
| CAT | ∣a ZBGU ∣b 60 ∣c 20091228 ∣l NLC01 ∣h 1853 |
| CAT | ∣c 20150105 ∣l NLC01 ∣h 2229 |
| CAT | ∣c 20150110 ∣l NLC01 ∣h 0952 |
| OWN | ∣a ZB301 |
| SYS | 002740078 |

MARC格式主要用于计算机的数据交换,同时也便于人们阅读。国家图书馆对同一本图书提供了标准格式、卡片格式、引文格式、字段名格式、MARC格式5种著录格式。标准格式更适合人们阅读,见表3.4;字段名格式注重字段名称,也适合人们阅读,见表3.5;卡片格式传承了传统图书馆卡片目录的格式,简洁实用,适合读者使用,著录内容见表3.6。通过对比不同格式,可以了解图书馆编目工作的基本著录内容。一般情况下,出版社出版图书时也会提供MARC数据格式,如果出版社的数据不全或没有数据,书商也会补齐MARC数据格式的著录内容。具体到图书馆,多数数据都已经具备,只需著录馆藏等本馆管理类信息。总之,无论是哪个阶段完成MARC数据格式的著录,对图书馆的服务和数据交换而言,都需要用到MARC原始数据。

表3.4 《情报检索语言实用教程》国家图书馆标准著录格式

| 字段 | 著录内容 |
|---|---|
| 头标区 | -----nam0-22-----450- |
| ID号 | 002740078 |
| 通用数据 | 20041020d2004 em y0chiy50 ea |
| 题名与责任 | 情报检索语言实用教程［专著］/张琪玉主编 |
| 出版项 | 武汉:武汉大学出版社,2004 |
| 载体形态项 | 357页;21 cm |
| 语言 | chi |
| 一般附注 | 高等学校图书馆学核心课教材 |
| 内容提要 | 本书对情报检索语言及情报语言学概论、等级体系型分类检索语言、情报检索语言构造基本方法、互联网上资源的检索等进行讲述 |
| 主题 | 信息检索--检索语言--高等学校--教材 |
| 中图分类号 | G254.0 |
| 著者 | 张琪玉（1930~）主编 |

续表

| 字段 | 著录内容 |
|---|---|
| 并列 | 访问电子文献 |
| 所有单册 | 查看所有馆藏单册信息 |
| 馆藏 | 中文图书借阅区 |
| 馆藏 | 中文基藏 |
| 馆藏 | 书刊保存本库 |
| 馆藏 | 北区中文图书区 |
| 馆藏 | 图书馆学资料室 |

表3.5 《情报检索语言实用教程》国家图书馆字段名著录格式

| 字段名 | 著录内容 |
|---|---|
| FMT | BK |
| 头标区 | -----nam0-22----- 450- |
| 记录控制号 | 002740078 |
| 记录最后处理 | 20041110171920.0 |
| ISBN/价格 | 7-307-04219-3；CNY18.00 |
| 通用处理数据 | 20041020d2004　em y0chiy50　ea |
| 作品语种 | chi |
| 国别 | CN110000 |
| 专著 | y　z　000yy |
| 载体形态项 | r |
| 题名责任者项 | 情报检索语言实用教程［专著］/张琪玉主编 |
| 出版发行项 | 武汉：武汉大学出版社，2004 |
| 载体形态项 | 357页；21 cm |
| 一般附注项 | 高等学校图书馆学核心课教材 |
| 提要 | 本书对情报检索语言及情报语言学概论、等级体系型分类检索语言、情报检索语言构造基本方法、互联网上资源的检索等进行讲述 |
| 学科主题 | 信息检索--检索语言--高等学校--教材 |
| 中图分类号 | G254.0 |
| 个人名称等同 | 张琪玉（1930~）主编 |
| 排架分类号 | G254 zqy |
| OWN | ZB301 |
| 系统号 | 002740078 |

## 第三章 元数据

**表3.6 《情报检索语言实用教程》国家图书馆卡片著录格式**

| 卡片内容 |
|---|
| 系统号［002740078］ |
| 情报检索语言实用教程［专著］/张琪玉主编.－－武汉：武汉大学出版社，2004 |
| 357页；21 cm |
| 高等学校图书馆学核心课教材 |
| ISBN：7－307－04219－3：CNY18.00 |

MARC格式帮助图书馆实现了数据交换，为图书馆数据在国家范围内的交换和共享作出了贡献，成为目前图书馆数据交换的主要格式。然而，在网络环境下，MARC格式也存在一些弊端，主要表现在以下几个方面。一是数据格式结构复杂繁多、过于专业化。例如，1995年出版的《中国机读目录格式使用手册》的"3－附注块"共设有300一般性附注、301标识号附注、302编码信息附注等30个字段。二是有些字段重复设置。例如，"192编码数据字段：民族音乐"，虽然只设了3个字段，但其所提供的信息与"690中国图书馆分类号"中提供的信息完全相同。三是记录是程序性的而非描述性的，是一种不规则或不完整的特定数据结构格式。字段、子字段的重复和可变长度使得非专业技术人员处理MARC数据无从下手。

### 3.2.5 DC元数据

由于MARC格式结构复杂、制作专业性强，无法有效组织快速增长的海量网络信息资源，因此建立一个简单有效的网络信息资源描述元数据方案显得尤为重要。1995年3月，由联机计算机图书馆中心（Online Computer Library Center，OCLC）和美国国家超级计算应用中心（the National Center for Supercomputing Applications，NCSA）联合在美国俄亥俄州都柏林镇（Dublin）召开了第一届Dublin Core（DC）元数据研讨会，提出建立都柏林核心元数据元素集（Dublin core element set）。此后，每年在世界各地都会举办一次或两次DC元数据研讨会，讨论DC元数据包含的元素集、组织网络信息资源的方法、与其他元数据的互操作方法、网络图像描述方法、修饰词的应用等，使得DC元数据成为目前最为成熟的网络信息资源描述方法之一。

都柏林核心元数据元素集包含15个核心元数据元素，分别是资源内容描述类元素：title、subject、description、source、language、relation、coverage；知识产权描述类元素：creator、publisher、contributor、rights；外部属性描述类元素：date、type、format、identifier。2010年我国发布了"信息与文献都柏林核心元数据元素集"国家标准GB/T 25100—2010[①]，元数据元素中文名称、描述功能见表3.7。该标准对应国际标准ISO 15836：

---

① 全国信息与文献标准化技术委员会.信息与文献 都柏林核心元数据元素集：GB/T 25100—2010［S］.北京：中国标准出版社，2010.

2009，MOD。DC 元数据国际标准最新版是 ISO 15836：2017①，分为两个部分。其中，ISO 15836-1：2017 包含了 2009 年版的全部内容，个别定义进行了文字修订。例如，对"来源"（resource）的定义从"anything that might be identified"修改为"thing that might be identified"，此外还为每一个元素新增了统一资源标识符（URI）地址。在 ISO 15836-2：2019 中，新增了 2009 年版本中所没有的"properties"（属性）和"classes"（类）两个元素，并收录了 DCIM 元数据的详细元素集。

表 3.7 DC 元数据元素中文名称及描述功能

| 标识 | 中文翻译 | 解释 |
| --- | --- | --- |
| Title | 名称 | 赋予资源的名称 |
| Creator | 创建者 | 创建资源的主要责任者 |
| Subject | 主题 | 资源的主题 |
| Description | 描述 | 资源的说明解释 |
| Publisher | 出版者 | 使资源可以获得和利用的责任实体 |
| Contributor | 其他责任者 | 对资源作出贡献的其他责任实体 |
| Date | 日期 | 与资源生命周期中的一个事件相关的时刻或一段时间 |
| Type | 类型 | 资源的特征或类型 |
| Format | 格式 | 资源的文件格式、物理媒体或尺寸规格 |
| Identifier | 标识符 | 在特定上下文环境中，赋予资源的一个明确的标识 |
| Language | 语种 | 资源的语种 |
| Source | 来源 | 与当前资源来源有关的资源 |
| Relation | 关联 | 相关资源 |
| Coverage | 时空范围 | 资源所涉及的空间或时间主题，资源所适用的空间或者资源所辖的范围 |
| Rights | 权限 | 资源本身的所有者权利信息或被赋予的权利信息 |

资源内容描述类元素主要用于描述网络数字信息内容，包含以下 7 个核心元素。首先是题名（title），HTML 网页通常包含题名和正文两个部分内容，题名是重要的主题信息。主题（subject）反映信息资源的主要知识内容，如传统的分类号、主题词信息。通过主题信息的描述，可以了解数字资源的主要内容。描述（description）是对资源内容的解释，标注具体内容。来源（source）是当前资源来源的参照。语种（language）是数字资源使用的语种信息。关联（relation）是与其他资源的关联关系，关联相关资源。时空范围（coverage）是解释资源覆盖的领域等。

知识产权描述类元素与知识产权相关，共有 4 个核心元素，主要描述资源的创建者、

---

① Information and documentation-The Dublin Core metadata element set-Part 1：Core elements：ISO 15836-1：2017 [EB/OL].[2024-04-02]. https://www.iso-org/standard/71339.html.

出版者、贡献者及其各自的权利等。创建者（creator）是作者或创建知识的责任者。出版者（publisher）是将信息资源转变为可获取的责任实体。其他责任者（contributor）是除创建者以外对信息资源的产生具有其他贡献的责任者，如绘图员、责任编辑等。权限（rights）是使用资源的权限信息，标明资源使用方法、知识产权保护信息等。

外部属性描述类元素主要描述元素的外部特征类信息，共有 4 个核心元素。日期（date）说明资源生命周期相关事件的时间信息，如创建时间、应用时间、截止时间等。类型（type）是描述资源特征的描述性术语词汇，包括资源的题材、种类、级别等信息。格式（format）是数字资源的物理特征，包括媒体类型、需要的软件硬件、容量空间的信息。标识符（identifier）是类似身份证信息的编码或标识，如统一资源标识符（URI）地址、国际标准书号（ISBN）等。

通过对 DC 核心元数据的统一认识和使用，不同的系统、不同的平台如果都用 DC 去描述信息，就能实现网络信息的数据交换和共享。DC 元数据具有结构化的特征，创建者无须经过专业培训就可以进行资源描述，著录信息相对简单，很快便在国际范围内得到用户的认同，成为数字资源或网络资源的主要标注方法。DC 元数据可以简单理解为资源和属性的关系，或对资源的标注，资源可以上升到主题或概念，属性就是关系，将概念看作资源的标签，标签标注的是资源。概念和属性可以用 RDF 语言描述，描述以后人们可以理解，机器也可以理解。再加上类似 URI 的地址信息，标明网络资源的存储地址，就可以实现网络信息的数据交换和共享。

DC 元数据有 15 个核心元数据元素，如果需要还可以进行扩展，既可以通用，也可以专用。例如，交替题名（alternative）是题名（title）的子属性；摘要（abstract）是描述（description）的子属性。对于元数据设计，需要遵循内在本质原则、可扩展原则、语法独立原则、可选择性原则、可重复性原则、可修饰原则，通过这些原则的把握，可以帮助用户设计各类专门的元数据应用。

### 3.2.6 元数据映射

元数据映射（metadata mapping/crosswalking）是利用特定的转换程序将不同格式的元数据进行转换的过程。例如，DC 核心元数据集和 MARC 格式的元数据可以通过国际互联网匿名文件传输协议（FTP）存档模块进行相互转换，使它们的内容、语句和数据元素可以无缝检索。此外，将复杂的 MARC 格式作为模板，通过搜索引擎获取的简单元数据也可以通过映射转换成复杂格式的元数据，从而实现不同格式之间的元数据交换。这种元数据映射的过程使得信息资源可以更加灵活地被共享和利用。

元数据映射转换遵循三项关键原则：最相近的语义，最精确的匹配，以及最广泛的兼容。在进行术语映射时，重点在于确保不同规范间术语的语义相似，而非名称相似；映射应该尽可能精确地转换到最小的术语单元，甚至包括修饰词级别的精细匹配，以确保准确性；如果在细致的术语层级找不到语义对应，应向上一层的术语进行兼容映射，以确保广泛的适用性和兼容性。应用如下：

题名——对应于正题名，USMARC 的 245@a。

创建者——对应于主要款目标目或附加款目标目，USMARC：100 或 110 或 700 或 710。

主题——可映射为 USMARC：650；050 或 653。

描述——映射为 USMARC：520，DC 的"描述"元素的内容可直接使用。

出版者——映射为 USMARC：260#b。

其他贡献者——映射为 USMARC：700 或 710。

日期——在 DC 中只考虑了出版发行日期，即 USMARC：260#c。

类型——一般情况下可映射为 USMARC：655，但这一元素也与字段 USMARC：256、500 有关。

格式——映射为 USMARC：856。

识别符——USMARC：010、020、022、024、856。

来源——可映射为 USMARC：786 或 776。

语言——可映射为 USMARC：041 或 546。

关系——可映射为 USMARC：7-连接款目块。

覆盖范围——其空间位置可映射为 USMARC：034 或 255；时间期限可映射为 US-MARC：045。

权限——可映射为 USMARC：540。

## 3.3 元数据标准

### 3.3.1 元数据标准类型

元数据标准涵盖了数据结构标准（data structures and semantics）、数据内容标准和指南（data content）、数据值标准（data values）及转换标准（data encoding & exchange）。不同类型的标准在元数据生态系统中发挥着重要的作用，有助于实现数据的组织、共享和交换。具体如下。

（1）数据结构标准包括定义数据元素之间的结构和语义关系，如 Dublin core metadata element set（DCMES）。

（2）数据内容标准和指南旨在指导元数据生成的实践，如 AACR2、DACS、CCO 及使用 Dublin core 的指南。

（3）数据值的标准包括规范文档和受控词表，用于确保数据值的一致性和可理解性，如 DCMI Type Vocabulary、RFC 4646 标签用于识别语言、AAT 及 LCSH。

（4）元数据格式及转换标准可独立设计，也可与元素集绑定在一起。例如，MARC 21 用于图书馆领域的元数据格式，DC schemas 用于描述网络资源的元数据格式，以及 EAD（encoded archival description）用于描述档案馆和特殊收藏的元数据格式。

## 3.3.2 元数据技术标准进展

在早期，元数据主要集中在描述结构化数据方面，可分为两类主要标准。一是专用的结构元数据标准。这类标准通常与特定的数据模型标准同时发布。例如，北约多边互操作性计划（multilateral interoperability program，MIP）发布了联合指挥控制信息交换数据模型（joint C3 information exchange data model，JC3IEDM），同时发布了与之配套的元模型规范（JC3IEDM metamodel）。类似地，美国国土安全部和司法部共同实施的国家信息交换模型（national information exchange model，NIEM），其结构领域规范了其他领域的描述方法，尽管未明确标明为元数据，但其实质上也属于这一类别。二是通用的结构元模型。这类标准更为抽象地描述了元数据的模型规范。例如，采标相关国际标准（ISO/IEC 11179 - 3：2023）[①] 的国家标准 GB/T 18391.3—2009《信息技术 元数据注册系统（MDR） 第 3 部分：注册系统元模型与基本属性》[②] 典型地规范了元数据注册表的概念模型。

描述性元数据最早由都柏林元数据发展而来，并在各领域派生发展，由此带来了元数据互操作问题，推进了 W3C 对元数据编目的标准发展。

都柏林元数据标准：都柏林核心元数据集由美国联机图书馆中心和美国国家超级计算应用中心于 1995 年 3 月联合发起，目的是要建立一个广泛适用的元数据元素集，可以描述任何网络数据，方便在网络上存储、检索、传递和获取数据。都柏林核心元数据集是一个致力于规范 Web 资源体系机构的国际性元数据解决方案，由于它定义了一个所有 Web 资源都应遵循的通用核心标准，其内容简单且通用，因此得到了其他相关标准的广泛支持。它已经成为 Internet 的正式标准（RFC2413《都柏林资源发现元数据》）。

W3C 开放数据的元数据编目 DCAT：DCAT（data catalog vocabulary）是一个 RDF 词汇表，在 2010 年由爱尔兰国立高威大学的数字化企业研究所（Digital Enterprise Research Institute）开发。DERI 在对美国、英国、澳大利亚、新西兰、爱尔兰、伦敦和旧金山 7 个数据开放平台的元数据进行分析后得出 DCAT 的初始框架。2012 年由 W3C 的政府关联数据工作组（Government Linked DataWorking Group）进一步完善，2022 年 7 月发布了第三版 DCAT3。根据目前的 OGD 元数据标准，DCAT 是最为广泛采用的元数据词表。美国和欧洲的标准设计均基于 DCAT，而英国和澳大利亚则将其作为标准的重要组成部分，支持 DCAT 的描述。

管理元数据技术标准在溯源和质量方面的发展呈现了明显的进步。

溯源元数据标准：溯源元数据模型目前也有多个标准。2008 年，为了解决来源互操作性问题，首次提出了开放溯源模型（open provenance model，OPM）；随后，Provenir 模

---

① Information technology—Metadata registries (MDR)— Part 3: Metamodel for registry common facilities: ISO/IEC 11179 - 3: 2023 (en). [2024 - 04 - 02]. https://www.iso.org/obp/ui/#iso: std: iso-iec: 11179: -3: ed-4: v1: en.

② 全国信息技术标准化技术委员会. 信息技术元数据注册系统（MDR）第 3 部分：注册系统元模型与基本属性: GB/T 18391.3—2009 [S/OL]. [2024 - 04 - 02]. https://openstd.samr.gov.cn/bzgk/gb/newGbInfo?hcno=C11EA014B6B338840A94C02F98126454.

型采用基于本体的方法来表达溯源信息，使用 OWLDL 来定义通用的溯源术语和关系。Provenir 已经在生物科学、海洋、传感器和卫生保健中得到了广泛应用。2013 年 4 月，溯源工作小组（Provenance Working Group，PWG）发布了第一个溯源标准 PROV，成为全球互联网信息溯源规范的一个关键性里程碑。2017 年，我国发布 GB/T 34945—2017《数据溯源描述模型》，定义了名为 ProVOC（provenance vocabulary model）数据溯源描述模型。

质量元数据标准：在 DCAT 标准中，以本体（RDF 词汇表）的形式建立元数据模型。修订版 DCAT 1.1 在原有本体的基础上，借鉴了其他元数据的一些做法，引入了新类和新属性，不仅融合了 W3C 溯源本体 PROV-O，还引入质量元数据。数据质量词汇表（data quality vocabulary，DQV）由 W3C "Web 数据最佳实践工作组"开发，为 dcat：dataset 类补充了 dqv：hasqualitymeasurement（质量测度）等属性，同时引入了 dqv：qualitymeasurement（质量测度）、dqv：metric（质量指标）和 dqv：dimension（质量维度）等新类。

科技平台元数据系列标准：为促进科技资源整合与共享，全国科技平台标准化技术委员会自 2011 年以来组织中国标准化研究院等单位先后制定了一系列科技平台元数据标准。这些标准包括：基础类标准，如 GB/T 30522—2014《科技平台　元数据标准化基本原则与方法》、GB/T 30524—2014《科技平台　元数据注册与管理》等标准；数据资源类标准，如 GB/T 30523—2023《科技资源核心元数据》、GB/T 31073—2014《科技平台　服务核心元数据》等标准；数据管理类标准，如 GB/T 32846—2016《科技平台　元数据汇交报文格式的设计规则》、GB/T32845—2016《科技平台　元数据汇交业务流程》等科技平台基础的元数据标准。科技平台元数据系列标准是成熟应用于整合和共享数据资源的元数据标准，于 2014—2016 年正式发布实施。

### 3.3.3　元数据标准实例

常见的元数据标准有标准文献元数据，图书出版、发行、流通的相关元数据标准，教育信息资源元数据标准和人才元数据标准。

描述集是用来描述元数据元素的术语集。核心元素通常是构成特定数据集或文档的基本信息单元。术语集则是描述集中定义的术语的集合，用于用户理解和正确使用这些元素。对元数据元素进行定义需要考虑两个方面，一方面是语义定义，确定元数据元素的含义、范围和关联性，以确保各个元素的意义清晰明确；另一方面是编码规则，确定元素的格式、数据类型和约束，以确保数据的一致性和可解释性。

（1）标准文献元数据

对标准文献元数据方案来说，详情见图 3.1。

（2）图书出版、发行、流通的相关元数据标准

图书的出版、发行和流通过程中，涉及多个元数据标准的制定和应用，以确保图书信息的准确、统一和共享。图书在版编目数据标准（CIP）旨在在图书生产阶段编制有限的元数据，以满足出版、发行、收藏利用等机构对图书标识数据的需要，并促进图书元数据的共享和管理。此外，ISO 1086-87、GB/T 12451—2023 和 CY/T 62—2009 等标准规定

## 第三章 元数据

图 3.1 标准文献元数据

了图书元数据的相关规则和标准,以保证信息的一致性和可用性。图书流通信息交换标准则着重定义了图书商品在流通环节中的信息交换内容和规则,旨在向各参与者提供统一的图书产品信息格式,解决不同机构间数据格式多样性带来的问题,从而促进图书出版发行供应链间的数据交换和共享。ONIX 作为欧洲电子数据交换组织(EDItEUR)归口管理的标准,在此起到了关键作用。此外,CY/T 39—2006 和 GB/T 30330—2023 等标准规范了图书流通信息交换的具体规则和格式,以适应中国出版物在线信息交换的需要。

(3)教育信息资源元数据标准

IEEE LOM(learning object metadata)是一种教育信息资源元数据标准,旨在描述和组织教育中的学习对象。学习对象是指任何能够支持教学过程并具有可利用、可重复利用和可参考性的实体,无论是数字的还是非数字的。该标准采用了等级编号体系,以表达元素的语义,确保每个元素的含义都由其上位进行明确定义。

其中元素集共分为 9 个部分:general category 通用、lifecycle category 生命周期、meta-metadata category 元–元数据、technical category 技术、educational category 教育、rights category 权限、relation category 关联、annotation category 评注、classification category 分类。第五部分元素集教育详情见表 3.8。

表 3.8 教育元素集

| Element | Size | Order | Value space | Datatype |
| --- | --- | --- | --- | --- |
| 5.1 Interactivity type 互动类型 | 1 | unspecified | active, expositive, mixed | Vocabulary (state) |

— 43 —

续表

| Element | Size | Order | Value space | Datatype |
|---|---|---|---|---|
| 5.2 Learning resource type 学习资源类型 | 1~10 | Ordered | Exercise, simulation, questionnaire, diagram, figure, graph, index, slide, table, narrative text, exam, experiment, problem statement, self assessment, lecture | Vocabulary (state) |
| 5.3 Interactivity level 互动水平 | 1 | Unspecified | Very low, low, medium, high, very high | Vocabulary (enumrated) |
| 5.4 Semantic density 语义密度 | 1 | Unspecified | Very low, low, medium, high, very high | Vocabulary (enumrated) |
| 5.5 Intended end user role 最终用户角色 | 1~10 | Ordered | Teacher, author, learner, manager | Vocabulary (state) |
| 5.6 Context 环境 | 1~10 | Unordered | School, higher education, training, other | Vocabulary (state) |
| 5.7 Typical age range 最适年龄段 | 1~5 | Unordered | — | Lang String |
| 5.8 Difficulty 难度 | 1 | Unspecified | Very easy, easy, medium, difficult, very difficult | Vocabulary (enumrated) |
| 5.9 Typical learning time 最适学习时间 | 1 | Unspecified | — | Duration |
| 5.10 Description 简介 | 1~10 | Unspecified | — | Lang String |
| 5.11 Language 语言 | 1~10 | Unordered | ISO 639,…… | Character String |

（4）人才元数据标准

GB/T 35397—2017 是关于科技人才元数据的标准，旨在系统地描述科技人才的特征和属性。该标准包括核心元素和扩展元素两部分。核心元素共有 11 个，用于描述科技人才实体所具有的公共属性和特征，这些特征可以帮助区分和识别不同的科技人才。扩展元素允许对科技人才的特征进行进一步的扩展描述，以满足不同领域和应用场景对科技人才信息的更精细化需求。编码体系、核心元素集分别在表 3.9 和表 3.10 中详细说明。

## 第三章 元数据

**表 3.9 编码体系**

| 标准号 | 标准名称 |
|---|---|
| GB/T 2260—2007 | 中华人民共和国行政区划代码 |
| GB/T 2261.1—2003 | 个人基本信息分类与代码 第1部分：人的性别代码 |
| GB/T 2659.1—2022 | 世界各国和地区及其行政区划名称代码 第1部分：国家和地区代码 |
| GB/T 2659.2—2022 | 世界各国和地区及其行政区划名称代码 第2部分：行政区划代码 |
| GB/T 2659.3—2023 | 世界各国和地区及其行政区划名称代码 第3部分：原先使用的国家和地区代码 |
| GB/T 3792—2021 | 信息与文献 资源描述 |
| GB/T 4658—2006 | 学历代码 |
| GB/T 6864—2003 | 中华人民共和国学位代码 |
| GB/T 7408.1 | 日期和时间 信息交换表示法 第1部分：基本原则 |
| GB/T 8561—2001 | 专业技术职务代码 |
| GB/T 8563.1—2021 | 奖励、纪律处分信息分类与代码 第1部分：勋章、荣誉称号和表彰奖励代码 |
| GB/T 8563.3—2021 | 奖励、纪律处分信息分类与代码 第3部分：纪律处分和组织处理代码 |
| GB/T 13745—2009 | 学科分类与代码 |
| GB/T 25100—2010 | 信息与文献 都柏林核心元数据元素集 |
| JB/DM－BZKZY－2006 | 高等学校本、专科专业代码 |
| JB/DM－HSSZY－2006 | 授予博士、硕士学位和培养研究生的学科、专业代码 |
| ZC 0009—2012 | 专利文献著录项目标准 |

**表 3.10 核心元素集**

| 字段名称 | 标识符 | 数据类型 | 是否必选 | 注释 |
|---|---|---|---|---|
| 科技人才 ID | TalentlD | 字符型 | 必选 | 指科技人才的唯一身份标识，是对科技人才重名的解决机制。建议采用符合规范标识体系的字符串进行标识，并使用全局统一的编码规则。科技人才 ID 为全局变量 |
| ORCID 标识符 | ORCID | 字符型 | 可选 | ORCID 注册系统里的标识符，用于和国际学术数据关联，可以将科技人才 ID 和 ORCID 标识符合并其一 |
| 中文姓名 | A01_CnName | 字符型 | 必选 | 人才中文姓名，可能重名 |
| 外文姓名 | A01_EnName | 字符型 | 可选 | 外文名，可能重名，可以多值，用";"分隔 |
| 性别 | A01_Gender | 字符型 | 必选 | 该人基本生理特征，见 GB/T 2261.1—2003，取值：0—未知；1—男；2—女；9—不确定 |

续表

| 字段名称 | 标识符 | 数据类型 | 是否必选 | 注释 |
|---|---|---|---|---|
| 出生日期 | A01_Birthdate | 日期型 | 必选 | 见 GB/T 7408—2005 中 5.2.1.1 扩展表示法 YYYY-MM-DD，例如：1980-01-01。信息不全的日期建议采集到年份，采集不到信息用"9999"表示 |
| 国籍 | A01_Nationality | 字符型 | 必选 | 指科技人才持有护照的国家，科技人才为该国的合法公民。可以包括但不限于以下内容：目前国籍、曾经国籍及科技人才的双重国籍身份描述。见 GB/T 2659 |
| 研究方向 | A01_ResearchField | 字符型 | 必选 | 包括描述科技人才学习或者从事的研究方向，可以多值，用";"分隔。可以自建受控词表，用于检索、分类统计和同行识别 |
| 最高学位 | A01_Degree | 字符型 | 可选 | 科技人才获得的最高学位，见 GB/T 6864 |
| 最高学历 | A01_EducationalLevel | 字符型 | 可选 | 科技人才获得的最高学历，见 GB/T 4658 |
| 专业技术职称 | A01_ProfessionalTitle | 字符型 | 可选 | 专业技术职称，记录最高职称，可以多值，用";"分隔；见 GB/T 8561 |
| 人才简介 | A01_Introduction | 字符型 | 可选 | 人才简介 |
| 技术类型 | A01_Type | 字符型 | 可选 | 根据知识、技术或工作性质划分的科技人才类型，如：基础研究型、应用研发型、工程技术型、财务专家、法律专家、战略专家、管理专家等。可以多值，用";"分隔。可以自建受控词表，用于检索、分类统计和同行识别 |
| 生存状态 | A01_Survival | 字符型 | 可选 | 1—在世，0—已故，NULL—未知 |
| 个人主页 | A01_website | 字符型 | 可选 | 科技人才的个人网页 |

元数据标准体系框架包含四部分，见图 3.2。

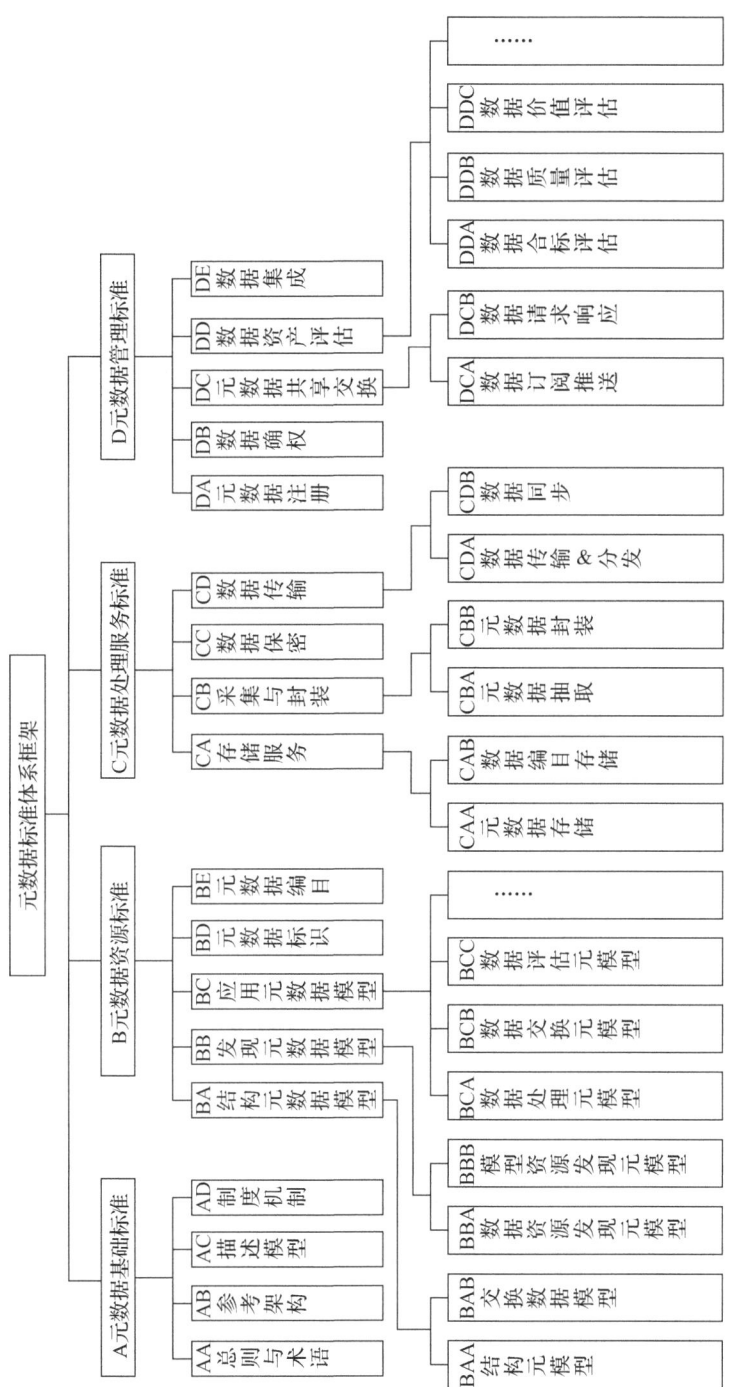

图 3.2 元数据标准体系框架

## 3.4 置标语言

### 3.4.1 概述

置标语言（markup language）是一种广泛应用于信息处理领域的语言范式，其主要功能是给文本添加标记，以描述文本的结构、格式和语义。常见的置标语言包括标准通用置标语言（SGML）、超文本标记语言（HTML）和可扩展的置标语言（XML）。

在不同的应用场景中，置标语言发挥着多种作用：文字编辑器利用置标语言定义文本的格式与外观；通信程序依靠置标语言理解线路上传输的信息的语意；数据库通过置标语言将数据字段与特定的含义相连，并表明字段之间的关系；多媒体应用中的置标语言用于标识图像和声音的源数据。标记语言必须定义允许的标记、必需的标记、标记如何与文档内容相区分，以及标记的含义。

标记语言定义了一套规范的标记集合，包括允许的标记、必需的标记及标记与文档内容的区分方式。具体来说，根据需要先定义一套标记，然后将这套标记添加到书面语言中去，使书面语言变成置标语言。

例如：＜标题＞……＜/标题＞
　　　＜作者＞……＜/作者＞
　　　＜正文＞……＜/正文＞
　　　＜标题＞什么是置标语言？＜/标题＞
　　　＜作者＞xml.net.cn＜/作者＞
　　　＜正文＞是一种用来给文本添加标记的语言。＜/正文＞

### 3.4.2 标准通用置标语言（SGML）

标准通用置标语言（standard generalized markup language，SGML）的发展可以追溯到20世纪60年代，当时IBM开始研究通用标记语言（GML），用于描述文档及其格式。1978年，美国国家标准局将GML规范为SGML标准；1986年，ISO将其定位为国际标准SGML ISO8879：1986。SGML被定义为一种元语言，旨在描述置标语言，适用于电子文档的交换、管理和发布。其核心概念在于文档类型定义（DTD），用于从结构和内容两个层次描述文档。SGML具有灵活性，可以定义各种置标语言。定义一种置标语言的方法是根据SGML规则制定DTD文档，规定了文档可能出现的置标及其组合规则。

ISO 8879标准的发布使得SGML成为一种通用的文档结构描述置标语言，适用于描述文献模型的逻辑和物理结构。SGML适用于书目、文献全文、电子文献及多媒体信息的描述，使得信息的描述独立于系统和语种，结构与内容分开，充分地实现了信息的共享。

SGML结构包含3个主要部分。一是语法定义，定义文档类型和文档实例的语法结构。二是文档类型定义，定义文档实例的结构和组成结构的元素类型。三是文档实例，是

SGML语言程序的主体部分。其工作原理基于文档的3个层次：结构、内容和格式。通过文档类型定义，SGML定义了文档中的元素、它们的名称、位置及如何组合。内容的标记（tagging）确定了内容在DTD结构中的位置，通过插入相应的标签来标记文档的开始和结束。格式则决定了内容如何被显示。

SGML的目标在于建立一套通用、标准的方法，使对文档内容和结构的描述实现系统独立、设备独立、语言独立及应用独立。这意味着文档可以在不同系统之间处理，不受硬件设备限制，适用于不同语言环境，能够描述简单或复杂的文档结构，并能应对频繁更新的文档。SGML的发展为信息共享和处理提供了坚实的基础，推动了电子文档管理和交换的发展。

### 3.4.3 超文本标记语言（HTML）

超文本标记语言（HTML）是由SGML派生的实例标记语言，不能作为定义其他标记语言的元语言。HTML是一种用来制作超文本文档的简单标记语言。用HTML编写的超文本文档称为HTML文档，它能独立于各种操作系统平台（如UNIX，Windows等）。生成一个HTML文档主要有以下3种途径：手工直接编写：如用ASCII文本编辑器或其他HTML的编辑工具；格式转换工具：通过某些格式转换工具将现有的其他格式文档（如Word文档）转换成HTML文档；动态生成：由Web服务器（或称HTTP服务器）一方实时动态地生成。

HTML文档基本的语法结构包括单元和标记。其由4个主要标记（标签）组成，包括文档类型、文档标题、文头、文档主体。这4个标记构成了HTML页面最基本的元素。文档类型<HTML></HTML>放在开头和结尾；文档标题<TITLE></TITLE>放在文头内；文头<HEAD></HEAD>用来描述；文档主体<BODY></BODY>在文档中间。除了这些核心标签，HTML还提供了一些其他标签，如段落<p></p>、原始文字样式<pre></pre>和字体加粗<b></b>，这些标签可以用于调整文本的格式和样式，使网页内容更加丰富和易读。HTML的文档结构如下。

```
<HTML>
    <HEAD>
<TITLE>文档标题（网页标题）</TITLE>
    </HEAD>
    <BODY>
文档主体，正文内容（网页内容），很多标记都作用于此
    </BODY>
</HTML>
```

具体示例如下。

```
<!DOCTYPE html>（DOCTYPE声明）
<html>
<head>
```

\<title\>＊＊＊＊＊＊（网页标题）\</title\>

\<meta http-equiv="Content-Type" content="text/html;charset=gb2312"/\>（网页编码声明）

\<meta name="keywords" content="关键字"/\>

\<meta name="description" content="本页描述或关键字描述"/\>

\</head\>

\<body\>

＊＊＊＊＊＊（正文内容）

\</body\>

\</html\>

当我们编写 HTML 代码时，经常使用双标记和单标记来定义和格式化文本。对于双标记，开始标签常被称为开放标签（opening tag），结束标签常称为闭合标签（closing tag）。语法是：

\<标记\> 内容 \</标记\>

示例：

\<b\> Creation of Webpage \</b\> is my favourite.

显示成：

**Creation of Webpage** is my favourite.

对单标记来说，语法是：

\<标记\> 内容

I love Creation of Webpage. \<br\> It's a wonderful place.

显示成：

I love Creation of Webpage.

It's a wonderful place.

在过程中文本标记属性的语法是：

\<标记  属性1  属性2  属性3  ……\>

单标记\<hr\>表示在文档当前位置画一条水平线，

\< hr size=3 align=left width="75%" \>

其中：size 属性定义线的粗细，属性值取整数，缺省为1；align 属性表示对齐方式，可取 left，center，right；width 属性定义线的长度，可取相对值，也可取绝对值。例如，设定文字的字体和颜色。

\< BODY  text="#000000"  link="#0000FF"  alink="#FF0000"  vlink="#0000FF"

background="bg1.gif" bgproperties="fixed" \>

在例子中 text="#000000"用以设定文字颜色。#000000 代表黑色，亦可以采用颜色的名称，即 text="black"。link="#0000FF"设定一般文字链接颜色。alink="#FF0000"设定刚按下时文字链接颜色。vlink="#0000FF"设定链接后的颜色（被按过）。background=

"bg1. gif"设定背景墙纸。bgproperties = "fixed"固定背景墙纸,当卷动文字时墙纸不会跟着卷动(只适用于 IE)。

### 3.4.4 可扩展的置标语言(XML)

可扩展的置标语言(extensible markup language,XML),是 W3C 组织于 1998 年 2 月发布的标准。它在 1998 年 2 月 10 日被 W3C 推荐发布为 XML 1.0 标准。XML 1.0(SE)于 2000 年 10 月 6 日作为第二版推荐发布,主要是在第一版勘误表的基础上进行了修正。XML 1.1 于 2001 年 12 月 13 日作为工作草案发布,并于 2002 年 10 月 15 日成为候选推荐。XML 1.1 允许在名称中使用几乎所有的 Unicode 字符,增强了语言的表达能力。W3C 组织制定 XML 标准的初衷是定义一种互联网上交换数据的标准。W3C 采取了简化 SGML 的策略,在 SGML 基础上去掉语法定义部分,适当简化 DTD 部分,并增加了部分互联网的特殊成分。因此,XML 也可以作为派生其他置标语言的元语言。

文件类型定义(DTD),规定了一个语法分析器解释一个"有效的"XML 文件所需知道的所有规则的细节。DTD 可以列出所有有效的元素,如元素、标记、属性、实体;也可以详细指出这些元素之间的内在联系。我们可以把 DTD 看作一个或多个 XML 文件的模板,这些 XML 文件中的元素、元素的属性、元素的排列方式/顺序、元素能够包含的内容等,都必须符合 DTD 中的定义。XML 文件中的元素,即我们所创建的标记,是根据我们应用的实际情况来创建的。

XML 的语法结构包括文件类型定义(DTD)、XML Schema 和可扩展样式语言(XSL)。这些机制允许开发者定义数据的结构和约束,并对数据进行有效的处理和展示。XML 被广泛应用于各种场景,包括需要在不同数据库之间传递信息的 Web 应用、希望将服务器处理负荷转移给客户端的应用,以及需要将数据以不同的表现方式提供给不同用户的应用。它也被用于开发智能 Web 工具,以适应特定用户需求。其中,XML 声明是 XML 文档的一部分,指示了文档的基本属性,如版本和字符编码,有助于确保文档在解析时被正确理解。它由""结束,内容如下:XML 声明通常如下所示。

<? xml version = "1. 0"standalone = "no" encoding = "GB2312"? >

W3C 制定了一套书写 XML 解析器的标准接口规范——DOM。在应用程序开发过程中,应用程序不是直接对 XML 文档进行操作,而是首先由 XML 解析器对 XML 文档进行解析。然后,应用程序通过 XML 解析器所提供的接口对分析结果进行操作,从而间接地实现了对 XML 文档的访问。在应用程序中,基于 DOM 的 XML 解析器将一个 XML 文档转换成一个对象模型的集合(通常称 DOM 树,见图 3.3),应用程序通过对这个对象模型的操作,来实现对 XML 文档数据的操作。通过 DOM 接口,应用程序可以在任何时候访问 XML 文档中的任何一部分数据,因此,这种利用 DOM 接口的机制也被称作随机访问机制。DOM 树所提供的随机访问方式给应用程序的开发带来了很大的灵活性,可以任意地控制整个 XML 文档中的内容。

XML 是 SGML 的一个子集,严格地讲,XML 也还是 SGML。与 HTML 不同的是,XML

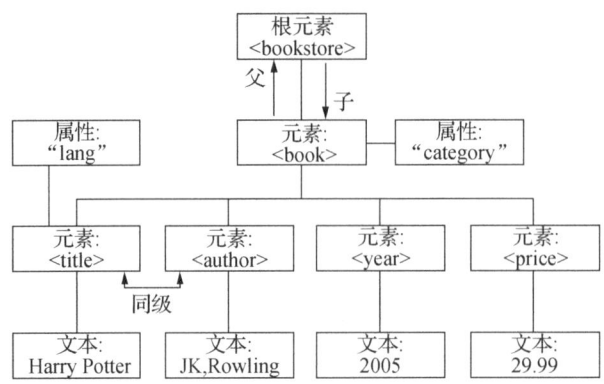

图 3.3 DOM 树

有 DTD，因此也可以像 SGML 那样，作为元语言，来定义其他文件系统或称其他置标语言。如果把置标语言分为元置标语言和实例置标语言的话，SGML 和 XML 都是元置标语言，而 HTML 和由 XML 派生的 XHTML 都是实例置标语言。

### 3.4.5 其他 W3C 发布的知识组织系统描述语言

(1) RDF

资源描述框架（resource description framework，RDF）①，是一种用于表示网络信息资源的语言，能够表示网络资源框架。2004 年，W3C 发布了 RDF 标准，包含一系列详细内容，对 RDF 进行了定义，描述了 XML 语法，介绍了设计目标，如何使用 RDF 词汇描述语言定义 RDF 词汇表，并描述了 RDF 规范文档的内容和用途。同时，也提供了 RDF 测试样例，为 RDF 和 RDFS（RDF Schema）定义了精确的语义和完整的推理规则系统。到了 2014 年，RDF 标准又增加了新的成分，包括 RDF 是最通用的 Web 信息表示语言，RDF1.1 三元组是基于行的纯文本格式进行 RDF 编码，以及 RDF1.1 读写 XML 语法、RDF1.1 语义、构架等的介绍。到 2015 年，又推出了关联数据平台 1.0，成为通过 HTTP 读写访问的、以 RDF 描述的网络资源的最佳实践集和最简单的方法。

(2) OWL 和 OWL2

网络本体语言（web ontology language，OWL）②，是用于记录本体的语言，发布于 2004 年 2 月，指定了网络本体语言的使用场景、目标和要求，提供了测试案例，给出了语义和抽象语法，是 RDF 的词汇扩展，为构建 OWL 本体的用户提供参考，给出了网络本体语言使用指南。OWL 语言有 Lite、DL（description logic，描述逻辑）和 Full 3 种类型。Lite 可描述概念的等级结构，是表达能力最弱的子语言；DL 可以描述更多的概念关系并

---

① RDF current status [EB/OL]. [2024-04-02]. http：//www.w3.org/standards/techs/rdf#w3c_all.
② OWL 2 web ontology language conformance（second edition）[EB/OL]. [2024-04-02]. https：//www.w3.org/TR/owl2-conformance/.

且关系是闭合的，提供了描述逻辑的推理功能；Full 是全部概念关系的开放描述，取消了基数限制中对可传递性质的约束，不能保证可判定推理。

到 2012 年 12 月，在 OWL 的基础上开发出 OWL2，是语义网正式定义含义的本体语言，进行了语言使用规范的更新，提交了新测试案例，提供了概念、属性、个体和数值的语义文档存储办法，以及 XML Schema 的语法结构规范。OWL2 主要被交换为 RDF 文档，与 OWL1 兼容，也定义了 OWL2 本体与 RDF 图的相互映射、OWL2 最常见的推理问题等。2013 年，提供了规则交换格式（RIF）系统，促进 RDF 数据与 OWL 本体之间的互操作。2017 年 10 月，推出 OWL2-DL 格式的时间本体。

（3）SKOS

简单知识组织系统（simple knowledge organization system，SKOS）[①]，是用于在网上交换知识组织系统的通用数据模型。可以描述叙词表、分类法、范畴表、标题表等相似的语义结构及相似的应用场景；SKOS 数据模型提供了一种标准的、低成本的迁移路径，用于将现有知识组织系统移植到语义网上，同时也是轻量级、直观的语言，可开发和共享新的知识组织系统。SKOS 可以单独使用，也可以与 OWL 结合使用。

SKOS 用于表达概念的标识是 skos：Concept，设计了 3 种标签，分别是：skos：prefLabel，用于标识优选词；skos：altLabel，用于标识非优选词；skos：hiddenLabel，用于标识异体字或者用户有可能使用非规范词。等级关系用 skos：broader 和 skos：narrower 表示，相关关系用 skos：related 标注。其他范围注释、定义等也有示例，详见 W3C 相关文件。

## 3.5 元数据的管理与应用

### 3.5.1 元数据管理

元数据管理是对数据采集、存储、加工和展现等数据全生命周期的描述信息，帮助用户理解数据关系和相关属性。元数据管理工具可以了解数据资产分布及产生过程，实现元数据的模型定义并存储，在功能层封装成各类元数据功能，最终对外提供应用及展现。它提供了元数据分类和建模、血缘关系和影响分析，方便数据的跟踪和回溯。元数据管理统一管控分布在企业各个角落的数据资源，企业涉及的业务元数据、技术元数据、管理元数据都是其管理的范畴。按照科学、有效的机制对元数据进行管理，并面向开发人员、最终用户提供元数据服务，以满足用户的业务需求，对企业业务系统和数据分析平台的开发、维护过程提供支持。

元数据管理功能结构图见图 3.4，包括应用层、功能层、存储层、获取层。应用层对

---

① SKOS simple knowledge organization system reference ［EB/OL］. ［2024 - 04 - 01］. https：//www.w3.org/TR/skos-reference/.

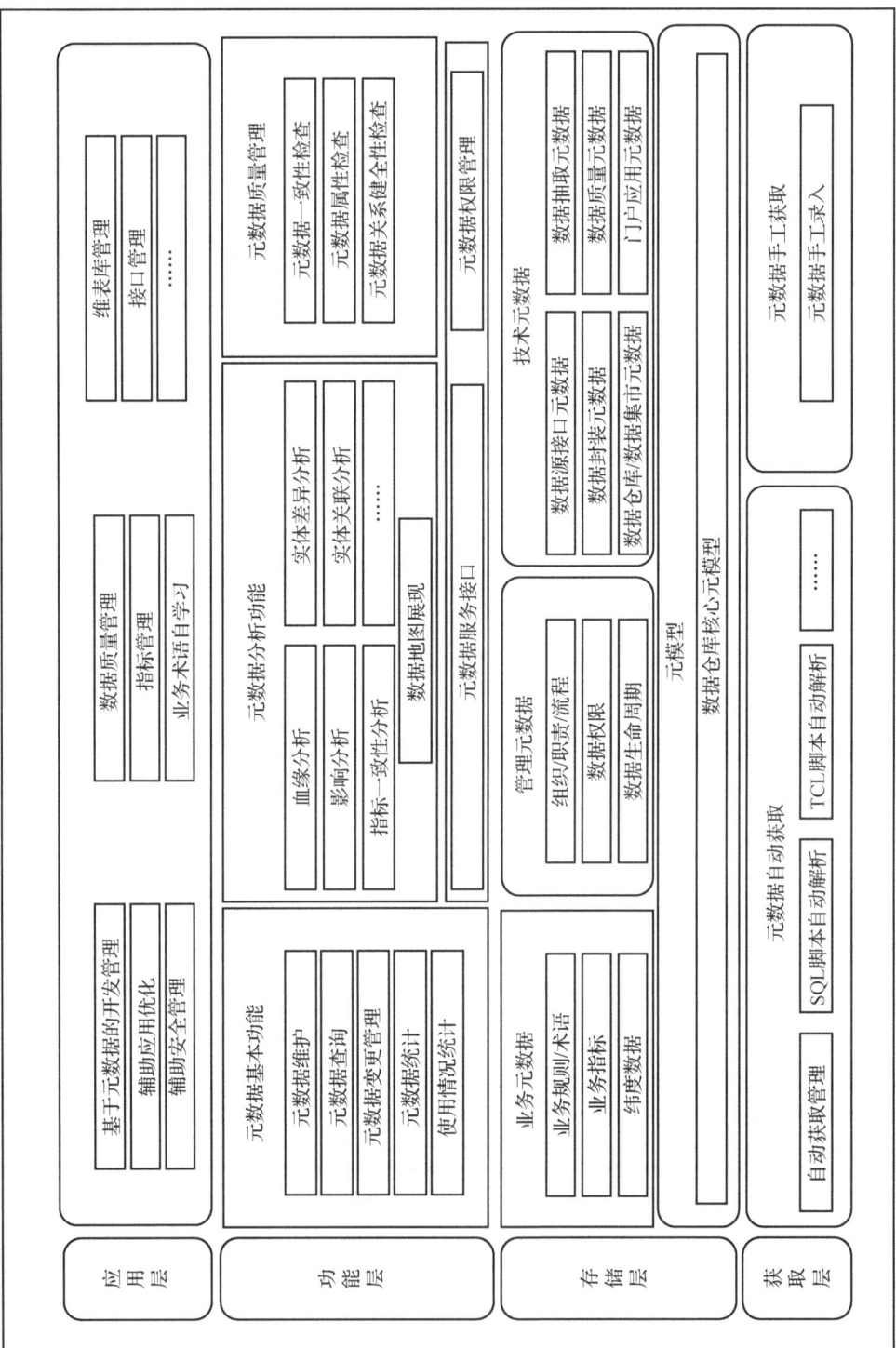

图 3.4 元数据管理功能结构

元数据管理的实际问题提供应用解决方案，主要包括指标库管理、业务术语自助学习、维表库管理、接口管理、数据仓库软件各层元数据互通、辅助应用优化、辅助安全管理、基于元数据的开发管理和数据质量管理等。功能层为前端元数据应用提供了基本的功能支撑，主要包括元数据基本功能、元数据分析功能、元数据质量管理、元数据服务接口和元数据权限管理5个部分。存储层定义了元数据存储所遵循的元模型，规范从获取层得到的各类元数据的属性要求和存储格式要求，包括业务元数据、技术元数据和管理元数据。获取层位于整个体系架构的最底层，抽象概括了元数据获取的各种途径。业务和管理元数据通常以手工方式获取，技术元数据覆盖数据源系统及数据仓库系统数据的整个生命周期，要求以自动方式获取，如数据字典和数据模型等。

### 3.5.2 元数据应用

（1）元数据在图书馆信息管理中的应用

在图书馆中，通过元数据所形成的数据描述形式十分完整。元数据能够为分布的、由多种数字化资源有机构成的信息体系提供规范、普遍的描述方法和整合工具与纽带，是广泛分布的数字图书馆资源站点具有充分的互操作性和可扩展性的基础，是提供数字图书馆中资源描述、资源发现、资源处理、资源评价与排序及资源的人机交互和理解的基本要素，元数据还承担向数字图书馆中高层协议中间件提供标准数据访问接口的功能。

元数据在图书馆信息资源的创建、描述、组织与管理及保存等多个方面都具有非常重要的意义。不论是哪一个环节，它都对整个图书馆系统的建设与服务起到了支撑作用。特别是在信息资源的描述、组织与管理、保存及检索与服务中，元数据所起到的作用更是不容忽视。表3.11从多个方面对图书馆信息管理中元数据的应用进行阐述。

表3.11 图书馆信息管理

| 类型 | 定义 | 使用实例 |
| --- | --- | --- |
| 管理 | 用于管理与控制信息资源的元数据 | 采购信息、版权复制记录、馆藏信息、数字化标准、版本控制 |
| 描述 | 用于描述与标识信息资源的元数据 | 目录记录、专门索引、资源间超链接、用户所做的注解 |
| 保存 | 与信息资源保存管理相关的元数据 | 资源的物理状态描述文档；有关保存资源物理或数字化版本的文档 |
| 技术 | 与系统功能相关的元数据或元数据行为模式 | 软件、硬件文档；数字化信息（格式、压缩比等）；系统相应时间记录；安全数据（密码、加密密钥） |
| 使用 | 与用户级别等相关的有关信息资源的元数据 | 用户及利用记录；内容重用及多版本信息 |

（2）元数据在数据仓库中的应用

元数据在数据仓库中的应用极为广泛，主要体现在以下几个方面。

数据建模：元数据帮助数据分析师理解数据，并快速发现数据之间的关系和规律，从而进行高效的数据建模，为数据分析提供基础。

数据质量管理：通过元数据中的数据字典、数据质量规则等信息，数据分析师可以实现对数据的全面监控和管理，提高数据质量，确保数据的准确性和一致性。

数据生命周期管理：分析元数据有助于了解数据的生命周期，及时对数据进行归档和删除，优化数据存储和管理，确保数据的有效利用和合规性。

数据安全和权限管理：元数据中包含权限管理信息，可以实现数据的权限控制和安全保障，确保数据的安全性和保密性，防止未授权的数据访问和使用。

血缘分析：通过分析元数据，可以追溯数据的血缘关系，清晰展现数据加工处理逻辑，快速定位数据异常和影响范围，实现数据的精确回溯和问题定位。

数据地图：元数据可以图形化的方式展示数据信息，并标明数据计算中所需的各种参数，包括标准化的图形展示、快速搜索定位、直接关联分析工具和历史数据信息积累，提高数据可视化和数据探索的效率。

总之，元数据在数据仓库中发挥着重要的作用，其主要包括以下 3 种。描述作用（description）：对网络信息对象的内容和位置进行描述，为信息对象的存取与利用奠定必要的基础。定位作用（location）：由于网络信息资源没有具体的实体存在，因此，明确它的定位至关重要。元数据包含有关网络信息资源位置方面的信息，确定资源的位置，促进了网络环境中信息对象的发现和检索。搜寻作用（discovery）：元数据提供搜寻的基础，在著录的过程中，将信息对象中的重要信息抽出并加以组织，赋予语意，并建立关系。

# 第四章 分类法

人类认识事物最原始、最基础的方法就是分类法，也是最有效的方法。包括知识在内的任何事物，按照检索需求进行分类以后，就可以将无序信息转化为有序信息，从而实现对信息的检索。本章介绍生活中的分类现象，分类法的定义、类型和结构，分类法的编制方法和常见的分类工具。

## 4.1 分类法概述

分类法中最常见的是图书分类法。如果只针对一张书桌上的一排图书，通常伸手就能拿到自己需要的书，基本上用不到分类法。首先是因为图书数量少，也因为是自己的常用图书而心中有数，或者现找也很容易。如果图书数量越来越多，移到书架上，就相对需要一些分类，如一层是考研的资料，一层是文学作品，一层是教材或者其他教科书，一层是体育、音乐等业余爱好的书籍等。书籍大致有个分类，而不是随便堆到书架上。这些图书是基于主题或内容的排序；有时是根据图书的大小、薄厚放置，如字典、词典等工具书。如果书架每层高度不同，也会将大开本的图书集中放在高层，小开本的图书放在低层，这也是一种办法。一般情况下，主要依据内容特征来对其进行整理的。去阅览室看书，就需要看分类，是物理、数学，还是社科、经济类等，需要有分类信息。如果没有分类编号，如想找一本信息组织的参考书，那就很难找到。尤其是图书多了以后，就必须用到图书分类法。

### 4.1.1 生活中的分类现象

生活中有大量的分类例子，如在购物网站上，商品一般分为服装、鞋帽、箱包、运动器材、首饰等，这些类似一级类目；还有更细的分类，例如淘宝、京东等商家，可以按地区、特产等特征进行细分，或者按照用户的各种不同需求进行分类。例如，如果想买安徽特产，京东安徽馆里面有安徽特产黄山毛峰、黄山小烧饼等。

在超市中，生活用品、化妆品、食品、饮料等各自都有分类的方法，而且有固定的摆放秩序和布局。如果是几层楼的大型超市，重的商品放哪层，新品放哪里，都有规矩。比如，一般重的商品放在一个靠近出口的地方，或者方便搬运的地方；新品则有可能放在显眼的位置。

还有菜系，中国有十大菜系或八大菜系，分为鲁菜、粤菜、川菜等；也可以按烹制方法分类，如蒸、煮、炒、涮等；或者按营养膳食、疾病预防分为无糖、低盐等种类。通过分类，可以清晰且有逻辑地定位自己喜欢的食物。

医院也有分类，挂号分内科、外科、神经科、耳鼻喉科等。越大的医院分得越细，专家擅长看的病也越具体，医院通过科室实现其按部就班地运行，这都是通过详细的分类实现的。

交通工具可以根据不同的标准进行分类，通常人们将城市交通工具按动力来源主要分为机动车和非机动车。机动车包括轿车、公交车、大巴等；非机动车则包括自行车、电动自行车、共享单车等。交通工具还可以根据不同的目的和功能进行分类。例如，城市交通工具包括公交车、地铁、出租车等，主要用于城市内部的短途运输；长途交通工具包括长途大巴、火车、高铁、飞机等，主要用于城市之间或长距离的运输。此外，还可以按照对国民经济的影响力进行统计分类，如高铁、地铁、飞机、共享单车等，这些交通工具在现代社会中发挥着重要作用。

即使是火车，也有分类及相应的编号。G 字头代表高铁，时速为 300～350 公里；D 字头代表动车，时速 200～250 公里；Z 字头代表直达火车，尽管不是一站到达终点，但停靠站较少，因此速度较快；T 字头代表特快列车，但与高铁相比已不算快；K 字头代表快速列车，比 T 字头列车慢一些；最普通、最原始、比较慢的火车，只有数字编号，前面没有拼音大写字母。另外，火车票上的数字编码、条形码、二维码等也包含了大量的分类信息。

我国的居民身份证，依据国家标准 GB 11643—1999 制订①，其中包含了大量的分类信息。前六位数字表示省市地区，能够精确到县区；接下来的八位数字是出生日期信息，包括年、月、日；再后三位是顺序码，表示出生地区当天出生人顺序编码；倒数第二位数字，奇数为男性，偶数为女性；最后一位是校验码，是根据前 17 位数字，按照 ISO 7064：1983. MOD 11-2 校验码计算得出。由此可见，居民身份证号码包含了大量的分类管理信息。

体育比赛包括田赛和径赛等项目。按举办单位分类，可以分为大学运动会、国家全运会、国际奥运会等。对体育比赛项目也都有详细的分类。网站公布的电影题材，也有不同的分类方法，按主题分类，如历史题材、爱情题材、农村题材等；按国家地区分类，如国产片、欧美片、港澳台片等。音乐也有多种分类方法，如点开百度音乐，可以按歌手、专辑、情感类别（激情、伤感）、年代（80 后、90 后、00 后）等进行分类。有人说，根据某人喜欢歌曲的类型，就能判断其生活年代，可见类目名称与包含的主题应该是一致的。

## 4.1.2 不同处理对象的信息分类法

（1）网络分类法

网络分类法，包括门户网站分类法、网络百科分类法等。常见的网络百科类分类法，如百度百科、维基百科、搜狗百科、360 百科等，每条词都有自己的类号。例如，维基百

---

① 公民身份号码 GB 11643—1999［S］.北京：中国标准出版社，2017.

科主界面上有分类索引，分类法可以通过以下路径逐一点开：人文与社会科学→图书资讯科学→图书分类法。点击图书分类法，则显示有中国图书馆分类法、四部分类法和杜威十进分类法。进一步点击杜威十进分类法，可以看到000计算机科学、资讯及总类，100哲学与心理学，200宗教等10个子分类。

百度知道等帮助型网站，注册会员后可以提问题，也可以回答别人的问题，通过获得网络金币进行鼓励。这些问题也有分类，便于会员按自己感兴趣的主题提供帮助。例如，理工科学科分为数学、物理、化学、生物学等，生物学下又分为基因、细胞、植物、动物、遗传等，遗传下则是所有关于遗传学的问题。鉴于百度问题的回答内容在网络上也可以搜索到，因此，所有上网用户也可以参考。例如，一个人想去颐和园游览，但已经是下午4时，在网上查"颐和园几点关门"，会发现有别人问过相同问题的回答，有回答显示下午5点停止售票，夏季是什么时间、冬季是什么时间等信息。这类问题的分类属于度假旅游，上位类是娱乐休闲。度假旅游也可以按地区、按景点等细分。其他类似的网站，如知乎等也有类似的分类帮助功能。

（2）国家基金类项目申请分类

国家自然科学基金对其资助的项目进行了分类，并提供了对应的申请代码，即项目分类号①。总体分为9个基本部类，分别对应9个相关科学项目管理部门：数学物理科学部、化学科学部、生命科学部、地球科学部、工程与材料科学部、信息科学部、管理科学部、医学科学部、交叉科学部。项目类别可以细分到一级和二级，一级大类共有130个。例如，数学物理科学部下分A01代数与几何、A02分析学、A03微分方程与动力系统等。化学科学部下一级大类有B01合成化学、B02催化与表界面化学，B03化学理论与机制等。B01合成化学下二级大类又分为B0101元素化学，B0102配位化学等。申请代码可以按分类原则进行项目管理，包括评审专家的寻找等。

随着科技的快速发展，自然科学基金每年都会更新资助类目，以便对新兴学科进行更好的项目分类和资助。例如，近几年一级大类中增加了D07环境地球科学、F06人工智能和F07交叉学科中的信息科学，这些均为近年来的新兴学科。各学科中的二级大类也会不断补充新的研究方向，详见自然科学基金网站上每年更新的申请代码网页。

国家社会科学基金项目申请也有学科分类，类目偏向文科，类目数量也相对较少，项目分类分两级，一级大类直接用汉字标题表达，如"图书馆、情报与文献学"；二级类目用3个大写英文字母编号，总共有252个二级类目。例如，图书馆学的类号为TQA，文献学的类号为TQB等。社科的类目相对较少。

（3）《普通高等学校本科专业目录》

教育部每年都会公布《普通高等学校本科专业目录》②，将大学专业共分为12个大学

---

① 国家自然科学基金委员会代码查询［EB/OL］.［2024-04-02］. https://www.nsfc.gov.cn/publish/portal0/tab1545/.

② 普通高等学校本科专业目录［EB/OL］.［2024-05-08］. http://www.moe.gov.cn/srcsite/A08/moe_1034/s4930/202403/W020240319305498791768.pdf.

科门类，分别是哲学、经济学、法学、教育学、文学、历史学、理学、工学、农学、医学、管理学、艺术学。《普通高等学校本科专业目录（2024年）》包括12个门类和816个本科专业，涵盖了2020年至2023年增设的本科专业。

特设专业和国家控制布点专业分别在专业代码后加"T"和"K"表示，以示区分。本科专业目录用6位数字编码，每级用两位数表示。例如，12代表管理学，1205是图书情报与档案管理类，120102是信息管理与信息系统专业，120501是图书馆学，120502是档案学，120503是信息资源管理。

本科专业目录对学生填报高考志愿具有重要参考价值。新增加的专业多为特设专业和/或国家控制布点专业，如2023年审定新增的专业有030111TK国家安全学、050111T中国古典学、080423T稀土材料科学与工程、082605T健康科学与技术、082713T咖啡科学与工程、130213TK冰雪舞蹈表演等。

（4）学科分类与代码

1992年，我国颁布了《学科分类与代码》（GB/T 13745—1992）国家标准，并于2009年进行了修订，现行国家标准为《学科分类与代码》（GB/T 13745—2009）[①]。《学科分类与代码》是一个重要的学科分类方法，其特点是以国家标准的方式发布，涵盖了数学、力学、化学、天文学、心理学、生物学等学科。类目分为三级，如化学下分为无机化学、有机化学等，无机化学又下分出元素化学、配位化学等。相应的类目编码体系使用7位数字表示，第一级类目是3位数字，第二级类目是2位数字，第三级类目是2位数字，对所有学科进行了分类。

（5）国民经济行业分类

2002年，我国颁布了《国民经济行业分类》（GB/T 4754—2002）国家标准，并于2011年进行了修订，目前现行的版本为GB/T 4754—2017[②]。《国民经济行业分类》具有行业的特点。国家层面按照节假日、月、季度等时间节点进行一些宏观统计，如春节期间有多少亿旅客出行，旅游业收入增加多少等，这些快速统计的数据与国民经济行业分类指标非常相关。国民经济行业分类与学科分类区别很大。行业常常涉及许多学科，如纺织业涉及材料、机械工程、化学等多个学科。又如，旅游业、餐饮业、咨询业等各种行业与多个学科相关，但角度和目的不同。餐饮业涉及食物加工方法、食物品质、农产品、物流、从业人员健康状况等，涉及多个学科和专业。再如，农作物种植业，包括小麦种植、玉米种植、豆类种植、油料种植、棉花种植等，但这些作物按学科分类则分别属于不同的学科。

（6）专利分类法

国际专利分类法（IPC）是专利分类的代表。国家知识产权局网页提供不同版本国际

---

① 学科分类与代码［EB/OL］.［2024-05-08］. https：//openstd.samr.gov.cn/bzgk/gb/index.
② 国民经济行业分类［EB/OL］.［2024-05-08］. https：//openstd.samr.gov.cn/bzgk/gb/index.

专利分类法（IPC）的下载地址①。例如，农业与林业的类号为 A01，涵盖农、林、牧、副、渔等大类，并进一步细分到具体项目，如犁、耙、零件、专用部件等。国际专利分类法的结构非常细致，任何一个部件，甚至其上、中、下的部位，都是细分的对象。国际专利分类法的特点是颗粒度特别细，小的类目也会有大量形容词进行描述。国家层面的分类需要进行宏观管理，因此需要有分类号、编号、类名。

## 4.2 分类法含义

### 4.2.1 分类法定义

分类（grouping/categorizing）是对事物区分而聚类。区分是基于不同属性特征，而聚类是由相同属性特征实现。区分和聚类是分离和聚合的过程。例如，按性别区分可以将男生和女生分为两组；根据学科，可以将学理科的和学文科的学生分别聚类。通过区分和聚类的过程，就实现了分类。

分类是一种主观、人为的行为，反映了人对客观世界的认识。分类方法是人类最本能认识世界的方法，可以应用于任何资源，不仅限于图书馆中的图书分类。行业、产品、专利、问题等都可以进行分类。主观与客观是相对的，主观的含义有人为的意思，或者说是由应用目的决定。例如，考试成绩（百分制）通常是连续的正态分布曲线（如 75 分、89 分、90 分、91 分、95 分等），如果要分等级，可以分优、良、中、差等。虽然 89 分和 91 分的成绩本质上区别不大，但在分类时可能分别属于良和优，判卷有部分是人为的，是主观的。然而，60 分的作业和 90 分的作业肯定是不一样的，这是对客观世界的反映。

聚类依据的是内容特征，而不是按物理顺序（如字顺）。使用情况或内容主要是指核心内容。比如理科和文科的聚类，不是按照姓氏进行聚类，也不是按学号尾号为奇偶进行聚类，而是根据学科内容的特征。用于分类事物的性质叫属性，分类一般基于非常重要、具体的属性，如特征、研究内容、专业等，这些是属性特征。属性特征还有内部属性和外部属性的区分。例如，一本图书的内容是介绍化学或者研究建筑，这就是内部属性；而封面颜色，图书厚度，纸张材质等，这些特征是外在属性。一般认为，主题内容属性特征比较重要，例如，借书是想看其内容，而不太关心是铜版纸还是胶版纸，这些外在属性一般不太重要，主要关心的是内容特征属性。

分类、类、组、分类系统和分类表的概念有细微的不同，或者定义的角度不一样。分类是动名词，指的是如何区分和聚类。类、组，对应的英语是 class, category 或 group，它们在不同场合有大小之分。例如，30 人分三组，每组 10 人，这是简单例子。像《中图法》有 5 万多个类，需要一级、二级、三级，甚至七级、八级类目，组织形成一个分类系统，也就是分类表。国家自然科学基金项目分类，申请代码分九大部类，下设一级类目

---

① 国际专利分类法 [EB/OL]. [2024-05-08]. https://www.cnipa.gov.cn/col/col3161/index.html.

和二级类目。类目很多时候也叫范畴，对应的英语是 category，或叫领域范畴。国家自然科学基金项目分类总体上也是一个分类系统。

分类表（classification scheme）是分类系统的具体体现，是将类目按照一定的原则和关系组织起来的一个体系，作为分类工作的依据和工具。类或组相互之间存在联系，组成一个系统化的结构，是按照一定的原则形成的体系表。分类表主要用于分类检索，是一个工具。

### 4.2.2 分类的原因

第一是为了组织管理。分类是认识事物最原始、最基本的方法，一般人都有这种知识和经验。例如，班长要管理好一个班级，通常会将全班同学分为三类，调皮捣蛋、不按社会规范行事的一类：对于这类同学，可以请求班级老师的帮助进行管理；愿意合作、善于沟通的一类：这类同学只要简单沟通，就能一起组织班级活动；中间类型：这些同学需要争取和引导，或者在老师的推动下也能参与。通过分别对待三类不同的同学，班长可以组织成一个大家都能够得到共同发展的班级。很多情况亦是如此，一般分为上、中、下，或者高、中、低三类。第一类正面的是积极合作的；第二类中间的需要沟通和争取后可以成为合作者；第三类反面的需要借助外力的推动以达到合作。有时在中和上之间还有中上，在中和下之间还有中下，分成五类，这样细分以后就可以实现更细化的组织管理。

第二是为了分类检索。例如，如果是几百本图书无秩序地堆放到一起，要想找到其中一本就比较困难。如果将图书按照专业、主题、内容进行分类，分别排到书架上不同层级，要找某一本就非常容易。分类就是为了检索，是认识事物的自然过程。类目是有关联的，如书架第一层是考研系列资料书，第二层是学科专业教学参考书等，考研要考专业基础课，许多复习资料其实也是自己专业的学科参考书，这些图书可以放在紧连的两层，找起来容易。通过不同类型书籍的功能关系组织成一个框架，从而达到整体有序化，利于对这些图书的总体检索和管理。

### 4.2.3 分类的依据

首先，分类可以依据资源进行，也即分类的对象，如图书、论文等。这种分类要注重其主题，如文学、科学、历史等。其次，可以按外形大小等特征属性分，如将开本大的图书放在层高较大的一层，将开本小的图书放在层高较小的那一层，这是依据外部特征属性进行分类的。另外，分类还可以基于用户目的进行，如许多公共图书馆开设了儿童阅览室或儿童馆，或者有体育、音乐阅览室等，这些都是按用户的不同需求而分类。

## 4.3 分类法类型与结构

### 4.3.1 分类检索的类型和要求

首先，介绍分类检索系统的类型。分类的目的是便于检索系统使用，只有在需要进行检索时才进行分类。例如，要查找图书时，才对其进行分类。因此，了解分类检索系统的类型是必要的。主要分为浏览导航检索、直接检索、浏览导航与直接检索相结合的类型。分类大纲要清晰、明了，类目划分的层次要适当，类目划分的标准要易于理解。在一定的范围内按主题集中信息，在浏览中需要导航和指引。

浏览检索如网购，主页上可以看到总的分类，包括服装、图书、日常用品等大类；通常大类下跟着下级类，有导航的作用，如服装类下分男装、女装、童装等，外加限定性的修饰词，类似组配功能，可以一层一层往下找，是上衣或内衣；是棉的、丝的、麻的等。通过这种导航和组配等商品分类浏览方式，最终可以找到自己需要的商品类型，相应的所有商品在结果中按照一定的规则展示。在国家图书馆主页，打开《中图法》检索页面，可以一级一级逐级展开。如果想找数字图书馆类文献，可以从 G 大类逐级展开，一直到数字图书馆类目。在这个类目下就显示了所有国家图书馆关于数字图书馆的馆藏文献，这就是浏览检索。

对于熟悉分类法的用户，通常知道自己要检索文献的分类号，可以使用直接检索的方法。许多传统的信息检索系统都具有直接检索功能。例如，中国知网的论文检索，通过分类号就可以进行直接检索，如在分类检索界面直接输入 G254.24，就可以将叙词表相关的论文直接查出来，这是直接检索。许多大学都建有自己学校的学位论文库，如上海交通大学有自己的学位论文数据库，如果将想检索的论文分类号输入到检索框，就可以检索到相同类号的学位毕业论文。

浏览检索和直接检索相结合的检索系统更为常见。其实上述的网购，如淘宝网、京东网等，都有宏观导航分类，还可以直接检索，如服装、生鲜等。通过直接检索对一个特定类目进行迅速定位，或先输入信息的某个特征，初步判断确定它的类属，在此基础上进行浏览检索，就可以完整检索到网站拥有的所有相关商品。网络分类直接面对的是用户，浏览的是大众分类法类型的类目名称，如直接用"手机"，而不是"移动电话"；另外，"手机"类目在软件平台的编程语言中是按类号进行组织的，用户看到的是类名，它的类号不显示，但后台是通过类号进行数据管理的，因为用户不关心类号，直接看类名就可以。

一定范围按主题集中信息，在浏览中导航和指引。主题集中，如将电子产品、手机、数码产品等按主题集中，总体进行导航和指引。导航是提供总的轮廓、宏观结构，先提供一个分类大纲，如人体结构相关网站，先有呼吸、消化、循环等八大系统；然后是系统下的器官，如循环系统下的心脏、血管等；到组织，再到细胞，一级一级逐步细分和展开，总体形成一个浏览导航、主题集中的网络系统。

## 4.3.2 信息分类法的类型

信息分类法按处理对象的不同，主要包括以下几种类型。文献分类法，如《中图法》；学科、专业（课程）分类法，如国家标准学科分类与代码；科研项目分类法，如国家自然科学基金项目的分类；网络信息分类法，如各大购物网站、门户网站的分类方法；还有一些事物分类法，如国家标准的国民经济行业分类等。

（1）文献分类法

文献包含论文、图书、档案、专利、标准、资料、公文等种类，所有信息资料都可以看作文献。对这些细分的资料进行分类，就出现了相应的分类法。常见的文献分类法有图书分类法、档案分类法、专利分类法、标准分类法、资料分类法、公文分类法等。文献分类法是信息分类法中最重要的类型，是人类知识最完整、系统的记录，对其整序要求也最高，类目体系复杂且庞大。

在文献分类法的类型中，每种分类法都有发展演化过程，并非泾渭分明、一成不变。例如，《中图法》的诞生，最初的名字叫《中国图书馆图书分类法》，明确了主要用于图书的类分。随着类目的细分，第四版、第五版才改成《中国图书馆分类法》。现在的《中图法》，不仅用于图书分类，国内科技期刊的论文多数也具有研究主题的中图分类号，逐渐发展成典型的文献分类法。

档案分类法，如1997年我国出版的《中国档案分类法》，是国家层面所有档案管理的分类工具。专利分类法，如国际通用的《国际专利分类法》（IPC），1968年分别以英文和法文两种语言同时出版，第二版以后的各个版本都有中文译本。标准分类法有国际通用的《国际标准分类法》（IPS），我国也有自己的《中国标准文献分类法》（CCS），包含3000多个类目。国家颁布了很多标准，有些是强制执行的，如有关电力、制造、食品领域的标准；有些是推荐的，这些标准每年都有颁布，对其进行分类有助于查阅和管理。资料分类法，典型代表是《中国图书资料分类法》，2000年修订到第四版，当时的定位是类分文献详细资料。

（2）学科、专业（课程）分类法

学科分类和专业分类有一些共同的特点，即大体上都是以学科的不同进行区分，但由于功能的不同，相互间也有区别和侧重。学科分类法的代表如国家标准《学科分类与代码》，是对学科的知识联系进行规范化的区分。学科总体分类组成一个相对比较稳定的知识体系，用于国家科技宏观管理、统计等。专业分类法的代表如《普通高等学校本科专业目录》，用于大学本科专业设置、课程设置、学位管理、招生就业等分类目的，侧重行业或知识体系。中学毕业报考自己想就读大学的志愿可以参考该目录，800多个专业按不同学科进行了排列。专业分类在一定范围内是稳定的，但也在不断更新，因此，大学每年都有一些新专业出现。

（3）科研项目分类法

科研项目分类法的代表如国家自然科学基金项目和国家社会科学基金项目的分类，主要用于研究者按专业申报国家科研项目使用。分类对象是不同专业的研究方向和研究项目，用于项目管理机构的宏观管理、分析统计等。例如，在申报统计管理方面，科研项目分类法可以提供如化学学科的项目数量、立项数目、获得申请项目资助的百分率、国家总共投入的经费数量等。科研项目注重创新，研究方向经常更新，每年都会有一些新的方向，如现在的人工智能、大数据、智能汽车、智能机器人、深海、"一带一路"等。国家重视的方向会得到重点支持，因此类目的设置在相对稳定的基础上不断发展和创新。

## 第四章 分类法

科研项目分类法与学科分类、专业分类存在一些异同，以上3种类型分类法片段比较见表4.1。

表4.1 学科、专业（课程）和科研项目分类法（片段比较）

| 学科分类与代码 | | 普通高等学校本科专业目录 | |
|---|---|---|---|
| 210 | 农学 | 09 | 学科门类：农学 |
| 21010 | 农业史 | 0901 | 植物生产类 |
| 2101010 | 农业科技史 | 090101 | 农学 |
| | 农业经济史　见7905940 | 090102 | 园艺 |
| 2101020 | 农村社会史　参见8402731 | 090103 | 植物保护 |
| 2101030 | 农业文化史 | 090104 | 植物科学与技术 |
| 2101099 | 农业史其他学科 | 090105 | 种子科学与工程 |
| 国家自科基金项目分类 | | 国家社科基金项目分类 | |
| C13 | 农业基础与作物学 | | 图书馆、情报与文献学 |
| C1301 | 农业信息学 | TQA | 图书馆学 |
| C1302 | 农艺农机学 | TQB | 文献学 |
| C1303 | 农业生物系统工程学 | TQC | 情报学 |
| C1304 | 作物生理学 | TQD | 档案学 |
| C1305 | 作物逆境生物学 | TQE | 博物馆学 |
| C1306 | 作物种质资源学 | TQF | 图书馆、情报与文献学其他学科 |

（4）网络信息分类法

网络信息分类法伴随门户网站、购物网站、搜索引擎等应用而诞生。尽管网络信息分类法没有典型固定的代表，但有共同的特点，主要表现在以下方面。

网络信息分类法一般是由搜索引擎、分类导航和信息资源组成一个完整的信息系统。自从有了网络以后，便有了互联网门户网站、数字图书馆、购物网站等，无论是生活还是工作，越来越离不开网络。信息搜索、网购和日常生活、工作联系非常紧密。搜索引擎和分类导航是信息检索常用的工具，而且类目导航直接与资源链接，形成一个统一的整体。分类在系统中是不可或缺的组成要素。通过分类使用户能够定位到自己需要的信息，并与其他系统形成整体系统发挥作用。例如，分类和购物的派送、支付等都在一个整体平台上完成。

网络信息分类法动态性高、更新快，如"手机"类目，商家刚发布的产品会立即在电商平台目录上展示，通过商品分类可以很容易发现最新发布的商品。京东首页分类中直接看到"手机"类目，点开"手机"，所有最新上市的手机都可以找到，甚至即将上市的手机都可以预定、预售等。分类更新快，与产品上市同步，这就是网络信息分类的一个显著特点。而文献分类法，如《中图法》，2010年修订到第五版，一般是10年修订一次的周期；杜威十进分类法诞生于1876年，到目前也只修订到第二十三版。虽然文献分类法同样具有网络版实时更新的功能，但文献分类法注重知识传播的稳定性、历史延续性、表达科学性和描述规范化，因此其更新幅度较小，更新速度较缓。

网络分类可以通过交叉列类、多重列类，从不同角度陈列和展示商品。例如，网购衣服，可以在服装板块看到男装、女装、童装等大类；点击男装，又可以看到西服、风衣、夹克、衬衣等；如果是买衬衣，点开后可以限定品牌、尺码、领型、板型等；进一步可以选择主要材质，如丝、麻、化纤；还可以进行袖长选择，如长袖、短袖等；如果还有其他限定条件，还可以选择图案、风格、流行元素等选项。这些限定都是逐级展开或并列选择的，不是一次性全部选择。如果男女通用，这些限定在女装、童装列类中也同样提供，网络分类可以非常容易实现这样的功能。

集中揭示也是网络分类法的重要特点。例如，以上服装网购中，经过大数据统计，纯棉质地购买的人多，这从用户浏览比例、停留时长、购买次数等都可以统计。通过这些信息，对购买量大的热点商品，网站可以增加更详细的介绍，更好地为用户服务。另外，可通过共现进行商品推荐服务。例如，买保健品燕麦片的客户大多同时购买了蜂蜜；或者借数字图书馆类图书的读者、买数字图书馆类图书的用户，很多也借了或买了信息组织类图书，经过大数据统计发现了高度共现，通过这种共现关系，向用户推荐更多的相关商品。

网络信息分类法还有一些实用性较明显的特点，重视信息的数量和用户利用的程度，事物或知识本身的重要程度不是主要依据。因此，逻辑性、等级性相对较弱，而实用性、易用性较强。例如，根据用户的关注度，设置投资、房产、手机、招聘、情感等用户关注的类目可以集中展示，而不必按专业、知识关联、先一般后具体等文献分类法的限制。类名高度简短，如使用"手机"作为类目的类名，不是使用规范化的名称"移动电话"。为了节约篇幅，使用简短的甚至无法准确判断类目的含义，如"手机配件"下有"苹果周边"类目，点开看是苹果类电子产品贴膜、保护壳、数据线、充电器、电脑包等产品。导航网站"休闲娱乐"类目下有"命理"类目，点开是算命、周易、星座、测字、起名等栏目或信息。

（5）事物分类法

事物分类法是以实体事物为主要分类对象，根据事物之间的异同按一定的分类标准聚类和区分，依据事物关系的亲疏远近排列而成的分类法。常见的事物分类法包括组织机构分类法和物品分类法。

组织机构分类法的类目具有唯一性，在类名上不求简短而力求明确。例如，联合国《所有经济活动的国际标准行业分类》（简称《国际标准行业分类》，ISIC），组织机构是具体事物行业对象，包括建筑、化工、制造、采矿等一系列具体的事物，在国际范围内得到广泛应用，对经济和社会统计领域按经济活动进行数据分类。等效对应的国家标准《国民经济行业分类》（GB/T 4754—2017），规定了全社会经济活动的分类与代码。行业和学科是有区别的，行业的特点是涉及的内容范围比较大，如旅游业、采矿业、餐饮业，涉及很多主题，旅游业在管理、导游、产品推销、运输等各个领域都涉及，主要用于统计、计划、财政、税收、工商等国家宏观管理中，如我国每年旅游业收入等，而学科分类相对比较具体。

物品分类是根据工农业生产、检验、运输、仓储、贸易的需要而编制的，其中商品（产品、物资）分类（特别是以标准形式制定的）占有重要地位。物品分类有多个国家标准。

联合国制定的《标准国际贸易分类》（SITC）是用于国际贸易商品的统计和对比的标准分类方法，是世界各国普遍采纳的商品贸易分类体系。国家之间的贸易，如石油、化工、棉麻等进出口贸易统计，主要依据该分类法进行。国际商品贸易还有一个重要的分类目录，即世界海关组织的《商品名称及编码协调制度》（简称《协调制度》，HS）国际公约，是一部供国际贸易各方共同使用的商品分类编码体系，最新版是2022年1月1日起生效。为履行《协调制度》公约缔约方的义务，保证新版《协调制度》在我国的有效实施，我国海关总署发布了2022年版《协调制度》修订目录中文版。[①] 国家和国家之间使用统一的HS商品编码，就可用于海关的贸易、口岸、通商、检疫、统计等活动。联合国《产品总分类》（CPC）是涵盖货物和服务的完整产品分类，意在充当一种国际标准，用以汇集和细分产品细目数据，包括工业生产、国民账户、服务业、商品贸易、服务贸易等。与CPC不完全等效对应的是2002年国家标准《全国主要产品分类与代码》，分第一部分可运输产品和第二部分不可运输产品，规定了产品的分类原则与办法、代码结构、编码办法、分类与代码，主要用于信息处理和信息交换。

### 4.3.3 等级体系分类法与组配分类法

（1）等级体系分类法

等级体系分类法，又称列举式分类法、枚举分类法、等级分类法、展开分类法、层次分类法等，是将类目按等级层层展开并形成一个完整覆盖已有知识的体系。等级体系分类法有两个基本特点：一是类目有严密的等级体系结构；二是类目列举详尽。《中图法》主体类目结构是典型的等级体系分类法，各级类目有明确的类目等级规定，每级类目几乎把所有的同级类目都列了出来。例如，基本大类S农业科学，其下分S1至S9共9个二级大类，分别为农业基础科学，农业工程，农学（农艺学），植物保护，农作物，园艺，林业，畜牧、动物医学、狩猎、蚕、蜂，水产、渔业。展开S5，其下又包含S50一般性问题，S51禾谷类作物，S52豆类作物，S53薯类作物，S54饲料作物、牧草，S55绿肥作物，S56经济作物，S58野生植物，S59热带、亚热带作物。展开其中的S51禾谷类作物，又会分出S511稻，S512麦，S513玉米，S514高粱，S515粟（谷子、小米），S516黍、稷（糜子、黍子、粘糜子），S517荞麦，S519其他。多数类目还可以进一步细分，纵向等级是树状结构，横向展开是平行类目，组成一个比较详尽且有严密结构的、全面覆盖农业知识的完整体系。等级体系分类法优点是比较直观、覆盖面广。

---

① 海关总署. 海关总署公告2021年第78号（关于发布2022年版《协调制度》修订目录中文版的公告）[EB/OL]. [2024-06-08]. http：//www.customs.gov.cn/customs/302249/302266/302267/3957083/index.html.

然而，由于等级体系分类法需要覆盖所有类别知识，这就带来了相应的缺点。如果要全面覆盖，篇幅就会比较大，使用效率也会降低。例如，《中图法》详列了 5 万多类目，类目越来越多、越来越细，变成了典型的大型工具书。等级体系分类法的另一个缺点是对复杂知识和新的主题容纳性差。例如，"手机"的初始功能就是移动电话，是移动设备，但随着智能手机的普及和发展，手机又增加了照相、录音、支付等功能。等级体系分类法类目无法具备如此多的限定功能，只按移动电话的属性给手机赋予分类号，显然缺乏一些信息。尤其是现代科技的发展，新生事物大量涌现，进一步增加了分类的难度。现在手机等同于身份识别物，有人曾预言，外出只要带一个手机，所有身份证件、银行卡类物件都可以不带，也能应对所有工作生活问题。手机涵盖如此多的功能，使用等级体系分类法进行分类确实存在困难。

（2）组配式分类法

组配式分类法，也称分面分类法、组面分类法、分析—综合式分类法，是根据概念的分析与综合原理，将主题概念组成"知识大纲—分面—亚面—类目"的结构，按一定的规则，通过各个分面内类目之间的组合来表达主题的分类法。前面提到的网络购物，如男装、女装，上衣、裤子，各种布料质地或者型号等组合，是典型类目组配方法的应用。

历史上用于文献的组配分类法，典型代表是《冒号分类法》（CC）和《布利斯书目分类法》（BC2）。它们的第一级、第二级类目也是等级结构式，再细分时采用固定的限定方式，也就是组配方式。限定属性可以是物质、能量、时间、空间等。即一个事物，它有什么特点？处于什么时代？处在什么空间？从各个方面去描述，形成组配，这就是分面分类法或组配分类法。

组配分类法有其优点和缺点。优点是可以处理比较复杂的主题和新概念。缺点是组配技术和标记技术过于复杂，表达也比较差，难以满足使用需要。时间、空间限定，不同类别属性特征限定，组合起来复杂多变，可控性差，不像列举式分类法一样，所有类目全都展示，对号入座即可。

体系分类法可以吸收组配分类法的优点。例如，《中图法》的主体结构是体系分类法，但也大量使用了组配分类法。使用的思路为可以进行多重列类。例如，人可以按年龄、职业或性别等进行分类，这些属性都可以列到下位类。类目概念是有交叉的，如按性别只有男和女，但如果按职业有农民、工人、科研人员、学生、教师等，而教师也有男教师、女教师之分。

《中图法》还使用通用复分表和仿分方法，也是典型的组配方法。例如，《中图法》使用了通用复分表世界地区表，分别用不同的数字对应国家和地区。凡主表中未注明"依据世界地区表分"而用《中图法》世界地区表复分时，地区号码须加国家地区区分标识"（ ）"。例如，加拿大小麦育种经验分类号为 S512.103（711），这里的 711 就代表加拿大。使用世界地区通用复分表，可以组配每个国家地区的任何事物，如加拿大的法律、加拿大的小说、加拿大的历史等。《中图法》仿分的应用，如 TN30 半导体技术，TN301 基础理论，TN302 结构与计算，TN303 结构、器件，TN304 材料。在 TN31 半导体二极管注释处，注明了"可仿 TN30 分"，即也可以按基础理论、结构与计算、结构与器件、材料等限定去分，这就是仿分，也是典型的组配方法。

### 4.3.4 分类法的宏观和微观结构

以《中图法》为例，分类法的宏观结构由以下部分组成：编制说明、简表、主表、索引、附表、使用方法说明。编制说明主要介绍分类法的作者、方法、编制依据、使用、使用境况、基本类目设置等。一般有一个分类简表，如《中图法》将一级、二级类目排列成简表放到前面。再如，国家自然科学基金分为九个大的部类。简表是基本框架。主表是分类法的主要部分，详细排列呈现类目体系和结构。《中图法》有 5 万条以上的类目，主表占了 90% 以上的内容。现在有了电子版、网络版的分类法，浏览与检索更加方便，可以一级一级地展开。一般还有索引，利于类目的检索。后面就是一些附表，如时间、地区、国家、民族等通用复分表。还会有各种各样的使用手册和附录，介绍分类法的用法。这些组分构成了分类法的宏观结构。

分类法的微观结构，指每个类目的基本组成成分，包括类号、类名、等级层次这三个必备的成分，其他还涉及注释、参照等。例如，P58 岩石学，类号是 P58；类名是岩石学；等级层次通过印刷位置可以体现；参照关系如参见 P634.1，表达类与类之间的横向关系，说明岩石学 P58 与 P634.1 有一定的联系，它们之间是相关的，这就是分类法的微观结构。印刷版分类表的类级通过印刷位置体现，电子版通过层次展开表达。类号多数也能表示出类级的位置。例如，《中图法》类号的第一个大写拼音字母代表第一级类目，共 22 个一级大类。在第二级类目中，工程类仍使用大写拼音字母，其他类使用阿拉伯数字，一般一位数字代表一级，但经常由于一位数字不够横向展开类号使用，通常会使用扩九法等办法来增加横向类号，通过数字的位数判断类级就存在一定的困难，必须浏览整体树状结构才能明确知道其类级。

## 4.4 分类法编制方法

分类法需要按照一定的规则进行编制和维护。基本内容包括：确定编制目的，类目划分方法，类目关系显示方法，交叉关系处理方法，类目注释方法，修订与维护方法。

### 4.4.1 分类法编制基本程序

分类法编制的基本程序包括功能分析及定位、用户需求调查、体系结构设计、类号编码方法、分类结构设计、主表编排设计、附表编排设计、索引编制方法、试标引测试、修订维护等过程。功能分析及定位需要确定分类的编制目的，即目标定位，如《中图法》的目标定位是对所有中文文献进行分类。用户需求调查是指调查分类法的用户是谁，谁需要分类法，使用场景是什么。体系结构设计是需要确定使用树状结构的等级分类法，还是使用组配分类法；设计类目使用次序，如是以行业进行区分类别，还是根据专业方向进行分类。类号编码方法是指确定用数字还是字母对类号进行编码，每级类目用几位数字等。分类结构设计包括宏观结构和微观结构的设计。主表和附表如何编排，主表展开层次设计几级，如 DDC（杜威十进分类法）有十级、十一级、十二级等，层次分得比较深。类目之间关系如何设计，类目注释包含哪些内容等。主表编排设计是分类法的主体部分。纸版展示与网络可视化有着不同的组织呈现方法。随着信息管理的电子化，可以实现比纸版更加强大的附表和索引功能。网络版附表不是单独编排一个或几个表，而是根据主表的条目内容，只要类目涉及复分或仿分等限定，通常可以直接勾选附表限定类目。索引功能通常用各类检索方法替代，例如，使用精确匹配、包含、前方一致、后方一致等检索方法，可以实时生成各类索引结果。试标引是一个必需的环节，可类比于机动车运行测试多少公里以后才能出厂上路。修订维护是分类法新陈代谢、延续生命的方式，通过更新维护，才能使分类法保持全面知识的覆盖和实用性。

### 4.4.2 类目的划分与排列

（1）立类原则

客观性原则，是指要有文献、信息的保证。立类要有具体的对象，有相关的文献、产品等具体事物，是客观存在的。例如，设立"数字图书馆"类目，就要有数字图书馆的图书或相关资料，预期有也可以，但不能长期没有，否则会造成设计的类号成空号。稳定性原则，是指类目概念含义已经得到用户的认同，类分的事物稳定存在，而不是时有时无。发展性原则，是指按照事物的发展，虽然目前这个类目不太完整，甚至可能没有类分的事物，但将来会有。编制分类法时，可以提前列一个类，有了类分的事物后就可以直接使用，这可以减少修订工作量。发展性原则也包含类号编码设计方法，如初始编制类号设计为奇数，以后修订时如果有新增类目，则可以启用奇数间的偶数类号。均衡性原则，是指每个类的下位类数量应该比较均衡，形成树状结构。虽然初始编制时可以尽量实现类目的均衡，但实际情况较为困难。例如，计算机、互联网等高科技领域，近年来变化非常大，发展特别快，下分类目越来越多，注定分类法是不太均衡的。在修订维护时，也可以促进类目的均衡性：将包含下位类数量越来越多的类目区分为两个并列的兄弟类，即以前是一个类，现在把它分成两个类；对学科相近的、萎缩的类目进行合并。清晰性原则，是指类名简单明了，类级结构清晰。例如，科学分自然科学和社会科学，而自然科学又分为数学、物理、化学、天文、地理、生物等，其结构和含义用户很容易就能理解。

（2）类目的划分

按照一定的分类标准，将一个较宽泛的上位概念分组，细分成一组平行的下位类目，这些类目也称兄弟类、同位类或类列。这些下位类有上位类的共同内涵，并且每个下位类又增加了分类标准所限定的内涵。通过分类的整体知识结构和局部知识结构形成分类法的总体知识体系。建立分类法的目的是进行信息检索，提高查找事物的效率。如何类分事物则以用户信息检索的便利性为参考依据，无论是按专业还是按功能分类，都要以用户关注的属性为依据。类目划分应以事物本质属性中最有检索意义的属性为标准，而其他属性，如事物的大小、性状、颜色等，则作为附加属性。因为用户首先关注的是事物的本质属性，如文献主题、信息主要内容等。这就好比生活中某商品是服装还是食物，服装是衬衣还是外套，只有在确定购买衬衣的前提下，才关注其颜色、大小、质地等属性。图书也一样，读者首先关注的是主题，而不是开本大小和封面颜色。此外，分类要按逻辑规则划分，以保证类列的完整性。

（3）类目划分技术

如果类分事物种类数量大，知识层次深，类目结构划分就需要"深细些"；如果种类少，知识层次简单，类目设置就可以"概括些"。例如，某班40个学生，如果按性别分，可以分为男生和女生；如果按籍贯分，就可达34个类目；如果按专业背景分，则分为文科、理科、工科等大类专业，而且还可以细分。因此，具体如何划分类目，一是要关注类分事物的体量大小；二是基于类分事物的目的决定，如按用户检索信息需要。总原则是纵向深入到最末级类目应当有足够的文献和信息保证量；横向展开要注意不是越多越好，同位类间应当包含均衡且足够的信息量。

总论与专论的划分，典型代表如《中图法》，在总体知识体系的每层同位类之间，都有总论与专论的划分思想。一般来说，综合的、理论的类目放到前面，而比较专有的、具体的类目放到后面；过细的、相关的或无处存放的相关类目放到"其他"类目中。可以发现，《中图法》各级类目多数都有"其他"类目，几乎每一级都会有。总论放在前面，专论放在中间，最后是"其他"，这就是大体划分办法。分类法很多时候不建议加"其他"这一类，因为"其他"没有具体定义，用户不会检索"其他"。但在实际操作中，经常发现一些事物没有类目可放置，只能放到"其他"类目中。可见，为了知识覆盖的完整性，"其他"类目还是应该设置的。

分类法结构体系类目设置是横向展开与纵向深入相结合。横向展开是以某类事物的共性特征为分类标准，按事物的某方面属性聚类，形成一组组关于某类事物各个方面的类目。例如，生物的下位类包含植物、动物、微生物，这是横向展开；动物科学分出的动物演化学、动物细胞学、动物遗传学、动物生态学、动物生理学等，也是横向展开。纵向深入是以事物的个性化差异为分类标准，沿着"属→种"的方向进行个性化的区分，形成一组组关于某类事物细分的类目。例如，动物下有脊椎动物，脊椎动物下有哺乳动物，这样从上到下逐渐细分，就是一个纵向深入的分类过程。

在类目的横向展开中，有时采用"对应列类"办法，也叫仿分。例如，在《中图法》中，"S"代表农业，"821"代表马，畜牧学是研究马、牛、羊、猪、鸡等家禽家畜的科学。"S821"下分马的生理、遗传、繁殖、饲养等。从"822"到"829"都可以仿分"821"的分类。例如，S823牛下位类，仿照S821马进行分类即可，具体见图4.1中的对应列类[①]。这种仿分的特点，使其具有一定的规律性和助记性，帮助用户记忆，这也是仿

---

[①] 国家图书馆《中国图书馆分类法》编辑委员会. 中国图书馆分类法[M]. 5版. 北京：国家图书馆出版社，2010：499.

```
S821  马                          S823  牛
    S821.1  生理、解剖                S823.1  生理、解剖
    S821.2  遗传、选种、育种          S823.2  遗传、选种、育种
    S821.3  繁殖                      S823.3  繁殖
    S821.4  饲养管理                  S823.4  饲养管理
    S821.5  饲料与营养                S823.5  饲料与营养
    S821.6  育肥                      S823.6  育肥
```

图 4.1  牛与马的仿分类目

分的优越性表现。

根据类目所包含的事物特征，下位类分别选用不同的分类标准进行划分，把一些相近的知识归并在一个类目中，这样的类目就是类组。类组具有相近的知识，是把小的类目聚在一起。类组是一种多重列类，多重列类是指当某些事物具有的若干属性都可作为检索入口，但又不宜在逐次划分过程中分别使用这些属性作为分类标准，可以同时使用若干分类标准对同一个类目进行划分。这种方法称为多重列类法，是分面技术在等级体系分类法中的应用。例如，图 4.2 中 TS21 粮食加工工业的例子①："TS21"代表的是粮食加工，粮食加工属于轻工业，"TS210"一般性问题，符合"总论与专论"的原则，将综合的放在首位。"TS211""TS212"分别是面粉工业和碾米工业，这两个是一类。"TS213 谷类制食品""TS214 豆类制食品""TS215 薯类制食品"这三个大类，谷类为禾本科；豆类是杂粮类，如红豆、绿豆、黑豆等；薯类指马铃薯、红薯等块根。这三个类目相似但又有差别。"TS216""TS217""TS218"这三个类目也是并列的。"儿童食品"是从年龄角度进行分类的。"保健食品、功能性食品"是从其功能角度进行描述的，如在《本草纲目》中对红薯的描述为"甘薯补虚，健脾开胃，强肾阴"，或见其保健功能性食品属性。"其他食品"是用来汇集未分类的食品。多重划分主要是针对具有多种属性的产品，如《中图法》中的"桥梁"②，可以按用途、结构、材料、形式分类，其中用途可以根据其面向对象继续划分，材料则根据其材质继续划分。

在使用分类标准时，类目使用次序是一个重要的考虑因素。例如，在使用电子商务平台购物时，组配分类法往往更便捷。在选定重要检索对象后，比如检索"手机"，可以选择不同的限定方式和排序。比如，按品牌进行选取，也可以按年龄人群进行选取，这就是使用次序的体现。关于使用次序中的优先选项，一般优先使用的分类标准包括该学科、该事物的主要分类标准；优先使用能形成具有科学认识意义的类目体系分类标准；优先使用具有较高检索意义的属性作为分类标准，具有较高的检索意义是指将最需要找的类目排列

---

① 国家图书馆《中国图书馆分类法》编辑委员会. 中国图书馆分类法 [M]. 5 版. 北京：国家图书馆出版社，2010：819.

② 国家图书馆《中国图书馆分类法》编辑委员会. 中国图书馆分类法 [M]. 5 版. 北京：国家图书馆出版社，2010：930.

```
TS21    粮食加工工业                    U448    各种桥梁
    TS210    一般性问题                      U448.1    桥梁：按用途分
    TS211    面粉工业                            U448.11    人行桥
    TS212    碾米工业                            ……
    TS213    谷类制食品                      U448.2    桥梁：按结构分
    TS214    豆类制食品                          U448.21    梁式桥
    TS215    薯类制食品                          ……
    TS216    儿童食品                        U448.3    桥梁：按材料分
    TS217    方便食品                            U448.31    木桥、竹桥
    TS218    保健食品、功能性食品                ……
    TS219    其他食品制造                    U448.4    桥梁：按形式分
                                            U448.5    桥梁：按桥面系位置分
```

**图 4.2　多重列类分面技术**

在最前面，如在数码科技中，通常根据商品交易量将手机、计算机、相机排在前面，空调、电扇等排在后面。

### 4.4.3　类目关系显示及交叉关系的处理

分类法中的类目，通过上位类、同位类和下位类及类目注释形成的语义空间来表达概念含义。上位类、下位类之间的关系是等级关系，同位类之间的关系是横向关系，族间同位类之间的关系存在同一关系。等级关系、横向关系和同一关系是分类法最重要的 3 种关系。

类目等级关系指上位、同位和下位类目之间的关系，也即类目的纵向深入属种关系。例如，《中图法》的大类"F 经济""F41 世界工业经济""F42 中国工业经济"，"F421"和"F424"分别为"工业经济结构与体制"和"工业建设与发展"，而"F424 工业建设与发展"还可继续向下分。这样，从上到下是包含的关系，是从属关系，形成了一种树状目录或树状结构。

类目横向关系是指类目间相互的关联关系，主要包括类目间的参见注释和类目的内容范围注释。例如，在《中图法》中，"S714.3 森林土壤生物学"参见"S718.8 森林微生物学"，它们之间的关系就是类目的参见；类目"S718.7 森林昆虫学"的内容范围注释为"总论入此。森林虫害入 S763.3；天敌昆虫入 S769"。这些相互参见的关系和内容范围注释中涉及的类目关系，都属于分类法的横向关系。

类目同一关系，即类目的交替关系，也是一种等同关系。以《中图法》为例，"[TV93]农田水利工程"宜入"S27 农田水利"，这两个类目就是交替类目，农业水利、农田灌溉、排水等活动是农业的一部分，涉及水利工程方面，又可以属于"TV 水利工程"类目。《中图法》的交替类目对图书的排架是有利的，假设图书馆只有一部关于水利

工程的图书，农业、水利工程大类下都可以放，但分类法指明了宜入"S27 农田水利"，就可以将这本书固定到一个书架上，也利于用户对文献资源的索取。对数字图书馆而言，其工作环境是基于计算机和互联网，各类图书都通过电子版存储到网络数据库中，可以用多种途径进行检索，不受印本图书排架的物理约束。一本图书可以放到不同的类目下，通过作者、分类法、主题词等不同信息都可以检索到。

关于类目之间的交叉关系处理，立类的时候除了总论、专论，还有其他的类目，有些类目可以组合，如理论和应用、产品与制造、交叉科学、边缘科学等类目的设置，这些也具有一定的规范。例如，设置应用管理学、应用物理学等就是理论和应用的例子。理论是一个类，应用是一个类，直接组配可以交叉为新的类。比如，应用物理学既讲理论又讲应用，无论放到应用还是理论类目下，都不合适，所以可以单独设置一个交叉类目。还有自然科学基础理论与应用科学的交叉，如机械摩擦与机械学的交叉关系。还有一些产品的理论、制造及其应用的交叉，如生产工艺、制造工业等都有交叉。

交叉学科的编排也需要特别注意。例如，医学是一个学科，伦理学是一个学科，既涉及医学又涉及伦理学的医学伦理学应放在医学类目下。例如，"克隆""DNA 检测"，我国公安部门针对走失儿童所建设的"DNA 库"，录入了走失儿童及其父母的 DNA 基因，当找到某个孩子时比对即可；而克隆方面也已经有真实的案例，如克隆羊多利，但如果应用到人身上，就会涉及伦理上的问题。因此，医学伦理学应放在医学类目下。再如，一般师范院校学生都会学习些心理学，这时的心理学会放在教育类目下。

### 4.4.4 类目注释

为了帮助分类法使用者完整了解类目的含义，在设立类目之后，所以经常使用类目注释来解释类目的主要内容。常见类目注释有四类，包括内容注释、关系注释、分类方法注释和类目沿革注释。

内容注释在《中图法》中比较常见，用于对范围和内容进行解释。例如，"S879.3 禽蛋"其后有内容注释"鸡蛋、鸭蛋、鹅蛋等入此"。

关系注释包括参见类目和交替类目等。参见类目是相关关系，是双向的；交替类目是同一关系，一般是用"宜入"交替到主类目。例如，"S879.3 禽蛋"其后有参见注释"TS253 蛋品加工工业"，"[TV93] 农田水利工程"宜入"S27 农田水利"，这些都是类目关系注释的种类。

分类方法注释如"S853 中国兽医学"，其后有分类方法注释"总论中西兽医结合的理论入此。专论入以下各类。中西兽医结合治疗入 S854、S857"。

类目沿革注释如"S882.2 品种选育"，其后有类目沿革注释"4 版类名：新品种选育"。分类法在不断修订过程中，将太大的类目拆分为同位类，将小的类目合并到一个类目，分、合、停等都需要进行注释。通过类目沿革注释，用户可以了解类目的演变过程。同样，如果是图书馆使用，对图书进行排架也有据可循。

### 4.4.5 分类法的修订

分类法的修订，指修订机构持续收集用户的使用意见，将其积累到一定的时间后进行统一维护和更新。主要是对类目进行增加、删除（大多是停用）或者修改。修订主要有以下注意事项。结构性变化的渐变，确保分类法是相对稳定的。大型分类法，如《中图法》，我国有 90% 以上的图书馆使用，分类法修订之后，涉及馆藏文献的重新分类甚至排架。如果修订变化幅度大，则会对相应的图书排架工作造成更大的影响，所以，分类法的修订要遵循稳定性原则。增加类目，适用于该类的文献、信息有了较大增长，而原来的类目明显不敷使用，要根据事物的具体增加情况进行扩充。增补新的主题，指有了新诞生的种类，而之前没有相关的类，所以需新设相关类。删除陈旧的类，指将经常不用的类删除或停用以节省空间。订正类目错误，针对之前的类目概念含义不太准确，对类目内容进行修订。类名、注释规范化处理，针对之前的类名不太规范的类目，或将注释修改得更加清晰。完善参照系统，指已经有了注释内容，互相之间的关系还需要重新设定。修订复分表，主要修订时间、地区、国家种类等。国家的变化如从殖民地新独立出来的国家，需要有一个独立的编号，这些编号一直在变，如苏联的解体，分出许多独联体国家，复分表涉及此类国家的，就需要重新修订。以上就是分类法修订需要考虑的因素。

### 4.4.6 国外文献分类法编制原则

《中图法》是我国典型的文献分类法，在国际上也有一些文献分类法的编制原则：文献保证原则是在保证文献存在的基础上设置类目；用户保证原则是指要有用户对象；科学上与教育一致性原则，如《中图法》在我国比较普及，DDC 使用范围主要是在美国和西方国家，教育涉及本科教育，其中涉及的专业和科学是对应的、一致的，与知识发展同步，也和应用有关，因为知识已经是科学规律，所以分类法不能落后于科学知识的发展；稳定性原则是指类目是长期的、稳定的，不能随便变化；兼容性原则是指适用范围要广泛，在国际上要通用，国家图书馆曾将 DDC 和《中图法》部分进行过映射，发现两者互相关联，具有兼容性。

## 4.5 分类法标记系统

分类法的标记是非常重要的，一个好的标记系统既要容易记忆，又要容易理解。例如，居民身份证号码，楼层办公室号码都具有一定的规律性，容易记忆也易理解；在网购中，看到的是文字分类，不显示类号；网站导航多用图标、颜色等标识，所以颜色和图标也是一种标记方法。

### 4.5.1 分类标记的功能与要求

分类标记主要包括类号和类名，类号简单明了，有代号的功能；类号也有等级位置的信息，一看类号，就知道属于哪一级，就能判断其在等级结构中的位置。例如，"F"是经济科学，"S"是农业科学，"G254.24"指叙词表，通过类号可以知道类目的位置，也可以判断不同类目之间的关系。分类标记的要求有容纳性、简明性、表达性，助记性。容纳性指分类编号要有足够的数量，能够满足类目增加时有既定规则的类号，如果类目数量较少，可以考虑采用两位数字编号。简明性指标记应简单明了，只用数字即可，不必再用字母表示。表达性是指标记应能看出其含义，如《中图法》中，同位类中前面的"0"是一般性原理和方法，"9"是其他，总论在前面，专论在后面。助记性是指标记应便于记忆。例如，仿分功能中".1"表示生理和解剖，".2"表示遗传、选种和育种，".3"表示繁殖，".4"表示饲养管理，所有的马、牛、羊等家禽家畜都可以这样分类，容易记忆。

### 4.5.2 分类的标记类型

分类的标记类型按组成成分有单纯号码和混合号码。例如，《中图法》既有字母也有数字；社科基金项目分类全用大写拼音字母；DDC 全是数字。按标记制度划分，包括层累标记制、顺序标记制、混合标记制、分面标记制、回归标记制和起讫标记制。

单纯号码标记类型，如 DDC、UDC、《中国人民大学图书馆图书分类法》（简称《人大法》）、《中国科学院图书馆图书分类法》（简称《科图法》）等全部是用数字标记。《科图法》指中国科学院图书馆图书分类法。单纯用字母标记如国家社科基金项目分类法、《伦敦教育分类法》，以及国际上知名的 BC2 分类法，即《布利斯书目分类法》。

多数分类编号采用混合制号码，可形成的类目编码就比较多。例如，《国际专利分类法》，类号既有字母又有数字，一位英语字母是一级大类，"01""02"等两位数字是二级大类，又用一位英语字母代表三级大类。例如，A01C 代表种植、播种和施肥类目，每级都有一定的含义和规范，数字或字母用的位数涉及容纳性。

层累标记制，也叫等级标记制、展开标记制、树形标记制等。《中图法》就是典型的层累标记制，优点是通过类号基本上可以判断类目的等级关系与位置；缺点是同位类如果超过进位基数，就只能采取变通的办法，这时单从类号的组成判断类目的等级就有一些困难。

顺序标记制，是配号时不管类目的等级，只按类目的顺序分配号码的标记办法。因为层累标记制的编号需要按层次使用，但多数时候设置的符号有富余。例如，"F21""F22"以后没有可类分的类目了，一般最后用一个"F29"，但"F25""F26"这些中间类号只能空着。有时同位类超过9个，只能使用扩九等办法，造成编码位数变化，编码资源浪费。所以，出现了按顺序标记的办法，这样可以省一些号码，但无法表达层级关系。如果有几百部著作，直接就用001、002、003、004这样3位数就可以标识几百本图书了。但这种方法不能表达出类目之间的层次及关系，不知道谁包含谁，不知道属于第几级。《美国国会图书馆分类法》采用的就是顺序标记制。

混合标记制，是指同时采用层累标记制和顺序标记制两种办法。例如，《科图法》全部用数字，如 71 工程技术，72 能源学、动力工程，72.1 电能学，72.11 电的产生，把层累制和顺序制结合起来，有的前面用的是等级标记，到最后的子类目则用顺序标记。

分面标记制，是组配编号办法，使用特定符号通过限定来揭示复杂主题。例如，农业领域的水稻属于禾谷类，还可以层层限定标记部位、年代、国度等。分面标记法使用复杂一些，所以用的人比较少。这种标记，给定号码的时候容易，一层一层给就可以了，但理解类号相对困难一些，所以用得比较少。《冒号分类法》（CC）使用的就是分面标记制。

回归标记制，也叫回溯标记制，其配号方法是直接将位置在前的组面类号加在位置在后的组面类号上，是一种适用于分面组配式分类法的标记制度，最早被用于《布利斯书目分类法》（BC2）。例如，图 4.3 教育类的下位类目设置方法，类号第一位都是 J，JC 学校管理，JK 课程，JM 初等教育，按照回归标记制，用 JMK 代表"初等教育课程"，用 JMC 代表"初等学校管理"。回归标记制一般采用单纯字母，按顺序配号，类号简短，组配标引时不需单独设置分面指示符。

```
J   教育
JB  教育管理
JC  学校管理
JK  课程
JM  初等教育
```

图 4.3　回归标记制类目设置方法

起讫标记制，又称扩充编号法，是用一个号码或一个起讫号码表示一个类，用起讫范围内的若干个号码（包括起讫号码）标记某个起讫类号所在类目的下位类。最早用于《国际焊接学会图书分类法》，《联合国教科文组织叙词表》的分类表部分采用了起讫标记制。起讫标记制类号简短，便于增补和扩充类目，还便于计算机检索。起讫标记制类目设置方法见图 4.4。

```
Z      情报、图书馆和档案（一级类）
Z20/84 图书馆学和情报科学（二级类）
Z24    情报/图书馆史（三级类）
Z26    情报/图书馆研究（三级类）
Z40/56 情报/图书馆操作（三级类）
```

图 4.4　起讫标记制类目设置方法

## 4.5.3　分类标记系统配号方法

分类法的功能不同，类分对象不同，编制方法也有所不同。文献分类法是最复杂的，所以要考虑容纳性、复杂标记系统等；事物分类法同位类比较多，所以要考虑类目横向展开类号设计等。无论是大型分类法，还是简单分类法，类号配置非常重要，需要具备以下特性。容纳性，新类目有对应的类号；逻辑性，类号应能显示类目的等级层次及横向位置，使人能够理解，也能为机器提供唯一编码；最小冗余，在考虑分类法发展的前提下，努力使用最短的配号办法。所有这些考虑都需要在标记系统配号方法中实现。下面重点介绍类号的不同配号方法，适用于不同目的的分类法编制。

（1）配号方法

配号要考虑稳定性和容纳性。将来有可能要新增类目，如首次编制用01、03、05等奇数，更新时如果出现了一个新的种类，就可以按知识顺序启用02来表示。如果类号还是不够用，还可以考虑其他办法。例如，《中图法》总论和专论类目的配号中，通常用"0"表示一般性问题，标记总论性、理论性类目。每一个领域都是从"0"开始，然后列出专论类的同位类目。通常用"9"表示其他或者更专指的类目。这是从一般到特殊知识体系变化的设置理念。还有复分和仿分，复分主要指各类通用复分表，国家、地区、时代和民族等都可以统一制定复分表；可以基于国际标准或国家标准，使用专门的标记方法进行标记。仿分也同样可以帮助实现助记的功能。

分类法同位类横向展开时，经常需要使用号码扩充技术，常见的方法有借号法、八分法、双位法等，以下以《中图法》为例，分别进行介绍。

借号法，同位类横向扩展时，如果编号不够使用了，就需要采用借号法实现同位类的扩展。可以借上位类、下位类或同位类。

借下位类号见图4.5，Q94植物学[①]，下分Q941植物演化与植物发展，至Q949植物分类学（系统植物学），同位类还有"Q949.9应用植物学（经济植物学）"。Q949.9按编码是下位类号，但同位类号到了9不够用时，理论上没有类号可以使用了，所以就借了下位类号。一般是从".9"最后那个编号来借，因为".1"，".2"，".3"这些下位类可能要使用，所以就从下位类中最后的".9"同位类借。

借上位类号见图4.6，K23封建社会[②]中包括"K231战国""K232秦、汉""K233秦""K234汉"，其实秦汉应该包括秦朝和汉朝，但现在把它单独列出来，这是借上位类号。本来它应该是下一位的，由于类号比较多，所以就借了上位类号。

还有借同位类号的现象，见图4.7，H71印度语系[③]，印度的主要语种大于9种，所以使用了H711至H719，同时将H72下的H721至H729也借来统一编号，这就是同位类借号现象。像《中图法》这样的大型文献分类法，共有5万多个类目，依然在不停地修

---

① 国家图书馆《中国图书馆分类法》编辑委员会. 中国图书馆分类法[M]. 5版. 北京：国家图书馆出版社，2010：341.
② 国家图书馆《中国图书馆分类法》编辑委员会. 中国图书馆分类法[M]. 5版. 北京：国家图书馆出版社，2010：201-202.
③ 国家图书馆《中国图书馆分类法》编辑委员会. 中国图书馆分类法[M]. 5版. 北京：国家图书馆出版社，2010：163.

## 第四章 分类法

```
                    类目简表

    Q941    植物演化与植物发展
    Q942    植物细胞学
    Q943    植物细胞遗传学
    Q944    植物形态学
    Q945    植物生理学
    [Q945.8]  植物病理学
    Q946    植物生物化学
    Q947    植物生物物理学
    Q948    植物生态学和植物地理学
    Q949    植物分类学（系统植物学）
    Q949.9  应用植物学（经济植物学）
```

图 4.5　下位类借号法

```
    K23 古代史中期（公元前 475—公元 581 年）
           总论封建社会史入此。
           〈4 版类名：封建社会（公元前 475—公元 1840 年〉
    K231 战国（公元前 475—公元前 221 年）
    K232 秦、汉（公元前 221—公元 220 年）
    K233 秦（公元前 221—公元前 207 年）
    K234 汉（公元前 206—公元 220 年）
```

图 4.6　上位类借号法

订，类号编码不够或者少了都是常见的，从下位借类号去扩展类号，也是非常常见的。所以，层累等级制的类号，只从局部位数看，或只看单条类目，而没有看到上位、下位、同位的树状结构体系，是无法正确判断单条类目的确切等级位置的。

八分法，也称扩九法，如将 1~8 设置为同位类，9 不配号，而接着用 91、92、93 这样组合，一直到 98；前面 1~8，有 8 个类号，91~98 又有 8 个类号，这样就能为 16 个类目配号。值得注意的是，1~8 是一位数，91~98 是两位数，但它们是同位类，处于同一等级层次。这种方法是用 9 与其他数字组合，实现了扩增类目编号的办法，所以也叫扩九法。

双位法，也称为百分法，就是当同位类非常多的时候，直接用双位数进行配号，这样

```
H7    印欧语系
H71   印度语族
H711  古印度语
H712  印地语
H713  乌尔都语
H714  孟加拉语
H715  比哈尔语
H716  旁遮普语
H717  马拉地语
H718  僧伽罗语
H719  拉贾斯坦语
H721  古吉拉特语
H722  奥利雅语
H723  拉亨达语（西旁遮普语）
H724  信得语
H725  尼泊尔语（廓尔喀语）
H726  帕哈利语
H727  阿萨密语
H728  克什米尔语
H729  印度语族其他语言
```

**图 4.7　同位类借号法**

从"01""02"一直到"99",理论上有 99 个编号,加上"00"就可有 100 个类目编号,直接用双位数,这就是双位法。双位法中 0~9 单位数不使用,其实是将 0~9 每个数字扩展出 10 个类目,这些类目还是同位类。在实际应用中,有扩展类号的需求时才扩展,而并非将每个数字都扩展到 10 个编号。

(2) 空号技术

在对分类法修订和初次给定类目编号时,为了使类目体系有更大的容纳性,或为了类号编码的逻辑性、对应性,会大量使用空号技术。常见的有间隔、对应、逻辑、尾部和预测空号方法。

间隔性空号技术,是指号码比较富余,可以大量预留。当类目号码充裕,号码预留难以预测时使用。例如,网络信息分类系统（SJ/T 11268—2002）,AG 大田作物,AG00 大田作物技术,AG10 禾谷类作物,AG20 豆类作物,在 00 和 10 之间,将来如果需要新加一个类目,则目前的每个类目间至少可以新增 9 个类目。以后可以用 AG01、AG02、AG03 等新增类目。

对应性空号技术，如仿分一样，见图4.8的油气加工厂①和冶金工厂②，左右类列可以对应，即使目前没有内容，但会把这些号码空着，左侧"684"是空调与照明设备，右侧"084"是空着的，使左右对应，这是对应性空号。

| TE68 油气加工厂 | TF08 冶金工厂 |
| --- | --- |
| TE681 加工厂规划与布局 | TF081 厂址选择及建筑要求 |
| TE682 设备与安装、施工 | TF082 设备安装 |
| TE683 力能供应 | TF083 力能供应 |
| TE684 空调与照明设备 | TF085 给水、排水 |
| TE685 给水、排水 | TF086 贮运 |
| TE686 厂内油气集输 | TF087 生产技术管理 |
| TE687 生产技术安全与卫生 | TF088 生产技术安全、劳动保护 |
| TE688 交通与通信 | TF089 钢铁企业 |

**图4.8 对应性空号技术**

逻辑性空号，基于同位类逻辑性顺序设置的分类法类目，由于存在文献保障原则，构建分类法时如果没有足够的文献，可以使用逻辑性空号技术设定空号类目，为保障以后需要时可以通过修订正式启用。例如，"R161 一般保健法"，其下位类".5 青年卫生"".6（逻辑空号：中年卫生）"".7 老年卫生"。从"青年卫生"到"老年卫生"，中间设定空号码。现在可能还没有文献，可以空着。例如，看病或者保险、医保，小孩、老人容易生病，青壮年生命旺盛，生病比较少，一般小病自己就会慢慢自愈，不需要去医院，所以，中年卫生类目号码没有那么紧迫，可以先空着。其实，青年、中年都可以留作空号，这就是逻辑性空号。

尾部空号法，是最常用的空号方法，就是类列按照秩序先用0、1这些前面的数字，最后用9代表其他或应用类目，9前面的号码可以空着备用。

预测性空号，就是根据设类的逻辑性原则，预测到一些类目将来可能会出现，提前设定这些类目编码。预测性类目设置与空号技术思路是一样的，只是预测性空号类目的名称事先确定了，达到了知识的全覆盖。

## 4.6 国内外文献分类法实例

人类历史上编制和应用比较广泛的是图书分类法，随着信息时代的发展，文献分类法

---

① 国家图书馆《中国图书馆分类法》编辑委员会. 中国图书馆分类法 [M]. 5版. 北京：国家图书馆出版社，2010：563.

② 国家图书馆《中国图书馆分类法》编辑委员会. 中国图书馆分类法 [M]. 5版. 北京：国家图书馆出版社，2010：570-571.

的应用更加普及。国内外广泛应用的文献分类法中,比较有代表性的例如国内的《中国图书馆分类法》[①](简称《中图法》,CLC),英语国家常用的《杜威十进分类法》[②](DDC),国际通用的《国际十进分类法》[③](UDC),美国的《国会图书馆分类法》[④](LCC),以及具有组配特征的《冒号分类法》(CC)。本书以《中图法》和 DDC 为代表,介绍这些文献分类法的重要结构和功能。

### 4.6.1 《中国图书馆分类法》

《中图法》是我国现行使用范围最广的文献分类法,国内几乎所有的图书馆都使用《中图法》进行分类管理和服务。第一版的《中图法》于 1975 年 10 月由科学技术文献出版社正式出版,当时的全称是《中国图书馆图书分类法》。以后分别于 1980 年、1990 年、1999 年和 2010 年进行修订,目前为第五版。1999 年 3 月出版了第四版《中图法》,其全称由以前的《中国图书馆图书分类法》改名为《中国图书馆分类法》,改名前后的简称都叫《中图法》[⑤]。本节是对《中图法》的概述,有关《中图法》的体系结构、标记系统、类目体系等详细内容,以实例的介绍方式分布在本章各个部分。

2010 年的第五版《中图法》,有 22 个基本大类,如 A 是马列主义、毛泽东思想、邓小平理论,B 是哲学、宗教,C 是社会科学总论,D 是政治、法律,F 是经济,G 是文化、科学、教育、体育等。每个大类又用数字向下细分。在国家图书馆官网上有《中图法》的网络版分类法,可以逐层全部查阅和检索。

例如,查"叙词表"主题的分类号,基本大类是"G 文化、科学、教育、体育",向下展开是"G2 信息与知识传播""G25 图书馆事业、信息事业""G254 信息组织""G254.2 主题法""G254.24 叙词法与叙词表"。其实 G254.24 下还分综合性叙词表、专业性叙词表等,通过这样逐级逐层排列,就形成一个完整覆盖知识的等级分类法。在国家图书馆官网,类目浏览是和类目下的馆藏文献链接的,点击"G254.24 叙词法与叙词表",可以检索到国家图书馆馆藏的所有叙词法与叙词表类文献。

《中图法》是综合性分类表,各个专业一般有自己更详细的专业分类表。例如,《农业专业分类表》[⑥]与《中图法》遵循统一的规则,可以共同使用。查询小麦的分类号,同样可以从上至下逐级展开,分别为:S5 农作物、S51 禾本科作物,S512 麦,S512.1 小麦,S512.11 冬小麦等。

在中文学术期刊投稿中,通常都要求提交该文章依据《中图法》对应的分类号。分

---

① 国家图书馆《中国图书馆分类法》编辑委员会. 中国图书馆分类法 [M].5 版. 北京:国家图书馆出版社,2010.
② WebDewey [EB/OL].[2024-05-08]. http://www.dewey.org/webdewey/login/login.html.
③ Universal decimal classfication [EB/OL].[2024-05-08]. http://www.udcsummary.info/php/index.php?lang=chi.
④ The library of congress [EB/OL].[2024-05-08]. http://www.loc.gov.
⑤ 中国图书馆分类法. 中图法历史及概况 [EB/OL].[2024-05-08]. http://clc.nlc.cn/ztfls.jsp.
⑥ 蔡捷. 农业专业分类表 [M]. 北京:北京图书馆出版社,1999.

类号已经是多数期刊要求的一个必填项目。分类号也利于责任编辑进行文章评审时选择适合的审稿专家。在国内的万方数据、维普资讯和中国知网三大期刊网络数据库中，均提供依据《中图法》的分类检索方式，能够按分类号检索到相关文献，这与期刊论文在投稿时就要求提交分类号是密不可分的。

关于文献分类法，曾经有《人大法》《科图法》和《中国图书资料分类法》（简称《资料法》），但现今登录中国人民大学图书馆①、中国科学院图书馆②，发现这些图书馆使用的也是《中图法》，也没有发现哪类机构目前还在使用《资料法》。国内文献分类的应用，目前基本上都统一使用《中图法》，这与全国图书馆联合编目中心③、CALIS联机合作编目中心④等统一编目工作密不可分。全国图书馆统一使用《中图法》开展编目工作，对我国的信息管理标准化具有重要意义。历史上不同机构编制的各种图书分类法，为我国的文献分类法的普及和统一作出了重要贡献。

### 4.6.2 《杜威十进分类法》

《杜威十进分类法》⑤（DDC）在国际上使用较为广泛。1876 年，DDC 正式出版，经历了一个不断发展的过程。DDC 的诞生体现了创立分类法的过程，往后是修订和应用，最大的变化是计算机和互联网在编制与应用中的体现。DDC 最早是纸质版，20 世纪60年代出现计算机辅助编制、修订和管理分类法。1993 年第 20 版 DDC 推出了电子版，1996 年第 21 版 DDC 推出了视窗版，现在的 DDC 是网络版，基本使用方法和主干类目可以公开检索。

在 DDC 网络版登录后，图 4.9 是 DDC 主页界面，显示了从 000 到 900 十个主类。

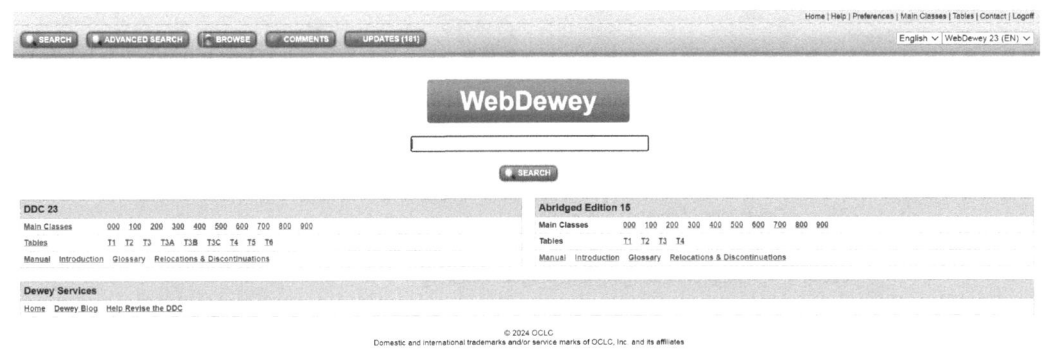

图 4.9　DDC 从 000 到 900 十个主类主页界面

---

① 中国人民大学图书馆［EB/OL］.［2024－05－08］. http：//www.lib.ruc.edu.cn.
② 中国科学院图书馆［EB/OL］.［2024－05－08］. https：//www.las.ac.cn.
③ 全国图书馆联合编目中心［EB/OL］.［2024－05－08］. http：//olcc.nlc.cn.
④ CALIS 联机合作编目中心［EB/OL］.［2024－05－08］. http：//www.calis.edu.cn/index.html.
⑤ WebDewey［EB/OL］.［2024－05－08］. http：//www.dewey.org/webdewey/login/login.html.

在 DDC 主要类目的界面，单击"检索"按键，可以选择与其他词表的映射，包括美国国会图书馆标题表（LCSH）、美国国立医学图书馆的 MeSH 词表等，见图 4.10。

图 4.10　DDC 与其他词表的映射

使用浏览方式展开核心类目，查找叙词表相关的类目，具体方法为单击展开"000 计算机科学、信息与总类"（computer science，information & general works），在其展开的类目中单击"020 图书馆学、信息科学"（library & information sciences），再往下单击"025 图书馆与档案馆活动"（operations of libraries and archives），接着再单击展开"025.4 主题分析和控制"（subject analysis and control），以及在下一级的"025.47 主题编目与主题标引"（subject cataloging and subject indexing），全部展开浏览见图 4.11。

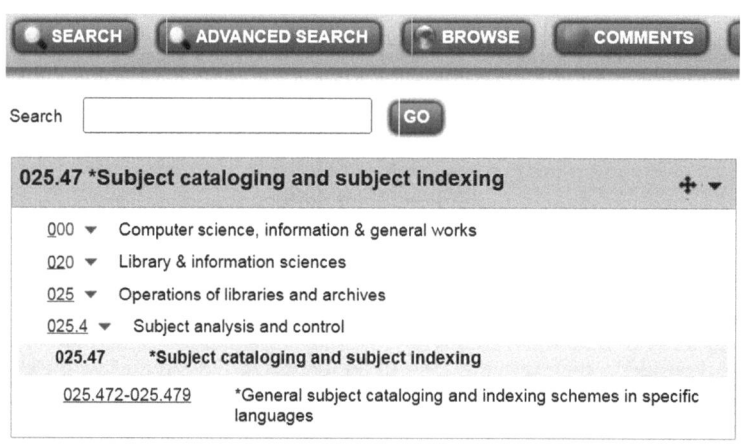

图 4.11　DDC 025.47 主题编目与主题标引各级上位类目展示

在 DDC 025.47 下也列出了相关的英文标引词（relative index terms），这些标引术语包括：authority files-cataloging-subject cataloging，chain indexing，citation indexing，controlled subject vocabularies，coordinate indexing，descriptors（terms），functional requirements for subject authority records（FRSAR），indexing-subject cataloging，postcoordinate indexing，PRECIS indexing，precoordinate indexing，preserved context indexing system，relative indexing, subject authority files, subject cataloging, subject headings, subject indexing, subject vocabularies, syndetic structure-subject authority files, thesauri（controlled vocabularies）。可以看到叙词表（thesauri），或者叫作受控词表（controlled vocabularies）属于 DDC 025.47 类目，与《中图法》的等同映射类目为 G254.2 主题法。

## 4.7 分类法的映射

知识组织系统间映射，是实现不同知识组织系统互操作的途径之一。国际标准 ISO 25964-2：2013 主要内容是不同知识组织系统间各类映射方法的建议和指南①。以下介绍分类法之间映射的课题案例。

为了更好地了解 DDC 与《中图法》的分类知识体系特征，2011 年，中国科学技术信息研究所与山西大学通过项目合作，进行了 DDC 与《中图法》在理学类目中的映射研究。映射结果表明，《中图法》与 DDC 的理学类目有 1/4 的映射是完全匹配的。由于类目结构及分类标准的差异，其余的类目只能做最近的向上或向下匹配。为了更好地揭示类目的特征，采用了一对多的映射方法。具体理学映射数据，从 DDC 到《中图法》，等同映射（equivalence mapping, EQ）是 828 条（25.42%），上位映射（broader mapping, BM）有 1521 条（46.70%），下位映射（narrower mapping, NM）有 908 条（27.88%），总计映射数为 3257 条。从《中图法》到 DDC 的映射中，等同映射有 795 条（25.87%），上位映射有 914 条（29.74%），下位映射有 1364 条（44.39%），映射总计 3073 条。同时，与上海交通大学进行了《中图法》与 DDC 在工学类目的映射合作研究，基本上厘清了两大分类法的知识体系结构。

为了构建国家科技计划领域分类与编码体系，2017 年，中国科学技术信息研究所分别与山西大学和武汉大学进行了分类法映射的相关研究。与山西大学的合作研究是将中华人民共和国国家标准 GB/T 13745—2009《学科分类与代码》②、GB/T 4754—2017《国民经济行业分类》③ 及 2017 年《国家自然科学基金项目申请体系及代码》④ 3 个分类体系相互进行映射，以对比它们之间知识体系的异同。映射结果表明，《学科分类与代码》更适合学科专业的分类管理，与《中图法》有相似的知识体系；《国民经济行业分类》的类目特点是类目可以代表一个行业，如旅游业、餐饮业等，与《学科分类与代码》映射比较困难，如餐饮业会涉及多个学科，多数类目需要一对多的组配映射，使得映射关系复杂且增加了不确定性。《国家自然科学基金项目申请体系及代码》是为自然科学基金项目申请

---

① Information and documentation-Thesauri and interoperability with other vocabularies-Part 2：Interoperability with other vocabularies：ISO 25964-2：2013 [S/OL]. [2024-04-02]. https://www.iso.org/standard/53658.html.
② 中国标准化研究院. 学科分类与代码：GB/T 13745—2009 [S]. 北京：中国标准出版社, 2009.
③ 全国信息分类与编码标准化技术委员会. 国民经济行业分类：GB/T 4754—2017 [S]. 北京：中国标准出版社, 2017.
④ 国家自然科学基金委员会. 代码查询 [EB/OL]. [2024-04-02]. https://www.nsfc.gov.cn/publish/portal0/tab1440/.

服务的，更加注重热点研究领域的类目设置，而不注重知识覆盖的全面性。

与武汉大学合作完成了国际专利分类法主体类目、中国标准文献分类法与《中图法》主体类目的映射研究，实现《国际专利分类法》（6951 条类目）到《中图法》（8695 条类目）的映射，其中，等同映射 310 条，近义映射（similar mapping，inexact mapping，SM）268 条，上位映射 3702 条，下位映射 952 条，相关映射（related mapping，RM）2967 条，无法建立映射（no match）496 条。建立《中国标准文献分类法》（1830 条类目）到《中图法》的映射关系 2698 条。其中，等同映射 343 条，近义映射 210 条，上位映射 689 条，下位映射 894 条，相关映射 561 条，无法建立映射 1 条。《国际专利分类法》类目更专指、更具体一些，所以与《中图法》上位映射的类型更多一些；《中国标准文献分类法》类目更泛指一些，类目概念颗粒度大，所以与《中图法》下位映射关系更多一些。

## 4.8 分类标引方法与规则

分类方法是人类认识事物的基本方法。在图书馆和情报学领域，将信息资源进行分类标引是编目工作的一项重要主题描述活动。对于文献资料的分类，国内使用最多的是《中图法》，其每版都有专门的章节介绍如何开展标引工作，并示范如何为文献赋予分类号的过程。具体各类文献分类号的赋予方法请参见相关的标引手册或工具书。本小节只介绍分类标引的方法和规则及以《汉表》为例的自动标注分类号的方法。

### 4.8.1 传统分类标引方法

在文献分类工作中，第一是要熟悉分类法的结构与功能，只有在对分类法的宏观结构、微观结构熟悉的基础上，才能开展分类工作。第二是在对文献的主题分析过程中，析出文献的主要内容，将主要内容与分类法的类目概念进行对应。第三是需要掌握分类标引的基本方法，有完全匹配的类目就直接赋予类号标引；如果没有完全匹配的类目，可以考虑各种类目限定的方法，如上位类限定法、下位类限定法、同位类限定法、相关类限定法和注释限定法等。第四是赋予最合适级别的类目体系，文献内容涉及的概念颗粒度有大有小，需要判断和选择最适合的类目级别。

分类标引的基本规则涉及以下方面。

内容重要性原则，一篇文献相关属性涉及多个方面，首要考虑的属性特征是主题内容，然后是形式特征等辅助特征，再考虑民族、时代、地区等属性。

合适概念颗粒度原则，等级体系分类法有着概念颗粒度从大到小的结构体系，要充分但不过度析出文献主题，转换对应概念含义对等的类目类号，必须符合专指性要求，归入最切合其内容的类目。

揭示内容本质原则，需要进行主题分析，针对显性主题、隐性主题、多主题等不同种类特征，析出具有本质特征的对应主题。

系统逻辑性原则,分类法是一个知识系统,有着完整的逻辑体系,赋予类号要符合逻辑体系,不能片面根据类名含义给定类号,需要考虑等级关系、类目注释等概念限定条件下的语义结构赋予类号。

归类实用性原则,在揭示内容本质的基础上,考虑文献的实际用途和应用领域,归入用途最大的类目中。

保持分类一致性原则,同一主题不同时期归类要一致,主题分析方法、工作流程、质量审核等方面也需要保持稳定统一的制度,为一致性奠定基础。

## 4.8.2 《汉表》自动分类系统

中国科学技术信息研究所在完成2014年版的《汉语主题词表(工程技术卷)》(以下简称《汉表(工程技术卷)》)的同时,为了推进《汉表》在信息检索中的应用,同时开发了《汉语主题词表》服务系统,提供文本自动分类服务功能。首先开通的是测试版,可以进行基于标题和摘要的自动分类标引工作。2018年,又开发了单篇文献和多篇文献的自动分类功能。

自动分类的基本思路和实现方法如下。

将需要进行分类的单篇文本标题和正文分别粘贴到相应的文本框,并提交上传需要分类的文本内容。

系统对文本进行分词、同义词归并、统计概念词频等自然语言处理工作。分词词库使用通用分词软件,加载《汉表》包含的术语,以及为编制和维护《汉表》而开发的基础词库术语,以《汉表》术语优先进行分词。

按照标题正文等不同位置进行加权,统计文本分词结果,去掉停用词,将高频词进行排序,挑选3~5个《汉表》高频术语,提取其对应的分类号进行自动分析。

如果《汉表》高频词具有的分类号是在同一领域不同等级的分类节点上,且处于上下等级结构的一条链上时,则提取最专指的分类号即可;如果分类号处于同一领域,但处于上下等级关系的不同链中,则取两条链交叉的节点赋予分类号;如果处于不同的领域,则分别取最专指的分类号。

可以有其他限定。例如,一次只能给出3个以内分类号,如果限定1个,则取《汉表》最高频的主题词分类号。分类号的数量来自对主题词的数量控制,选《汉表》高频词根据排序可以选3个、5个或更多,可以根据需要和对标引效果的评估对选词数量进行调整和探索,固定一个最佳的加权数值。

经过测试,《汉语主题词表》服务系统具有较好的自动分类功能,同时可以批量进行自动分类工作。

在词频统计中,存在长尾效应,即大量的词是低频词。涉及分类的算法时,也可以尝试将大量的低频词的分类属性按分类体系进行累加,取累加值最高的类目赋予分类号。这种方法理论上可行,但涉及一些统计计算,响应速度可能会比较慢,需要测试和优化才能进入具体应用阶段。

# 第五章　主题法

本章首先对主题法进行概述，通过具体实例介绍国内外主题法的代表工具——叙词表；然后介绍叙词表的概念遴选方式、概念语义关系建立方法及叙词表的结构；最后介绍叙词表的一些相关课题研究与实践。

## 5.1　主题法概述

### 5.1.1　生活中的主题法现象

大型超市或卖场，一般按商品总体类型分类，如一楼是生鲜食品，二楼是化学化工、洗漱洗涤等工业产品，三楼是服装鞋帽等。在这些大类的基础上，顾客可以根据需要直接到固定的区域和固定的货架找到具体商品，如面包或洗衣液。如果找不到自己需要的商品，如燕麦片，可以向超市工作人员咨询，工作人员会直接指出燕麦片存放的货架，顾客就可以在相关的货架处找到燕麦片或其他需要的商品。"直接问""直接找"自己需要的商品其实就是一种生活中的主题法。

购物网站也是类似的情况，如想买内蒙古特产，可以在购物平台直接检索内蒙古特产，就会查到大量有内蒙古特色的食品，如风干牛肉、奶皮、奶片、奶豆腐、炒米、奶茶、马奶酒、羊杂汤、羊血肠等食品。本例中"内蒙古特产"就是主题词，输入内蒙古特产进行检索，以得到所有这些商品信息的方法就是主题法。实际上，可以再加限定，如想买内蒙古特产奶制品，限定奶制品，就会查到奶片、奶皮、奶贝、奶酪、奶粉、奶糖、奶油、奶棒、奶豆、奶茶、奶泡泡、奶豆腐等各种不同类型的奶制品。这里的奶制品就是主题词，直接在内蒙古特产范围内找奶制品就能得到以上这些商品，这是网络购物的主题法。其实还可以直接找奶茶，限定内蒙古特产，结果是大量的奶茶粉，还有奶茶片、奶茶伴侣等。这里的奶茶是个主题词，能找到大量不同商家的奶茶粉就是主题法的应用。

主题法也应用在网络百科中，如维基百科主页有主题检索界面，首页按分类列出了大量主题类型，点击其中的图书资讯学（information science 或 library science），就会到达图书馆信息学条目，可以看到图书资讯学包括出版学、图书馆学、信息学（旧称情报学）、档案学、博物馆学、文献学、知识管理等，这就是维基百科里面的相关主题词。直接用主题词进行检索，获取相关的信息，就是主题法。

## 5.1.2 主题法的类型

主题法是信息检索的主要类型，是信息组织者使用主题词表标引文献信息主题，或者用户依据主题词表进行信息检索的方法。按照表达主题概念的语词标识的构成原理和特征及主题检索的发展和应用历程，主题法的类型主要有标题法、单元词法、叙词法和关键词法，以下进行详细的介绍。

（1）标题法

标题法最早可以追溯到 1876 年出版的《词典式目录规则》。这种方法是信息组织者使用规范化的自然语言语词作为标题，直接表达文献的主题概念。标题按照字顺排列，标题之间存在结构化的参照关系。信息检索者使用同样的标题进行主题概念的文献信息检索，这就是标题法。一个语词可以是一个标题，一个词组也可以是一个标题，甚至一个带限定词的短语也可以是一个标题。多数标题词是先组词，即用语词按照一定的语义关系，事先组成具有限定含义的词组，以表达固定含义的复杂概念。例如，"工科研究生"就是一个先组词，也可以是一个标题。标题法的主要特点是收录了大量的先组标题词。

国际上常见的标题表有医学领域的 MeSH 主题词表和美国国会图书馆的标题表（LCSH），这两个表编制初期都是标题表。标题法的特点是已经含有等同、等级和相关关系。标题法使用标题标识直接描述主题概念，标识直观、含义明确。但由于标题法含有大量的先组词，概念难以多项成族，检索途径少，因此使用自然语言做标识，通用性较差。

（2）单元词法

单元词法是将自然语言拆分成最小的单位，即单元词，每个语言单位表达独立的含义。单元词是指在概念上不能再分解的词，是表达概念的最小单元。通过单元词的组配，可以形成大量的新概念，单元词法是通过单元词表实现其功能的，单元词表又称元词表。单元词通过后组对文献进行标引，读者通过单元词进行检索，这就是单元词法。后组是通过不同概念组合，形成更加专指概念的过程。例如，"红色"是个单元词，"灯"是个单元词，它们可以组配成"红灯"这个概念。一个短语、一个词组、一个语词是否还能细分到单元词，有时可能不太好把握。例如，汉语常见的字有 3000 多个，如果每个字都能单独分开，那么"红色"是最小单元吗？是否"红"是一个单元词，"色"是一个单元词？这是一个不太好确定的问题。另外，单元词使用的是字面组配，但有时组配的结果无实际意义。例如，"红色"和"灯"可以组配成"红灯"，"红灯"是交通信号灯的一种。如果用"红色"和"桥"组配，可以形成"红桥"的后组结果，但"红桥"是个使用场合不明的概念。由于单元词的组配容易造成语义含糊不清，单元词间也缺少语义关系，故单元词法诞生以后，很快被叙词法取代。单元词法的代表是 20 世纪 50 年代应用于美国的穿孔卡系统。

（3）叙词法

叙词法是将等同关系的术语归并为概念，通过概念描述和表达信息主题，概念之间具有等级关系和相关关系,用户通过概念术语进行信息检索的方法。叙词法是在标题法和单元词法的基础上形成的。标题法主要特点是先组词占比大,造成词表语词数量庞大;而元词法虽然显著降低了语词数量,但单元词表主要采用后组的方式形成概念,一些单元词字面匹配后,形成的词条没有实际意义,所以诞生了叙词法。叙词法的主要工具是叙词表。在我国,多数学者也将叙词表叫作主题词表。本书用单独一章的篇幅来介绍叙词法与叙词表。

(4) 关键词法

关键词法是使用关键词作为主题概念标识,进行文献主题检索的方法。由于关键词主要指用户自己使用的语词,一般没有关键词表,只有关键词数据库,所以有人认为关键词法不能算作完整含义的主题法。但按照主题法的定义,关键词法也具有主题法的主要特点:这些关键词可能出现在题名、文摘、正文中的不同部位,将这些语词按照词频、位置等加权特性提取关键词,使用这些关键词对文献信息进行索引,用户也使用同样的关键词进行检索,这就是关键词法。

### 5.1.3 主题检索的含义

在我国,多数学者认为,使用叙词表、标题表、单元词表或者关键词进行的信息检索就是主题检索。主题检索的一个重要特点是,要检索的主题是概念标识,是一种存在但不是具体的事物,是未知的。与之相对应的是已知项,如著者、出版社、题名等,这些检索项如文章的题名是事先已经明确知道的,所以不属于主题检索。而主题检索指的是直接使用优选词、标题词、单元词或者关键词进行检索,才是主题检索。叙词表收录的语词,如 1980 年出版的第一版《汉表》,收录主题词 108 568 条,包括正式主题词 91 158 条,非正式主题词 17 410 条。2014 年出版的《汉表(工程技术卷)》共收录优选词 19.6 万条,非优选词 16.4 万条,总词量 36 万条。总之,直接用语词进行检索,获取相关主题信息的过程就是主题检索。相对应的概念是分类检索,直接用分类号进行信息检索就是分类检索,如用类号 G254.24 就可以检出叙词表相关的文献信息。

主题检索有以下特点。一是以事物为中心展开。文献信息通过主题表达含义,直接对主题概念进行检索,这是主题检索的重要特点。二是用直观具体的语词进行检索。用语词作主题概念的标识,语词通常来源于自然语言。例如,在搜索引擎上用具体的语词或短语查"颐和园几点关门",网络将通过"颐和园"和"关门"的语义组配进行检索。三是以特性检索为主,族性检索为辅。叙词表等主题检索工具,有范畴表、词族等语义关系,根据检索范围的需要,可以进行扩检和缩检。使用上位词可以实现扩检,使用下位词可以进行缩检。例如,北京的上位词是中国,中国的上位词是东亚,查中国的信息时,如果想扩展检索,可以在东亚范围内进行检索;如果想缩检,则可以限定到中国下面的省市、地区范围内进行检索。族性检索不仅仅是用一个语词检索,而是在一个词族范围内组合检索。四是以明确性检索为主、模糊性检索次之。叙词表的一个非常重要的作用就是对概念进行规范化,概念含义是明确的一词一义。

总之，主题检索的方法，是信息组织者通过主题词表对文献信息进行标引，信息检索者使用同样的主题工具进行信息检索的方法。主题词有上位词、下位词、相关词等语义关联关系，这些关系是结构化的，描述的文献信息也具有关联性，从而实现了对文献信息的系统化和组织化。用户通过使用与标引一致的检索词，实现主题检索的功能。

### 5.1.4 《汉语主题词表》

知识组织系统编制中，最成熟、使用最广泛的是分类法和叙词表。分类法的代表是《中图法》，叙词表的典型代表是《汉表》。在我国，主题词表也叫叙词表，其中《汉表》是最具影响力的叙词表。第一版于1979年编制完成，正式出版时间为1980年，由中国科学技术情报研究所和北京图书馆主编，科学技术文献出版社出版。1992年，中国科学技术情报研究所更名为中国科学技术信息研究所；1998年，北京图书馆更名为国家图书馆。

1974年8月，我国设立了国家重点科技攻关项目"汉字信息处理系统工程"，简称"748工程"。"748工程"分为精密中文编辑排版系统、中文情报检索系统和中文通信系统3个子项目。作为"748工程"的配套项目，1975年7月成立"汉语主题词表编辑组"，开始了《汉表》的编制工作。共有505个单位，1378人参加了编制工作，还有更多的单位和个人参与了后期的编审工作。项目组认真学习和总结了当时国内专业编表经验，研究和参考了国外叙词表编制先进技术，经过多次的专业审定会和全国汇总会，最后由编辑组综合整理编辑而成。1980年出版的第一版《汉表》收录主题词108 568条，其中正式主题词91 158条，非正式主题词17 410条。《汉表》按社会科学和自然科学两个系统分别编排，分3卷10个分册出版。第一卷社会科学包含两个分册，1个主表（字顺表）和1个索引表；第二卷自然科学包含7个分册，1~4分册是主表（字顺表），其他3个分册是词族索引、范畴索引和英汉对照索引；第三卷是社会科学与自然科学共用的附表。《汉表》是"专家与群众相结合，实行社会主义大协作的产物"，是我国第一部大型综合性叙词表，是情报界、图书馆界集体智慧的结晶。它为国内叙词表的编制培养了大批专业人才，为我国大规模计算机信息存储与检索奠定了基础。

《汉表》结构完备，词汇控制规范，专指度深，专业覆盖全面。1980年出版以后，推动了全国范围内文献信息主题标引工作的开展，逐步成为我国图书情报单位通用的主题标引工具，促进了计算机文献数据库的建立，在专业叙词表的编制和应用方面也发挥了极为重要的作用。鉴于这些成就，1985年《汉表》荣获国家科学技术进步奖二等奖。20世纪80年代末到90年代初，计算机在叙词表的编制中得到进一步的应用，数据存储、词间关系逻辑错误检查、输出版式等环节部分实现了计算机化。1991年，中国科学技术情报研究所对《汉表》自然科学部分进行了修订，增补新词8221条，删除不适用的词5434条，修订出版《汉语主题词表》（自然科学增订本）。修订后共收录主题词81 198条，其中包括正式主题词68 823条，非正式主题词12 375条，包括字顺表（2册）、词族范畴索引、英汉对照索引共4册出版，主编单位为中国科学技术情报研究所，出版单位是科学技术文献出版社。增订版《汉表》保持了原词表的体系结构、基本词汇、范畴划分及族系关系的核心知识。1996年,由中国科学技术信息研究所情报检索语言研究室与中国索引学会索引技术和索引标准研究室,编辑出版了《汉表》的第5分册轮排索引。

21世纪初,随着互联网的普及,以关键词搜索为基础的网络搜索引擎存在查全和查准问题,科技文献需要进行规范的数据库文献标引与检索及论文主题词的查询与标注等。从2009年开始,由中国科学技术信息研究所牵头,联合国内16个工程技术领域图书情报机构的上百名专家,分领域修订和重新编制《汉表》,制定了统一的修订规范和编制规则,重新编制了范畴表,先期修订工程技术部分。到2014年,完成了《汉表(工程技术卷)》的修订和重新编制工作,修订后共收录优选词19.6万条,非优选词16.4万条,总术语达到36万条,等同率(非优选词/优选词)为0.84,按专业分13册公开出版。《汉表(工程技术卷)》的修订和重新编制出版,是网络环境下叙词表编制和发展的又一里程碑式的成果,是新时代我国图书情报界全国大协作工程的成果。主编单位为中国科学技术信息研究所,出版单位为科学技术文献出版社。从2014年到2018年,中国科学技术信息研究所又完成了《汉语主题词表(自然科学卷)》[以下简称《汉表(自然科学卷)》]的修订和重新编制工作,含有6.7万条优选词,5.8万非优选词,总计12.5万条术语,主编单位仍然是中国科学技术信息研究所,出版单位为科学技术文献出版社。从2019年起,在中国科学技术信息研究所官网主页,提供了《汉语主题词表》服务系统,具备术语服务、文本分词、自动标引、主题分析、学科分类等基础服务功能①。2024年,作为科技基础资源调查专项项目,中国科学技术信息研究所又完成了"汉语主题词表(生物医学农业卷)"的编制工作②,共收录生物、医学、农业领域相关概念20万个,包含中文、英文和拉丁文共计67万条术语,新增本体特色的概念形式分类,并尝试对部分相关关系进行细化,2024年的完成状态是数字形态的概念知识库。

### 5.1.5 国外叙词表

(1)粮农组织农业多语种叙词表(AGROVOC)

联合国粮食及农业组织(简称"粮农组织")③,对应英文名称是Food and Agriculture Organization of the United Nations(FAO),是联合国专门机构,目标是实现所有人的粮食安全,确保人们能够定期获得充足的优质食物,拥有积极健康的生活。FAO有195名成员,包括194个成员国及欧盟,在全世界超过130个国家开展工作。FAO建有国际农业科技情报系统(AGRIS),是世界三大农业文献数据库之一。为了有效组织和利用AGRIS,FAO编制了农业多语种叙词表(以下称为AGROVOC)④,包含41 395个概念,涵盖42种

---

① 《汉语主题词表》服务系统[EB/OL].[2024-04-02]. https://ct.istic.ac.cn/site/organize/index#.
② 科技部关于发布科技基础资源调查专项2019年度项目指南的通知[EB/OL].[2024-08-08]. https://www.gov.cn/zhengce/zhengceku/2019-12/03/content_5457766.htm.
③ 联合国粮食及农业组织[EB/OL].[2024-04-02]. http://www.fao.org/home/zh.
④ AGROVOC multilingual thesaurus [EB/OL].[2024-08-10]. http://aims.fao.org/standards/agrovoc/functionalities/search.

语言，覆盖食物、营养、农业、渔业、森林、环境等学科领域。AGROVOC 由 VocBench 平台管理和维护，拥有 SKOS-XL 格式和关联数据集。早在 2002 年，中国农业科学院农业信息研究所就对 AGROVOC 进行了汉化，从概念层面增加了汉语对照翻译。AGROVOC 是一个典型的多语种叙词表，本书关于叙词表的例子主要来自《汉表》和 AGROVOC。

FAO 有 6 种官方工作语言，分别为阿拉伯语、汉语、英语、法语、西班牙语和俄语。所有正式出版的文件、规范、总则等，一般都是 6 种语言同时出版。AGRIS 数据库是由 195 个会员逐年分别提交的文献数据，每条文献都需要进行标题、作者、机构等规范化标引工作，其中包括为每条文献标引 AGROVOC 主题词。因此，AGROVOC 是国际化的农业多语种叙词表，20 世纪末仅有 4 种语言：英文、法文、西班牙文和阿拉伯文。FAO 认为，中国在粮食问题解决方面为世界作出了贡献，粮农组织越来越重视中国的经验，其中一个重要项目就是 2002 年立项将 AGROVOC 进行汉化。中国农业科学院农业信息研究所在 1994 年编制出版了《农业科学叙词表》，因此，粮农组织的农业多语种叙词表 AGROVOC 翻译成中文时，中文概念的使用在两个词表间基本上是一致的，这样的考虑无论是对《农业科学叙词表》的国际化，还是 AGROVOC 在中国的推广使用，都是非常有益的。

AGROVOC 的典型应用就是在 AGRIS 网络数据库中的信息检索。例如，在 AGROVOC 中找到主题词 "water resources"，点击放到 AGRIS 检索框，就可以找到水资源相关的所有文献。AGROVOC 也提供了不同语种的术语检索，如在中文选项环境下输入"水资源"，可以看到对应的英文 "water resources"，也可以看到其他已翻译的 25 种对应语种术语写法，支持所有语种术语检索。到 2002 年，基本上完成了所有术语的中文翻译，但不是所有语种都完成了对照英语翻译。

（2）国外其他叙词表

除了 AGROVOC，国际上还有许多常用的叙词表，如医学主题词表（MeSH）。国际上许多国家都在使用 MeSH，我国的西医文献也使用该主题词表。MeSH 是由美国国立医学研究所编制和维护，它包含 3.5 万多个概念，是由标题表逐步发展成为叙词表。美国国立医学研究所另一个重要的工作就是 UMLS，将 100 多部叙词表、分类表通过映射建立联系，形成医学一体化语言系统。

国际上大量的叙词表都是免费使用的，多数机构都推荐、鼓励用户使用他们的叙词表，但几乎所有的叙词表也都是有版权的。一般情况下，科研和公益服务是鼓励应用的，但用于商业目的或盈利通常是不允许的。以下列出一些常见的在网络上可直接检索的叙词表。

①AGROVOC：http://aims.fao.org/standards/agrovoc/functionalities/search。

②Medical Subject Headings：https://www.nlm.nih.gov/mesh。

③Library of Congress Subject Headings：https://www.loc.gov/aba/publications/FreeLCSH/freelcsh.html?&loclr=reclnk。

④International Labour Organization Thesaurus：https://metadata.ilo.org/thesaurus.html。

⑤Inspec Thesaurus：https://www.theiet.org/resources/inspec/about/records/ithesaurus.cfm?。

⑥UNESCO Thesaurus：http://vocabularies.unesco.org/browser/thesaurus/en。

⑦Transportation Research Thesaurus(TRT)：http://trt.trb.org/trt.asp。

⑧EI Thesaurus：https://www.engineeringvillage.com/search/thesaurus.url。

⑨Defense Technical Information Center Thesaurus：http://vocabularyserver.com/dtic/index.php?setLang=en。

⑩GEneral Multilingual Environmental Thesaurus：https://www.eionet.europa.eu/gemet/en/themes。

⑪CABI Thesaurus：https://www.cabi.org/cabthesaurus。

⑫Multilingual Thesaurus of the European Union：https://op.europa.eu/en/web/eu-vocabularies。

⑬NCI Thesaurus：https://evsexplore.semantics.cancer.gov/evsexplore/welcome。

⑭OECD Macrothesaurus Chapter Headings：http://bibliotecavirtual.clacso.org.ar/ar/oecd-macroth/en/index.htm。

⑮the World Bank：http://vocabulary.worldbank.org/thesaurus.html。

## 5.1.6 叙词表主题检索实例

EI 工程索引是工程领域重要的国际性文献数据库，提供应用科学和工程领域的文摘索引信息，并支持 EI 叙词表文献检索功能。这里用 EI 叙词表介绍文献信息检索方法。

在 EI 官网，打开利用叙词表检索页面①，输入"water resources"（水资源），可以看到它的上位词是自然资源，下位词有地下水资源等，相关词如干旱等。根据用户自己的需要，可以选择相应的规范词，见图 5.1。

选定相关的规范词以后，还需要确定是想扩检还是缩检，即需要勾选"与"（AND）或者是"或"（OR），这是布尔逻辑信息检索功能。勾选完以后单击"SEARCH"选项，就能检索到基于叙词表标引的文献。如果用户所在的图书馆购买了相关的文献版权，还可以下载 PDF 全文。图 5.1 中同时勾选了"Drought"（干旱）和"Water management"（水管理）。

在 EI 数据库中，文献题录中的"control terms"是 EI 叙词表的标引词，也叫受控词；"uncontrol terms"是关键词，也叫非受控词。如果选择受控词干旱、水资源、水管理进行 AND 检索，就能检索到相关文献，原因是这些文献在受控词字段进行了标注。

由于数据库文献使用叙词表进行了标引，只要是用叙词表的受控词进行检索，这些文献 100% 都可以检索到。叙词表检索的前提条件是使用受控词进行检索，需要用户在叙词

---

① Engineering village thesaurus search [EB/OL]. [2024-04-02]. https://www.engineeringvillage.com/search/thesaurus.url.

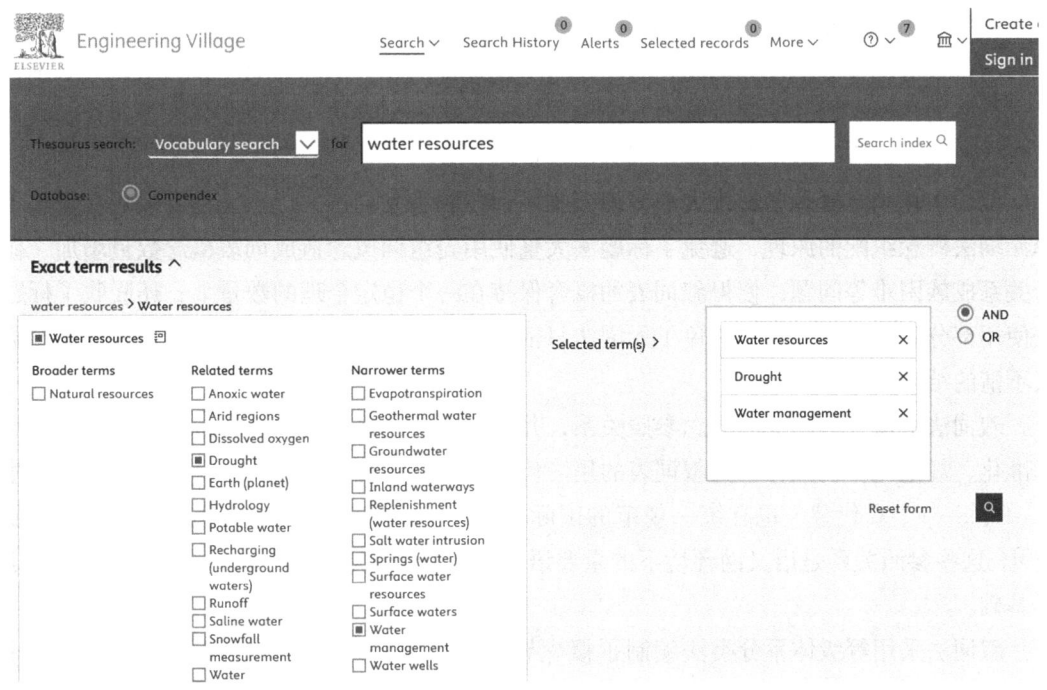

**图 5.1　EI 叙词表 water resources 微观结构**

表中浏览并查到合适的受控词。一般情况下,由于搜索引擎的普及,用户更习惯于百度、谷歌的检索方式,输入检索词就能查找文献。然而,由于用户使用的语词不一定是文献的标引语词,结果可能无法检索到相应的文献。为了方便用户,数据库通常也通过机器标引大量的非受控词,类似于搜索引擎使用的关键词,这样也可以达到一定的弥补作用。

叙词表的优势就是概念检索。如果一篇文献的主题是关于粮食作物小麦栽培的,受控词是小麦,用叙词表就可以准确检索到。如果一篇文献中出现"王小麦"这个人名,而文献与农作物小麦栽培无关,则不会进行受控词小麦的标注,因此也不会检索到这篇文献。但如果用搜索引擎检索,很可能会将这篇与小麦无关的文献检出,这就是在搜索引擎中关键词检索搜到大量无关信息的原因。

## 5.2　叙词法原理

### 5.2.1　叙词法综合性原理

叙词法是主题法的主要类型之一,逻辑上叙词表是主题词表的一种重要类型。在实际应用中,尤其在我国,多数学者直接将叙词表等同于主题词表,或将主题词表完全等同于叙词表,如《汉表》就是典型的大型综合性叙词表。因此,我们将直接介绍叙词法原理,而叙词法最重要的特点就是它的综合性,包含以下方面。

叙词法用概念做标识，用来标注文献主题。概念是用规范化的语词或术语进行标识，语词从自然语言中来，是保证叙词法还应用于文献标引和检索的前提。叙词法的概念术语经过严格的词形、词义控制，确保一个语词或一个术语只表达一个概念含义，保证了语词与概念的唯一对应，这也是吸收了标题法的优点。

叙词法在确定概念颗粒度大小方面吸收了标题法和元词法的优点。主要表现在吸收了单元词法概念组配的原理，避免了标题法大量使用先组词概念造成词表概念数量增加、概念关系成族困难等问题，使得叙词表的概念保持在一个稳定合理的数量上；还吸收了标题法使用部分先组词的办法，避免了元词法只依靠组配而有可能发生字面组配，造成概念语义不清的结果。

叙词法保留了标题法的概念参照关系，并形成了更完善的参照系统，使参照关系达到标准化、规范化。例如，中文叙词表的用、代、属、分、参，分别由拼音字母的对照符号Y、D、S、F、C代替，也有统一规范的国际标准，如 ISO 25964 对参照系统的统一和规范[1]。这些参照关系是语义网环境下的重要语义关系，为叙词表在网络环境中的应用奠定了基础。

叙词法采用等级体系分类法编制了概念导航范畴表，甚至直接使用分类表，如 2014 年新修订《汉表》的分类表，就是在《资料法》的基础上修订的，实现了分类主题一体化功能。同时，叙词法概念也使用了体系分类法原理，通过族首词、属种关系等各级下位词，组成等级体系的词族系统。叙词法还编制了统一的范畴索引与词族索引，从不同层面对叙词表概念进行了逻辑规范的组织。

叙词法采用了关键词法的轮排索引功能，尤其是在计算机环境下，轮排索引与计算机的前方一致、后方一致、中间包含等相对应，使得叙词表能够更好地适应网络环境下的信息检索，为概念检索、语义检索等奠定基础。

### 5.2.2 叙词法概念组配原理

概念组配是叙词表的重要原理。叙词表使用了部分重要的先组词，加上多数的单元词概念，基本上可以覆盖相关的领域知识，也能通过在标引时的概念组配表达或实现更复杂的概念，从而使得叙词表的概念数量维持在一个比较稳定的范围内。

概念组配与字面组配的区别：组配是形成复杂概念的重要方法，有两种类型，概念组配和字面组配。对于这两个概念，我们需要进行区分。概念组配，如"红色"是一个概念，"灯"是一个概念，两者进行概念组配，组成"红灯"，红灯、绿灯都是交通信号灯，红灯是一个含义清晰单一的概念，是典型的概念组配例子。通过概念组配形成的新概念，与原概念有逻辑关系，一般是下位概念。如果"红色"是概念，"桥"是概念，两者组配成"红桥"则是字面组配。字面组配是利用构词法原理对词进行分拆或组合，是字面的

---

[1] Information and documentation—Thesauri and interoperability with other vocabularies—Part 1：Thesauri for information retrieval：ISO 25964 - 1：2011 [S/OL].[2024 - 04 - 02]. https：//www.iso.org/standard/53657.html.

拼接。构成的词组有时符合概念组配特点；有时含义不清，用到叙词表中概念含义有些模糊。用概念"桥"即可，"红桥"没有特定的概念含义，叙词表没必要将"红桥""绿桥""蓝桥""黄桥"等都收录。红灯就是"红灯停，绿灯行"，有具体含义，这就是概念组配和字面组配的区别。

叙词表应用的重要特点之一是概念组配，在计算机检索时代应用广泛。组配类型主要有以下3种。

交叉组配：同级、同类型的两个或两个以上优选词进行组配。例如，生物学与化学组配成生物化学。生物学与化学分属不同的学科，且两个学科是平级的，组配后是交叉的。生物化学的学科内容既是生物学的下位概念，也是化学的下位概念。交叉组配的其他例子如：牛仔裤与短裤交叉组配为牛仔短裤；大豆油、菜籽油、花生油、玉米油等交叉组配成调和油；工业建筑与建筑工程交叉组配为工业建筑工程，交叉组配类似布尔逻辑运算中的"AND"。

方面组配：也叫限定组配，是表示事物的优选词与修饰限定类术语进行的组配。例如，"汽车+发动机→汽车发动机"，就是方面组配，相当于将发动机限定为汽车发动机，不然其有可能是拖拉机的、飞机的等。在网购中大量使用了方面组配，如衬衫与立领、方领、尖领、圆领、双层领等，都能组配出更专指的衬衫种类。与动物进行方面组配可形成专指概念，如草食动物、肉食动物等。方面组配使用非常普遍，颗粒度较细的专业领域叙词表，常常直接收录进行方面组配后的先组词作为概念优选词；颗粒度较粗的综合性叙词表，一般只收录表示事物的名词术语作概念优选词，如衬衫、动物等，专指概念可以使用后组的限定组配方式进行标引。方面组配有时也分联结组配或关联组配类型。

特称组配：是用表达事物的优选词概念与种差、类型等术语进行的组配。与方面组配有相似性，但关注的角度不同。例如，动物，通过特称组配可形成的概念有动物保护、动物化石等，这里关注点是动物，这些概念都可以属于特称概念。再如，建筑工程，通过特称组配形成的组配概念可以有建筑工程成本、建筑工程测量等。

优选词组配的作用：组配原理是叙词表的重要特点之一，叙词表适当使用一些重要的先组词，其他复杂概念、新概念都是通过优选词的后组实现。这样，组配起到了稳定叙词表概念术语数量的作用。例如，汽车是一个语词，设计是一个语词，可以分别代表两个概念，叙词表只需要收录设计和其他事物性名词术语，如汽车、拖拉机等，如果需要的话，用相应的两个概念组配标引和检索。如果一些组配概念的文献量比较大，直接用先组词就可以，如将先组词汽车设计作为一个固定概念直接收录到叙词表中。组配也可以及时反映新事物、新学科。例如，现有的自行车、脚踏车等事物名称，在网络技术、人工智能、GPS定位、共享经济、物联网等蓬勃发展的环境下，城市里出现了大量的共享单车。如果不增加概念，用现在的共享经济与相关的事物性名词术语组配即可，如现在出现的共享雨伞、共享空间等，都可以通过组配表达这些概念，不需要增加新概念。如果一些热词已经成为业界重要的概念了，就可以作为先组词概念直接收录，如人工智能、关联数据、大数据、云计算等热词，是可以在叙词表更新维护时增加的新概念。

## 5.2.3 叙词法的优缺点

叙词法吸收了所有主题法的优点，如概念一词一义，确保一个语词或术语只表达一个概念含义；概念组配，可以表达或实现更复杂的概念，有助于提高信息的查全率和查准率。叙词法的缺点包括叙词表的编制和使用难度较大、条件要求高，是一项高智力的劳动密集型工作，需要投入巨大的人力、物力、财力和时间。例如，1980 年版的《汉表》，有 505 个单位、上千人参与编制工作，历时 5 年完成。《汉表（工程技术卷）》的修订和重新编制，即使通过网络编制平台的使用，减轻了大量人力工作，但从 2009 年开始，到 2014 年出版，同样用了 5 年时间，共有 16 个单位，包括上百人参与编制工作。《汉表（自然科学卷）》从 2014 年开始，到 2018 年完成，也用了 4 年时间。巨大的人力、物力、财力的投入，限制了只有部分国家级的机构才有力量编制叙词表。

从叙词表编制完成起，就需要开展维护更新工作。叙词表的维护就像新陈代谢一样，如果不维护的话，叙词表可能就慢慢不适用了。因此，既要有能力编制叙词表，也要及时更新维护。一部没有更新维护的叙词表，很快就将失去生命力。

叙词法另一个缺点就是概念组配语义的明确性稍差，何时用先组词，何时用后组功能，先组词比例占多大，如何组配标引和检索，如何提高计算机自动标引的准确率等都需要研究探索，诸多问题都限制了叙词法不能像搜索引擎一样被广泛推广使用。

## 5.2.4 叙词表概念语义关系种类与符号

参考叙词表国际标准 ISO 25964-1：2011[①] 与国家标准 GB/T 13190.1—2015，将叙词表各类概念、关系的中英文定义、代号等列表，见表 5.1。

表 5.1 叙词表概念名称、简称、定义、关系代号

| 关系 | 中文名称 | 中文代号 | 通用符号 | 英文全称 | 英文缩写 | 含义 |
|---|---|---|---|---|---|---|
| 注释 | 范围注释 | | | scope note | SN | 优选词含义的解释、说明等 |
| 语词等同关系 | 用 | Y | → | Use | USE | 从非优选词指向优选词 |
| | 代 | D | = | Used for | UF | 优选词代替非优选词 |
| | 用和 | Y+ | | Use this combination | USE+ | 从非优选词指向用和优选词 |
| | 组代 | D+ | | Used for in combination | UF | 从优选词指向组代的非优选词 |

---

[①] Information and documentation—Thesauri and interoperability with other vocabularies—Part 1：Thesauri for information retrieval：ISO 25964-1：2011 [S/OL].[2024-04-02]. https：//www.iso.org/standard/53657.html.

续表

| 关系 | 中文名称 | 中文代号 | 通用符号 | 英文全称 | 英文缩写 | 含义 |
|---|---|---|---|---|---|---|
| 概念等级关系 | 属 | S | < | Broader term | BT | 指向上位词 |
| | 分 | F | > | Narrower term | NT | 指向下位词 |
| | 属（属—种） | | | Broader term (Generic) | BTG | 指向属种关系的上位词 |
| | 属（整—部） | | — < | Broader term (Partitive) | BTP | 指向整体—部分关系上位词 |
| | 属（概—实） | | | Broader term (Instantial) | BTI | 指向概念—实例关系上位词 |
| | 分（属—种） | | | Narrower term (Generic) | NTG | 指向属种关系的下位词 |
| | 分（整—部） | | > — | Narrower term (Partitive) | NTP | 指向整体—部分关系下位词 |
| | 分（概—实） | | | Narrower term (Instantial) | NTI | 指向概念—实例关系下位词 |
| | 族 | Z | | Top term | TT | 族首词，等级关系最上位词 |
| 概念相关关系 | 参 | C | — | Related term | RT | 除等级关系以外的重要概念间语义关联关系 |

叙词表设立了严密的参照系统，揭示表达同一个概念语词之间的等同关系、概念之间的等级关系和相关关系。通过这些关系的描述，实现了叙词表概念各个层面的语义关联。叙词表的参照系统主要是通过一系列符号进行标识，分别介绍如下。

（1）叙词表同一概念不同语词间的等同关系

叙词表以概念为单位，概念具有明确唯一的含义。一个概念可以用1个或多个语词进行标识；如果是2个或更多语词表达同一个概念，则从中选一个较为规范的语词作为概念的标签，命名为优选词（preferred term），其他语词定义为非优选词（non-preferred term），也叫入口词，用来指向对应的优选词。例如，北京过去叫北平，北京和北平是指同一个城市，北京为优选词，北平为非优选词，用符号描述就是：北京 D 北平，北平 Y 北京。等同关系也称为用代关系。

再如，马铃薯和土豆是同义关系，在叙词表中称为等同关系或用代关系。用、代的代号用汉语拼音符号 Y、D 表示，英文代号分别是 USE、UF。用代号表述为土豆 Y 马铃薯，马铃薯 D 土豆。在国际标准中规定了不同语种的符号系统，还推荐了通用的国际符号，如马铃薯＝土豆，土豆→马铃薯，虽然国际标准进行了推荐，但实际应用还没有完全推广普及。

常见的等同关系是指一个优选词与一个非优选词之间的关系，有时非优选词可能是多个，等同关系仍然是这个优选词分别与每一个非优选词之间的成对关系，如马铃薯与土豆的关系，马铃薯与洋芋的关系。传统的等同关系还有一种特殊类型，即组代关系、用和关系。组代关系是指由 2 个或多个优选词，通过组配形成一个复杂词组含义的非优选词。例如，优选词"食物"与优选词"质量"组配代替非优选词"食物质量"，同理，优选词"钢材"与优选词"质量"组配代替非优选词"钢材质量"。组代关系的设立，有助于控制概念数量，便于手工标引时标引员对概念的记助。本例中，凡是与"质量"组配形成的复杂概念，都可以处理为非优选词，从而有效减少了优选词的数量。用和关系是指一个复杂概念含义的非优选词，用 2 个或多个优选词组配而成。如果组代关系是从优选词指向非优选词，则用和关系就是反过来，从非优选词指向优选词。例如，非优选词"数学词典"用优选词"数学"和优选词"词典"组配代替。鉴于组代关系、用和关系的编制和使用复杂，也不是等同关系的主要类型，所以近年来国内外叙词表编制中，已经很少见到设立组代、用和这类的等同关系。

（2）叙词表概念间等级关系

等级关系是指上下位关系，从宽泛概念到专指概念的过程。例如，中国的上位词是东亚，中国的下位词是北京、上海等直辖市或者省、自治区等。用符号可以表述为：北京 S 中国，中国 S 东亚；或者东亚 F 中国，中国 F 北京。这里的 S 是"属"的代号，即从下位词指向上位词的过程，英文代号是 BT（broader term）。F 是"分"的代号，即从上位词指向下位词的过程，英文代号是 NT（narrower term）。

族首词是等级关系最顶层的语词。例如，北京 S 中国 S 东亚 S 亚洲，亚洲就是最顶上的族首词。族首词中文代号为 Z，是"族"字的拼音大写首字母，英文符号是 TT（top term）。等级关系还可以区分出以下 3 种类型：属种关系（BTG 与 NTG）、整体与部分（BTP 与 NTP）、概念与实例（BTI 与 NTI）。一些英文叙词表对概念间的等级关系进行了细分，汉语叙词表目前还没看到对等级关系再进行类型细分，但国家标准 GB/T 13190.1—2015 已经进行了介绍。

（3）叙词表概念间相关关系

相关关系是指叙词表概念间除了等级关系，在语义上存在的重要语义关联的关系。例如，北京与京剧是相关关系，使用符号系统表示为：北京 C 京剧，京剧 C 北京。其中，代号 C 是"参"的拼音首字母，"参"表示叙词表一个概念与另一个概念之间是相关关系，对照英文是 related term，缩写为 RT。

## 5.3 叙词法概念词汇控制方法

叙词法的基本原理是用概念去标识文献主题，通过概念检索实现信息主题检索。概念是通过语词或术语进行表达，语词是概念的标签。因此，叙词表使用的语词需要规范化控制，主要包含简单概念词汇和复杂概念词组。

### 5.3.1 简单概念词汇控制方法

简单概念词汇控制方法主要包含：普通名词类概念术语控制，专有名词类实例术语控制。

（1）普通名词类概念术语控制

用于表达叙词表概念的标识，也就是优选词使用的术语，多数是名词或名词性词组，少数是用于组配功能的形容词。普通名词是指普通事物的名词，可以代表概念名称。普通名词的类别主要有以下种类。

①表示各种事物或其组成部分的名称，可以是具体的或者抽象的、宏观的或者微观的事物。

例如：发电厂、水库、太空、纺织机、心脏、微生物、知识、法律、出生证等。

②表示各种材料类的名词术语。

例如：橡胶、塑料、木料、云母、超导体、混凝土、着色剂、海绵、金属、陶瓷、纤维等。

③表示人物、事物、材料或行为的属性、状态、特征、过程、作用等名词术语。

例如：水化、聚类、染色、渗漏、通风、速度、弹性、稳定性、导电率、耐蚀性、人口密度、经济危机等。

④表示处理方法、加工技术、工程工艺等动名词类型的活动或过程术语。

例如：铸造、热轧、脱水、蒸发、涂布加工、强度试验、荷载分析、路基防护、爆破工程、过程管理等。

⑤表示学科、定律、规律、定理等科学术语的名词类型。

例如：结构力学、费马原理、欧姆定律、玻尔理论等。

⑥表示人物、事件、组织机构类型的名词术语。

例如：青年、老师、内战、革命、非政府组织、慈善机构等。

⑦表示期刊、索引和词典等文献类型的名词术语。

例如：期刊、报纸、论文集、丛书、辞典、年鉴、索引等。

⑧具有构词功能的一些形容词类型。

例如：折叠式、剂型、多功能、中期等。

语词使用自然语言顺序，避免倒置的词序方式。在主题法的发展过程中，尤其在英语国家中，过去的叙词表在字顺表中为了将同类事物排列在一起，有的使用倒置的写法，如将"红豆""绿豆""黄豆""黑豆"等也写作"豆,红""豆,绿""豆,黄""豆,黑",这样,在字顺表中就将所有的豆类排到一起了。在计算机时代,排序检索功能非常强大,现在已经不需要采用语序倒置的方法。

(2) 专有名词类实例术语控制

叙词表也收录少量非常重要的概念实例,对应的标签是专有名词,专有名词是指特定事物的名词,通常是人名、地名、机构名等实体类名词名称。叙词表可收录的专有名词的主要种类分别举例如下。

①地理名称、行政区域区划等名词术语。

例如:银河系、亚热带、太平洋、中国、广东省等。

②世界上使用的语言、存在的民族等。

例如:汉语、英语、蒙古族、高山族等。

③年代、通用时间。

例如:清朝、宋代,通用时间春、夏、秋、冬,日、周、月、年等。

④人名、机构名。

例如:列宁、李时珍、联合国、中华人民共和国科学技术部等。

⑤历史事件。

例如:五四运动、第二次世界大战等。

⑥通用地点。

例如:区分方位的东、南、西、北;区分部位的内部、中部、外部等。

普通名词主要对应概念,专有名词主要对应实例,如"人"是一个概念,具体可以是"张三""李四"等某个人,则就是一个实例。地球上有几十亿人,叙词表主要关注概念,不可能收录到具体的人,但传统的叙词表还是收录了少量重要的实例,部分等级关系是概念—实例的关系。

专有名词多数是实例型名称。叙词表主要收录概念型普通名词术语,实例型专有名词收录非常少,常见的有人名、地名、机构名,如"孙中山""列宁""毛泽东"仅见于社会科学类叙词表中收录,"李时珍"可以在医学叙词表中收录。专有名词类术语,通常是使用附表或通用概念统一列出。具体的产品类型、法律条规等实例类专有名词因数量太大,叙词表通常不收录。例如,"冲锋枪"是一个概念,需要收录,但"AK-47"冲锋枪就不在叙词表中收录,因为冲锋枪的型号非常多;再如,"教育法""移民法"等需要在叙词表中收录,但具体到"中华人民共和国教育法",甚至是哪一年颁布的、具体年份的教育法则不收录,因为法律条规数量太多。在专业叙词表中,如水利水电叙词表,"水库""大坝"等概念需要收录,但具体的"王家坝水库""刘家营水库"就不收录,因为数量庞大,据不完全统计,我国境内大大小小的水库大坝有接近十万个。产品型号、药剂商品名等实例类专有名词术语,只收录很少一部分。

## 5.3.2 复杂概念词组控制方法

表示叙词表概念的标识,除了简单概念词汇,更多的是复杂概念词组,这些词组可以通过组配形成,叙词表适量收录了部分先组词复杂概念。以下介绍复杂概念的特点,以及何时应当将复杂概念分解,何时宜用先组词表达概念。

(1) 复杂概念词组特征

基于叙词表概念专指度和文献量均衡的需求,叙词表收录大量的复杂概念类词组,如"材料""复合材料""增强复合材料""玻璃纤维增强复合材料"。根据组配的类型,可以分为以下类型:①"名词+动词"类型,如材料风化、材料加工、材料消耗等;②"名词+名词"类型,如晶体材料、薄膜材料、半导体材料等;③"动词(形容词)+名词"类型,如传导材料、发光材料、防火材料等。

复杂概念同样遵循概念含义单一性原则。基于组成名词的位置及修饰性质,一个复杂概念通常只有一个主名词概念含义,如材料,复合材料,增强复合材料,玻璃纤维增强复合材料,都是以"材料"为主名词,其他部分是修饰词,上位词是"材料"。"材料加工"的主名词和上位词是"加工"。"晶体材料""防火材料"也是"材料"的下位词,主名词和上位词是"材料"。

叙词表复杂概念词组也需要进行规范化控制,复合词组不能越来越复杂,限定也不能越来越多。控制的标准是词组应能够表达一个独立的概念含义,要消除任何含义不完整或含义模糊的复杂概念。如果通过组配可以表达复杂概念,一般不收录先组词。词组控制方法包括两种,一种是不应该选择词组作优选词的情形;另一种是应该选用词组作优选词的情形。

(2) 适宜分解的复杂概念词组

适宜分解的复杂概念词组,也是不应该选择词组作优选词的情形,这些词组一般都能够通过组配的方式表达含义。举个经典的例子,"喷气式垂直起落飞机",可以用"喷气式飞机"和"垂直起落飞机"组配表达,不必将"喷气式垂直起落飞机"当作一个复杂概念进行收录。垂直起落飞机可以随时随地起落,不需要特定跑道,而喷气式飞机则需要有加速功能的跑道;喷气式垂直起落飞机可以像直升机一样垂直起飞,不需要跑道,又能像喷气式飞机一样飞行,所以,它同时具备了喷气式飞机和垂直起落飞机的优点,用两个词组概念组配即可。"设计"是一个概念,与"拖拉机""汽车""飞机"等任何工具组配都可以形成新概念,如"拖拉机设计""汽车设计""飞机设计"……但叙词表一般不收录这些先组词概念,因为依靠组配可以实现概念的表达。其他像各个学科的"辞典"、某某人的"思想"等,也不进行先组。

组配是叙词表的重要原理,通过组配可以将叙词表的概念数量保持在一个稳定的水平。但叙词表也收录部分先组词,这些词可能已经慢慢得到用户认同,或者其代表的文献数量在增加。例如,"汽车设计",随着汽车在我国的普及,尤其是家用轿车的占有量,我国已经排名世界第一,关于汽车设计的文献也越来越多,如果是交通科学叙词表的编制或修订，可以直接将"汽车设计"作为一个复杂概念进行收录。直接用先组词的原因，通常是组配成的概念词频比较高，预期有大量的相关文献等。如果依靠组配，有可能造成概念含糊不清，也推荐用先组词。例如，"图书馆"和"科学"，如果组配成"图书馆科学"，表示"图书馆学"学科；如果组配成"科学图书馆"，则可能是学术图书馆或其他含义，这种情况下不建议进行组配。

（3）不宜分解的复杂概念词组

不宜分解的复杂概念词组，也就是应该选用词组作优选词的情形，这些概念词组主要包括以下类型。

①已经在用户中得到普遍认同的固定名词短语或专有名词术语。

例如：布尔逻辑、第二次世界大战等。

②专业文献中已经为专业用户熟知，领域概念词频高，专业检索中常用的复杂概念术语。

例如：巡航导弹潜艇、国民生产总值、GPS定位、脱氧核糖核酸等。

③概念分解出的部分语词含义丢失，或改变了它在复杂概念中的原意，或概念含义不清等。

例如：蜂窝材料、比例税、蝴蝶效应、雪崩二极管等。"蜂窝材料"是建筑工程中使用的一种轻质坚固型材料，如果分解为"蜂窝"和"材料"，蜂窝的本来含义等同于蜂巢，而这里只是类比。

### 5.3.3 词义控制

叙词表语词来自自然语言，这些语词或术语有时是多义词、同形异义词或者语义含糊的词。如果叙词表使用这些词作概念标识，就需要将这些术语进行规范化处理，实现语词含义单一化和明确性。主要有3种方法：一是通过叙词表概念的上位词、下位词、相关词和概念范畴分类位置确定其语义，这是确定叙词表语词概念含义的最主要方式；二是加限定词；三是加范围注释。后两种办法详述如下。

（1）加限定词进行词义控制

如果叙词表使用同形异义词作概念标识，鉴于概念需要具有单一含义的特点，同形异义词表达的不同含义需要规范或区分。区分方法是在语词后加括号，括号内加限定词。限定词作为优选词的组成部分，限定语词的使用语境、从属领域等，限定词一般是语义宽泛、简短、明确的常用词汇。

例如，术语"疲劳"，疲劳的含义通常指使用过度、状态不佳等特点，用到人体方面是身体疲劳，是一种生理现象；用在材料方面，如橡胶轮胎疲劳，是指橡胶比较容易老化的特点。同样一个术语"疲劳"，在不同的语境下，其含义是不一样的。为了区分两种不同的含义，可以在疲劳后面加括号，分别加不同的限定词，就可以区分出两种含义，例如疲劳区分为："疲劳（生理）""疲劳（材料）"。

值得注意的是，限定词与被限定的术语是一个整体，是作为一个整体优选词进行主题标引和检索。在计算机检索环境下，普通检索用户对限定词虽然可以理解，但在检索实践中使用比较困难，基本没有用户用"疲劳（材料）"去检索文献信息。为此，也有学者提出了一些解决办法，但都没有完全解决问题。主要方法如分步实现检索，用户可以直接检索"疲劳"，系统跳出两个选择窗口，一个是生理疲劳，另一个是材料疲劳，用户选择其一，就可以检索出已经进行区分标引的文献。这种办法因为增加了检索系统实现的难度，也需要用户进行选择，不是即查即得，有推广困难。另一种办法是将限定词从语义上融入语词中，如将"疲劳（生理）"改为优选词"生理疲劳"，将"疲劳（材料）"改为"材料疲劳"。这种方法虽然可以用来标引，但用户在检索时不会用同样的方法，多数可能是直接用"疲劳"检索，结果还是无法区分两种主题概念。这也是传统叙词表在计算机网络时代需要改进的问题。

（2）加范围注释进行词义控制

叙词表要求概念含义应单一、明确，但来自自然语言的语词，有时不同用户有不同的理解或有细微差别。为了实现不同用户对概念含义理解的一致性，叙词表对这些术语进行了进一步的注释，介绍概念的用法、使用范围等属性特征，这就是叙词表概念的范围注释（scope note，SN）。范围注释有3种类型，分别是含义注释、用法注释和历史注释。

含义注释：类似定义一样，对概念的明确含义进行解释，通常不需要完整的定义，只需明晰含义或使用方式。例如，1991年版《汉表》中，"炮弹"的下位词有"多用途炮弹"，在"多用途炮弹"的款目中，有含义注释："兼有杀伤炮弹和破甲炮弹作用"。

例如：

多用途炮弹

（兼有杀伤炮弹和破甲炮弹作用）

用法注释：为了帮助用户对优选词正确使用而进行的说明。

例如：

称号等级（体育）

注：作教练员、运动员、裁判员的等级称号组配用。

例：一级足球运动员用"足球＋运动员＋1＋称号等级（体育）"。

历史注释：在叙词表进行维护更新时，对新增的概念、停用的概念、参照关系改变的概念进行注释，说明进行了哪些变动，是概念历史演变的记录，有利于叙词表标引和检索使用该词的一致性。最多见的是增词时间注释，如1991年版《汉表》对新增的术语进行了注释。

例如：

红外干涉仪

（增词时间：1989年）

## 5.3.4 词形控制与概念的等同关系

叙词表的概念语词来源于自然语言，但需要进行规范化控制，控制的目的是将同一概念的不同词形种类进行集中，选出其中一个规范化的语词作优选词，其他词认定为入口词，也叫非优选词。优选词与非优选词之间需要作用代指引，以上过程就叫作词形控制。词形控制是将表达相同主题的不同概念标识，按同义词规范到一个概念中。词形控制的结果利于相同主题信息的集中，优选词的认定也利于主题概念的排序。通过词形控制，可将多种不同标识的语词进行同义归并，形成单一的概念，而这些不同的语词，描述的是相同的主题，将这些语词之间的关系叫作用代关系，也叫等同关系。等同关系有不同的类型，相应优选词的选定也有一定的规范，具体介绍如下。

（1）同义术语之间的关系是最常见的等同关系，通常选择用户最通用、公认的汉语术语作优选词。

例1：

正面钳制　　　正面箝制
　D 正面箝制　　Y 正面钳制

"正面钳制"与"正面箝制"是同一概念，"正面钳制"是优选词，"正面箝制"是非优选词，它们之间的关系是用代关系，也称等同关系。

例2：

信息
　D 资讯

信息与资讯对照英文是一样的，都是 information。人们通常使用信息，在我国香港地区、东南沿海地区等，也有人使用资讯，但含义是一样的。例如，2010 年中山大学"资讯管理系"更名为"资讯管理学院"，到 2020 年，又更名为"信息管理学院"[1]，对应的英文是"School of Information Management"，但通常认为，信息更通用，所以选信息为优选词。

（2）外来语概念用词有多种情况，一般是选择在用户中已经普及或多数人认同的写法或语词为优选词，同一外来语对应的不同翻译方法之间是等同关系。

①汉语翻译如果多数人已经认同，则优先使用汉语翻译为优选词。

例如：

激光
　D 镭射
　　莱塞

汉语不同译名，像大家比较熟悉的激光，过去叫莱塞或者镭射，但激光更通用，所以选"激光"为优选词。

②如果汉语翻译音译得到普遍认同，则音译也可以选为优选词。

例如：休克、博客、桑拿浴等。

③中文全称与英文缩写之间是等同关系，一般情况下，将中文全称规定为优选词，英

---

[1] 发展历程 [EB/OL]. [2024-04-02]. https://ischool.sysu.edu.cn/zh-hans/ischool/history.

文缩写规定为非优选词。

例如：

全球定位系统

  D GPS

全球定位系统是中文全称，其对应的英文缩写是 GPS，这种情况下，推荐使用规范化的中文全称，所以认定"全球定位系统"为优选词，英文缩写 GPS 为非优选词，它们之间的关系为等同关系。

④如果外来语缩写得到用户广泛认同，也可以选外来语缩写或组合为优选词。

例如：SARS、PVC 管、DNA 等。

SARS 是一个典型的例子，SARS 是英文缩写，英文全称为 Severe Acute Respiratory Syndrome，其对应的中文全称为"严重急性呼吸道综合征"，通称"非典型肺炎"，或简称"非典"，香港地区习惯把 SARS 依粤音译作"沙士"，新加坡媒体一度使用"萨斯"，后来华文媒介统一译名委员会统一作"沙斯"[①]。经过长期使用，如果用户普遍对缩写 SARS 认同，在收录到医学叙词表时，推荐将 SARS 作为优选词，其他名称都作为非优选词。可见，涉及外来语、翻译等情况时，以用户优先为原则，需要判断的是哪种用法是用户通用的，而具体情况也有一个发展过程，这也再次说明叙词表需要不断修订。

(3) 学名与俗称所代表的术语之间是等同关系，一般选学名为优选词。

例1：

马铃薯  土豆   洋芋

 D 土豆  Y 马铃薯  Y 马铃薯

 洋芋

马铃薯为优选词，土豆、洋芋为非优选词，它们之间的关系为等同关系。

例2：

乙醇   酒精

 D 酒精  Y 乙醇

乙醇为优选词，酒精为非优选词，它们之间的关系是等同关系。

例3：

计算机   电脑

 D 电脑   Y 计算机

计算机比较通用规范，选计算机为优选词，电脑是一个口语或俗称，认定为非优选词，计算机与电脑之间的关系是等同关系。

(4) 同一事物的全称与简称之间是等同关系，一般选全称为优选词。

---

① SARS 事件 [EB/OL]. [2024 – 04 – 02]. https：//baike. baidu. com/item/SARS% E4% BA% 8B% E4% BB% B6/7702261？fr = aladdin.

例1：

中国民主同盟　　　民盟

　　D 民盟　　　　　Y 中国民主同盟

中国民主同盟是全称，选作优选词，民盟是简称，是非优选词，它们之间的关系是等同关系。

例2：

粮农组织

　　D 联合国粮食与农业组织

如果用户更多认同简称，也可以将简称作为优选词，虽然联合国粮食与农业组织是全称，粮农组织是简称，但如果多数用户习惯用粮农组织，则粮农组织可以推荐为优选词。

（5）同一事物的新称与旧称之间是等同关系，选新称为优选词。

例1：

锡兰　　　　斯里兰卡

　　Y 斯里兰卡　　D 锡兰

斯里兰卡旧称锡兰，国家的新旧名称之间是等同关系，新称斯里兰卡选作优选词，锡兰为非优选词。

例2：

北京

　　D 北平

北京是一座历史古都，在不同朝代有不同的称谓。在中华人民共和国成立之前，北京旧称北平。北京大学的英文名是 Peking University，是旧称的历史痕迹。

（6）在叙词表中，为了将稀疏的相近主题的文献集中，经常将一个概念的上位词、下位词，有时甚至相关词都放到一个概念中，其相应的术语都规定为非优选词。

例如：

水库淤积

　　D 库底清理

　　　库区淤积

　　　水库泥沙冲淤量

　　　水库泥沙淤积

　　　淤积末端

对于水库淤积，水库泥沙淤积是其下位词，库底清理是相关词，库区淤积是上位词。在水利水电领域的实际应用中，这些主题文献相对稀疏，将这些文献主题归入一个概念，均用水库淤积作为优选词代表，而其他语词都规定为非优选词。在这种文献语境下，等级关系、相关关系均被规范为等同关系。如果将来"水库泥沙淤积"的文献量显著增加，则在叙词表修订时，也可以将其细分为下位词，恢复其真实的概念等级关系。

（7）叙词表中，为了将相近主题文献进行集中，也将近义词或准同义词归并到一个概念中，这些语词构成等同关系，一般选其中较通用的词作优选词。

例1：

防渗混凝土

 D 防水混凝土

防水比较单一，防渗比较通用，则选防渗混凝土为优选，它们之间的关系是等同关系。

例2：

栽培技术

 D 栽培工艺

  栽培方法

  栽培技巧

  栽培法

农业科技的栽培技术、栽培工艺、栽培方法、栽培技巧、栽培法，5个词组代表一个概念。如果栽培技术词频高，在农业科技人员中使用广泛，就可以推荐栽培技术为优选词，其他语词则作为非优选词，这些非优选词与优选词栽培技术之间的关系是等同关系。

（8）一些反义词之间，它们讨论的问题是一个主题的正反两方面的情况，为了将这些文献集中，叙词表也有将反义词放到一个概念中，将这些语词认定为等同关系，选择其中一个较正面的词规定为优选词。

例1：

稳定性

 D 不稳定性

稳定性较正面，选稳定性为优选词，不稳定性为非优选词，它们之间关系在叙词表中也归到等同关系中。有些对立的概念，为了文献的集中，叙词表有时候把它们当成等同关系。在工程技术或者理科的研究领域，研究"不稳定性"的论文也会涉及"稳定性"。所以，不管是稳定性或者不稳定性，都是相关的。稳定与不稳定都是一个主题，通过等同关系，把这些相对立的研究主题集中到一起。叙词表的功能是为了检索文献而编制的，实际的文献检索不能只找稳定性文献，研究不稳定也是为了稳定，所以是一个主题。

例2：

平面度测量

 Y 不平度测量

不平度测量当成优选词，平面度测量当成非优选词，或入口词。一般研究中把不平度测量当成重要的，关注它不平的具体程度，可以无限制地追求其平面，越平越好。但在不同的环境下，要求的不平度是不一样的，如路面不平度和钢板不平度的要求就是不同的。通常我们关注的是不平度，把不平度测量当作优选词。

（9）泛指与专指的词语之间，一般情况下，为了文献的集中，叙词表有时也将专指的概念与泛指的概念合并为一个概念，通常选泛指的概念为优选词。

例如：
水库
    D 水库应用

水库应用加了限定，水库应用相对来说更专指、更具体，水库比较泛指，所以选水库为优选词。

## 5.4 叙词表概念间语义关系

### 5.4.1 概念间等级关系

（1）等级关系概述

等级关系，是指一个概念范围完全在另一个概念的范围内的一对概念间的关系。在等级关系概念间，对于其中一个概念，比这个概念范围大的概念叫作上位概念（上位词），范围可被包含的概念叫作下位概念（下位词）。建立等级关系是反映概念间包含与被包含关系的一种手段，也是叙词表与一般词汇表或词典的主要区别之一。建立等级关系的目的是为文献标引与情报检索提供族性检索的需要。在汉语叙词表中，概念间等级关系的参照符号有："S（属）""F（分）""Z（族）"，对应英文符号是"BT""NT""TT"。

"S"是上位词的指引符，指向它的上位词；

"F"是下位词的指引符，指向它的下位词；

"Z"是族首词的指引符，用在依等级关系构成一族的、除族首词及族首词的直接下位词之外的其他优选词下，指出它所属词族的族首词（一族词中最泛指的上位词）。

等级关系的处理必须是对应指引，即每一"F（分）"参照，必须对应"S（属）"参照。等级关系主要有3种类型，分别是属种关系、整体与部分关系、概念与实例关系。

1）属种关系

属种关系是叙词表反映概念间等级关系的主要类型。两个概念的外延具有包含关系，是建立属种关系的基础。判断两个概念的外延是否真正存在包含关系的判别式如下。

上述判别式自上而下是"部分是……"，水部分是地下水；自下而上是"全部是……"，地下水全部是水。符合这个判别式的两个优选词的外延，具有包含关系，可以构成属种关系。因此，"水"和"地下水"之间可以构成属种关系。同样，"水"与"雨水"，"水"与"地表水"也可构成属种关系。

凡是不符合这个判别式的两个优选词，因其外延不具有包含关系，不能构成等级关系。

例："水库"与"坝"

```
         水库
         ↑
部分是    部分是
  ↓       │
         坝
```

此例中，自上而下为"有些水库是坝"，自下而上是"有些坝是水库"，不符合上述判别式。因此，"水库"与"坝"不能构成等级关系。也即，水库与坝之间不属于概念包含关系，水库有蓄水的功能，但坝不一定全部挡水，也有可能挡沙，如沙坝；如果是"混凝土坝"，则与"坝"可以构成等级关系。

2）整体与部分关系

事物的整体与部分之间，在概念的外延上不存在包含关系，因而一般不构成等级关系。

错例：

发动机
  S 汽车

表面看起来似乎合乎真实情况，发动机属于汽车，汽车包含发动机，实际上并非如此。因为"汽车"和"发动机"两个概念的外延不具有包含关系，它们分别是两个不同概念。不仅汽车有发动机，拖拉机和飞机也有，因此，它们之间不能构成等级关系。如果按照上述错例的逻辑，就会出现发动机属于汽车、飞机、火箭……轮胎属于飞机、自行车等一系列错例，造成混乱。

但在某些特殊情况下，为满足族性检索的需要，叙词表规定了特定的整体部分关系可以作为等级关系处理，以下5种整体部分关系可以作为等级关系处理。

①表示地理区域、位置的优选词。

例：

北京市
  S 中国

②表示人体、生物体的系统与器官的优选词。人体有八大系统，消化系统、神经系统、血液循环系统等。胃、肠属于消化系统的一部分，是整体与部分关系。

例1：

肺
 F 肺泡
  支气管
 S 呼吸系统

例2：
心脏
　　S 心血管系统
例3：
呼吸器（动物）
　　F 虹管
　　　　气囊（动物）
　　　　气室
　　　　鳃
③表示某些组织机构与其下属机构之间的优选词之间的关系。
例如：
联合国
　　F 国际法院
　　　　联合国安全理事会
　　　　联合国大会
　　　　联合国经济及社会理事会
④表示学科之间隶属关系的优选词之间。
例如：
生物学
　　F 动物学
　　　　植物学
　　　　微生物学
⑤表示事物及其组成部分（通常使用"某结构""某构件""某组件"等作为上位词）之间的优选词。
例如：
车轮结构
　　F 车轮踏面
　　　　轮箍
　　　　轮缘
　　　　轮轴
　　　　轮辋
　　　　轮毂

3）概念与实例关系
叙词表一部分等级关系，是概念与实例之间的关系。
例1：
首都　　　　北京

F 北京　　　S 首都

"首都"是概念,指一个国家的中央政府所在地,一个国家应该有一个首都。北京是一个城市,是一个专有名词,是一个实例,北京也是中国的首都,首都与北京可以形成等级关系。

　　例2:
　　长江大桥
　　　F 南京长江大桥

长江上有名的大桥有40多座,如武汉长江大桥、安庆长江大桥、芜湖长江大桥、军山长江大桥、荆州长江大桥,它们共同的属性是建立在长江上的桥,长江大桥是个概念。南京长江大桥通常指20世纪60年代,在长江上第一座由中国自行设计和建造的双层式铁路、公路两用桥梁,在中国桥梁史乃至世界桥梁史上具有重要意义。南京长江大桥是实例,长江大桥是概念,可以构成概念—实例类型的等级关系。值得注意的是,概念与实例有时是可以转化的。例如,我国在南京又建造了二桥、三桥、四桥,这时南京长江大桥不是一座桥了,是多座桥,这时南京长江大桥也可以看作一个概念,长江大桥与南京长江大桥就成了典型的概念包含关系。

（2）族首词与族项参照关系

族首词是一族词中能概括该词族的最上位词,即词族中只有分项没有属项的概念语词。

1）族首词的选定规则

在具有等级关系的一群优选词中,一般可根据检索系统需要,选定具有实际族性检索意义的词作为族首词。在一个词族内,下分关系可控制在五级以内。

族首词可以是某一学科专业内能形成独立专题,或是某专题中主要研究对象、研究方法及设备仪器的类称词。

2）不能选作族首词的情形

非优选词和不具有等级关系或不能作为等级关系处理的优选词,均不能选作族首词。

外延过广、内涵过浅、没有实际族性检索意义的词（如科学等）,或外延过窄、内涵过深、实际检索意义不强的词（如同轴电缆、同步电动机等）,均不宜选作族首词。对于前者,可选其外延较窄并有实际族性检索意义的词作为族首词（如医药学等）;对于后者,可选外延较广并具有较强实际族性检索意义的词作为族首词。

例:

变压器

磁铁

电动机

电缆

电器

电器构件

电压
电源

由此可知,一个词族的大小,应根据实际检索需要而定。

选定的族首词,不能在其他优选词的分项中出现。如果必须出现,则该词不能选作族首词。

3)下位词与族首词的指引关系

可依下列规则处理:

词表中如附有词族索引,在主表(或附表)中每条族中词的参照项下,用指引符"Z",指引其所属的族首词。

例:

火山灰土
　　S 岩成土
　　Z 土壤

不越级指引时,用"S"代"Z",族首词用"＊"加以标记。

例:

岩成土
　　S 土壤＊

族首词的"F"项内可只列出第一级下位词,不再越级指引,因在词族索引内已有全显示。

例:

土壤＊
　　F 岩成土
　　　　……

词表内无词族索引时,可在族首词下列出全族下位词,采用"F1""F2"等指引符进行全显示。

例:

色素＊
　　F1 光合色素
　　　　F2 叶绿素
　　　　　　F3 脱镁叶绿素
　　　　　　　　细菌叶绿素
　　　　　　　　叶绿二酸
　　　　　　　　叶绿二酸酯
　　　　　　　　原叶绿素
　　　　　　　　原叶绿素酯
　　F1 花青素

归入几个词族或可归入一个词族的几个不同等级的优选词,应做多族系反映。

例1:在主表内

声折射

 S 声性质*

  折射*

例2:在词族索引内

电子计算机*

 ·处理机

 ··微处理机

 ·电子数字计算机

 ··微型计算机

 ···微处理机

## 5.4.2 概念间相关关系

相关关系,是指优选词之间除等级关系之外彼此有重要语义关联的关系。在优选词之间建立这种联系,不仅方便标引人员在相关优选词的比较中准确选择标引用词,更重要的是方便检索者从相关优选词中准确且全面地选择表达检索用的优选词,从而提高检索效率。相关关系的显示是双向的,所用的参照符号只有一个,用"C(参)"表示。

相关关系的范围非常广,灵活性非常大,种类也很多,很难严格界定。当然有一些显著的情形,如车站和站台,乘坐火车时通常的过程是先到车站候车室,然后检票到站台,再从站台乘坐火车。也可以认为站台是火车站的一部分,但是站台不只在火车站存在,汽车站也有站台,所以,火车站与站台不能构成整体与部分的等级关系,设定为相关关系更妥当。

北京属于中国,中国属于东亚,检索北京的时候,可能用户联想到首都,或者联想到京剧、长城。各个学科不一样,其关注度也不一样。也有人热衷于把相关关系类型细分,试图把相关关系种类准确描述,认为若明确了相关关系的类型,而且计算机能够理解,就可以进行推理。鉴于到目前为止,仍然没有权威公认的相关关系全部类型模式,所以很难区分出所有的具体相关关系类型。

以下参考叙词表国际标准 ISO 25964-1:2011[①]、国家标准 GB/T 13190.1—2015、《汉表》编制手册等,总结出 21 种可以建立相关关系的类型,并给出相应的例子进行说明;同时,每种类型设 1 个分析的例子和 1 个练习的例子,在 4 个选项中,加粗字体术语是列举类型的相关关系选项。

---

① Information and documentation—Thesauri and interoperability with other vocabularies—Part 1:Thesauri for information retrieval:ISO 25964-1:2011 [S/OL].[2024-04-02]. https://www.iso.org/standard/53657.html.

（1）没有建立等级关系的事物整体与部分的优选词之间

例1：

电梯

  C 电梯轿厢

电梯是安装在高层建筑中的一种升降设施，分客梯和货梯，是一套包括载重、安全、电力等组成的系统。从结构上看，电梯轿厢是用户最常接触和可见的部分，电梯与电梯轿厢这种紧密相关的优选词之间可以建立相关关系。

例2：分析与选择

尾橇

  C **着陆加固垫**  机尾座  尾撑  护座

事物的整体和部分之间，如果无法建立等级关系，但又很重要，可以建立相关关系。上例中，尾橇是装在飞机机身尾部可吸收撞击能量并保护尾部结构的装置，着陆加固垫是尾橇的重要组成部分，大型客机、航空母舰舰载机通常都有尾橇，防止飞机起飞时擦伤机尾，它们之间是具有重要语义关联的整体与部分关系，可以建立相关关系；尾橇与尾撑是等同关系。

例3：练习

基因组

  C **显性基因**  细胞  组织  基因

（2）交叉概念的优选词之间

例1：

防水

  C 防渗

防水是一种行为或过程，也是一种特性，通常与漏电、漏水、堵漏在文本中共现；防渗也是一种行为或过程，通常应用于垃圾填埋场、隧道、矿山、河道、水库等治理工程。防水与防渗是一个交叉概念，防渗不仅仅是防水，也有可能是防止废液、有害物质的渗漏。防水与防渗有着紧密的联系，可以建立相关关系。

例2：分析与选择

通用飞机

  C 飞机  **民用飞机**  多用途战斗机  航空器

通用飞机和民用飞机是交叉概念，民用飞机可以救援，可以运送旅客，或者其他功能；通用飞机有的是客机，有的是货机，这种概念有交叉的优选词之间可以建立相关关系。其他的词，飞机包含通用飞机，通用飞机包含多用途战斗机，它们之间的关系应该是等级关系。航空器是飞机的上位词。

例3：练习

畜牧学

  C 畜产学  奶牛  饲料  动物学

(3) 对立概念的优选词之间

例1：

磁导率　　　　技术伪装　　　　积极防御

　C 磁阻　　　C 天然伪装　　C 消极防御

对立概念之间也可以建立相关关系。例如，上例中技术伪装与天然伪装，某些生物有保护色，这是天然的，部队作战用迷彩，是人工技术伪装，但都是防御，是为了伪装。所以，技术伪装与天然伪装可以建立相关关系。同样，积极防御与消极防御，是对立的，都是防御，可以建立相关关系。

例2：分析与选择

金属油罐

　C 储罐　　油罐　　**非金属油罐**　　浮顶油罐

金属油罐与非金属油罐可以建立相关关系，因为金属和非金属是对立的。金属油罐是储罐、油罐的下位词，是浮顶油罐的上位词；储罐是油罐的上位词；油罐包括金属油罐和浮顶油罐。

例3：练习

高血压

　C 肺动脉高血压　　心血管疾病　　症状　　低血压

(4) 因果概念的优选词之间

例1：

地基失效　　　　　地震　　　干槽症

　C 地基变形　　　C 海啸　　C 拔牙

　　固结沉降

　　流沙处理

　　砂土液化

地震和断层，因为地震发生了断层，这是因果关系。地震的危害很严重，但断层的危害性也很大，它们是相关的，可以建立相关关系。关注地震，系统也有可能推荐断层相关的文献。

例2：分析与选择

潮湿

　C 湿度测量　　湿度　　大气湿度　　**腐蚀**

潮湿与湿度测量、湿度、大气湿度、腐蚀4个词都可以建立相关关系。其中，潮湿与腐蚀是因果关系种类的相关关系，因为潮湿导致腐蚀，这是日常生活中的常识，金属、铁器、铜器等在潮湿的环境下，容易发生腐蚀或者生锈。

例3：练习

低氧

　C 缺氧　　疾病　　红细胞　　红细胞增多症

(5) 事物（学科、理论）与其应用的优选词之间
例1：
辐照　　　　　彩色显影液　　　导航雷达
　C 辐射灭菌　　C 彩色显影　　C 雷达导航
导航雷达可以进行雷达导航，辐射可以灭菌，是事物和应用关系。
例2：分析与选择
雷达导航
　C **飞机**　　光学导航　　导航　　无线电导航
飞机与雷达导航可以建立相关关系，飞机是事物，具有雷达导航的特点，飞机需要飞行员或者驾驶员，同样离不开导航。雷达导航与导航、无线电导航、光学导航是等级关系。
例3：练习
进化论
　C 人体进化论　　用进废退　　达尔文　　适者生存

(6) 矛盾概念的优选词之间
例1：
在编工人　　　　比例再保险　　　　线性码
　C 非编工人　　C 非比例再保险　　C 非线性码
以上例中线性码和非线性码是矛盾的概念，可以建立相关关系。
例2：
行车安全
　C 交通运输安全　**行车事故**　道口安全　防滑
安全与事故是矛盾的关系，所以行车安全和行车事故是矛盾类型的相关关系。事故和安全相关，交通科学研究者既关注安全相关文献，也关注事故相关文献。行车安全与交通运输安全、防滑、道口安全是等级关系。
例3：练习
饱和土
　C 土　　饱和黏土　　饱和土体　　非饱和土

(7) 并列概念的优选词之间
例1：
传真通信　　数字电路　　阿尔卑斯运动
　C 电报　　C 逻辑电路　　C 喜马拉雅运动
　　数据通信　　脉冲电路　　燕山运动
以上概念都是并列的，如传真通信和数据通信，或者是数字电路与逻辑电路等，它们都是并列的，可以建立相互参照的相关关系。

例2：分析与选择

数据通信

　　C 通信　　数据通信设备　　**微波通信**　　电信

数据通信与微波通信是并列概念，可以建立并列概念类型的相关关系；数据通信与通信、电信是等级关系；数据通信与数据通信设备也可以建立事物与其应用类相关关系。

例3：练习

鞭毛运动

　　C 细胞运动　　鞭毛虫纲　　呼吸运动　　纤毛运动

（8）表示影响关系的优选词之间

例1：

电流密度

　　C 电流效率

电流密度影响电流效率，电流密度大，电流效率低，两者是相互影响的相关关系。

例2：分析与选择

电流密度

　　C 阳极电流密度　　电学量　　电流　　**电流分布**

电流密度影响电流分布，电流密度与电流分布是影响类相关关系。电流密度与电流也可以建立相关关系，但属于事物与属性特征之间的关系。电流密度与阳极电流密度、电学量是等级关系。

例3：练习

产量性状

　　C 农艺性状　　越冬性　　细胞核　　座果率

（9）数量与质量的优选词之间

例1：

质量指数　　质变

　　C 数量指数　　C 量变

数量与质量，数量指数与质量指数，有时有人关心数量，有时有人关心质量，也有时候数量和质量都关注；生产中质量与数量是关联的，生产数量大，但质量不保证；如果质量上乘，数量又可能会变少，这些是相互关联的。

例2：分析与选择

质量比

　　C **数量比**　　质光比　　推进剂　　导弹质量比

质量比与数量比是数量和质量关系类型的相关关系；质量比与质光比、导弹质量比是等级关系；火箭的质量比是火箭起飞时的质量（包括推进剂在内的质量）与发动机熄火时刻的火箭质量之比，质量比大，所携带的推进剂就多，所以，质量比与推进剂也应该是一种类型的相关关系。

例3：练习

质量指标

  C 指标  品质指标  产品质量指标  数量指标

（10）表示事物与其性质或特征的优选词之间

例1：

玻璃

  C 非晶态

从原子排列方式来说，材料可以划分为晶体和非晶体，原子呈规则排列的就是晶体，呈无规则排列的就是非晶体。玻璃是一种非晶体无机非金属材料，具有非晶态特征属性。

例2：分析与选择

反刍动物

  C 动物  **复胃**  绵羊  骆驼

反刍动物进食时，粗略咀嚼后咽下食物到复胃，食物主要是牧草等粗饲料，然后躺着或坐着将食物重新返回口中细嚼一遍，混入唾液并再吞咽进入复胃。复胃是反刍动物的特征，反刍动物与复胃可以建立相关关系。动物与反刍动物之间是等级关系，绵羊与骆驼都是反刍动物，也是等级关系。

例3：练习

浅水域

  C 浅水  水域  海洋  港口

（11）形式与内容的优选词之间

例1：

劳动价值  寒潮

  C 劳动工资  C 冷气团

劳动价值和劳动工资，价值以工资形式体现；寒潮和冷气团，冷气团出现，就会有寒潮。它们之间都属于形式与内容之间的相关关系。

例2：分析与选择

pH

  C **酸性**  化学  氢离子  浓度化学性质

pH 是形式，是事物，酸性或碱性是内容，pH 和酸性可以建立形式与内容类型的相关关系；测 pH 是化学的一种活动，应该是等级关系。

例3：练习

洪水

  C 特大洪水  山洪  洪水分类  洪涝灾害

（12）表示类似事物、原理、过程的优选词之间

例1：

显微照相术  集装箱起重机

C 显微术　　　　C 集装箱跨车

集装箱起重机属于起重机,关注的是升降起重功能,集装箱跨车属于车辆,重点关注的是转运功能,但这两个工具都能装卸和转运集装箱,是类似的设备,可以建立相关关系。

例2:分析与选择

汽油

　　C 加铅汽油　 凝固汽油　 **柴油**　 燃料

加油站一般都有汽油和柴油,汽油和柴油是类似事物,可以建立相关关系。加铅汽油、凝固汽油都是汽油的下位词;燃料是比较宽泛的概念,像农作物秸秆、酒精都是燃料,燃料是汽油的上位词,是等级关系。

例3:练习

渗透

　　C 水渗透　　渗透率　　物理分离　　渗析

(13)事物与其性质、成分、过程等优选词之间

例1:

磁场　　　　　大气环境

　　C 磁场强度　　C 空气污染

磁场的性质有磁场强度;大气环境有可能出现大气污染、雾霾等现象,都可以建立相关关系。

例2:分析与选择

坝

　　C **渗漏**　 土坝　 挡水坝　 建筑物

有一句俗语,千里之堤溃于蚁穴,坝有发生渗漏的结果或发生渗漏的过程,坝有这种性质和特点,所以,坝和渗漏可以建立相关关系。坝包含土坝、挡水坝,是建筑物的一种,它们之间是典型的属种类型的等级关系。

例3:练习

枫香树

　　C 中药学　　枫树　　木本植物　　枫香脂

(14)事物与其研究手段、方法的优选词之间

例1:

温度测量

　　C 热电偶

热电偶是事物,可以进行温度测量,它们之间可以建立相关关系。

例2:分析与选择

电位器

　　C 电阻器　　电阻箱　　光电电位器　　**电压测量**

电位器具有电压测量功能,可以建立相关关系。电位器与电阻器、电阻箱是类似的事物,应该建立等同关系;光电电位器是电位器的下位词,是等级关系。

例3:练习

育种
  C 杂交育种  家禽育种  遗传育种  繁殖

(15)事物及其构成材料的优选词之间

例1:

钢丝网水泥    染料
  C 钢丝网水泥瓦  C 着色剂

水泥瓦是由水泥构成的,或其材质是水泥;其他如桌子的材料有木质,也有聚合板或铁皮的。

例2:分析与选择

蛋白质
  **C 氨基酸**  清蛋白  核蛋白  化合物

人类所需的营养物质,主要是碳酸化合物、脂肪、蛋白质、维生素和矿物质。食物中的肉类是人体蛋白质的主要来源,蛋白质是由氨基酸构成的,所以,蛋白质与氨基酸之间可以建立相关关系;蛋白质是清蛋白、核蛋白的上位词,是化合物的下位词,它们是等级关系。

例3:练习

生物药品
  C 生化原料药  药剂  植物药物  脏器制剂

(16)互相渗透的学科优选词之间

例1:

地质力学    信息论
  C 大地构造学  C 决策论
    构造地质学  控制论

信息论、控制论、决策论、信息系统等,都是互相渗透的学科,相应优选词可以建立相关关系。

例2:分析与选择

生物物理学
  C 生物学  **生物化学**  细胞生物物理学  听觉

生物物理学和生物化学是相互渗透的平行学科,可以建立相关关系。生物学是上位词,细胞生物物理学是下位词,听觉不是学科,但也可以与生物物理学建立学科与研究对象类型的相关关系。

例3:练习

军事医学

C 航空航天医学　　海军医学　　野战内科学　　野战外科学
（17）学科、理论与研究对象的优选词之间
例1：
听觉　　　　　图书学
　　C 生物物理学　C 版本
　　　　　　　　　图书

图书学研究版本和图书，是学科、理论与研究对象之间的相关关系。
例2：分析与选择
水文学
　　C 水文气象学　　海洋水文学　　**河流**　　水化学
水文学的研究对象是河流，是学科、理论和研究对象的关系，可以建立相关关系。海洋水文学、水文气象学是下位词，水化学研究角度从化学出发，水文学研究角度从水利出发，如果有关系的话应该属于相近学科之间的关系。
例3：练习
电生物学
　　C 生物物理学　　电　　神经细胞　　生物电
（18）原理、方法、工艺等与相应设备、工具的优选词之间
例1：
车削　　　　　船舶操纵
　　C 车床　　　C 超声波接岸速度仪
车床是工具，具有车削功能；船舶操纵需要超声波接岸速度仪，这些设备与功能之间的优选词可以建立相关关系。

例2：分析与选择
超精加工
　　C 切削加工　　金属切削　　加工　　**超精加工机**
超精加工机可以进行超精加工，符合设备与相应功能的关系，可以建立相关关系。加工、切削加工、金属切削都是上位词，可以建立等级关系。
例3：练习
容错技术
　　C 计算机技术　　故障修复　　容错　　容错计算机
（19）近义优选词之间
例1：
整训（军事）　　　　　交换（经济）　　　　　教育
　　C 轮训（军事）　　　C 交易　　　　　　C 培训
近义词之间本来应该建立等同关系，但有的概念代表的主题文献数量太大，可以分开，像教育和培训，教育分中学教育、大学教育和研究生教育等；培训大多指单独进行某

种技艺的培训，多数不是在学校进行的，但培训和教育应该是相关的，都是不同的教育类型，但又不一样，所以它们不建立等同关系，可以建立相关关系。

例2：分析与选择

交易

  C **贸易**  期货交易  排污交易  买卖

交易和贸易属于相近概念，可以建立相关关系。期货交易、排污交易是下位词；买卖与贸易是等同关系。

例3：练习

物质

  C 意识  有毒物质  无机物  物体

（20）事物、事件、学科、理论与相关人物的优选词之间

例1：

秋收起义    三民主义

  C 毛泽东    C 孙中山

例2：分析与选择

适者生存

  C 孟德尔  **达尔文**  摩尔根  亚里士多德

达尔文的《物种起源》里面提到了适者生存，长颈鹿若能够吃到高处树叶就能活下来，如果颈部短，够不到食物就很难生存；颈部越长，就能获得更多的食物，活下来的可能性就更大，就能够繁殖下一代。孟德尔比较著名的成就是孟德尔定律，是和豌豆实验有关的遗传规律；摩尔根和分子遗传相关，亚里士多德与哲学相关。达尔文与适者生存相关，所以，适者生存与达尔文之间可以建立相关关系。

例3：练习

本草纲目

  C 李时珍  刘歆  刘向  华佗

（21）某种行为与其受体的优选词之间

例1：

扫盲

  C 文盲

如果一个社会中存在一定比例的文盲，教他们认字就是扫盲，是某种行为与其受体的优选词之间的关系。

例2：分析与选择

收割

  C 收获  联合收获  **作物**  种植业

收割是行为，作物是受体，收割与作物之间可以建立相关关系。收获、联合收获是上位词，收割与种植业关系有些远。

例3：练习

修剪

  C 树型  冬季修剪  剪枝  夏季修剪

### 5.4.3 概念语义关系的发展

在以计算机应用为主的网络环境下，叙词表的优选词数量相对稳定，而非优选词可以尽可能多，以提高入口率。例如，2014 年版的《汉表（工程技术卷）》，入口率从 1991 年版《汉表》的 0.18 提高到 0.84。在过去人工使用为主的时代，优选词与非优选词的选定非常重要，但在计算机使用的环境下，其重要程度有所下降，因为无论是优选词，还是非优选词，计算机可以将所有词语作为一个概念进行检索，优选词与非优选词在计算机中是等同关系。

概念间的等级关系应用比较广且成熟，多数知识组织体系都存在上下位的等级关系。概念间的相关关系则更具特点，是否建立相关关系与叙词表的构建目的及领域有关。有的检索系统希望有更多的相关关系，以获得更多的相关主题；有的则为了提高查准率，仅建立紧密关联的适量相关关系。相关关系的细化也是一个研究趋势，尤其是在机器使用、转化为本体等方面。

叙词表作为人工语言，可能会存在一些人为的因素，因此需要根据国际标准、国家标准进行规范化和标准化。新型《汉表》的编制与修订，制定了详细的编制手册，并对编制加工专业领域人员进行了大量培训，确保在统一认识的前提下开展编制工作。在大数据网络时代，叙词表的新词发现，概念关系的自动提取，叙词表的自动编制、自动标引等，都成为重要的研究发展方向。

## 5.5 叙词表结构

本小节主要介绍叙词表的结构，包括宏观结构和微观结构、叙词表的评价指标、叙词表结构的发展变化趋势等内容。

### 5.5.1 叙词表宏观结构

传统叙词表主要通过印刷版呈现，宏观结构包括字顺表和各类索引表，以及前言、编制说明或使用说明、附表等。而现在的叙词表主要是电子版和网络版格式，虽然可以调用或生成传统叙词表宏观结构内容，但呈现形式更为聚焦，索引方法更多样。以《汉表》为例，宏观结构组成介绍如下。

（1）字顺表

字顺表，也叫主表，是叙词表的主体部分，是将叙词表收录的所有优选词和非优选词，按照汉语拼音字顺排序，并展示其属性概念特征。每个语词的属性概念特征通过叙词表概念的微观结构表达，包括对应的英文、范畴号、等同关系、等级关系和相关关系等。

网络版叙词表的字顺表是通过字顺索引、范畴索引或直接查询界面，进行浏览或查找优选词或非优选词，直接显示每个语词的详细属性和特性。

（2）字顺索引

字顺索引是用于查询叙词表收录的优选词和非优选词的索引表。与字典类似，同样按汉语拼音顺序排列所有语词所在的页码位置。英文网络版叙词表通常列出英文26个字母，点击某字母即可显示收录的对应首字母的所有术语词汇，而中文网络版叙词表字顺索引则很少采用这种方式。一般是通过查询窗口，提供多种查询方法实现字顺索引功能。常见的有精确匹配、前方一致、后方一致、包含这4种方法。用户也可以通过分类索引，以浏览的方式来查看叙词表收录的概念词汇。

（3）分类索引

分类索引，也叫范畴索引或范畴表，是通过领域分类的方法，将叙词表概念分布到具有等级结构的类目中，通过分类浏览方式，查询各个类目下包含的概念。印刷版叙词表提供概念的页码信息，网络版则通过点击概念直接链接到概念的微观结构。分类表的功能是对叙词表中的概念进行分类，通常通过树形结构展示，从上到下逐级展开；网络版分类表也可以通过可视化的方法呈现，表现出分类树的特点。类似树木一样，一级类目是树干，二级类目是分枝，三级类目是更细的分枝，以此类推。每级分枝上都有相应颗粒度的概念术语，通常更多的概念分布在末级分枝上。

（4）词族索引

由族首词及其下位词构成的一族概念即词族。词族将具有等级关系的优选词进行了聚类，利于实现叙词表的扩检与缩检。印刷版叙词表通常也将词族进行索引，按族首词字顺进行排序，从而可以查询和浏览所有整体词族。网络版词族通过查找族首词，或者任意词来寻找其上位词，直到族首词，以族首词为节点，可以全面展开词族下的所有概念。词族也可以可视化为概念树，词族类似于树木的果实，像一串葡萄，而其中每个葡萄对应一个概念。

（5）入口词表

叙词表入口词，也叫作非优选词、非叙词、非正式主题词等，传统印刷版有时也将入口词单独按字顺列表，每个入口词指向其对应的优选词，适用于通过入口词查找规范的优选词进行标引的场景。由于网络版叙词表查询功能非常便捷，通过检索可以很容易找到入口词对应的优选词，因此网络版叙词表很少设计有类似入口词表的功能列表。

（6）英汉对照索引

英汉对照索引是优选词与对应英语翻译进行的双向列表，即查询中文优选词可以找到对应英文翻译；查询英文概念可以找到对应中文优选词，这类似于双语词典，但却是概念层面的双语对应。鉴于入口词与对应优选词表达同一个概念，一般不对入口词进行翻译。网络版叙词表同样可以通过查询的办法，很容易获取到对应的英文翻译，或从英文入手也可以检索到对应的中文，因此，网络版叙词表也不单独设计英汉对照索引。

（7）附表

1980年版《汉表》设有附表，主要包括"世界各国区域名称""自然地理区划名称""组织机构""人物"等比较重要的名称，共计8200余条，类似于本体的重要实体类术语。鉴于这些人名、地名、机构名可以使用通用的国际标准、国家标准，多数叙词表一般不再单独进行规范化，推荐直接使用相关术语标准。

（8）轮排索引

轮排索引是印刷版叙词表将任何构词单元以字顺的方式进行排序，实现类似网络版的精确匹配、前方一致、后方一致、包含等查询叙词表术语的功能。轮排索引在印刷版时期发挥了概念检索功能，但在网络版时期，轮排索引的功能被现代检索技术取代，失去了存在的价值。

（9）可视化

叙词表也叫作结构化词表，是将概念进行规范化，并设定通用的概念关系，试图将知识结构化。印刷版叙词表试图将概念及关系进行图示，画出了词间关系图，从上位词到下位词用带箭头的连线连接，相关关系用连线连接，但受印刷版面的限制，只能示范表达局部概念关系，无法表达全部概念关系，尤其是网状的相关关系。而到了网络版叙词表时代，计算机可视化功能越来越强大，几乎可以模拟任何已知的概念关系，因此，叙词表可视化成了一个重要的研究方向。无论是表达用、代、属、分、参关系，还是图示分类树、概念树、主题聚类等，都可以用可视化实现，可视化的特点是直观形象，可利用图形、图像等视觉、听觉方法进行知识传递。

## 5.5.2 叙词表微观结构

叙词表的微观结构，包括字顺表、范畴索引、词族索引、双语对照索引、轮排索引等所有结构化功能的具体细节和内容。鉴于叙词表的主体是字顺表，而其他索引则在网络版叙词表中通过计算机技术实现了更好的索引功能，这里的微观结构主要指每个概念术语的属性特征及概念语义关系。属性特征一般包括英语翻译、分类号，有时也有汉语拼音、概念唯一编码（ID号）等；概念语义关系则包含概念的等同关系、概念间的等级关系、相关关系，这里见图5.2实例介绍如下。

在图5.2中，"电机调速"是优选词，作为概念标签，不同教科书有不同的名称，也叫作叙词、正式主题词、规范词等。

英文翻译是"motor speed control"，在概念层面，英文翻译通常只有一个，即在英语中的优选词。但目前国内的中文叙词表多数没有达到概念层面的翻译，而只是词汇含义方面的翻译，因此对应英文翻译可能为一个或多个。

"TH113.24、TH134.4"是"电机调速"的范畴号，相应的类目名称为"机械运动速度""机械运动功能""调速装置"，范畴号也叫分类号。传统的叙词表中，范畴表类目通常只有2~3级；而在网络环境下的叙词表，如2014年版的新型《汉表》，其范畴表是在《中国图书资料法》基础上修订的，类目体系达到5级左右，因此这时的范畴表叫作分类

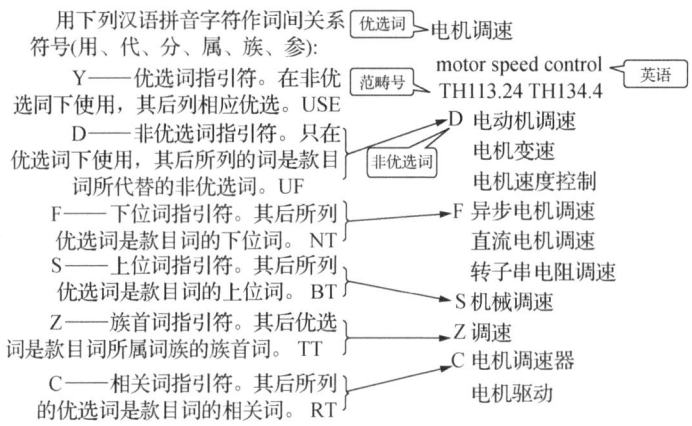

**图 5.2　叙词表概念微观结构**

表更合适，但功能是一样的，即对叙词表概念进行分类，将叙词表的概念分布在不同级别的类目中。

D——非优选词指引符，只在优选词下使用，其后所列的词是款目词所代替的非优选词。例如，"电动机调速""电机变速""电机速度控制"是"电机调速"的3个非优选词。非优选词也叫非叙词、非正式主题词、入口词等。优选词与非优选词之间的关系叫作等同关系，也叫用代关系，汉字代号为"代"，符号代号为"D"（"代"的汉语拼音首字母），对应英文为"used for"，缩写"UF"，"代"也有人叫作"代项"。这3个非优选词与"电机调速"是同义词或者近义词，即4个词代表同一个概念，都表示电动机速度调整现象或者动作。从计算机检索角度，这4个词是一样的，可以互相代替；而从用户使用角度，从中选了一个比较规范且词频较高的"电机调速"作概念标签，也就是这个概念的优选词。

F——下位词指引符，其后所列的优选词是款目词的下位词。"F"是"分"的汉语拼音首字母，也有人叫作"分项"。下位词的英文为"narrower term"，缩写为"NT"。例如，"电机调速"有3种细分类型，分别是"异步电机调速""直流电机调速""转子串电阻调速"。这3个下位词也同样是概念，是优选词。款目词"电机调速"与其下位词之间的关系是概念间的等级关系。

S——上位词指引符，其后所列的优选词是款目词的上位词，"S"是"属"的汉语拼音首字母。上位词的英文为"broader term"，缩写为"BT"，"属"也可叫作"属项"。例如，"电机调速"属于"机械调速"，"机械调速"是一个更大的概念。款目词"电机调速"与其上位词"机械调速"的关系是概念间的等级关系。

Z——族首词指引符，其后优选词是款目词所属词族的族首词。"Z"是"族"的汉语拼音首字母，对应英文是top term，缩写为TT。族首词"调速"是最顶端的概念，它没有上位词，只有分项，没有属项。

C——相关词指引符，其后所列的优选词是款目词的相关词。"C"是"参"的汉语拼音首字母，是指相关关系，英文为"related term"，缩写为RT。例如，"电机调速"有两个相关概念，分别是"电机调速器"和"电机驱动"。"电机调速器"是一种工具，它有"电机调速"的功能，属于工具与其功能之间的相关关系类型；"电机驱动"与"电机调速"属于并列类动作型的相关关系概念。

Y——优选词指引符，只在非优选词后使用，其后列相应的优选词。"Y"是"用"的汉语拼音首字母，对应英文为"USE"。非优选词款目见下例。

例如：

电动机调速

 Y 电机调速

范围注释（scope note，SN）或定义。叙词表概念术语来源于自然语言，经过词形词义规范后遴选到叙词表中。术语含义纳入叙词表词族中，受上位词、下位词、相关词、词族、分类等语义限定，可直接描述和表达出清晰、单一的概念含义，即所谓的"一词一义"原则。如果通过以上词族语境还是无法明确概念含义，就需要使用范围注释，说明概念术语的含义范围、使用场景、属性特征等，帮助用户明确理解概念术语的含义和边界。少数叙词表吸收了术语表的特点，对每个概念术语进行了定义。这样的做法只能代表一种类型，正常情况下没有必要。因为多数概念的含义通过叙词表概念的微观结构已经明确，国家标准、国际标准中也没有要求对每个概念术语进行定义。此外，有一些概念用户理解容易，但准确进行定义却比较困难。在已经出版的叙词表中，很少见到对全部概念进行定义的情况。范围注释在叙词表中是广泛使用的，也是标准推荐的做法，但叙词表中也只有非常小比例的概念需要范围注释。

叙词表的微观结构，代表了概念最基础的语义关系。一个用户如果想检索某一主题，如"小麦"，叙词表对"小麦"设定了一些相关关系，如可以加工成面包、加工成挂面等食品；也与一些轻工机械如面粉加工机相关，可以加工成小麦粉、全麦粉、标准粉、雪花粉等；面粉加工机、面包等都可以是相关词。当用户检索有关小麦文献时，用户可能关心小麦种植、产量，或抗倒伏（因为有的春小麦长得太高，到了秋天因倒伏而减产），也有用户关心可加工成什么食品。所有这些关系，均可以通过相关关系细化进行设定。等级关系同样是重要的概念间语义关系，通过等级关系，可以扩大和缩小概念范围。相关关系与等级关系构成了最基础的概念间语义关系，是叙词表微观结构的重要组成部分。

## 5.5.3 叙词表评价指标

对于叙词表的宏观结构和微观结构，叙词表概念总量及其关系丰富程度，有一些评价指标，介绍如下。

（1）概念数量统计

一部叙词表，通常在前言中明确介绍该表收录的概念词汇数量。例如，1980年版的《汉表》，正式主题词91 158条，非正式主题词17 410条，共计108 568条；1991年修订出版的《汉语主题词表（自然科学增订本）》，收录自然科学领域的语词共81 198条，其中正式主题词68 823条，非正式主题词12 375条；2014年修订和重新编制的《汉表（工程技术卷）》共收录优选词19.6万条，非优选词16.4万条，总词量达36万条；2018年出版的《汉表（自然科学卷）》收录优选词6.5万条，非优选词5.9万条，总词量为12.4万条。可见，一部叙词表通常有概念总量、优选词数量和非优选词数量的介绍。通过概念总量，可以判断叙词表的规模和知识覆盖的范围等属性特征。

通常，一部叙词表会有总词量介绍，即所有语词总数或术语的总数，也就是优选词和非优选词的总和。优选词与非优选词在早期《汉表》中被称为正式主题词与非正式主题词，1991年版国家标准称之为叙词与非叙词，2015年版国家标准叫作优选词与非优选词，含义相同。一个优选词对应唯一一个概念，因此，对于一部叙词表，概念数＝优选词数＝叙词数＝正式主题词数；非优选词数＝非叙词数＝非正式主题词数。

（2）入口率

入口率＝非优选词总数/优选词总数，或者是入口率＝非叙词总数/叙词总数，入口率也叫等同率。不同的教材和历史发展时期，称呼存在差异，有一些概念也在变迁。例如，旧版《汉表》入口率是18%，新修订的《汉表（工程技术卷）》入口率是84%，《汉表（自然科学卷）》入口率是91%，如此高入口率的叙词表目前较为少见，更适合计算机使用。传统叙词表的入口率一般只有百分之十几或百分之二十几，国际上也有百分之三十几的，极个别叙词表能超过100%。

（3）无关联词

如果一个优选词没有上位词（S）、下位词（F）和相关词（C），则这个优选词就是无关联词。有时甚至没有非优选词。无关联词的英文是"orphan term"，直译为"孤儿词"，原因是这些词没有"社会亲属关系"。叙词表与词典相比的优势是含有概念语义关系。如果是无关联词，就失去了叙词表的优势，因此，无关联词的相对数量是评估叙词表的一个重要指标。评估有无关联词规模有两个对立的指标。

一是无关联比，无关联比＝无关联词总数/优选词总数，即没有等级关系和相关关系的优选词在概念总量中所占的比例。

二是关联比，关联比＝（优选词总数－无关联词总数）/优选词总数，即有等级关系和相关关系的优选词在概念总量中所占的比例。

无关联词可以有代项，即可以有非优选词。但无关联词即使有用代关系，也只能代表一个概念。叙词表的优势在于其概念间关系，现在也可以称为概念间语义关系。如果没有等级关系和相关关系，最多只能称为同义词表，如果连等同关系也没有，那就是词典。可见，无关联词规模也是评估叙词表质量的一个重要指标。

如果一部叙词表有10 000个优选词，其中有1000个无关联词，则无关联比就是10%，1991年版《汉表》的无关联词占10%以上，2014年修订的新版《汉表（工程技术卷）》及2018年出版的《汉表（自然科学卷）》，无关联词数量是0，即无关联比是0。和无关联比相对应的是关联比。如果无关联比是10%，则关联比就是90%，即100%减去10%。

(4) 参照度

参照度指平均每个优选词拥有的参照条数。参照度=(F项优选词数+S项优选词数+C项优选词数)/优选词总数,参照度越高,则语义关系越丰富。由于参照度是一个平均值,而单个优选词的参照关系数量存在不均衡的特点,故参照度与无关联词数量没有直接关系。2014年版《汉表(工程技术卷)》的参照度是2.77。

可以假设一个极端值,如果叙词表参照度等于"0",即所有优选词没有任何F项、S项和C项,这时优选词总数等于无关联词总数,关联比等于0,无关联词的比例为100%,这样的叙词表也就不能称其为叙词表了,更应该是一个词汇表或同义词表。

(5) 属分参照度与相关参照度

属分参照度=(F项词数+S项词数)/优选词总数。

相关参照度=C项词数/优选词总数。

参照度还可以分为属分参照度和相关参照度。一部叙词表,平均每个优选词具有的属项和分项总数就是属分参照度;平均每个优选词具有的参项数就是相关参照度。2014年《汉表(工程技术卷)》的属分参照度是2.14,相关参照度是0.63。2018年《汉表(自然科学卷)》的属分参照度为2.09,相关参照度是0.87。

### 5.5.4 叙词表结构的变化

关于叙词表的结构与组成,随着计算机科学、信息技术和网络技术的不断进步,叙词表的结构在其基本语义关系的基础上,发生了巨大的变化,主要表现在以下几个方面。

(1) 优选词概念属性特征与词族结构全显示

叙词表诞生于20世纪50年代,自诞生以来,叙词表一直在不断发展和自我完善。尤其是以机器应用为主的网络版叙词表,无论是展示方式还是使用方式,均发生了显著变化。传统叙词表通过代、属、分、参等微观结构展示优选词的语义关联关系。但由于篇幅的原因,印刷版很少能联动展示优选词在词族中的位置。在字顺表中,只能看到上下各一级的优选词,想一级一级连续看到族首词,印刷版不具有该功能和实现条件。而网络版通过"概念树"的功能,很容易实现浏览优选词微观信息,同时能清楚显示该词在词族中的位置。就是将词族包含的概念用树形结构在一个窗口中部分展开,查询到需要浏览的优选词以后,词族窗口以概念树的可视化形式,直接展示优选词在词族中的位置。这样,更便于用户通过等级关系和词族整体语义聚类,对优选词的概念含义进行准确判断。

(2) 优选词概念属性特征与分类表的联动显示

网络版叙词表,不仅可以联动显示优选词在词族中的位置,还可以显示优选词在分类表中的位置。随着优选词的不断切换,其在分类表中的位置也联动展开并显示分类信息。这项功能通过树形结构的"分类树"实现,虽然展示界面位于不同的窗口,但后台数据是关联的,数据的关联是分类主题一体化的基础,也可以通过数据的联动清晰地展示分类主题一体化的特点。随着可视化技术的不断进步,完全可以将分类树、概念树及优选词概念通过图形图像的视觉方式表现出来。这样既有整体分类结构,如一级类目的大树主干,二级类目的不同分枝，三级类目的再分枝分叉；也能看到大小不同的词族"葡萄串果实"分布在不同的类目中。

（3）术语注册与术语服务方式发展

传统叙词表的表现形式是大部头的工具书，而现代的叙词表通过网络平台，以术语注册与术语服务的形式体现。在网络平台上，通过精确匹配、前方一致、后方一致和包含等语词查询方式，可以替代传统叙词表的轮排索引、词族索引和字顺索引等多种索引功能，且更加方便快捷，能全方位联动展示概念属性特征。叙词表结构的变化发展也表现在数据结构的使用上。叙词表数据通过 RDF 三元组形式记录语义关系；通过 SKOS 格式，记录和描述叙词表微观结构；通过关联数据发布叙词表的内容，容易实现叙词表结构的可视化。叙词表的应用也可以通过数据接口实现自动标引和自动分类等功能。

## 5.6　叙词表编制与维护

### 5.6.1　编制程序

叙词表的编制一般包括以下过程：按顺序为立项论证、制定编制规则、构建编制平台、培训编制队伍、建立术语资源库、建立分类表、词形词义术语规范化控制、建立等级关系与相关关系、概念关系逻辑校验、词表整体审校、发布与推广等。以下详细介绍几个关键性的环节。

（1）叙词表构建立项论证

叙词表的编制是一项智力密集型的技术工作，需要消耗大量的人力、物力、财力。在决定编制叙词表之前，需要进行相应的科学论证，明确以下问题：要编制的叙词表面向的用户是谁？编制的目的是什么？叙词表的概念规模有多大？要实现什么样的应用？是否具备相应的叙词表专业人才、信息技术人才、领域知识人才等人力资源？是否具备了术语数据库资源、大型项目组织实施能力及经验？是否有相关的编制平台可以利用？还有相关经费的准确预算等问题。只有这些条件都具备了，才能开始叙词表的构建。

（2）制定编制规则

编制规则是指导叙词表编制的标准规范，需要有项目执行实施的总体技术路线。词形词义规范方法的类型与尺度的掌握，概念语义关系的建立方法，都需要配备贴切的示例进行示范和说明。编制规则也需要包含项目组织方式、执行时间进度等，相当于建一栋大楼，需要一个详细的施工技术路线图。

（3）术语资源、平台、人员的建设与培训

有了立项论证和"图纸"，同时需要准备材料、工具和人员等工作条件。首先是叙词表相关术语资源的建设，叙词表主要表现形式是通过语词实现的，需要拥有足够数量和规模的术语，而且要有词频特征、分类特征及是否来自其他词表等信息。如果有合适的编制平台可用就直接使用，但实际情况经常是需要改造才能使用；条件允许也可以根据需求自己开发,平台需要具备自动逻辑错误检查的功能。编表人员也需要根据词表规模、编制时间要求进行组织与培训,这些工作可以并行开展。

(4) 叙词表的构建

所有工作准备好以后,就可以开始叙词表的编制,包括数据的导入、工作的数量与角色分工、时间的限定等。一般顺序为先进行同义词归并,实现在概念层面进行关系的建立;在继承已有概念间语义关系的基础上,由经过培训的专业人员进行概念术语的遴选;在前方一致、后方一致、共现等信息技术的支持下,确定新的语义关系的建立;以及自动校验、审核和定稿等工作。

(5) 发布与推广

编制工作完成以后,需要进行发布和推广应用工作。首先是叙词表的表现形式,是传统的印刷版还是电子版或网络版;是自己机构内部首先使用,还是大范围推广使用;是免费公益服务使用,还是收费服务,或者叙词表的有偿使用;是服务器的内部存储还是光盘存储等。示范应用与提供服务是常见的推广方法。通过网络术语注册与术语服务平台,提供各种可能的示范应用方法;同时提供叙词表可进行的主题知识组织服务。

(6) 更新与维护

项目完成之时,就是更新维护的起点,更新维护是叙词表的生命,只有根据使用情况,根据科技的发展条件,不断对叙词表的内容进行更新,对叙词表的发展和应用进行探索,包括更新的时间周期,定期还是在线实时发布等,都需要以制度的形式固定下来;还包括固定的组织机构和专职维护人员的设定。

### 5.6.2 一般选词原则

叙词表编制的一个重要环节是选词。为了将叙词表语词规范化,无论是国家标准,还是《汉表》的编制,都有选词原则,说明哪些词可以选入叙词表中。一般选词原则主要考虑以下方面:选词目标、文献保证、用户保证、概念颗粒度粗细均衡、组配优先、词汇完备和精炼等。

(1) 基于叙词表的使用目标选词

目标性原则是依据叙词表编制目的去选词。例如,一个小型图书阅览室,主要文献是图书馆学、情报学、计算机等领域参考书。如果总共只有几架图书,其实不需要叙词表这么复杂的工具,只需要收集一个含几百个词的词单,把这些词用作主题词,按拼音进行字顺排序,通过主题词查找对应图书文献即可。这些主题词如信息组织、叙词表、分类法、计算机科学、C语言等,通过这些主题词,就可以找到相关的图书。

如果是管理某一领域的全国性文献,如农业或医学,就需要编制或修订农业科学叙词表或医学科学叙词表。对于专业领域叙词表的编制,选词以专业概念词汇为主,选择在领域文献范围内词频比较高的专业词汇;为了知识覆盖的完整性,也需要选择适量的、专业概念以外的整体学科标引概念,这些概念颗粒度可以大一些。对于全学科的叙词表,如《汉表》,则需要涵盖所有学科,每个学科选词达到专业叙词表的概念覆盖程度,收词是全学科范围，概念颗粒考虑了学科间的平衡，领域内词频得到很好的应用。

在网络环境下，叙词表的使用环境主要是机器使用，由计算机平台管理使用。为了提高检索系统的性能，需要考虑查全、查准的问题，充分发挥叙词表组配功能，适量控制先组型优选词的数量，扩大内涵较浅、外延较广的单元概念词收录，这样方便计算机环境的组配检索。

（2）基于文献保证选词

文献保证原则是指叙词表收录的概念语词必须有相应的文献保障，即使用优选词进行检索，可以查到相关的文献。文献保证原则可以分为以下四方面。

一是选择的概念语词要有适量的文献数量覆盖。根据使用的目的，选择相关的大型数据库，如万方数据、中国知网、维普资讯等，检索关键词和同义词归并，统计概念级的词频，词频必须达到一定数量以上，假定大于5这样的层次确定候选词规模。词频是数量覆盖的指标，同时需要进行知识覆盖的考虑，即对于词频暂时还不大，但代表重要知识主题或可能发展成热点研究方向的主题概念，也要考虑收录。

二是对于词频数量比较大的通用词，可以收录到通用词范畴类，主要用于组配标引功能。单独检索这些词由于文献数量太大而无实际意义，如"研究""应用""实践""材料"等。基于概念颗粒度粗细、词族大小的考虑，这些词一般也不参加等级关系的排序。例如，如果将"材料"确定为族首词，则"材料"会有上千个不同级别的下位词，词族太大失去了检索的意义。

三是注意学科间概念颗粒度粗细的平衡。可以通过统计各个学科关键词去重后的数量规模，根据知识覆盖、文献保证等原则人工确定其中一个学科的概念数量，从而可以推理出其他学科的概念规模数量，这样可以保证学科间概念颗粒度粗细均衡。

四是要考虑叙词表语词宏观数量的收词规模。通常一个领域的主题数量是稳定的，也就决定了概念数量是稳定的，但入口词规模可以尽量扩大。化工、建材、水利、农业、医学等每个学科都有自己领域的、稳定的概念数。例如，如果有4万个概念就能够覆盖医学目前所有的知识，那在以后的发展中，除非有新概念的诞生，否则概念数基本上是稳定的。即使是一些新兴学科，如计算机科学、通信领域，新概念、新方法等有明显的增加，但也有稳定性的特点。例如，通信设备或者器材是一个概念，包含的实例如电话，以后又区分出有线电话和无线电话，手机当然属于无线电话种类；手机现在又可区分出智能手机、老年手机、音乐手机等，这些关键词可以不停地增加，但都属于无线通信设备，上位词是通信设备，这些概念是稳定的，这样才能进行叙词表概念的更新维护。

叙词表概念稳定性的思想还表现在与关键词的对比方面。每篇论文、每部著作、所有文献，都可以给定关键词，因此统计大型数据库时，它的关键词数量一直在增加。但是，理论上叙词表的概念量基本上是稳定的，即每增加一本书或一篇论文，只不过是用现有的概念进行标引。当然，对于一些新概念，当它被大多数用户接受后，就需要在叙词表维护时定期进行补充增加。

（3）叙词表语词先组度分析

1）先组度定义

优选词先组度是指组配成概念词组的复杂程度。

例如：

| 生物 | 单元词 |
| 微生物 | 低先组度 |
| 海洋微生物 | 中先组度 |
| 海洋自养微生物 | 高先组度 |

生物是一个单元词，是一个概念；微生物是个低先组度概念，是通过概念限定组配形成的先组词；海洋微生物更复杂一点，是中先组度的词组，是3个概念组配形成的先组词概念；海洋自养微生物是高先组度概念，由多个概念组配成的先组词。这就是先组度的含义，从单元词到组配词组，先组度越来越高。

2）基于先组度的叙词表概念收词思路

先组度决定于叙词表的构词单元（词素）。从先组度考虑，如果只选单元词去编制词表，就编制成了单元词表；其实对于单元词的大小也不太好把握，有时不太好确定多小是一个单元，通常有争议。例如，"谈话"一词，是一个明确的、含义单一的概念，但也有人提出还能分解，"谈"表示"说"的意思，可以理解为动名词类型的概念，"话"也可以认定为一种有内容的事物概念。所以，单元词表无法确定最小词汇单元。如果大量采用各级先组度的先组词编制词表，就编制成标题表。标题表词组规模大，造成词表规模大，无法发挥后组的优势，也会降低文献查全率。叙词表作为人工语言，既不追求全使用单元词概念，也不推荐大量使用复杂先组词概念，而是在单元词概念基础上，选择适量的先组词编制的。虽然传统叙词表概念语词主要是人为确定的，但随着叙词表在计算机环境下的应用普及，先组度的确定也需要适应计算机检索的需要。

3）叙词表概念先组度的把握

叙词法中，选择一定的词组作优选词可以提高标引的专指度和标引的一致性，有利于提高查准率。这里"选择一定的"的标准需要根据具体情况，通常是一种经验，可以通过对叙词表使用环境的长期跟踪测试、叙词表应用的更新维护、用户检索实践的判断等去确定。词组过多，即先组度过高时，一方面会增加优选词数量，使词表体积庞大；另一方面会减少检索途径和多向成族的机会，从而弱化叙词法组配的功能，降低查全率。这里的"过多""过高""庞大""减少"等都是相对的，都是根据叙词表的使用情况及时进行调整的，但有一点是肯定的，即叙词表需要收录有一定先组度的优选词。

4）标准规范中关于先组度的规范

在最新的国际标准和国家标准中，也有与先组度相关的一些规范。总体思路是尽量将复合词分解为单一概念词，但以不影响用户对词义的正确理解为准。单一概念词是指如果分解其含义就会发生变化，如"交通心肾"这样的概念就不能分解。"交通心肾"的范围注释是"属脏腑兼治法；治疗心肾不交的方法"，属于中医治疗法。这样的概念含义，显然无法通过"交通""心""肾"3个概念组配表达。类似的例子还有"蜂窝材料""玫瑰战争""子午线轮胎""蝴蝶效应"等。

（4）基于用户检索词进行选词

叙词表选词，需要符合使用目的，具备文献保障，合理把握先组度概念的数量等多个方面的规范。规范的说明和规范的应用最终决定于用户的使用。如果用户没有学习使用叙词表的意愿，另一个办法就是重视用户检索的信息使用。假设叙词表使用的优选词，正好是用户使用的检索词，即使用户不知道叙词表语词，也能起到同样的效果，这就是叙词表选词时要加大考虑用户检索词权重的原因。用户检索词信息的获取相对困难一些，需要大型文献检索系统、用户注册的领域背景信息、用户检索日志的提取和检索数据的清洗等。对用户检索词的获取和有效利用还有很大研究空间，需要与词频、关键词、标引词等多项其他指标统一考虑，确定一个最佳的加权值，更好地完善叙词表的选词工作。

### 5.6.3 概念语义关系建立错例分析

叙词表概念的等同关系、等级关系、相关关系的建立方法，见前面相关章节。根据2014年版《汉表（工程技术卷）》修订过程积累的一些过程数据，以下举例说明等同关系、等级关系、相关关系的错例及纠正分析过程。

例1："金属损伤"与"表面损伤"

在图5.3中，"金属损伤"与"表面损伤"属于后方一致类型词汇，有可能有某种关系。图中"金属损伤"的下位词是"表面损伤"，这不符合等级关系的规范。如果是金属器具，发生了表面损伤，可以认定为金属损伤；如果不是金属器具发生了表面损伤，那就

图5.3 "金属损伤"与"表面损伤"等级关系错例

不是金属损伤。例如，医学领域的人体背部损伤，看上去也是表面损伤，但那是皮肤损伤。造成这种错误发生的原因可能是，如对于冶金工业、金属工艺等专业人员，他们把"金属损伤"与"损伤"等同了，看到"表面损伤"就认定为是下位词，默认铁皮等金属表面有裂缝，可以认定为表面损伤，即从外表一看就能看出来的损伤；而对于外科医务人员，看到患者背部损伤，也会默认为表面损伤。按照等级关系的判断方法，如果发生两个概念的相互关系为"部分是"的关系，即"金属损伤"部分是"表面损伤"，"表面损伤"部分是"金属损伤"，这样的关系就不属于等级关系。如果有必要，"金属损伤"与"表面损伤"可以建立相关关系。

例2："夹杂"与"夹杂物"

在图5.4中，"夹杂"与"夹杂物"属于前方一致类型词汇，有可能有某种关系。但图中"夹杂"与"夹杂物"之间等级关系有问题。因为"夹杂"是一个动名词，是有了其他物质的过程，是一个泛指的概念；而"夹杂物"是物质的一种，在工程或工艺领域，"夹杂物"有可能是一种缺陷。所以，"夹杂"与"夹杂物"不是概念包含关系，不符合等级关系的判别式，即从上到下是"部分是"，从下到上是"全部是"的关系。如果需要的话，"夹杂"与"夹杂物"比较符合建立等同关系，其中"夹杂"是个泛指的概念，可以是"夹杂"D"夹杂物"。

图5.4 "夹杂"与"夹杂物"等级关系错例

例3："钢铁料"与"引流砂"

在图5.5中，"钢铁料"与"引流砂"，既不是前方一致，也不是后方一致类型的词汇，都是事物型名词术语。"引流砂"是炼钢中必需的材料，如果"钢铁料"的含义为炼钢需要的原料，似乎"引流砂"是"钢铁料"的下位词，但"引流砂"也可以应用于其他领域，也属于其他材料，不一定全部应用于炼钢，也是冶金、航天等其他领域的重要原料，不符合等级关系的判别式。

图 5.5 "钢铁料"与"引流砂"等级关系错例

例 4:"专用钢"与"农业用钢"等

在图 5.6 中,"专用钢"是专门用于某些领域或工艺的钢材,如"工业用钢""军工用钢"等,这是当初的一个编制过程数据,"专用钢"列了很多代项,也就是说有很多非优选词,包括"冲压钢""工业用钢""海洋用钢""航天用钢""农业用钢""平台钢"都被当成非优选词。"专用钢"有很多种类,编制规则的总体思路是,如果有一定的文献词频,则可以细分为下位词,如果没有词频则可以作为代项,定为非优选词。规范可以定,但具体尺度难以把握,词频定为 4 的话,那词频是 3 就不能当下位词吗?不看词频让专家去决定,"军工用钢"与"航天用钢"哪个更应该作下位词?《汉表(工程技术卷)》

图 5.6 "专用钢"与"农业用钢"等同关系错例

最后的处理方式是去掉了所有的非优选词，只保留了词频高的下位词。

例5："分析、材料"等通用词

"分析""试验""方法""材料"等类似通用词汇，一般不作族首词或不建词族，因为词族太大了，宜拆分为小一点的几个词族更适合概念聚类。通过"材料"后方一致，可以聚集上百个有词频的下位词，也有上百个没词频的非优选词，如此大的词族，如此多的兄弟平行类目，不利于用户的使用。在图5.7中可见《汉表》编制时临时加到"材料"下面的等级关系错例。

图5.7 "材料"的等级关系错例

### 5.6.4 叙词表修订和维护

叙词表的更新维护，是叙词表正常使用的前提条件，更新维护主要包括叙词表内容的更新，发布和参与方式的更新等。

（1）叙词表内容的更新

内容更新主要包括对概念和关系的增、删、改3种类型。

随着学科的发展和科技的进步，尤其在一些新兴学科领域，如计算机科学、电信网络领域，新概念和新方法不断诞生，这些重要的新概念需要及时补充到叙词表中。此外，知识是相互关联的，常常是在已有知识的基础上会有新的发展。新知识与已有知识总会有千丝万缕的关系，因此新增概念时，也需要按照叙词表构建规则，增加相应的等同、等级和相关关系。

学科发展也会使得一些事物出现停滞甚至消亡的趋势。例如，数码相机和智能手机照相功能的发展，以及移动通信数字图像技术的进步，使得以前的光学照相和冲洗相关领域逐渐萧条，相关的主题概念使用频率在降低，甚至停止了使用。如果相关文献数量在持续下降，甚至相当长时间没有文献产出，这些概念就需要停用。叙词表概念一般是停用，而不是删除，因为使用单位过去已经使用了这些概念进行标引，如果删除的话则会永远失去找到这些文献的机会。概念停用后涉及的关系也需要重新认定与逻辑关系闭合检查。

修改概念关系的属性特征也是常见的更新类型。鉴于认识事物需要有一定的时间过程，一些事物之间新的知识连接关系总会被发现，因此可以增加相应的相关关系和等级关系；不断增加非优选词的数量比例也是叙词表更新的重要环节。对于陈旧概念的停用，也可以将优选词按词形规范方式转化为入口词，放到可能的概念优选词组中，这样，通过历史注释的信息，还可以用概念检索的手段找到以前的文献。

（2）更新发布方式

如果是小的更新，可以采取只发布新修订过的内容。为了方便用户的系统使用，通常情况下是以版本更新的手段进行整体词表内容更新。除了内容和数据格式更新，应用方式的更新也是常见操作。例如，以前提供的数据下载是数据库形式的，而现在可以提供SKOS格式数据，或者直接可以利用网上的关联数据等；以前提供会员形式的网络下载服务，现在提供术语注册、术语服务形式的服务器代理服务等。

（3）用户参与更新

传统叙词表主要是标引人员使用，标引人员在使用过程中，如果有建议增加的概念，或者建议修改的关系，可以填写修订建议表单，以书面或电子的形式提交到词表维护机构，由维护机构统一修订和更新。而在网络时代，除标引人员外，任何叙词表用户均可以在线提交更新建议，甚至在一些维护平台上，用户可以直接进行修改添加操作，并能在线看到修改效果，经过维护机构的确认通过以后，用户所做的修订就可以成为最终的修订。

（4）机构与人员专项负责制

在叙词表编制立项论证时，就需要设计好叙词表更新维护的组织机构和专职人员。组织机构定期发布词表更新版本，组织叙词表使用和发展研讨会，制定叙词表更新机制，设定更新的方法，如持续增加术语资源库的术语资源，在线统计调查词表概念术语的使用情况，研究分析用户检索词的使用、叙词表概念术语的使用情况等大量词汇工作。所有这些工作都需要有专门的机构和专业的研究人员负责。

### 5.6.5 叙词表相关标准

叙词表是通用的知识组织工具，相关标准包括了国际标准和国家标准。

（1）叙词表相关国际标准的发布与修订

国际标准化组织（International Organization for Standardization，ISO），制定和发布了叙词表编制相关的国际标准。1974年，ISO发布了第一版国际标准，题名为：ISO 2788：1974 Documentation—Guidelines for the establishment and development of monolingual thesauri，即"文献——单语种叙词表构建和发展指导"，由信息与文献ISO/TC 46技术委员会制定。我国1980年版《汉表》参考使用了其中的标准规范。到1985年，ISO新发布了多语种叙词表编制的国际标准：ISO 5964：1985 Documentation—Guidelines for the establishment and development of multilingual thesauri，其对多语种叙词表的编制方法进行了规定。

1986 年，基于对第一版 ISO 2788：1974 进行的修订，发布了第二版国际标准，其题名相同，修订为 ISO 2788：1986，仍然是关于单语种叙词表编制方法的规范。

经过多年发展，到 2011 年，信息与文献 ISO/TC 46 技术委员会对 ISO 5964：1985 和 ISO 2788：1986 统一进行了修订，分两部分于 2011 年和 2013 年分别出版。叙词表国际标准发展脉络见图 5.8。

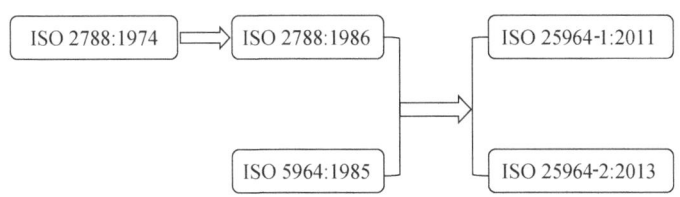

**图 5.8　叙词表国际标准发布与修订**

2011 年出版的第一部分为：ISO 25964 – 1：2011　Information and documentation—Thesauri and interoperability with other vocabularies—Part 1：Thesauri for information retrieval[①]。在 2017 年，对该标准进行了最后的审定，版本保持不变。该标准给出了用于信息检索的叙词表的构建和维护建议，适合所有媒体信息的概念术语描述和检索；给出了数据模型和推荐格式，适合叙词表数据导入和导出；适合单语种叙词表和多语种叙词表的构建使用。

2013 年出版的第二部分为：ISO 25964 – 2：2013　Information and documentation—Thesauri and interoperability with other vocabularies—Part 2：Interoperability with other vocabularies[②]。第二部分适用于信息检索的叙词表与其他类型词表间的互操作。描述、比较和对比了互操作牵涉到的词表元素和特征，为叙词表之间或叙词表与其他词表之间的映射提供了建议。

（2）叙词表国家标准的制定与修订

我国在遵循叙词表国际标准的基础上，同样制定和修订了与叙词表相关的国家标准，基本思路是在与国际标准保持一致的基础上，体现汉语的特点并进行规范化。

最早的国家标准是 GB/T 13190—1991《汉语叙词表编制规则》，见表 5.2，它是国内叙词表界影响最广的中文叙词表编制标准，为 20 世纪 90 年代主题法的繁荣作出了贡献。在内容上基本保持了与 ISO 2788：1986 的一致性。另外，关于多语种叙词表编制的国家标准，GB/T 15417—1994《文献多语种叙词表编制规则》，该标准是在翻译基础上完成的，基本上完全遵循了 ISO 5964：1985 的标准规范。

---

① Information and documentation—Thesauri and interoperability with other vocabularies—Part 1：Thesauri for information retrieval：ISO 25964 – 1：2011［S/OL］.［2024 – 04 – 02］. https：//www. iso. org/standard/53657. html.

② Information and documentation—Thesauri and interoperability with other vocabularies—Part 2：Interoperability with other vocabularies：ISO 25964 – 2：2013［S/OL］.［2024 – 04 – 02］. https：//www. iso. org/standard/53658. html.

表 5.2　叙词表编制相关国家标准

| 国家标准号 | 国家标准名称 |
| --- | --- |
| GB/T 13190—1991 | 汉语叙词表编制规则 |
| GB/T 15417—1994 | 文献多语种叙词表编制规则 |
| GB/T 19486—2004 | 电子政务主题词表编制规则 |
| GB/T 13190.1—2015 | 信息与文献　叙词表及与其他词表的互操作　第1部分：用于信息检索的叙词表 |
| GB/T 13190.2—2018 | 信息与文献　叙词表及与其他词表的互操作　第2部分：与其他词表的互操作 |
| GB/T 40670—2021 | 中医药学主题词表编制规则 |
| GB/T 38376—2019 | 新闻出版　知识服务　主题分类词表编制 |

随着叙词表国际标准的修订颁发，我国也在遵循国际标准的基础上，与国际标准 ISO 25964-1 相对应①，在翻译的基础上颁布了国家标准 GB/T 13190.1—2015《信息与文献　叙词表及与其他词表的互操作　第1部分：用于信息检索的叙词表》。在"等效采用"国际标准的前提下，增加了汉语词形词义规范的新内容。与 ISO 25964-2：2013 等效的国家标准第二部分，也于 2018 年 6 月 7 日正式发布，并从 2019 年 1 月 1 日起实施。第二部分的标题为：《信息与文献　叙词表及与其他词表的互操作　第2部分：与其他词表的互操作》。我国叙词表标准发展脉络见图 5.9。

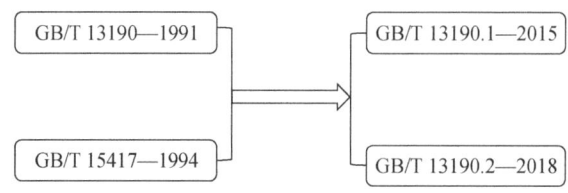

**图 5.9　叙词表国家标准发展脉络图**

（3）叙词表相关的行业标准

我国从 20 世纪 80 年代起编制了上百部不同专业的叙词表，涉及的标准有相关国家标准，也有一些是行业标准和军队标准，见表 5.3。

---

① Information and documentation—Thesauri and interoperability with other vocabularies—Part 1：Thesauri for information retrieval：ISO 25964-1：2011［S/OL］.［2024-04-02］. https：//www.iso.org/standard/53657.html.

表 5.3 叙词表相关行业标准

| 行业标准 | 编号 | 名称 |
| --- | --- | --- |
| 中华人民共和国国家军用标准 | GJB 1776A—1999 | 军用主题词表编制规则 |
| 中华人民共和国国家军用标准 | GJB 5098—2004 | 军用电子叙词表编制规则 |
| 中华人民共和国铁道行业标准 | TB/T 1943—2001 | 中国铁路叙词表的编制与使用规则 |
| 全国广播电影电视标准化技术委员 | GY/T 58—2010 | 广播电视音像资料叙词表 |
| 海洋行业标准 | HY/T 033—1991 | 海洋科学叙词表 |

## 5.6.6 领域叙词表编制试验

作为大型工程项目，2009 年新型《汉表》立项修订之初，用了 1 年的时间，选定水利水电领域，进行了领域叙词表编制试验，探索网络时代叙词表的编制模式与应用方法，在实践经验基础上将其推广到《汉表》其他领域，以下总结一些重点环节。

（1）建立水利水电基础词库

首先需要收集与水利水电领域相关的所有专业术语词汇，将这些词汇统一到一个数据库中进行管理，并标注来源信息、词频信息、可能有的释义、词间关系等词汇属性信息，试验尝试了多种渠道，具体方法参见 5.7 小节的"基础词库建设"。语词的主要来源渠道包括已经出版的相关专业叙词表、术语表、关键词、词典等。来源术语的数量统计见表 5.4。经过术语去重，基础词库的术语总数为 2.8 万条。

表 5.4 水利水电基础词库术语来源数量分布

| 语词来源 | 数量 |
| --- | --- |
| 水利专业文献关键词 | 8000 |
| 水利及相关专业标准术语 | 7900 |
| 水利专业词典 | 3000 |
| 全国科学技术名词审定委员会水利专业术语 | 3000 |
| 百科全书水利词条 | 5000 |
| 水利水电专业叙词表 | 6500 |
| 《汉语主题词表》水利及相关专业词汇 | 4800 |

关键词是作者提交论文时给定的文章重要主题术语，使用万方数据、中国知网或维普资讯等大型论文库，选择水利水电领域核心期刊论文关键词，通过词频限定，如选词频大于 5 的所有关键词，得到约 8000 个可以收录到基础词库的词条；编表机构自己积累了 7900 条专业术语；遴选了水利水电相关词典专业术语 3000 条，专业词典的词汇量通常比较多，但词典通常重视的是收全，而不是重视规范化，所以，专业词典术语需要进行数据清洗才能使用；全国科学技术名词审定委员会发布的水利专业术语多为经过审定的名词，

有 3000 条左右可以加入到基础词库；各类水利相关的百科全书中的水利词条也可以收录，百科词条重视的是对词条的解释，对概念关系的建立有帮助作用，最后遴选的百科词条数是 5000 条；已经出版的水利相关的专业叙词表有 3~4 部，它们收录的概念术语是经过规范化的术语，也可以收录到基础词库，这些术语有 6500 条；《汉表》水利相关的术语有 4800 条。

（2）词形规范与候选概念的形成

去重后的 2.8 万条水利相关专业术语，经过同义词归并等词形规范，并基于不同加权的概念遴选后，具体遴选出 7000 多个候选概念（一个概念可能包含几个术语）。同义词归并可以借助一些工具进行预处理，充分利用已有的等同关系信息，归并同义词为候选概念。归并后的同义词利于概念词频的统计。概念词频统计就是将所有的同义词集中在一起统计。例如，在原始文献检索中，含有"水利资源"的文献假设是 100 篇，含有"水资源"的文献为 50 篇，则概念词频就是 150 次，这个概念词频更有价值。

概念遴选主要包括以下方法①：①概念词频。以概念为单位，统计这些概念术语在大型数据库如万方数据中的词频，如果其词频大，又是专业词汇，这些术语就是重要的概念术语。②用户词频。用户词频与用户检索词词频相关，对于具有水利水电专业背景用户使用的检索词，日志每检索一次就记录一次，对所有用户检索词词频进行累计，专业背景相同的用户使用的检索词词频高，则说明这些词是用户习惯使用的术语，这是概念遴选的重要指标之一。③工具投票。工具投票是指一个词被一部叙词表收录，与被两部叙词表收录的重要性不同。如果被多部叙词表收录，而且也出现在术语表中，则这些术语是核心的概念术语。例如，"水库"一词，叙词表、术语表、关键词、词典中等都出现过，这类词就是每种工具都"投票"同意的优选概念术语。④专业偏向。专业偏向是判断专业术语与通用术语的一种方法。例如，"水库"一词，在水利水电文献里词频特别高，但在其他领域文献中词频低，这样的术语就是优质的候选概念。但有些词，如"研究""实践""应用""设计"等通用词，无论在水利水电领域，还是其他任何学科领域，词频都比较高，这样的词是通用词，不是专业术语，所以还需要考虑专业文献词频和总体文献词频信息。⑤专家知识。最后由领域专家人工判断概念的重要性。水利水电领域专家在对其他综合信息加权评判的基础上，依据领域专家对概念重要性的认定，最后确认概念术语的选定。领域专家除了参考权重，还有对概念发展的评估，如信息领域的"大数据""人工智能""云计算"等，几年前词频信息可能没那么大，但领域专家认定其发展比较快，这样的概念也需要遴选。

（3）编制平台选择与建设

无论是概念的遴选，还是关系的建立，都需要有编制软件或编制平台的支持。市面上有一些开源的软件可以利用，但常常无法满足一些项目个性的要求。总体来讲，编制软件需要有以下基本功能。一是数据的导入导出功能，可以将基础词库等各类处理的数据批量

---

① 常春. 网络环境下叙词表编制与发展 [M]. 北京：科学技术文献出版社，2015：19-59.

导入，也可以将不同时期和阶段的概念及关系数据导出。二是在网络环境下在线实时完成概念关系的建立，编制者可以身处任何地点，只要有网络，就能共同进行概念及关系的增、删、改。三是要具备一定的信息技术能力，能够按照一些个性化要求，对平台进行修改，以适应具体任务的完成。例如，各类词频等参考信息的显示，术语共现数据的调用与排序，概念关系的可视化，甚至在可视化基础上的修改等。编制平台等同于工程工具，功能强大、简单实用，是始终需要考虑的前提。

（4）编制工作思路与组织方法

传统叙词表编制方法主要是人工完成的，领域专家选定一个概念，人工确定它的上位词、下位词和相关词，依靠的是领域人员的专业知识。但完全依靠专业人员的隐性知识，效率低、质量也不稳定。网络环境下计算机辅助编制叙词表，总体思路是通过现有的信息技术手段，将概念及概念关系的所有可能信息进行统计，推送最佳的候选结果，由专业编表人员依靠自己的专业知识进行选择和认定，而不是"现想"。经过探索和试验测试，我们依靠加权的概念遴选办法，依靠共现、继承、后方一致等词间关系推荐办法，基本上实现了主要以"选择"确认为主要工作方式的编表办法。而且摸索出"工厂化、流水线"的概念关系建立方法，即专人负责同义词归并、用代关系建立工作，一批编表人员负责相关关系的建立，另一批人建立等级关系；或者是先集中建等同关系，然后集中建等级关系等尝试，最后确认专人专属效率要比"一人全能"效果好。

（5）评价指标统计

编制完成的水利水电叙词表，最后统计的入口率为120%，即平均每个优选词有1.2个非优选词。7000个概念的非优选词数量分布见图5.10。5010个优选词有非优选词，总体数量为9248个。旧版《汉表》的入口率只有0.18，可见，在网络环境下新型编制办法起到了显著效果。

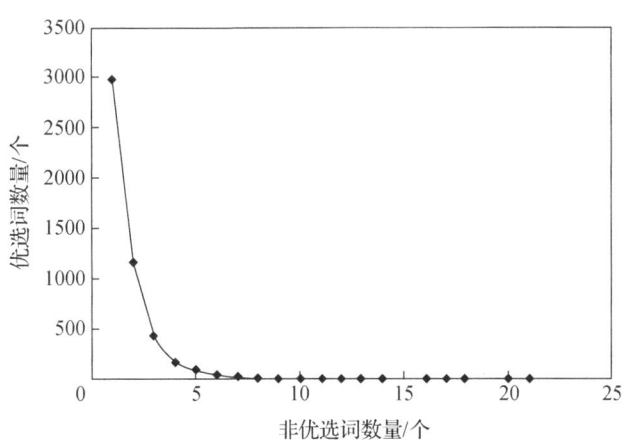

图5.10 非优选词数量分布情况

相关关系的评价指标是相关参照度，统计值接近5，即平均每个优选词有5个相关关系，见图5.11。考虑到相关关系尺度的掌握受人为因素影响大，目前的信息检索经常产生大量检索结果,与查全率相比查准率的需求更大。因此,《汉表》修订时没有按照这一探索指标执行,而是仅建了必要的相关关系。关于相关参照度的最佳设置仍需进一步研究和探索。

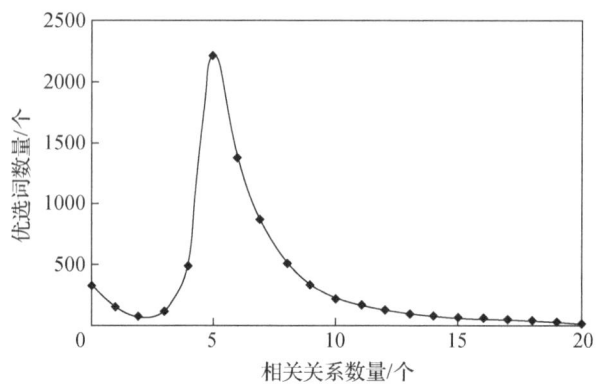

图 5.11 相关关系优选词数量分布情况

等级关系的统计见图 5.12,可以看出二级的比例高,三级、四级次之。我们对这种态势进行了总结与分析,认为其并不理想,因此进行《汉表》修订时,适当提高了这一指标[①]。

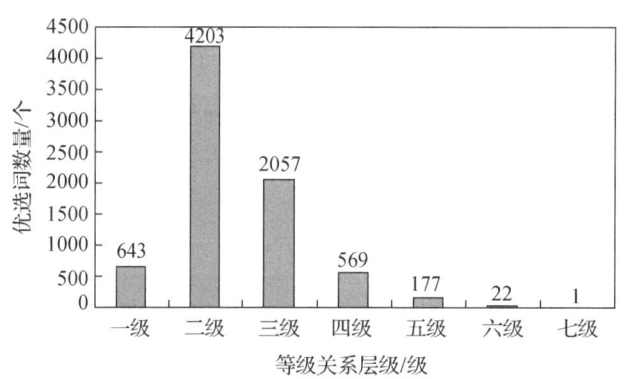

图 5.12 等级关系优选词数量分布情况

以上是用水利水电专业叙词表进行的试验,积累了网络时代叙词表编制的经验,并初步建成了高效的叙词表编制和应用团队,为《汉表》在更多领域的修订和重新编制奠定了基础。

---

① 李永泽,常春. 基于生态学能量传递的词族层次结构研究[J]. 情报杂志,2017,36(3):161-165,172.

## 5.7 基础词库建设

### 5.7.1 基础词库概述

叙词表的主要构成单位是概念，概念是通过规范化的语词进行表达的。语词资源建设是构建叙词表的前提条件，为此需要收集所有叙词表相关术语，并将其建设成具有来源属性、分类属性、词频属性等术语信息的基础词库，为叙词表的构建奠定基础。基础词库不仅仅是个数据库，通常会建成平台类型，以利于数据的导入导出和来源词表的可视化操作等功能的实现。常见语词来源包括公开出版的相近领域叙词表、术语表，国家标准中的专业术语、百科词条、关键词等。虽然单个术语一般不存在版权问题，如术语"计算机"大家都可以使用，但对公开术语出版物的整体利用需要解决好版权问题。

### 5.7.2 信息组织规范化术语

（1）已出版相关专业叙词表

已出版相关专业叙词表的概念术语，是已经进行过规范化的语词，是叙词表构建的核心候选词。在叙词表编制中，如果已有相同专业的叙词表出版，或者综合性的叙词表中包含该专业，这些叙词表中的相同专业术语都需要进行收录。例如，1991年版《汉表》"69 水利工程"范畴包含4378个水利工程相关专业概念[1]，2014年版《汉表（工程技术卷）》第XI册建筑科学、水利工程中，收集词汇量44 589条[2]，这些术语基本上可以作为核心候选概念进行收录，同时需要符合叙词表的编制规则。除了综合性的《汉表》，还查到水利部信息研究所编制的《水利水电科技主题词表》[3]，黄河水利委员会编制的《黄河水利科技主题词表》[4]《黄河水利委员会公文主题词表》[5]，均由黄河水利出版社出版。无论是综合的还是专业的叙词表，收录的术语已经进行过规范化处理，这些术语是高质量的候选词，是基础词库必须收录的术语资源，也是叙词表编制重点考虑的候选概念。

（2）科技名词术语

国家科技名词术语是成熟规范的名词概念，是叙词表收录术语的核心候选词。全国科学技术名词审定委员会[6]（原称全国自然科学名词审定委员会，简称"名词委"）是经国务院授权，代表国家审定、公布科技名词的权威性机构。国务院明确批示，经名词委审定公布的名词具有权威性和约束力，全国各科研、教学、生产经营及新闻出版等单位应遵照

---

[1] 中国科学技术情报研究所. 汉语主题词表 自然科学（增订本）[M]. 北京：科学技术文献出版社，1991.
[2] 中国科学技术信息研究所. 汉语主题词表（工程技术卷）[M]. 11册. 北京：科学技术文献出版社，2014.
[3] 水利部信息研究所. 水利水电科技主题词表[M]. 郑州：黄河水利出版社，1998.
[4] 黄河水利委员会. 黄河水利科技主题词表[M]. 郑州：黄河水利出版社，2010.
[5] 黄河水利委员会办公室. 黄河水利委员会公文主题词表[M]. 郑州：黄河水利出版社，2009.
[6] 全国科学技术名词审定委员会[EB/OL].[2024-04-02]. http://www.cnctst.cn.

使用。名词委每年要公布一批科技领域的专业术语，过去是印刷版形式的公开出版物，现在主要通过网络发布。名词委遴选和公布的这些专业术语是规范化的概念术语。例如，科学出版社2007年出版的《地理学名词》①，水作为一种重要的自然资源，在书中收录了大量与水文学相关的主题概念术语。2009年出版的《电力名词》（第二版）②，收录了与水利电力相关的名词术语8062条，这些名词术语是叙词表选词的重要候选词，也是基础词库重点收录的重要术语资源。

（3）国家标准相关术语

含有水利水电相关术语的国家标准，其包含规范化的专业术语名称，这些术语也是叙词表语词的核心候选词。中华人民共和国国家标准：GB/T 40582—2021《水电站基本术语》③，包含大量水利相关术语。中华人民共和国行业标准：水利水电工程技术术语标准（SL 26—2012）④，由中华人民共和国水利部批准，水利部水利水电规划设计总院主编。标准目的是促进水利水电科学技术的发展，统一水利水电工程技术术语，推动国内和国际技术交流，该标准从2012年4月20日起实施。标准中收录了水利水电工程技术领域的相关术语。这些术语是编制水利水电汉语叙词表主要概念候选术语。其他与水利水电相关的行业标准还有：水利水电工程管理技术术语（SL 570—2013）、农田水利技术术语（SL 56—93）、水利水电工程移民术语（SL 697—2014）等。这类标准通常是由中华人民共和国水利部颁发，所以也称部颁标准。国家标准、行业标准公布的术语也是叙词表基础词库的主要收录对象。

### 5.7.3 信息组织部分规范化术语

（1）词典

词典包含的专业术语是叙词表语词资源的基础语料，是构成基础词库的主体成员。词典通常分为综合性词典和专业词典，综合性词典水利水电分类下的术语应该全部收录，专业性词典的词汇通常也应该全部收录。例如，综合性词典《汉英科学技术大词典》⑤，收录了理、工、农、医相关领域的40万条专业术语，每条术语有中文、对照英文和专业分类信息，其中工业技术下有水利工程类目，标注信息为【水利】，相关词汇如水库（reservoir，【水利】）；水力（hydraulic power，【水利】）。此外，还有水利专业性的词典，如《汉英水利水资源词汇》《汉英水文水资源词汇》⑥等多部专业词典可以利用。虽然词典词汇数量巨大，但经常是一个中文词条对应几个英文翻译，或者一个英文词条有几个中文翻译，一词多义现象严重。而叙词表概念词汇要求一词一义，因此，尽管词典资源数量

---

① 全国科学技术名词审定委员会. 地理学名词[M]. 2版. 北京：科学出版社，2007.
② 全国科学技术名词审定委员会电力名词审定委员会. 电力名词[M]. 2版. 北京：科学出版社，2009.
③ 中国电力企业联合会. 水电站基本术语：GB/T 40582—2021[S]. 北京：中国标准出版社，2021.
④ 水利部水利水电规划设计总院. 水利水电工程技术术语标准：SL 26—2012[S]. 北京：中国水利水电出版社，2012.
⑤ 中国科学技术信息研究所. 汉英科学技术大词典[M]. 北京：人民邮电出版社，2001.
⑥ 张海敏. 汉英水文水资源词汇[M]. 北京：科学出版社，1999.

大，但不是优质语料，清洗难度大，可以收录到基础词库，但编表时是否启用或如何使用需要进一步讨论和测试。

（2）百科

百科词条也是基础词库词汇来源的重要组成部分。百科全书分综合性百科全书和专业百科全书，出版形式有网络版、电子版/光盘版、印刷版等形式。综合性百科全书如《中国大百科全书》，既有印刷版也有网络版，其中有水利卷的词条。专业的如《中国水利百科全书》[1]。光盘版专业百科全书，如《中国电力百科全书》（单机版 CD-ROM）[2]，包含与电力相关的术语 5400 条及相应的释义。网络百科则有更多，如百度百科等均可以找到大量水利水电相关词条。例如，在百度百科中检索"水库"词条[3]，可以看到水利学总类，见图 5.13，这些类名是比较常用的水利学专业术语。

| 水利学总类 | | | | |
|---|---|---|---|---|
| • 水 | • 水体 | • 水资源 | • 水利 | • 水域 |
| • 水灾 | • 旱灾 | • 水利工程 | • 水利科学 | • 水利管理 |
| • 水政 | • 水灾防治 | • 水资源开发利用 | • 水环境保护 | • 防洪 |
| • 治河 | • 除涝 | • 灌溉 | • 排水 | • 供水 |
| • 航运 | • 跨流域调水 | • 水力发电 | • 水土保持 | • 滩涂开发 |
| • 农田水利 | • 牧区水利 | • 城市水利 | • 水利渔业 | • 水利枢纽 |
| • **水库** | • 水利勘察 | • 水利规划 | • 水利工程设计 | • 水利工程施工 |

**图 5.13　百度百科"水库"词条水利学总类**

此外，百度百科还提供了与"水库"相关的其他科技名词，见图 5.14，这些词也与水利科学相关，如水体、流域等。百科词条的优点是其处于动态维护过程中，而且更接近用户，分类也比较简单。

（3）关键词

关键词既是文献中的高频词，也是作者提交的词，是有用户检索词的性质，这些词也是叙词表应该收录的优质候选词。国内万方数据、中国知网、维普资讯三大网络数据库是批量获取关键词的重要来源。这些网站的关键词类型有两种，一种是收录论文自身携带的关键词，即作者关键词；另一种是数据库商为了提高查全率，通过机器自动标引增加的关键词，即机标关键词，是通过一定的算法从文献里获取的一些高频关键词。例如，在万方数据库中检索"水库"[4]，在期刊论文数据库中选择一篇论文，如"水库汛限水位调整与

---

[1]　中国水利百科全书编辑委员会. 中国水利百科全书 [M]. 北京：中国水利水电出版社，2006.
[2]　《中国电力百科全书》编辑委员会. 中国电力百科全书（单机版 CD-ROM）[M/CD]. 北京：中国电力音像电子出版社，2006.
[3]　水库 [EB/OL]. [2024-04-02]. https://baike.baidu.com/item/%E6%B0%B4%E5%BA%93/2537919.
[4]　万方数据知识服务平台 [EB/OL]. [2024-04-02]. http://wanfangdata.com.cn/details/detail.do?_type=perio&id=skxjz200503003.

| 水文学 | | | | |
|---|---|---|---|---|
| • 水文地理学 | • 地理学 | • 陆地水文学 | • 比较水文学 | • 河流水文学 |
| • 湖泊水文学 | • 湖沼学 | • 森林水文学 | • 城市水文学 | • 农业水文学 |
| • 全球水文 | • 区域水文 | • 干旱区水文 | • 山地水文 | • 平原水文 |
| • 河口水文 | • 喀斯特水文 | • 土壤水文学 | • 地下水文学 | • 环境水文学 |
| • 生态水文学 | • 古水文学 | • 随机水文学 | • 系统水文学 | • 同位素水文学 |
| • 遥感水文 | • 水文气象 | • 水化学 | • 水文物理学 | • 水文制图 |
| • 水文区划 | • 水文年鉴 | • 水文系列 | • 水力学 | • 水利经济学 |
| • 水体 | • 水团 | • 水文循环 | • 流域 | • 流域分水线 |
| **其他科技名词** | | | | |

图 5.14 百度百科"水库"词条其他相关科技名词

运用",可以获取论文发表时的 5 个关键词"水库、洪水资源、汛限水位、风险设计、风险分析",同时万方数据还有"相关主题"窗口,显示了"除险加固、大坝、防洪、溢洪道、网箱养殖、富营养化、防渗、小型"8 个主题。关键词相关的资源都是基础词库应该收录的术语资源。

### 5.7.4 信息检索者使用术语

(1) 用户检索词

用户检索词反映了用户使用语词的信息,利于实现叙词表收录语词与用户使用语词的统一,是叙词表重点选用的候选词。大型网络数据库的检索日志中记录了用户检索所使用的术语,这些术语就是用户检索词。如果是注册用户,通常有专业背景,可以将专业背景信息与用户检索词关联,这样的用户检索词更有价值,为获取用户使用的专业术语增加了一种渠道。如果是水利水电专业背景用户,他们使用的检索词可以从日志中获取,这些检索词是叙词表的重要候选资源。用户检索词获取相对困难一些,一是编制者不一定拥有大型文献数据库,只能通过合同或购买的方式获取用户检索词。二是用户检索词的清洗和分类工作量也非常大。例如,根据万方数据使用经验,常有用户是从其他地方获取了论文标题,如正在阅读的一篇参考文献,然后将标题粘贴到检索框进行检索。因此,经常可以看到一些论文标题的检索词频非常高,用户实际上是对整篇论文感兴趣。显然,虽然这些标题在日志中是"用户检索词",但这些标题应该清洗掉,不属于基础词库收录的对象。

(2) 专业文献分词

专业文献分词是获取专业概念术语的一种手段,也可以获取部分专业术语。机器分词是计算语言学的研究领域,汉语文本分词为文本自动标引、文本数据处理发挥了重要作用。叙词表概念来自自然语言,因此,可以直接使用水利水电专业文本文献,并用现有的分词软件,对文本进行分词和统计词频等文本处理,除去通用词、停用词等,也可以获取一些高频的专业术语,这些词可以收录到基础词库中。图 5.15 是使用《汉语主题词表》

服务系统①的文本分词功能，对文章"论新时代水库大坝安全"②进行文本分词的部分截图，可以看到有大量水库、大坝等相关的专业词汇。

图 5.15　水利文本分词演示

（3）用户标签

对于一些评价类网站，用户给定的标注标签等同于用户检索词，也是基础词库重要的收词来源。例如，在豆瓣网的豆瓣读书中，对于图书"三门峡水库移民社会经济发展战略"③，有 3 个豆瓣成员常用的标签为"移民""水库""三门峡"，这 3 个用户标签与水库关系紧密，最重要的是这些词是用户添加的，等同于用户检索词。叙词表构建的一个重要思想是用户使用的词与叙词表收录的词一致，这样更利于叙词表的推广使用。用户标注语词的优点是这些术语更贴近用户检索词，但这些标签获取相对困难，尤其是有专业属性的标签更难获取。例如，如何辨别水利水电专业的用户标签术语是一个较大的挑战。

（4）科研人员人工积累专业术语

各专业科研人员在科学研究过程中，都会积累一定数量的专业术语，这些术语也是基础词库应该收录的重要核心术语。这个渠道源于传统叙词表编制方法。在传统叙词表编制过程中，领域专家不仅是关系建立的主要决策者，大量专业术语也是由领域专家提供，尤其是按专业学科分类的领域专家，他们基本掌握着该专业的核心概念。专家本人既可以是叙词表的编制者，也可以是叙词表的使用者，符合用户检索词的特征关系。然而，依靠专业人员的人工积累组织难度较大、成本也比较高。

---

① 《汉语主题词表》服务系统［EB/OL］.［2024-07-05］. https：//ct.istic.ac.cn.
② 谭界雄，任翔，李麒，等. 论新时代水库大坝安全［J］.人民长江，2021，52（5）：149-153.
③ 徐乘. 三门峡水库移民社会经济发展战略［M/OL］.［2024-04-02］. 郑州：黄河水利出版社，2000. https：//book.douban.com/subject/1607235.

## 5.8 词表映射

### 5.8.1 汉语主题词表分类主题映射

从 2009 年开始修订的新型《汉表》，基于《中图法》（第四版）[①]，并参考了《中图法》（第五版）[②]，将范畴表全新修订发展为分类表，制定了新型《汉表》的分类表。该分类表主要用于对优选词的分类，通过分类导航可以浏览不同类目拥有的优选词；也使得《汉表》中的每个优选词至少拥有一个分类号，实现了分类主题一体化的功能。分类表也兼具对文献进行导航的功能。

2014 年版《汉表（工程技术卷）》按专业领域分 13 册分别出版，并提供全部工程技术卷的统一定制式总体数据服务。每册后面附有本册分类目录和主表字顺表，每个优选词的微观结构中都给定了分类号。2018 年版的《汉表（自然科学卷）》也提供了同样功能。

例 1：从优选词到分类号

无论是印刷版的新型《汉表》，还是《汉语主题词表》服务系统，检索到优选词以后，均给出该优选词的分类号。

例如，在印刷版中检索"航空母舰"，可以得到分类等以下信息：

航空母舰

分类号：U674.771

英文：aircraft carrier

同义词：航母

上位词：水面战斗舰艇

下位词：常规动力航母

　　　　反潜航母

　　　　攻击航母

　　　　核动力航母

　　　　护航航母

　　　　轻型航母

　　　　超级航母

相关词：舰载飞机

族首词：舰船

---

[①] 中国图书资料分类法编辑委员会. 中国图书资料分类法 [M]. 4 版. 北京：科学技术文献出版社，2000.

[②] 国家图书馆《中国图书馆分类法》编辑委员会. 中国图书馆分类法 [M]. 5 版. 北京：国家图书馆出版社，2010.

例2：从分类法类目到优选词

新型《汉表》印刷版提供了从优选词到分类号的单向直接显示。鉴于篇幅限制，印刷版没有提供从分类表类目到对应优选词的服务，仅附加了分类表。从分类表到优选词的对应功能，主要通过《汉语主题词表》服务系统实现。用户可以打开服务系统，点击左侧的分类树形结构，从上到下逐级点开相关类目，同时联动显示属于该类目的所有优选词，图5.16是类目"航空母舰"所属的各级上位类目截图。

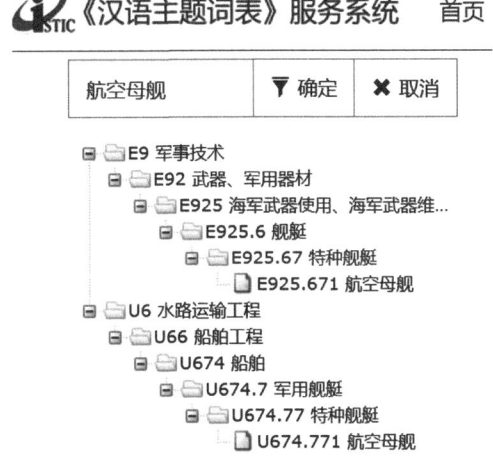

**图5.16 "航空母舰"上位类目**

通过新型《汉表》印刷版与网络版分类主题一体化服务，实现了叙词表与分类法一体化功能。这是分类表与叙词表集成的实践案例，也构成了知识组织体系的集成实践方法。

### 5.8.2 《中国分类主题词表》（第三版）分类主题映射

第一版的《中分表》从1987年开始编制，到1994年正式出版[①]，分2卷6册，第一卷为"分类号—主题词对应表"（2册），第二卷为"主题词—分类号对应表"（4册）。它是在《中图法》（第三版），包括《资料法》（第三版）和1980年版《汉表》的基础上，编制而成的分类检索语言和主题检索语言兼容互换工具。《中分表》（第二版）于2005年9月出版[②]，重点考虑了标引词使用频率，将主题词对应的分类号改为《中图法》（第四版）的分类号，共收录分类法类目52 992个、主题词110 837条、主题词串59 738条、入口词35 690条。2006年发布光盘电子版，2009年出版发布可供互联网访问的Web版。

---

① 《中国图书馆图书分类法》编委会. 中国分类主题词表 [M]. 北京：华艺出版社，1994.
② 国家图书馆《中国图书馆分类法》编辑委员会. 中国分类主题词表 [M]. 2版. 北京：北京图书馆出版社，2005.

2017年4月，《中分表》①（第三版）由国家图书馆《中国图书馆分类法》编辑委员会编，国家图书馆出版社出版。《中分表》（第三版）分2卷8册，第一卷为"分类号—主题词对应表"（共2册），第二卷为"主题词—分类号对应表"（共6册）。网络版的发布和使用为《中分表》建立了正常的修订机制，2017年《中分表》（第三版）的出版也是此修订机制下的成果。《中分表》（第三版）坚持自己一贯的修订原则，即在科学性的前提下，注重实用性；在综合性的前提下，适当照顾专业性；在不同版本间保持连续性，任何增删改均要照顾同一主题揭示的连续性。

据《中图法》编委会办公室网站（http：//clc.nlc.cn）② 公布的10年间的"修订试用""修订快讯"等记录，《中分表》（第三版）的主要修订内容包括：①基于《中分表》Web版使用的同步更新，增补正式主题词7641条，修改主题词规范形式及其参照项1794条；②从国家图书馆中文书目数据中使用的非控主题词情况调查结果中，遴选和新增了主题词1700条；③《中图法》（第五版）出版后，将分类号由以前的第四版更新为第五版，并同步更新了对应的主题词，增补与类目对应的主题词组配式（词串）6200条，新增主题词500余条；④将《中图法》类目概念短语选作《中分表》的入口短语，类目概念短语及部分同义短语共计66 400条，全部纳入《中分表》，选作非优选主题词（入口短语）。

《中分表》（第三版）包括类目51 873条；优选主题词120 818条、非优选主题词（入口词，指向单个优选主题词）46 434条，主题概念短语（入口短语，与《中图法》类目对应）66 373条（指向主题词组配式61 892条），涵盖了哲学、社会科学和自然科学等各领域学科与主题概念。由于篇幅所限，第二卷"主题词—分类号对应表"中省去了主题词英译名与汉语拼音，有属项、分项的主题词只显示族项，而在族首词下则全显示。

"主题词—分类号对应表"款目词编排格式如下。

例1：优选主题词款目

**导弹舰艇**　　U674.7；[TJ83]

D　导弹舰

D　导弹艇

Z　军用船

C　潜艇

C　驱逐舰

C　远洋舰

"导弹舰艇"用黑体，是优选词，同行空格排类号，类号U674.7是主要类号，类名是"军用舰艇（战舰）"；类名TJ83加了中括号，表示交替类目，类名是"战舰"。

---

① 国家图书馆《中国图书馆分类法》编辑委员会.中国分类主题词表［M］.3版.北京：国家图书馆出版社，2017.

② 关于《中分表》［EB/OL］.［2024-04-02］.http：//clc.nlc.cn/ztfzfbgk.jsp.

D 代表同义词,"导弹舰艇"有两个同义词,一个是"导弹舰",一个是"导弹艇"。

Z 代表族首词,"导弹舰艇"的族首词是"军用船"。

C 代表相关词,"导弹舰艇"分别与3个概念组成相关关系,3个概念分别为"潜艇""驱逐舰""远洋舰"。

例2:非优选主题词款目

导弹舰

Y 导弹舰艇

"导弹舰"是非优选主题词,Y 指向优选主题词"导弹舰艇"。非优选主题词只有指向优选主题词这一个属性关系,所有属性等同对应的优选主题词,没有分类号等其他任何关系。

例3:主题概念短语(入口短语)指向主题词组配式

电离辐射对生物的作用

Y 电离辐射/作用/生物　Q691.5

"电离辐射对生物的作用"是主题概念短语,实质上是 Q691.5 的类名,在《中分表》中将类名处理为入口短语,指向主题词组配式"电离辐射/作用/生物"(词串),词串起优选主题词的功能,既可以标引,也对应分类号,这是《中分表》的一个重要特征。

例4:族首词

**电学**　　O441.1;[TM12]

　　C 物理学
　　·地电学
　　··大地电流暴
　　··大气电学
　　···大气电离
　　·动电学
　　·静电学

"电学"既是优选主题词,也是族首词,所以,其下位词是全显示,一级下位词有3个同位词,分别为"地电学""动电学""静电学";"地电学"下有两个二级下位词,分别为"大地电流暴"和"大气电学";"大气电学"有一个三级下位词"大气电离"。整体组成一个以"电学"为族首词的词族。

例5:人名类主题词

**陈赓(1903-1961)**　　　　E297;| K825.2⑤ |

　　注:解放军高级将领。曾任中国人民志愿军副司令员,解放军副总参谋长兼国防科
　　　　委副主任、国防部副部长。1955年被授予大将军衔。
　　D 陈庚
　　D 陈庶康

《中分表》遴选了许多人名作优选主题词,涉及自然科学、社会科学各个领域重要人

物,通常加生卒年加括号作限定词,同时会有注释,介绍该人物简历。例如,陈赓对应的分类号 E297 为优选类目,类名为"中国人民解放军军事史";K825.2 类名为"人物传记:按学科分"的"军事"学科;用双竖线隔起来表示次要类号;上角标⑤,圈码⑤——按"中国时代表"分。

"分类号—主题词对应表"款目词编排格式如下。

例 1:Q25 细胞生理学及下位类与主题词的对应方式

| Q25 | **细胞生理学** | **细胞生理学** |
|---|---|---|
| | 细胞运动、细胞迁移、细胞质环流等入此。 | 胞饮现象;胞质环流;鞭毛运动;变渗压;变形运动;空泡化;吞噬作用;细胞表面;细胞过密性抑制;细胞结合;细胞脱离;细胞运动;细胞转化;纤毛运动;原生质运动 |
| Q251 | 细胞的新陈代谢 | **细胞/代谢** |
| | | 细胞更新 |
| Q252 | 细胞呼吸 | **细胞/呼吸** |

Q25 细胞生理学类目,直接对应主题词"细胞生理学";同时,"胞饮现象""胞质环流"等 15 个主题词的对应类号也是 Q25;这些主题词有的是等级关系,例如,"细胞运动"的下位词有"鞭毛运动""变形运动""吞噬作用""纤毛运动""原生质运动";"胞质环流"又是"原生质运动"的下位词。Q251 细胞的新陈代谢类目,与主题词组配式"细胞/代谢"(词串)对应,主题词"细胞更新"的分类号也是 Q251。

例 2:K833/837 各国人物传记与"外国人/传记"的对应①

| **K833/837 各国人物传记** | **外国人/传记** |
|---|---|
| 依世界地区表分,再仿 K82 分。例:美国犹太人传记为 K837.128.738.2 | 外国人/传记/世界;阿巴斯(Abbas, Ferhat 1899—);阿拔斯一世(Abbas Ⅰ 1587—1629);‖阿拜·库南拜乌勒(Abai Kunanbaev 1845—1904)‖;‖阿倍仲麻吕(701—770)‖;阿卜德·卡德尔(Abdel-Kader 1808—1883);阿卜德·克里姆(Abdel-Krim 1881—1963);…… |

K833/837 各国人物传记类目,对应的概念组配式"外国人/传记",同时对应"外国人/传记/世界";其后从 691 页到 745 页,全部对应的是 3000 个以上的外国人名。《中分表》(第三版)包含了大量的人名、团体机构(会议)名称、题名、地名等实例类专有名称相对集中的主题词,对应 1 个或 1 个以上的类号,起到单独名称附加表的作用,以便分类查找使用。例如,K825 人物传记:类目后对应几千个中国人物传记人名;K921/927 区

---

① 国家图书馆《中国图书馆分类法》编辑委员会. 中国分类主题词表[M]. 3 版. 北京:国家图书馆出版社,2017:691-745.

域地理、地理志类目对应的主题词有中国的几千个县名（旗、县级市）等。

### 5.8.3 叙词表的映射

2008年，笔者完成了从《农表》①向AGROVOC②的映射工作③，并且设计了中英文跨语言检索系统④。《农表》共收录了51 614条优选词，13 024条非优选词；AGROVOC英语语种含有28 705条优选词，10 927条非优选词。映射规则基于W3C在2004年发布的SKOS映射规范，主要使用了4种概念匹配方式：①等同映射；②上位映射；③下位映射；④组配映射，包括AND（与）、OR（或）、NOT（非）3种组配形式。记录语言使用OWL，最终映射结果为等同映射优选有13 105条，上位映射有11 408条，下位映射有173条，AND（与）、OR（或）、NOT（非）3种组配形式映射合计1747条。映射结果中，有半数以上的《农表》概念与AGROVOC建立了直接映射联系。鉴于《农表》概念比较专指，对于精确匹配的概念，其下位概念可以通过机器自动给予向上匹配的映射关系，不需要人工单独给定，因此多数《农表》概念与AGROVOC建立了映射关系。

基于中英文映射数据基础，我们设计了中英文跨语言概念检索系统，设计构架见图5.17，最终目的是中文用户使用中文检索词即可以获取英文文献，英文用户使用英文检索词可以获取中文文献。例如，英文用户使用AGROVOC优选词"Horticulture"进行检索，系统先到英文数据库AGRIS中获取所有的英文文献，同时通过精确映射匹配数据，转换出中文优选词"园艺"，在中国农业文献数据库中检索中文文献，获取的中文文献经过机器翻译，翻译为英文状态（机器自动翻译可以让用户大致了解文献研究内容，精确可读的信息随着机器翻译质量的提高一直在进步），然后再反馈给用户。这样，英文用户就可以通过概念映射，同时获取到英文和中文的信息。同样，对于中文用户，亦可以通过相同的机制获取到中英文两种信息。

在2011年开始的国家"十二五"科技支撑计划"面向外文科技文献信息的知识组织体系建设与应用示范"项目中，课题七是"《汉表（工程技术版）》与英文超级科技词表的映射研究"，课题于2015年通过验收，主要完成了以下工作：课题设计了《汉表（工程技术版）》与英文超级科技词表的概念映射模型，包括中文与英文词表的概念语义映射方法、概念映射数据描述、机器辅助和最短距离映射规则等，并讨论了中英文双语检索模型的应用前景。中英文概念映射有利于实现信息的集成检索与获取，使英文超级科技词表

---

① 农业部情报研究所. 农业科学叙词表［M］.北京：中国农业出版社, 1994.
② AGROVOC multilingual agricultural thesaurus［EB/OL］.［2024 - 04 - 02］. http://aims.fao.org/vest-registry/vocabularies/agrovoc-multilingual-agricultural-thesaurus.
③ 常春, 卢文林. 基于叙词表映射的农业跨语言检索系统设计［J］.情报学报, 2008, 27（增刊）：294 - 296.
④ CHANG C, LU W L. Agricultural cross ianguages information retrieval schema based on muti-thesaurus mapping［C］//Computer and Computing Technologies in Agriculture Ⅱ, 2008, vol1. New York：Springer, 2009：357 - 364.

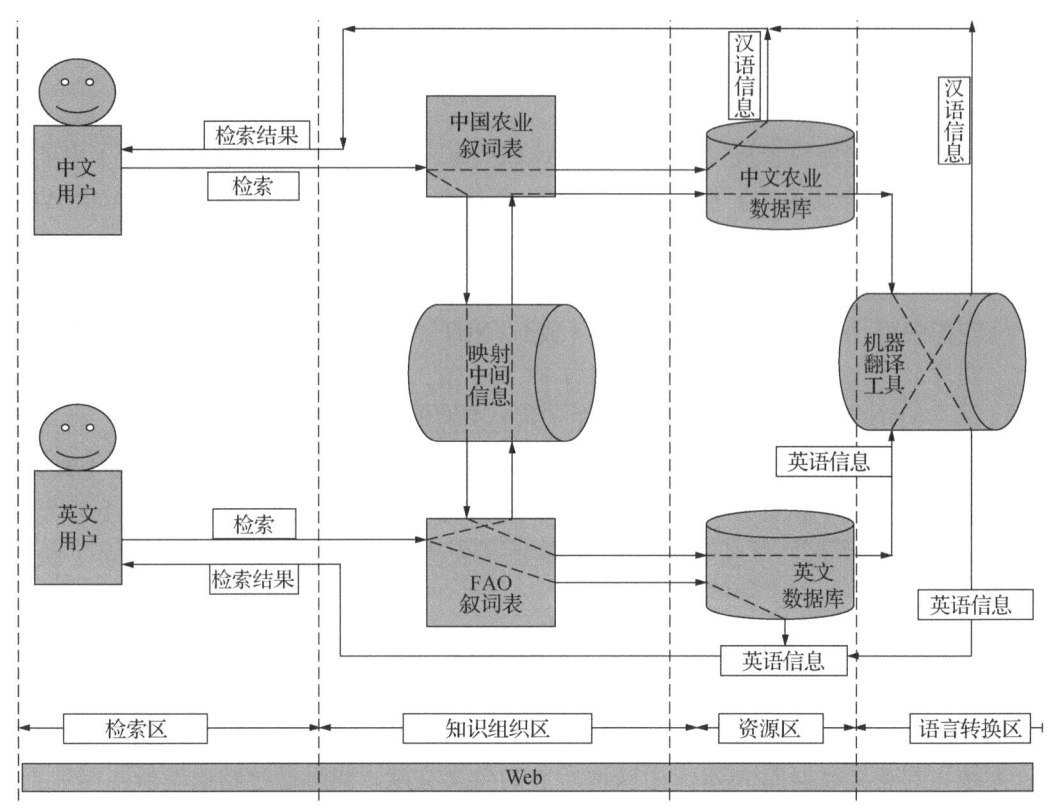

图 5.17 基于中英文叙词表的跨语言检索系统构架图

在知识检索和知识发现中发挥更大的作用。相关研究成果见 3 篇文献报道①②③，是叙词表映射的相关探索。

## 5.9 主题标引方法与规则

主题标引是指对文献进行主题分析，析出文献的主题内容，将主题内容与特定的叙词表概念进行匹配，按照统一的标引规则，赋予文献主题检索标识的过程。主题标引有固定的方法和统一规则。

### 5.9.1 主题标引的步骤

第一步，查重，为了避免重复工作，如果是再版图书，或者是某一图书的修订版，为

---

① 常春，曾建勋，吴雯娜，等.《汉语主题词表》与英文超级科技词表概念映射构架设计[J].数字图书馆论坛，2012（12）：27－31.
② 邓盼盼，常春.基于精确匹配的概念映射关系规则研究[J].图书情报工作，2013，57（16）：25－29.
③ 邓盼盼，常春.中英文词表概念映射关系及处理方案研究[J].情报杂志，2013，32（10）：127－130，192.

了保持主题标引内容和标引风格的一致性,可以直接使用原来的主题词。

第二步,进行主题分析,审读需要标引的文献,确定包含的主题概念,分析主题的类型、结构和构成要素。

第三步,主题概念与主题词的对应转换,如果是单因素主题,则直接转换为对应的主题词;如果是多因素主题,则需要考虑组配或其他上位标引、相关标引等方法进行处理。

第四步,完成业务工作记录,对赋词方法过程进行记录,填写工作单。例如,如果没有合适的标引主题词,则使用自由词的标引办法。这些遴选出的自由词,可以看作为准主题词进行积累,定期统一提交到主题词表的管理和维护机构。

第五步,主题标引的审核工作,包括主题分析是否到位,是否准确析出主题内容,概念转换是否准确,主题词是否完整确切表达了文献主题内容等。

### 5.9.2 文献主题标引选词规则

(1) 使用优选词进行标引

优选词是经过遴选和规范化的概念术语,使用优选词进行标引,既促进信息组织者与信息检索者使用一致的概念术语,也利于规范化术语的推广使用。例如,选择"土豆"和"马铃薯"进行标引时,应标引"马铃薯"而不标引"土豆","土豆"只是入口词,起指向优选词"马铃薯"的作用。

(2) 选取与文献主题内容相对应的最专指的优选词

用叙词表中与主题完全匹配的优选词进行标引,如使用《汉表》,在含有主题概念的词族上下位等级关系链中,使用最专指的优选词进行标引。

(3) 没有完全匹配的优选词时优先使用概念组配方式

如果没有完全匹配的优选词,则优先考虑使用概念组配方式进行标引,首选是概念交叉组配,然后是方面组配,不能越级组配。无法组配时,可以分别考虑上位词标引、靠词标引、相关词标引等。

### 5.9.3 增词原则

叙词表收录的概念术语主要有两个特征,一是概念成熟的术语;二是能够起到知识覆盖的功能。在实际标引工作中,经常会出现无合适概念术语可用的现象,这时可以使用增词标引。鉴于增词标引事关叙词表的修订维护、数据信息交换共享,所以增词标引也有一定的方法。这里选用以下增词规则进行示范说明[1]。

(1) 新增概念术语遴选原则

理论上,叙词表的更新维护应与学科发展同步,但实际情况是叙词表的概念遴选增补总有滞后现象。这就出现了标引机构具有增词的需求和实施规则。本质上,增词规则应该与叙词表编制机构遴选概念术语的叙词表编制规则等同。例如,选用术语必须概念含义明

---

[1] 曾伟忠. 信息组织 [M]. 北京:人民邮电出版社,2013:44-47.

确，没有歧义，有广泛的组配功能和重要的检索意义等；文献中出现的词频比较高，已经成为成熟稳定的专业概念，或者属于将要有重大关注的概念术语，是《汉表》中漏选的优选词或者其他领域叙词表已经选用的优选词。

（2）增词管理程序

为了保持数据的统一性，保证数据的可交换性，凡是新增词的标引，需要遵循一定的规则。如果能用现有优选词通过组配方式表达的概念，则尽量用组配方式标引；如果组配方式无法表达，其他方式也不妥，则使用增词方式。候选词需要按照叙词表优选词选定规则进行遴选，并在编目记录单中标注新增情况的注释，包括使用语境及词频等使用情况，甚至建议的语义关系。定期将这些记录提交到叙词表更新维护相关机构。

（3）实例类专有名词可以作为优选词直接记录到相关的字段

叙词表主要收录的是普通名词术语类概念名称及少数实例类专有名词术语，这些专有名词术语远远无法满足主题标引需求，目前在 MARC 格式中，以下名称可以直接进行记录。

地理名称：自然地理区域、国家行政区划正式名称等，在 607 字段中记录。

个人名称：人名主题，规范化人名，在 600 字段标注。

机构名称：公司、学校、研究所、医院、公益组织、团体等各类组织机构，在 601 团体名称主题字段记录。

作品名称：虽然著作名称可以作为优选词，如《红楼梦》，但实际情况是到目前为止没有一部叙词表中收录《红楼梦》。作品名称可以直接记录，用于 605 题名主题或 604 著者、题名主题。

会议名称：会议名称同样可以收录到叙词表中，如"中共十一届三中全会"，在《军用主题词表》[①] 中收录，但实际情况是现有的叙词表对会议名称收录的非常少。会议名称用于 601 会议名称主题。

节目名称：电视节目、广播栏目等名称用于 605 题名名称。

产品名称：产品型号、设备名称、仪器仪表、药品商用名称等产品型号专有名称，在 606 字段记录。

计算机大型系统名称：数据库名、应用程序名、计算机语言等名称，用 606 字段记录。

中华人民共和国人民代表大会正式通过的各种法律，在 606 字段中记录。

### 5.9.4 《汉语主题词表》服务系统的自动标引功能

《汉语主题词表》服务系统提供了自动标引功能，包括单篇文献的自动标引和多篇文献的自动标引。单篇文献自动标引，用户将文章标题、摘要、关键词和正文拷入相应的文本框，点击"开始标引"后系统将所有文本优先基于《汉表》术语进行分词，以及基于

---

① 军用主题词表编制委员会．军用主题词表（字顺表）[M]．北京：军事科学出版社，1990：1164．

《汉表》的基础词库进行分词，然后系统会进行同义词归并、概念词频统计，并根据概念所处的不同位置对词频进行加权和排序，列出《汉表》的优选词，对应的入口词及相关度数值。用户可以根据自己标引的深度，确定相关度的阈值，系统就会给定相应数量的优选词标引。2019年上线的《汉语主题词表》服务系统包含了2014年完成的《汉表（工程技术卷）》和2018年完成的《汉表（自然科学卷）》，自动标引主要覆盖这两个大领域。另外，系统也为用户提供了线下批量文献的自动标引服务，单次可以为批量文献数据进行标引。

基于《汉表》的自动标引结果，仍然需要人工进行审核，以确认标引结果的正确性。基于《汉表》的分词，保证了统计的词频都是《汉表》的优选词，但分词是一个非常复杂的过程，语料专业和题材不同，都需要进行优化和调整，只有取最佳处理，而没有绝对优劣。最常见的例子如"发展中国家"在普通分词中可能被分为"发展""中国""家"，但如果叙词表中收录了"发展中国家"作为一个完整的概念术语，就能发挥叙词表的优势。也遇到分词效果不妥当的情况。例如，《汉表》中有优选词"石景"和"山区"两个概念，基于《汉表》分词时可能会将"北京市石景山区"分成了"北京市""石景""山区"，而实际上"石景山区"是一个实例类专有名词，不应该被切分。因此，基于《汉表》的分词也不能"一刀切"，需要进行大量的测试和优化才能达到最佳效果。从这个角度来看，称其为辅助标引更为合适。

# 第六章 本体构建与转化

本体作为重要的知识组织工具，随着网络信息组织的需要而逐步成为信息组织研究热点。经过 20 多年的热点研究，本体已经发展成为网络信息组织的重要工具，尤其是语义网知识组织的核心技术，在本体构建和叙词表向本体转化等研究领域已经取得了更为扎实的成果。

## 6.1 本体概述

### 6.1.1 本体研究趋势

本体是近 20 年来在计算机科学、图书馆学、情报学领域的一个热门研究方向。图 6.1 是在万方数据知识服务平台①中，录入"本体"进行主题检索，检索到历年发表的主题为"本体"的论文数量。网站提供了动态趋势图自动生成功能，生成了截至 2024 年 7 月的近 30 年研究"本体"的论文趋势变化图。可以看出，从 2000 年开始，文献数量逐年增加，到 2009 年达到平稳持续发展阶段。从论文发表情况看，"本体"已经成为一个成熟的概念，进入稳定的研究与发展阶段。

在不同网络文献数据库中进行检索，对比其中"本体"与"叙词表"的研究情况。截至 2024 年 4 月 2 日，使用中文检索词"叙词表""本体"，英文检索词"thesaurus""ontology"，分别在万方数据、中国知网、维普资讯、斯普林格（SpringerLink）②、Web of Science③、ProQuest④、EI 网络数据库中检索，统计含有叙词表和本体的相关文献总数，文献篇数对比数量见表 6.1。可以看到，除斯普林格和 ProQuest 外，其他多数数据库中的文献数量，本体的研究文献数量都是叙词表的 10 倍以上。叙词表的研究与应用已经有 60 多年的历史，而本体则有 20 年左右，因此，本体的确是一个热门的研究方向。从图 6.1 可以看出，目前本体也保持着平稳的发展研究趋势。斯普林格的文献量比较大，其收录的文献除期刊外，还有大量图书，这些图书是按章节进行知识组织的，主题单位颗粒度越来越细，如某一图书的不同章节、不同段落出现了"ontology"，都要进行标注，这样就可以定位到图书的不同段落进行精准检索。

---

① 万方数据知识服务平台［EB/OL］.［2024－07－08］. https：//w.wanfangdata.com.cn.
② SpringerLink［DB/OL］.［2024－04－02］. https：//link.springer.com/.
③ Web of Science［DB/OL］.［2024－04－02］. http：//isiknowledge.com.
④ ProQuest［DB/OL］.［2024－04－02］. https：//search.proquest.com/index.

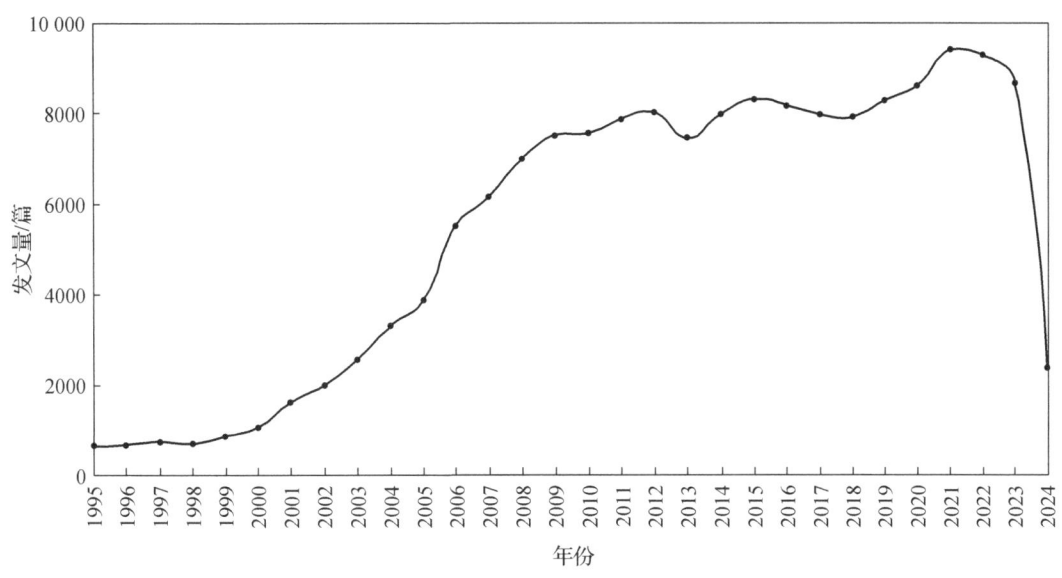

图 6.1 "本体"在全部学科中历年文献数量变化趋势图（1995—2024 年）

表 6.1 叙词表、本体文献数量对比　　　　　　　　　　　　　　　　单位：篇

| 关键词 | 万方数据 | 中国知网 | 维普资讯 | 斯普林格 | Web of Science | ProQuest | EI |
| --- | --- | --- | --- | --- | --- | --- | --- |
| 叙词表 | 1013 | 2084 | 9435 | 26 094 | 10 585 | 52 918 | 3974 |
| 本体 | 163 663 | 82 042 | 110 068 | 245 757 | 178 079 | 358 395 | 56 430 |

本体原是一个哲学概念，主要研究事物的存在方式，后被引入人工智能研究领域，现在扩展到计算机科学、图书馆学、情报学领域，主要研究本体的构建与应用、维护与更新、思路与方法、语义网、信息检索、映射与聚合等相关主题。本体是为了适用于网络信息组织而诞生的，也可以看作主题法的一种类型，更注重机器使用。尤其是从人工智能引入计算机科学、信息组织等领域后，本体更是一种重要的网络知识组织工具。通过 EI 研究其发展趋势，从 2000 年开始，统计历年 EI 收录的本体相关文献数量[①]，见图 6.2。从 2000 年年初开始，本体在工程技术领域是一个新概念，文献量在短短几年内急剧上升，到 2010 年达到最高，2024 年论文量少，原因是统计日期截至 2024 年 4 月 2 日，一些论文还没收录到数据库中。总体特征同样是到 2010 年达到研究高峰，以后研究进入平稳期，但年论文出版量呈现出相对减少的态势。

## 6.1.2 本体在语义网中的位置

1998 年，"万维网之父" Tim Berners-Lee 提出了万维网，也提出了"语义网"

---

① Search：(ontology) WN all fields [EB/OL]. [2024-04-02]. https：//www.engineeringvillage.com.

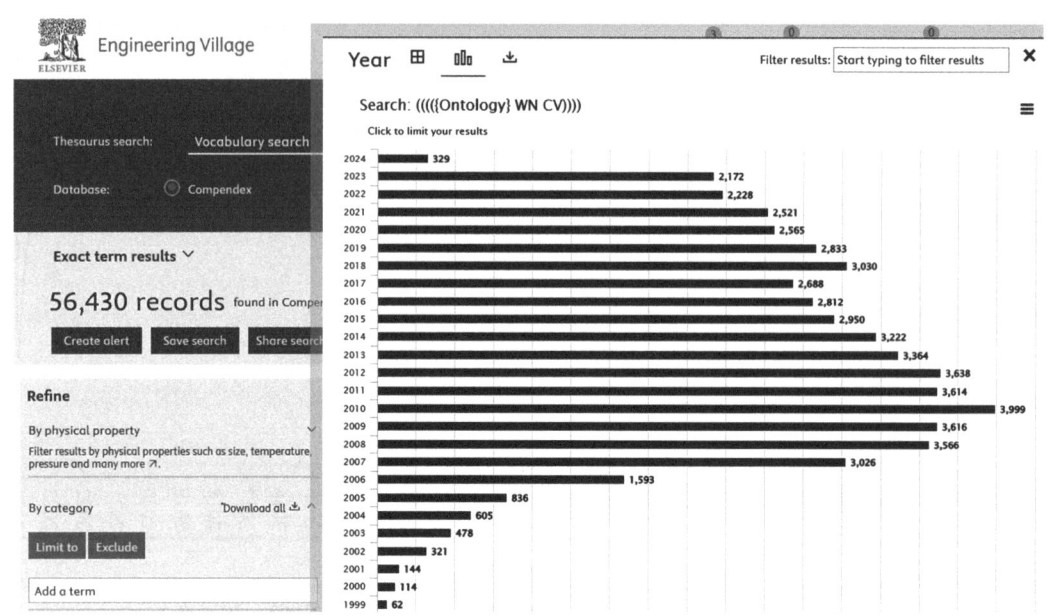

图 6.2　EI 工程技术索引历年本体文献数量分布

(Semantic Web) 概念。2001 年，他在《科学美国人》(*Scientific American*) 发表的论文"The Semantic Web"清晰构建了语义网的蓝图，这篇论文被认为是语义网诞生的标志[①]。语义网的主要特点是通过对网络信息进行语义标注，实现人和机器对网络信息的相互理解，使机器能够"读懂"网络信息。无论是 Web 1.0 时代的标题、页面静态只读链接，还是 Web 2.0 的用户交互网络信息平台，都是通过超文本实现网页读取，而机器并不了解网页的内容。语义网能够对网页内容进行标注，进而机器能够推理出网页的含义与知识。语义网是网络信息组织的全新构架，从人工智能角度看，是 Web 3.0 的重要特性，而本体是语义网信息组织的核心技术方法。

自从语义网概念提出以后，随着相关信息技术标准的实现，语义网的结构进行过一些修订，修订后的结构[②]见图 6.3，总体分为 7 层，描述了语义网实现的技术构架。其中，底层的技术目前已经实现并在应用，上层的逻辑、证明和信任等还在实现过程中。

第一层：统一资源标识符 (uniform resource identifier，URI) 和统一字符编码集 (unicode)，是万维网当前使用的超文本 Web 技术。URI 是对网上每一个资源都给定一个地址，类似我们每一个人都有一个固定的身份证号码，通过身份证号码可以找到人，网上资源也给定统一的地址，有了统一的地址，就能对应到相应的资源，解决语义网中资源定

---

① BERNERS-LEE T, HENDLER J, LASSILA O. The semantic web [J]. Scientific American, 2001, 284 (5): 28 - 37.

② BERNERS-LEE T. Artificial intelligence and the semantic web [EB/OL]. [2024 - 04 - 02]. http：//www.w3.org/2006/Talks/0718-aaai-tbl.

## 第六章 本体构建与转化

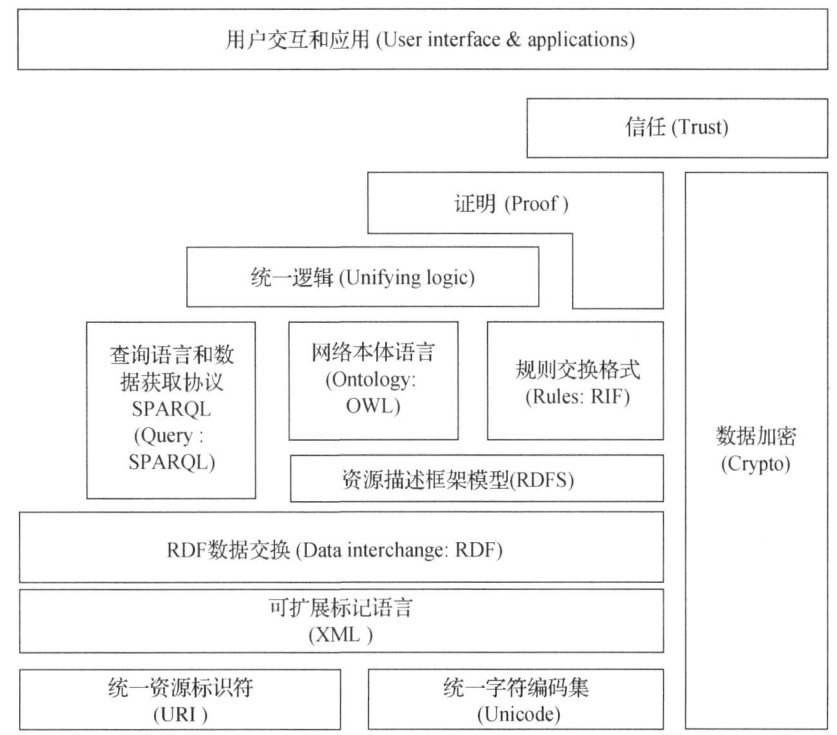

图 6.3 语义网体系构架

位问题,也是语义网资源命名的基础。Unicode 是一种统一字符编码①,用国际标准进行了字符编码规范,适用于全球数千种语言。例如,中文是世界上使用人数最多的语言,英语是国际上使用最广泛的语言,欧洲则拥有几十种不同的语言。所有语言在国际范围内有统一的编码,可解决跨地区文本转换和处理编码格式问题。

第二层:可扩展标记语言(extensible markup language,XML),是一种计算机可理解的结构化语言,具有严格的语法规则和定义约束,用来描述标记数据的类型属性特征,是一种对资源标记的语言。通常会有域名系统,相当于国家或地区的领域分布;可扩展标记语言是通过结构表进行标注的。

第三层:资源描述框架(resource description framework,RDF)数据交换层,是描述 Web 资源的格式化语句元数据集合模型,保证机器对资源语义描述的正确理解,采用的方法是"资源-属性-属性值"的"主谓宾"结构(也称为"三元组"),XML 为网络数据交换提供了统一标准,RDF 定义了数据交换的框架模型,是处理元数据的 XML 应用。

第四层:本体(ontology)查询与规则层。从 1998 年提出语义网概念以后,2001 年的框架只是总体上明确了本体层,认为本体是语义网的核心技术,通过本体可以为资源提供语义。到 2006 年,随着 W3C 一些语义网核心技术标准的推出,使得本体层技术实现更

---

① The unicode consortium [EB/OL]. [2024-04-02]. http://unicode.org/.

加清晰。通过资源描述框架模型（resource description framework schema，RDFS）描述简单语义，借助预先定义的几个语词，定义本体中的类、属性及关系。RDFS 表达能力弱，也不具备推理功能，所以，W3C 发布了网络本体语言（ontology web language，OWL），属于本体高级语言，可以描述类、属性和实例的关系，具备机器推理等能力。SPARQL（simple protocol and RDF query language）是为 RDF 开发的查询语言和数据获取协议，是通过图模式匹配的方式对已有本体模型的查询。规则交换格式（rule interchange format，RIF）将基于规则的技术引入语义网知识表示方法中，增强本体的语义描述能力。

第五层：统一逻辑（unifying logic）与证明（proof）层，提供公理（axiom）和推理规则（referencing rules），语义代理依据规则进行智能化推理。提供证明机制，验证推理结果，执行逻辑层制定的规则。

第六层：信任（trust）层，主要负责提供信任机制，证明推理结果在语义网中是可信任的，资源的交互是安全可靠的，为智能代理实现个性化服务提供安全性和可靠性保障。

第七层：最终落实到用户交互和应用（user interface & applications）层面，使得语义网与用户在使用层面得到链接。

数据加密（crypto）涉及语义网多个层次，是数据安全和各种操作的信任保障。第一层至第四层是目前已经实现的技术，第五层至第七层是目前还没有实现的愿景[①]。

## 6.1.3　本体定义

"Ontology"这个词是从希腊的"onto"（"存在"）和"logia"（"箴言录"）派生而来的。西方哲学史上的含义认为，ontology 是指关于存在及其本质和规律的学说；在中国古代哲学中，ontology 指探究天地万物产生、存在、发展变化的根本原因和根本依据的学说[②]。Ontology 的中文名称，尤其是在哲学研究文献中，中文翻译为本体论。近年来，引入人工智能、计算机科学领域后，多数人仍然将其叫作本体论，但目前更多人习惯叫作本体。

在人工智能、计算机科学、图书情报领域，普遍认同的是 1993 年 Gruber 对本体的定义：本体是对一个概念集的规范说明（a specification of a conceptualization），后又明确"ontology 是对概念化的精确描述"。

本体有以下特点：一是概念模型（conceptualization），即本体是将某一领域知识从客观世界中抽象出来，形成独立于具体环境状态的概念模型；二是明确化（explicit），是对概念特征进行明确的定义，使概念含义显性化；三是形式化（formal），是指使用计算机能理解的语言，将概念属性及概念关系用这些语言形式化地描述出来，实现计算机对概念及其含义的理解和互操作；四是共享（share），概念含义反映的是相关领域的公共知识，

---

① 欧石燕. 语义网与数字图书馆 [M]. 南京：南京大学出版社，2017：22–25.
② 中国大百科全书总编委会. 本体论. 中国大百科全书 [M]. 2 版，2 册. 北京：中国大百科全书出版社，2009：269.

是大家共同的想法，而不是个体的理解，只有建立在公共知识的基础上，才能实现人和计算机有共同的答案，才可以互相理解，统一概念使知识共享成为可能。概念模型、明确化、形式化和共享是本体的重要特征[1]。

随着网络技术的飞速发展，人工智能的重新兴起，大数据应用的普及，语义网功能的逐步实现，本体研究、应用、实践也越来越广泛，人们对本体概念的含义认识也越来越清晰。本体成了网络环境下知识表示和语义检索必不可少的知识组织工具。

### 6.1.4 本体构建趋势

自从提出用本体去描述语义网的知识结构以来，人们构建了规模大小不同的许多本体。应用成熟的本体常见为一些作用单一的专用本体，如基因本体联盟（the gene ontology consortium，GOC）的基因本体[2]。

2022年11月，W3C发布了OWL时间本体（time ontology in OWL），是OWL-2 DL格式本体，用于描述现实世界时间或网络时间的属性特征，提供了相应的词汇表，分瞬时（instants）、间隔（intervals）、期间（durations）进行时间描述，也包括日历、时钟、时区等概念属性的描述。设定了18个类、58个属性、29个实例。具体OWL时间本体框架与概念关系参见W3C相关网页[3]。

2014年1月，W3C发布了机构本体（the organization ontology）[4]，用于跨领域机构信息关联数据的发布，允许专业领域的扩展，增加机构类型和角色，也允许增加机构活动等相邻信息的扩展，包含机构组织结构、机构成员、住所位置、机构历史、模型格式注释等。

国内本体构建也有大量报道。2023—2024年，本体构建报道汉画像砖本体构建及其应用[5]、重思施密特的马克思主义生态学"生态本体构建"[6]、面向企业技术创新风险管理的本体构建及应用探索[7]、人物传记资料本体构建与可视化——以《图书馆学家彭斐章九十自述》为例[8]、基于BIBFRAME 2.0的侨批档案本体构建研究[9]、线性文化遗产双语

---

[1] 常春. Ontology在信息管理领域的研究背景[J]. 现代图书情报技术，2003（6）：4-7.
[2] Gene ontology consortium [EB/OL]. [2024-03-28]. http://www.geneontology.org/.
[3] Time ontology in OWL [EB/OL]. [2024-03-28]. https://www.w3.org/TR/2022/CRD-owl-time-20221115/.
[4] The organization ontology [EB/OL]. [2024-03-28]. http://www.w3.org/TR/2014/REC-vocab-org-20140116/.
[5] 索传军，廖婧佩. 汉画像砖本体构建及其应用[J/OL]. 图书馆论坛：1-11 [2024-03-28]. http://kns.cnki.net/kcms/detail/44.1306.G2.20231204.1728.006.html.
[6] 刘香檀. 重思施密特的马克思主义生态学"生态本体构建"[J]. 福建师范大学学报（哲学社会科学版），2023（6）：82-92.
[7] 宋姗姗，钟永恒，刘佳等. 面向企业技术创新风险管理的本体构建及应用探索[J]. 数字图书馆论坛，2023，19（9）：47-57.
[8] 司莉，刘尧. 人物传记资料本体构建与可视化——以《图书馆学家彭斐章九十自述》为例[J]. 国家图书馆学刊，2023，32（4）：78-90.
[9] 杨鑫，陈涛. 基于BIBFRAME 2.0的侨批档案本体构建研究[J]. 图书馆杂志，2023，42（6）：105-112.

本体构建研究——以嘉兴运河文化为例①等特定目的领域本体。国内本体构建特征和趋势与国际一致，主要是单一目的领域本体的构建。本体的特征之一就是分享，大量单一目的领域本体的构建，在成熟的基础上进行本体映射、融合，逐步扩大知识覆盖面，是本体构建的一个趋势。

## 6.2 本体组成成分

本体组成成分主要包括概念、属性和实例 3 个方面。

### 6.2.1 概念

概念是思想的单元（the unit of thought），无论是叙词表还是本体，对概念的定义是一致的。叙词表概念常用英文"concept"，是通过优选词作为标签对概念进行标注；计算机背景的英文文献，概念通常对应英文"class"。在分类法中，类目通常翻译为"class"。从英文名称也可以看出，无论是分类法的类目，还是叙词表的概念，在本体中都统一认同为概念。概念往往可以通过多种不同的方式来表达，它们以抽象实体的形式独立存在于思维中，并且不依赖于表达它们的术语②。

"人"是一个概念③，对应英文是"human being"，无论是汉语还是英语，语种只是概念的标签，但只要理解这种语言，在脑海中就可以抽象出"人"的特征。

生命层面的人。人是地球上生命有机体发展的最高形式，在生物分类学中，人属于动物界、脊索动物门、哺乳纲、灵长目、人科、人属、智人种。"智人"是学名，可按体质特征分为 3 个人种，分别为蒙古人种（黄种人）、尼格罗人种（黑种人）、高加索人种（白种人）。

社会层面的人。人能够制造工具，通过劳动主动适应自然环境，甚至改造环境。在劳动过程中，人是通过团体协作进行工作的，并通过抽象思维总结出了语言文字，实现劳动过程中人类个体的信息交换，表现出人的社会属性特征。

除了生物层面和社会层面的人，还有哲学层面、宗教层面、精神层面、历史层面等各种范畴属性的人。对人的认识角度不同，人的概念含义关注点就有所不同。以上就是概念"人"的含义解释。

在 W3C 发布的机构本体中，设计了以下概念④：

ChangeEvent（变化事件）；

---

① 闻心玥, 许浩, 吴丹. 线性文化遗产双语本体构建研究——以嘉兴运河文化为例［J］. 图书情报工作, 2023, 67（7）: 107-120.

② 全国信息与文献标准化技术委员会. 信息与文献叙词表及与其他词表的互操作第 1 部分: 用于信息检索的叙词表: GB/T 13190.1—2015［S］. 北京: 中国标准出版社, 2015: 3.

③ 中国大百科全书总编委会. 人. 中国大百科全书［M］. 2 版. 18 册. 北京: 中国大百科全书出版社, 2009: 349-350.

④ The organization ontology［EB/OL］.［2024-03-28］. http://www.w3.org/TR/2014/REC-vocab-org-20140116/.

FormalOrganization（正式机构）；
Membership（成员关系）；
OrganizationalCollaboration（机构协作）；
OrganizationalUnit（机构单位）；
Organization（机构）；
Post（职位）；
Role（角色）；
Site（站点）。
在 W3C 发布的 OWL 时间本体中，设计了以下概念[①]：
Date-time description（日期时间描述）
Date-time interval（日期时间间隔）；
Day of week（星期几）；
Duration（时长）；
Duration description（时长描述）；
Generalized date-time description（广义日期时间描述）；
Generalized duration description（广义时长描述）；
Time instant（时间瞬间）；
Time interval（时间间隔）；
Month of year（年的某月）；
Proper interval（有效时间间隔）；
Temporal duration（概念时长）；
Temporal entity（概念时间实体）；
Temporal position（概念时间位置）；
Temporal unit（概念时间单位）；
Time position（时间位置）；
Time-zone（时区）；
Temporal reference system（概念时间参照系统）。

## 6.2.2 属性

属性对应的英语是 Property 或 Attribute，是概念具有的特征或与其他概念的关系。属性是对概念的描述，表达概念具有何种特点，有何功能。例如，人有身高、体重、血压等数值性属性特征；有职业、性别、籍贯、创造等描述性特征属性。描述性特征属性主要是通过概念关系表达的，例如，人—吃—食物，人是概念，食物也是概念，吃是谓词，是概念"人"与概念"食物"之间的关系。再如，人呼吸空气，人思考未来等，均可以用属

---

① Classes[EB/OL].[2024-04-02]. https：//www.w3.org/TR/owl-time/#classes.

性关系去表达，这种关系用 RDF 的三元组方式进行记录，机器就可以理解相关的语句。

其他事物同样存在这种三元组的描述特征，如粮食包含水稻、玉米、小麦等。小麦有亩产量等数值型属性，也有关系型属性，如人—种植—小麦，人—收割—小麦，小麦—是—粮食，小麦—加工成—面粉等。

在 W3C 的机构本体中，设立的属性[①]有：

basedAt（办公位置）；

changedBy（因……改变）；

classification（分类）；

hasMember（有成员）；

hasMembership（有成员关系）；

hasPost（有职位）；

hasPrimarySite（有主要站点）；

hasRegisteredSite（有注册站点）；

hasSite（有地址）；

hasSubOrganization（有下级机构）；

hasUnit（有单位）；

headOf（……的首脑）；

heldBy（由……担任）；

holds（担任）；

identifier（代码）；

linkedTo（有关）

location（位置）；

memberDuring（在……期间为成员）；

memberOf（……的成员）；

member（成员）；

organization（机构）；

originalOrganization（原始机构）；

postIn（……中的职位）；

purpose（目的）；

remuneration（报酬）；

reportsTo（向……汇报）；

resultedFrom（由……产生）；

resultingOrganization（产生的机构）；

role（角色）；

---

① The organization ontology［EB/OL］.［2024-04-02］. http：//www.w3.org/TR/2014/REC-vocab-org-20140116/.

roleProperty（角色性质）；

siteAddress（站点地址）；

siteOf（……的站点）；

subOrganizationOf（……的下级机构）；

transitiveSubOrganizationOf（……的可传递的下级机构）；

unitOf（……的单位）。

在 W3C 发布的 OWL 时间本体中，设置了 58 个属性[①]，分别是：

after（之后）；

before（之前）；

day（天）；

day of week（星期几）；

day of year（年的某天）；

days duration（时长的某天）；

has beginning（有始）；

has date-time description（有日期时间描述）；

has duration（有时长）；

has duration description（有时长描述）；

has end（有终）；

has temporal duration（有概念时长）；

has time（有时间）；

temporal reference system used（有概念时间参考系统）；

has XSD duration（有 XSD 时长）；

hour（小时）；

hours duration（时长的小时数）；

in date-time description（时间瞬间的格式化位置描述）；

has time instant inside（时间间隔中有时间瞬间）；

temporal position（概念时间位置）；

interval after（跟随时间间隔）；

interval before（领先时间间隔）；

interval contains（被包含时间间隔）；

interval disjoint（互斥时间间隔）；

interval during（被……时间间隔包含）；

interval equals（等同时间间隔）；

interval finished by（被……时间间隔结束）；

---

① Properties [EB/OL]. [2024-04-02]. https://www.w3.org/TR/owl-time/#properties.

interval finishes（结束时间间隔）;

interval in（在……时间间隔内）;

interval meets（后续时间间隔）;

interval met by（前接时间间隔）;

interval overlapped by（重叠在前时间间隔）;

interval overlaps（重叠在后时间间隔）;

interval started by（由较短时间间隔引起）;

interval starts（引起较长时间间隔）;

time position（时间位置）;

in XSD date（XSD 日期记法内）;

in XSD date-time（XSD 日期时间记法内）;

in XSD date-time-stamp（XSD 日期时间戳）;

in XSD gYear（XSD 年份记法内）;

in XSD gYearMonth（XSD 年月份记法内）;

minute（分钟）;

minutes duration（时长的分钟）;

month（月）;

month of year（年的某月）;

months duration（时长的月份）;

name of temporal position（概念时间位置值）;

numeric value of temporal duration（概念时长数值）;

numeric value of temporal position（概念时间位置数值）;

second（秒）;

seconds duration（时长的秒）;

in time zone（时区内）;

temporal unit type（概念时间单位类型）;

week（周）;

weeks duration（时长的周）;

has XSD date-time（有 XSD 日期时间）;

year（年）;

years duration（时长的年数）。

### 6.2.3 实例

实例对应的英文是 instance，是具体存在的事物。例如，"人"是概念，"张三"是实例，张三—是—人。叙词表中存在概念—实例的等级关系，人名、地名、机构名等专有名词术语，通常都是实例。例如，"首都"是个概念，是一个国家的政治中心和中央政府所在地的政治称谓,是国家开展行政工作的首要城市;北京是个城市,是个实例,北京是中国的首都。可见,实例是具体存在的对象,如北京;首都是个抽象概念,每个国家都有自己的首都,首都是个概念,首都必须坐落在某个地区。

本体通过概念与实例的区分、概念关系的定义、概念实例的建立,达到知识推理的过程。例如,"张三"是实例,"栖霞苹果"是实例;"人"是概念,"苹果"是概念,如果人—吃—苹果建立了概念间关系,"张三"是"人","栖霞苹果"是"苹果",则机器也可以推理出张三—吃—栖霞苹果。这就是从实例到概念,概念到概念,概念到实例的推理关系过程。现实世界中,概念与概念间的关系属于公理,更常见的是概念与实例的关系,或者实例与实例之间的关系,如张三—购买—栖霞苹果。

在 W3C 发布的 OWL 时间本体中,设置了 29 个实例[①]。

类 time—Day Of Week 的 7 个实例分别为:

Friday(星期五);

Monday(星期一);

Saturday(星期六);

Sunday(星期日);

Thursday(星期四);

Tuesday(星期二);

Wednesday(星期三)。

类 time—Month Of Year 的 12 个实例分别为:

April(四月);

August(八月);

December(十二月);

February(二月);

January(一月);

July(七月);

June(六月);

March(三月);

May(五月);

November(十一月);

October(十月);

September(九月)。

类 time—Temporal Unit 的 10 个实例分别为:

Century(世纪);

Day(天);

---

① Individuals[EB/OL].[2024-04-02]. https://www.w3.org/TR/owl-time/#Individuals.

Decade（十年）；
Hour（小时）；
Millenium（千年）；
Minute（分钟）；
Month（月）；
Second（秒）；
Week（周）；
Year（年）。

## 6.3 本体构建方法及策略

### 6.3.1 领域本体构建基本方法

第一是对本体工程项目进行规划。本体构建是一项建设工程，在构建之前，需要进行详细的项目规划、建设方针确定和可行性分析等。这些具体工作包括制定本体构建方案，明确构建目标及应用目的，选择信息技术应用方案，工程建设参与人员的组成和管理，信息管理、信息技术和专业领域人员的协作方式，项目机构单位协作，项目进行和完成时间的计划和安排，项目综合评价和执行进展验收，制定本体知识更新和维护的具体方案等。其中，具体构建方法的技术方案应详细、具体、可操作。

第二是对专业术语概念的收集和选择。这些概念术语可以分为两个层次，首先是一些核心专业概念，其次为可以覆盖该专业的其他高频概念术语。由核心概念构建的本体叫作核心本体（core ontology）。核心概念的一个最简单的收集方法是选择有代表性的最新专业学术论文，将其中的主要术语和语义知识关系在领域专家的协作下进行人工提取，基于这些概念就可以构建相关专业领域核心本体，在此基础上增加更大规模概念术语和属性关系。

第三是建立规范的概念关系。在本体构建中，需要考虑概念、属性、实例等自身之间及相互之间的关系，统称为语义关系。其中，概念与概念之间的关系是本体中最重要的关系。一般研究认为，本体概念间的关系，要比叙词表概念间的关系更加详细或复杂。例如，叙词表只有相关关系，但本体可以进行设定和细分，明确部分与整体、成分与功能等多种关系；叙词表中设定了优选词与非优选词之间的等同关系，而本体中则区分出概念与实例的关系，例如，"城市"是一个概念，而"北京市"则是一个实例。总之，需要明确要构建的本体中将包含哪些语义关系，这些关系如何获取、如何建立等。

第四是对已有领域知识的利用。其工作思路是对人类已有知识的重复利用。本体的一个重要原理就是对知识的重用，人类已经建设了不同目的、不同规模的大量本体，在立项构建本体时首先需要调研是否有可重用的本体，在重用的基础上建设自己需要的本体。另外，就是对现有知识组织体系的利用。例如，相关领域的叙词表、分类主题词表等已有的领域知识转化为可被利用的本体数据，这些数据经过本体格式规范化可以应用到要构建的本体中。

第五是具体构建过程。有了相关的专业概念术语、相应的语义关系，选择利用通用的本体构建工具，按照已经制定的本体构建目标和规划，构建相应的领域本体。具体构建过程可以在整体构建方案的基础上，根据具体情况进行适当的调整和改进，重视新技术、新标准的使用。

第六是对构建完成的本体的评价和技术指标的统计。事实上，评价应该伴随着本体构建的全过程。在构建方案制定阶段需要进行评价，通过评价及时调整方案和规划；在构建过程中，通过评价及时调整构建时间效率、知识体系表达效果等；在完成构建以后，通过评价统计本体的各项技术指标，总结构建过程的方法和技术，为本体的维护和更新奠定基础。

## 6.3.2 领域本体构建策略

概念遴选需领域专家参与。本体主要是对某一专业领域的知识表示，试图通过一定的概念、属性和实例的建立及语义关系的描述，表示专业领域的知识体系，所以必须有相应的领域专家参与，才能科学地表示该领域的知识关系。

术语选择从概念出发。在这一点上，与叙词表有着相同的一面，即概念的选择，虽然最后表现为某一自然语言的术语，但是概念应该是指具有明确含义的事物或现象，这也就是在一些本体编辑工具中称作"类"（class）的原因。

选词形式为自然语言。作为概念，最终还是利用每个具体的术语进行表示，所以术语可以直接在文献中选择。这样选择的术语，既利于表达真实的知识描述形式，也利于开发基于本体的网络搜索引擎，因为这些语言在网络上是以自然语言形态存在的。

概念要清晰。所选择的每个概念，要有明确的含义。通过准确的定义、属性的描述、具体实例的建立，达到对概念的明确表示。概念应该是客观的，无社会性的或计算机相关的背景。

表示的知识要符合科学的逻辑推理。本体表示的知识结构，要符合客观世界的知识关系，经得起相关知识的推理。

注重对信息技术的利用。在网络信息时代，人类已经具备了海量的数字信息资源，通过对现有信息技术的研究和探索，可以在概念的自动获取、语义关系的科学提取、知识表达的数据标准等多个领域发挥信息技术的作用。有些方面信息技术的利用，可以实现过去无法想象的目标。

注重对现有知识的利用。在人类不断探索和积累客观世界各种知识的背景下，才有主题法、分类法等知识组织工具的产生。鉴于知识的积累和科学进步的连续性，可以考虑利用叙词表等现有的语义知识构建本体的基本框架，然后再丰富其语义关系。当然，对叙词表的利用只是方法之一，并不是必需的标准。

## 6.4 叙词表向本体转化

在国内本体构建研究的早期，基于本体对现有知识组织体系知识的利用，人们探索了将叙词表转化为本体的方法。常春在2004年进行了叙词表转化为本体的探索[1]；2006年又获得国家自然科学基金的资助，继续研究农业本体的构建和转化（项目批准号：70573116）。本节回顾和介绍一些相关研究成果，展示叙词表与本体的关系。本体构建工具使用了Protégé[2]，研究使用的叙词表是《农业科学叙词表》[3]（以下简称《农表》），分析和总结了等同关系、等级关系和相关关系的OWL表示方式，从而为叙词表向本体的转化奠定了基础。

《农表》是为了适应我国农业情报工作现代化的需要，建立全国农业文献检索系统，实现全国农业文献资源共享，从1986年开始筹备，由中国农业科学院农业信息研究所（原名中国农业科学院科技文献信息中心）组织全国40多个单位近百名专家经过6年的共同努力研制完成，1994年7月由中国农业出版社出版发行。《农表》共收录了64 638条术语，其中，优选词51 614条，非优选词13 024条。它是一部科学性、规范性和适用性较强的农业情报检索工具书。经过多年的实践表明，《农表》在我国农业技术的传播与应用过程中发挥了重要的作用，一定程度上，该表已经成为我国农业图书情报机构的行业标准规范。图6.4是《农表》中"系谱"概念及关系的一个片段，基本反映出了《农表》中的概念及其关系的大体情况。

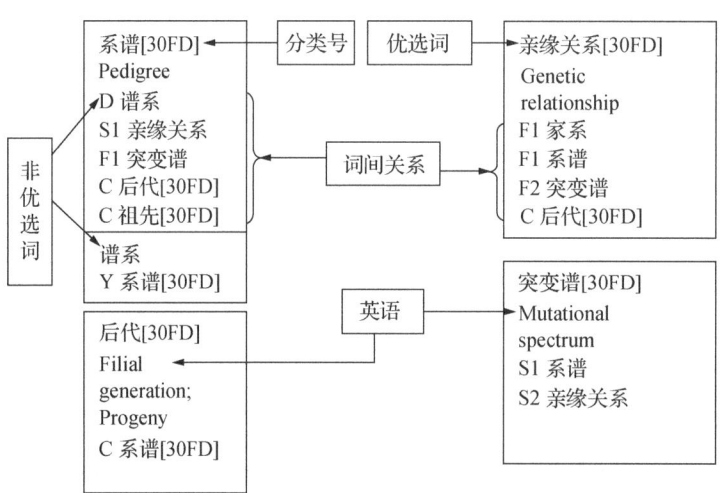

图6.4 《农业科学叙词表》微观结构

---

[1] 常春. Ontology在农业信息管理中的构建和转化[D]. 北京：中国农业科学院，2004.
[2] Protégé [EB/OL]. [2024-04-02]. https://protege.stanford.edu/.
[3] 农业部情报研究所. 农业科学叙词表[M]. 北京：中国农业出版社，1994.

## 6.4.1 概念的转化

一般情况下,将《农表》中的优选词及其指代的非优选词都看作概念,在 OWL 中则表述为类。"系谱""突变谱""谱系"等优选词及非优选词,在 OWL 中都设定为类,可以用 OWL 语言元素"owl:Class"来表示这些概念,具体如下。

&lt;owl:Class rdf:ID = "系谱" &gt; &lt;/owl:Class &gt;
&lt;owl:Class rdf:ID = "谱系" &gt; &lt;/owl:Class &gt;
&lt;owl:Class rdf:ID = "突变谱" &gt; &lt;/owl:Class &gt;
&lt;owl:Class rdf:ID = "亲缘关系" &gt; &lt;/owl:Class &gt;
&lt;owl:Class rdf:ID = "后代" &gt; &lt;/owl:Class &gt;
&lt;owl:Class rdf:ID = "祖先" &gt; &lt;/owl:Class &gt;
&lt;owl:Class rdf:ID = "家系" &gt; &lt;/owl:Class &gt;

在 OWL 中,要引入一个新类,除了用"owl:Class"标签,还需要用到内置属性"rdf:ID"来表示具体的类名。一个完整的类的定义通常是通过标签对" &lt; owl:Class &gt; &lt;/owl:Class &gt; "来完成,在这一标签对中,可以对类添加一些注释,如类由谁创建的,对应的外文名称是什么,还可以对类添加一些限制条件,或者描述与其他类的语义关系。对优选词"系谱"更详细的定义如下。

&lt;owl:Class rdf:ID = "系谱" &gt;
&lt;rdfs:label xml:lang = "en" &gt; Pedigree &lt;/rdfs:label &gt;
&lt;rdfs:comment rdf:datatype = "http://www.w3.org/2001/XMLSchema#string" &gt;便于说明优选词及概念关系如何在 OWL 中进行表达
&lt;/rdfs:comment &gt;
&lt;rdfs:subClassOf rdf:resource = "#亲缘关系"/ &gt;
&lt;/owl:Class &gt;

如果是定义简单的类,还可以用另外一种形式,即 &lt; owl:Class rdf:ID = "类名"/ &gt;,如上面对"突变谱"的定义可以表示为: &lt; owl:Class rdf:ID = "突变谱"/ &gt;。一个类定义好之后就可以在其他地方使用,在类名前加上"#"即可,如要用已定义好的类"系谱",用"#系谱"来指引即可。

## 6.4.2 等同关系的转化

在《农表》中,存在一定量的同义词或近义词,这些词被定义为等同关系,以"D"或"Y"的关系揭示。图 6.4 中"系谱"与"谱系"的关系就是等同关系,也叫作用代关系。在 OWL 中,可以将等同关系表示的优选词都认定为等同类,用" &lt; owl:equivalentClass &gt; "标签来描述这种关系。由于前面已经定义了这些优选词,因此直接引用即可。

&lt;owl:Class rdf:about = "#系谱" &gt;

```
    <owl:equivalentClass rdf:resource = "#谱系"/>
</owl:Class>
```

通过上述 OWL 表示，基于 OWL 的计算机推理能够找出一个类的等同类，在信息检索中可以提高检全率和检准率。

《农表》中优选词与非优选词间的同义关系，是指同一事物其含义相同，这类术语可以相互替换使用，如"玉米"——"苞谷""鲜姜"——"生姜"等。具体种类还包括物种的俗名与学名，物品的通用名与商品名，新概念的不同名称，当代流行词与过时词，缩写名称与全称等。这些都可以按等同概念处理。

《农表》中准同义词关系，是含义相近的术语，一般情况下具体意义相近，但为了标引目的而视为同义词对待，如"基因定位"——"遗传定位"的关系；也可以是在某一特征上含义相同，如"株距"——"穴距""鲜奶"——"袋奶""鲜奶"——"消毒奶""鲜奶"——"饮用奶"等。近义词有时也可处理成等同关系（并不是全部近义词都处理成用代关系）。从概念检索角度出发，近义词关系也可以按等同概念处理。

《农表》中的反义词关系，有时也将含义相反的术语处理为等同关系，如"浊度"——"透明度"和"光洁度"——"粗糙度"等。对于反义词的等同关系处理，目的是研究者在研究其中一个问题时，必然涉及另一个词的全部文献，从概念角度出发，也可以按等同概念处理。

课题研究初期，把优选词和非优选词分别当作概念，给定等同概念进行处理。现在更多的是把优选词当作概念，把非优选词设定为一种可替代概念的标签，SKOS 中用 skos:altLabel 的属性关系进行指代，此时概念唯一，优选词与非优选词表达同一概念。

### 6.4.3 等级关系的转化

在《农表》中，等级关系占了优选词概念关系相当大的比例。一般在每个优选词款目的参照系统中都列出了一定量的下位词和上位词，通过这些上、下位词，在进行信息检索时就可以进行扩大或缩小范围，实现族性检索。因此，将这些关系较完整地转化到本体中具有重要意义。在 OWL 中，标签"rdfs:subClassOf"就用来表达这种关系，表示一个类是另一个类的子类。图 6.4 的实例中"突变谱"就是"系谱"的下位词，在 OWL 中则表示为：

```
<owl:Class rdf:about = "#突变谱">
    <rdfs:subClassOf>
        <owl:Class rdf:about = "#系谱"/>
    </rdfs:subClassOf>
</owl:Class>
```

等级关系是可以传递的。如果 A 是 B 的子类，而 B 又是 C 的子类，则 A 也就是 C 的子类。例如，"系谱"是"亲缘关系"的子类，而"突变谱"又是"系谱"的子类，则"突变谱"也是"亲缘关系"的子类。

叙词表等级关系中,概念—实例关系,如"牙周病"—"牙周炎"和"颜色"—"紫色"等具体例子的关系,对应本体的概念与实例的关系。

特征关系,如"玉米"—"甜玉米"和"斑驳病"—"红斑驳病"等具有某一特征的上下位关系,对应本体中的关系应该为概念与下位概念的关系。

在生物分类方面,大量的上下位关系类似于界、门、纲、目、科、属、种间的关系,这应属于特征关系,即分类的基础是将具备某些特征的种类归为同一类型,不同层次类型间的关系对应本体中概念与下位概念的关系,而"种"和具体某一种生物间的关系应为概念与实例关系。

整体与部分的结构组成关系,如《农表》中的"中国"—"华北地区"—"北京市"这样的地理位置组成关系,再如"封建社会"—"三国·晋·南北朝"—"南北朝"这样的朝代上下位关系,对应本体概念关系可以设定为整体与部分的关系。

### 6.4.4 相关关系的转化

在《农表》中,部分优选词还设有相关关系,以标识符号"C"表示,如上述实例中"系谱"与"后代"存在相关关系。在本体中,类与类之间的关系一般都是通过属性来揭示,而在 OWL 中没有现成的标签来直接表示相关关系。因此,需要先建立属性才能表达出类与类之间的关系。由于《农表》中的相关关系比较复杂,可以进一步分为多种类型,这里统一处理为"相关",并建立一个属性:相关,在 OWL 中表示为:

< owl:ObjectProperty rdf:ID = "相关"/ >

建立属性"相关"后就可用其来表达"系谱"与"后代"的相关关系,具体如下。

< owl:Class rdf:about = "#系谱" >
  < rdfs:subClassOf >
    < owl:Restriction >
      < owl:someValuesFrom >
        < owl:Class rdf:ID = "后代"/ >
      </owl:someValuesFrom >
      < owl:onProperty >
        < owl:ObjectProperty rdf:ID = "相关"/ >
      </owl:onProperty >
    </owl:Restriction >
  </rdfs:subClassOf >
</owl:Class >

在上面的 OWL 文本片段中,类"系谱"与"后代"通过属性"相关"建立了相关关系。用标签"< rdfs:subClassOf >"是因为将"系谱"看成一个匿名类的子类,而这个匿名类是与"后代"存在"一定"的"相关"关系,"< owl:someValuesFrom >"用于表示这个"一定",说明该匿名类部分取值于"后代"。

《农表》中优选词间的相关关系有多种种类，常见相关关系如下。

因果关系：某种病原体与疾病的关系，如"白锈菌"C"芥菜白锈病"。

学科或研究领域与其研究对象：如"肥料学"C"化合物"。

过程与所用工具：如"数据处理"C"计算机"，"管道饲喂"C"饲料分送器"。

行为与其受体：如"收购"C"农产品"。

行为与其结果：如"发情"C"排卵"。

国家与地域：如"奥地利"C"阿尔卑斯山脉"。

物品与功能：如"蓖麻油"C"泻药"。

相互渗透的科学：如"农业科学"C"林业科学"。

物品与属性：如"商品"C"价格"。

事物与构成材料：如"厩肥"C"家畜粪尿"。

所有这些相关关系均可以通过概念间属性关系进行标识。从转化角度可以设定为"相关"属性，从本体构建角度也可以对相关关系细分。由于叙词表相关关系的种类区分有多种观点，没有固定或穷尽种类，所以叙词表相关关系种类的转化还需要持续进行探索。

### 6.4.5 范畴和限义词的处理

在叙词表中，要求优选词的含义保证绝对单义。对于同形异义词，制定了一些规则，对其含义加以规范。常见的方法之一是在优选词后加括号，使用限义词区分不同的学科领域范围和含义。限义词要求简短，而且是优选词的组成部分，检索时需要同时录入。对于本体，允许带有不同属性的相同概念在同一本体中存在。因此，同形异义概念在本体中变得容易处理，优选词作为概念正常存在，其后的限义词作为相应的属性即可。这也正是本体论有此优点，为准确查找信息、不选择无关信息奠定了基础。

叙词表中另一种与词义规则相关的方法是含义注释规则。使用含义注释规则，可以指明词义、说明用法或限定概念外延大小。含义注释用括弧注在优选词之下，不作为优选词的组成部分。在本体中，对于注释问题，同样放在词典下，用 documentation 对概念加以注释，甚至所有的概念都可以通过 documentation 去定义，或对每个概念都进行概念解释。

### 6.4.6 本体批量转化小结

由于《农表》总共有优选词 5 万多条，因此如果通过人工逐条表示和转化，工作量非常大，且容易出错，效率也非常低。考虑到《农表》有对应的电子版本，因此可以通过计算机编程进行批量处理，实现叙词表向本体的快速转化。利用软件开发平台 Visual Studio.Net 进行编程，读取《农表》的电子版数据库中的优选词数据，将其中的优选词及概念关系按照一定的处理逻辑自动生成 OWL 文件，从而实现批量的转化处理，减少了人工干预，提高了转化的效率。《农表》中的优选词用编写的程序批量转化并保存到对应的 OWL 文件中，然后再次用 Protégé 工具打开 OWL，查看转化结果是否正确。经比较检验得出批量转化是可行的,而且优选词及概念关系都被正确地转化到本体当中。

用 OWL 表示《农表》中优选词及概念关系,通过编程实现了批量转化,说明将《农表》转化为农业本体是可行的。不过,还存在一些问题,如在等同关系中,部分优选词与其指代的非优选词在其内涵和外延上并不完全等同,有些是近义词,甚至有的是反义词;等级关系中类与实例很难界定,如"玉米"与"甜玉米",是类与实例的关系,但如果需要建立深层次的等级关系,"甜玉米"也可作为一个类来处理,它还可以有子类或者实例。相关关系较为复杂,简单地处理为"相关"是权宜之计。

《农表》中的优选词及概念关系为构建农业本体提供了丰富的术语和语义素材,只要能与领域专家充分沟通和协作,在优选词向本体转化之前进行一定的预处理,如针对等同关系中的近义词、反义词,等级关系中的类与实例如何处理制定一些规则,相关关系进一步细分;而在转化之后对转化结果进一步丰富和完善,添加更多的属性及属性约束来表达类之间的关系,创建一些类的实例等,就能够构建出比较规范、科学和实用的农业本体,为进一步发挥本体在农业信息资源组织和利用中的作用打下坚实的基础,从而加快我国农业信息化和现代化的步伐。

## 6.5 本体概念关系类型表示

通过借鉴叙词表概念关系及 Protégé 提供的一些功能[1],将本体中的概念间逻辑关系主要归类列举为以下 11 种:①上下位关系;②等同关系;③与关系和交叉关系;④或关系;⑤非关系;⑥矛盾关系;⑦因果关系;⑧动作关系;⑨时间关系;⑩能愿关系;⑪空间关系。以下对这 11 种概念间关系进行具体介绍、分析、再分类。同时也介绍如何在 OWL 中表达这些关系[2],并定义了大部分关系的标签和语言表述。

### 6.5.1 上下位关系

上下位关系(sub-classes relation)是根据概念的程度或层级来定义,上位概念表示类称或整体,下位概念表示成员或部分。图 6.5 表示了上下位关系,概念 A 是概念 B 的下位概念,概念 B 的内涵包含概念 A 的内涵,类似于数理逻辑学中的"B 包含 A,A 包含于 B"。例如,"水库"包含"防洪水库",即表示"防洪水库"是"水库"的下位概念。

传统叙词表中的属种关系、整体与部分关系均可归为上下位关系。生物属种、产品类型、躯体的系统与器官之间的关系、学科分支或专业领域、行政机构与社会群体等概念之间的关系均属于上下位关系。

OWL 语言使用 rdfs:subClassOf 标签来表示两个类属于上下位关系。例如,概念"水库"包含"防洪水库",使用 Protégé 本体工具获得的 OWL 表示语句为:

---

[1] Protégé [EB/OL].[2024-03-28]. https://protege.stanford.edu/.
[2] 贾黎莉. Ontology 构建中概念关系的研究[D]. 北京:中国农业科学院,2007.

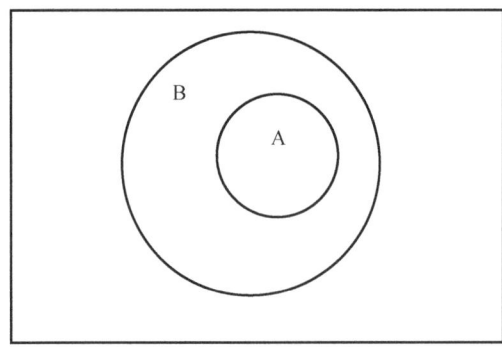

图 6.5 上下位关系

&lt; owl：Class rdf：ID = "水库"/ &gt;
&lt; owl：Class rdf：ID = "防洪水库" &gt;
 &lt; rdfs：subClassOf rdf：resource = "#水库"/ &gt;
&lt;/owl：Class &gt;

上下位关系是可逆的，概念 A 是概念 B 的下位概念，则相对应地，概念 B 是概念 A 的上位概念。在 OWL 中定义 rdfs：superClassOf 标签来代表这个关系，如概念"水库"和"防洪水库"的关系还可以表示如下。

&lt; owl：Class rdf：ID = "防洪水库"/ &gt;
&lt; owl：Class rdf：ID = "水库" &gt;
 &lt; rdfs：superClassOf rdf：resource = "#防洪水库"/ &gt;
&lt;/owl：Class &gt;

由于上下位之间关系包含广泛，在本体语言中仅用 rdfs：subClassOf 标签来表示上下位关系是有些不够的。上下位关系还可进行细分为属种关系、整体与部分关系等表达形式。

（1）componentOf 关系和 component 关系

项目定义 componentOf 关系表示部分与整体的关系，而 component 关系表示整体与部分的关系。例如，概念 A &lt; componentOf &gt; 概念 B，表示概念 A 是概念 B 的一部分，而且概念 A 是独立存在的。举例来说，"花粉" &lt; componentOf &gt; "花"，"心肌" &lt; componentOf &gt; "心脏"，"人工心脏" &lt; componentOf &gt; "人工器官"。在 OWL 语言中，定义 owl：componentOf 标签来表示 componentOf 关系，实例"心肌" &lt; componentOf &gt; "心脏"表示如下。

&lt; owl：Class rdf：about = "#心肌" &gt;
 &lt; owl：componentOf rdf：resource = "#心脏"/ &gt;
&lt;/owl：Class &gt;

component 关系与 componentOf 关系是一对互逆关系。如果概念 A 和概念 B 之间存在关系：概念 A < componentOf > 概念 B，则概念 B < component > 概念 A 同时存在。在 OWL 中，定义 owl：component 标签来表示 component 关系，实例"人工器官" < component > "人工心脏"表示如下。

  < owl:Class rdf:about = "#人工器官" >
   < owl:component rdf:resource = "#人工心脏"/ >
  </ owl:Class >

（2）member 关系和 memberOf 关系

项目定义 member 关系和 memberOf 关系表示行政机构、社会群体等概念之间的关系。如果概念 A 和概念 B 之间存在关系：概念 A < memberOf > 概念 B，则概念 A 和概念 B 均为社会或政治组织团体，而概念 A 是概念 B 的成员之一。例如，中华人民共和国农业农村部是中华人民共和国人民政府的一个分支机构，则它们之间存在 memberOf 关系，表示为"中华人民共和国农业农村部" < memberOf > "中华人民共和国人民政府"。在 OWL 中，定义 owl：memberOf 标签来表示 memberOf 关系，实例"中华人民共和国农业农村部" < memberOf > "中华人民共和国人民政府"表示如下。

  < owl:Class rdf:about = "#中华人民共和国农业农村部" >
   < owl:memberOf rdf:resource = "#中华人民共和国人民政府"/ >
  </ owl:Class >

member 关系也表示社会或政治组织团体之间的关系，它是 memberOf 关系的逆关系。如果概念 A 和概念 B 之间存在关系：概念 A < member > 概念 B，则概念 B 是概念 A 的成员之一。在 OWL 中，定义 owl：member 标签表示 member 关系，实例"中华人民共和国人民政府" < member > "中华人民共和国农业农村部"表示如下。

  < owl:Class rdf:about = "#中华人民共和国人民政府" >
   < owl:member rdf:resource = "#中华人民共和国农业农村部"/ >
  </ owl:Class >

（3）belongTo 关系和 belong 关系

对于传统的属种关系，项目单独定义 belongTo 关系和 belong 关系表示生物属种或产品类型之间的关系。如果概念 A 和概念 B 之间存在关系：概念 A < belongTo > 概念 B，则概念 A 是概念 B 的一种生物分支或产品类型之一。例如，"蘑菇" < belongTo > "食用菌"。在 OWL 中，项目定义 owl：belongTo 标签表示 belongTo 关系，该实例表示如下。

  < owl:Class rdf:about = "#蘑菇" >
   < owl:belongTo rdf:resource = "#食用菌"/ >
  </ owl:Class >

如果概念 A 和概念 B 之间存在关系：概念 A < belongTo > 概念 B，则以下关系也同时存在：概念 B < belong > 概念 A。例如，"蘑菇" < belongTo > "食用菌"也可以同时表达为"食用菌" < belong > "蘑菇"。在 OWL 中定义 owl：belong 标签表示 belong 关系，该实例表示如下。

```
< owl:Class rdf:about = "#食用菌" >
  < owl:belong rdf:resource = "#蘑菇"/ >
</owl:Class >
```

### 6.5.2 等同关系

内涵完全相同的两个或两个以上概念间的关系称为等同关系（equivalent relation）。图6.6直观地表示了等同关系，概念A与概念B之间存在等同关系，从图6.6中可以看到概念A与概念B的内涵及外延完全相同。例如，"番茄"也叫"西红柿"，同属于"茄类蔬菜"的下位概念，它们是完全等同的。

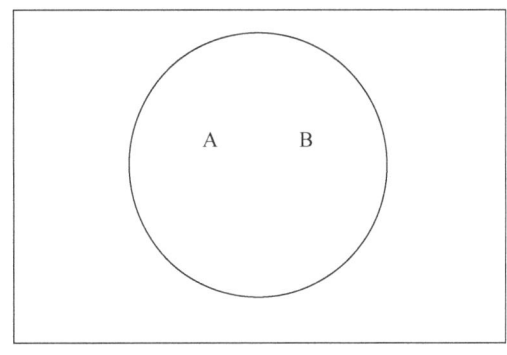

**图6.6　等同关系**

本体中的等同关系不同于叙词表中的等同关系。在叙词表中等同关系一般包括3种：同义词、准同义词及部分反义词。只有同义词之间的关系可视为本体中的等同关系。

本体中的等同关系还包括以下种类：①同一概念的不同命名；②俗称与学名；③通用名与商品名；④化学名称与商品名；⑤流行词与过时词；⑥不同书写法；⑦同一语种中不同文化来源词；⑧同一概念的不同译名；⑨简称与全称；⑩全译名与外文缩写词等。

OWL语言使用owl：equivalentClass标签来表示两个类是等价的。实例"番茄"等同于"西红柿"用OWL语言表示如下。

```
< owl:Class rdf:ID = "茄类蔬菜"/ >
< owl:Class rdf:ID = "西红柿" >
  < owl:equivalentClass >
    < owl:Class rdf:ID = "番茄"/ >
  </owl:equivalentClass >
  < rdfs:subClassOf rdf:resource = "#茄类蔬菜"/ >
</owl:Class >
< owl:Class rdf:about = "#番茄" >
  < rdfs:subClassOf rdf:resource = "#茄类蔬菜"/ >
```

```
<owl:equivalentClass rdf:resource = "#西红柿"/>
</owl:Class>
```

### 6.5.3 与关系和交叉关系

与关系（AND relation）是 3 个概念间的关系，其具体说明见图 6.7。概念 A 和概念 B 有且只有部分内涵相同，同属于概念 A 和概念 B 的这部分内涵形成了新概念 C，则概念 C 与概念 A 和概念 B 之间存在与关系，其数学表达式为"概念 C" = "概念 A" ∩ "概念 B"。同时，概念 A 和概念 B 之间存在交叉关系，对交叉关系定义如下：有且只有部分内涵相同的两个概念间的关系称为交叉关系。例如，概念"航道整治"和"整治工程"之间存在交叉概念"航道整治工程"，则"航道整治工程"与"航道整治"和"整治工程"之间的关系为与关系，而"航道整治"和"整治工程"之间的关系为交叉关系，其具体表达式为："航道整治工程" = "航道整治" ∩ "整治工程"。

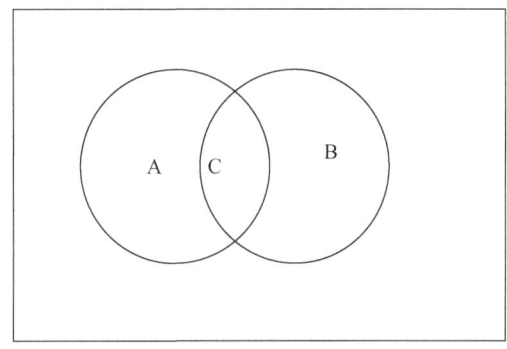

**图 6.7　与关系**

交叉关系类似于概念关系中的相关关系，但不是所有的相关关系都能归入交叉关系。以下是一些交叉关系：①学科或研究领域与其研究对象之间的关系；②相互渗透的学科概念之间的关系；③过程与所用工具之间的关系；④事物与其性质之间的关系；⑤概念与其来源之间的关系；⑥概念与其计量单位之间的关系；⑦过程类似的概念之间的关系；⑧原理类似的事物概念之间的关系；⑨事物与其研究手段、方法的概念之间的关系；⑩形式与内容的概念之间的关系；⑪材料、生产厂家、产地等与产品的关系；⑫事物及其构成材料的概念之间的关系；⑬由相同的一种概念或多种概念衍生的不同概念之间的关系。

由于交叉关系比较复杂，并不是所有的交叉关系在 OWL 中都能得到表达。但是，如果两个概念可以产生一个交叉概念，则能得到定义。例如，概念"食品"与"农产品"的关系，一些农产品不必经过加工，可以直接食用，天然就是食品，如"山楂"，既是农产品也是食品，但并不是所有农产品都是食品，如"小麦"，必须经过加工成"面粉"，再将"面粉"加工成"面条"或"面包"才能成为食品；食品也不是全由农产品加工而来，如还可以通过水产品、畜产品等加工制成。交叉关系相当于布尔逻辑中的"AND"

的关系,以下是用OWL表达"食品"与"农产品"产生的交叉概念。

&lt; owl:Class &gt;
  &lt; owl:intersectionOf rdf:parseType = "Collection" &gt;
    &lt; owl:Class rdf:ID = "农产品"/&gt;
    &lt; owl:Class rdf:ID = "食品"/&gt;
  &lt;/owl:intersectionOf &gt;
&lt;/owl:Class &gt;

### 6.5.4 或关系

如果一个类的内涵是其他两个或两个以上的类的内涵之和,则这个类是其他类的并集,与其他两个或两个以上的类之间存在或关系(OR relation)。具体说明见图6.8,整个椭圆形代表概念C,阴影部分代表概念A,与之对称的部分代表概念B。可以看到概念A和概念B的内涵之和等于概念C的内涵,概念C的外延等于概念A和概念B的外延的并集,它们之间的关系表达式为:"概念C" = "概念A" ∪ "概念B"。

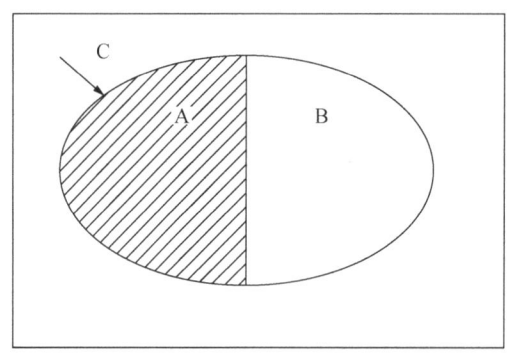

图6.8 或关系

例如,"茴香"这个概念既可以表示食品佐料的"茴香籽",也可以指可食用蔬菜"茴香苗",常见的表达为:包"茴香"馅饺子,烤羊肉加点"茴香",这样,"茴香"概念其实是"茴香籽"和"茴香苗"合并后的结果,相当于布尔逻辑的"OR"。数学表达式为:"茴香" = "茴香籽" ∪ "茴香苗"。

在本体语言OWL中,使用owl:unionOf来定义或关系。以上例子在OWL中表达如下。

&lt; owl:Class rdf:ID = "茴香" &gt;
  &lt; owl:equivalentClass &gt;
    &lt; owl:Class &gt;
      &lt; owl:unionOf rdf:parseType = "Collection" &gt;
        &lt; owl:Class rdf:ID = "茴香籽"/&gt;

```
< owl:Class rdf:ID = "茴香苗"/ >
     </owl:unionOf >
   </owl:Class >
</owl:equivalentClass >
```

## 6.5.5 非关系

见图6.9,如果概念A包含概念B,概念C表达的含义指除去B以外概念A的所有部分,这时概念C与概念A和概念B之间的关系就是非关系(NOT relation),其数学表达式为"概念C"="概念A"⌐"概念B"。例如,概念"非金属元素"等同于"化学元素"非"金属元素",其数学表达式为"非金属元素"="化学元素"⌐"金属元素"。

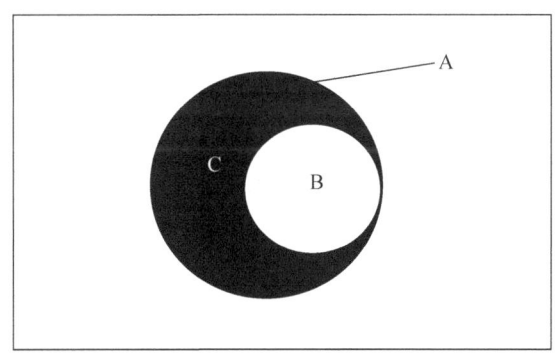

图6.9 非关系

在网络本体语言中使用owl:intersectionOf 与 owl:complementOf 组合来表示,以上实例用OWL语言表示如下。

```
< owl:Class rdf:ID = "化学元素"/ >
< owl:Class rdf:ID = "非金属元素" >
   < owl:equivalentClass >
     < owl:Class >
       < owl:intersectionOf rdf:parseType = "Collection" >
         < owl:Class rdf:about = "#化学元素"/ >
         < owl:Class >
           < owl:complementOf >
             < owl:Class rdf:ID = "金属元素"/ >
           </owl:complementOf >
         </owl:Class >
       </owl:intersectionOf >
     </owl:Class >
```

```
    </owl:equivalentClass >
    < rdfs:subClassOf rdf:resource = "http://www.w3.org/2002/07/owl#Thing"/>
</owl:Class >
```

### 6.5.6 矛盾关系

矛盾关系（antinomy relation）指在同一上位概念下两个下位概念间的内涵完全否定的关系，即两个下位概念内涵相互排斥。以图 6.10 为例，概念 A 和概念 B 同为概念 C 的下位概念，但它们的内涵完全不同，则概念 A 和概念 B 互为矛盾关系。例如，"谷物制品"和"化学制品"均属于"制品"的一种，且其内涵相互矛盾，但是制品还包括"木制品""玻璃制品"等，所以"谷物制品"和"化学制品"之间的关系属于矛盾关系。

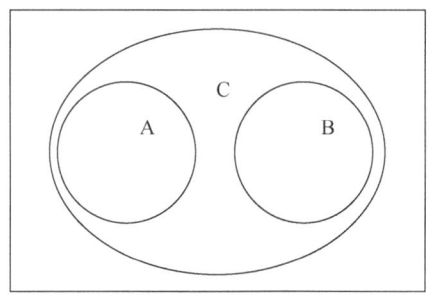

图 6.10 矛盾关系

矛盾关系是一种非常普遍的关系，很多概念间都存在着矛盾关系，如"冷水"与"热水"，"高温"与"低温"等。矛盾关系的表现形式为：概念 A < antinomy > 概念 B。在 OWL 中，定义 owl：antinomy 标签来表示矛盾关系，实例"冷水" < antinomy > "热水"表示如下。

```
< owl:Class rdf:about = "#冷水" >
    < owl:antonym rdf:resource = "#热水"/ >
</owl:Class >
```

### 6.5.7 因果关系

如果一个类的发生导致另一个类的产生，则这两个类之间存在因果关系（causality）。例如，"入射光"与"反射光"和"折射光"，由于入射光可同时产生反射光和折射光，则"入射光"与"反射光"、"入射光"与"折射光"之间均存在因果关系。

用 causes 关系和 causedBy 关系来表示因果关系。如果概念 A 和概念 B 之间存在关系：概念 A < causes > 概念 B，则概念 A 是概念 B 产生的原因之一。在 OWL 中定义 owl：causes 标签来表示因果关系，实例"降雪" < causes > "降温"表示如下。

```
< owl:Class rdf:about = "#降雪" >
    < owl:causes rdf:resource = "#降温"/ >
```

```
</owl:Class >
```

如果概念 A 和概念 B 之间存在关系：概念 A < causedBy > 概念 B，则概念 A 是概念 B 导致的结果。在 OWL 中定义 owl:causedBy 标签来表示 causedBy 关系，实例"反射光" < causedBy > "入射光"表示如下。

```
< owl:Class rdf:about = "#入射光" >
  < owl:causedBy rdf:resource = "#反射光"/ >
  < owl:causedBy rdf:resource = "#折射光"/ >
</owl:Class >
```

### 6.5.8 动作关系

动作关系（behavior relation）是概念间关系中比较特殊的一类关系。动作关系指两个类之间存在的相互作用的关系，类似于语言学中的"主谓宾"关系。例如，在因果关系中，如果某种行为导致某个结果，它们之间存在动作关系 resultIn。举例如下："分株—resulting—死亡"，而"分株"本身是一种动作，如"农民—分株—大麦"。

许多研究领域本体的组织和机构在自己的领域本体中提出过一些这类动作关系。例如，联合国粮食与农业组织在其网站上发布了这类比较具体的关系，包括 affects 和 affectedBy、beneficial for 和 benefits from、causes 和 causedBy 等。这些关系中，有些可以在各个领域通用，有些则不可以；并非所有的动词都可以直接拿来做动作关系，只有及物动词才能考虑，而且这个动词还必须能应用于大部分领域。目前，在动作关系上没有比较统一的标准和实现办法，这也是本体需要研究的地方。

以食物安全领域的知识为例，列举出一些常用的动作关系，介绍如下。

（1）growIn 关系

growIn 关系的表现形式为：概念 A < growIn > 概念 B。概念 A 一般指植物分类，概念 B 指概念 A 的生长环境。例如，"荷花" < growIn > "池塘"，"花生" < growIn > "砂性土"。在 OWL 中定义 owl:growIn 标签表示 growIn 关系，实例"花生" < growIn > "砂性土"表示如下。

```
< owl:Class rdf:about = "#花生" >
  < owl:growIn rdf:resource = "#砂性土"/ >
</owl:Class >
```

（2）liveIn 关系

liveIn 关系与 growIn 关系类似，它表示动物种类和其生长区域之间的关系，其表现形式为：概念 A < liveIn > 概念 B。例如，"带鱼" < liveIn > "海洋"，"鲫鱼" < liveIn > "淡水河"。在 OWL 中定义 owl:liveIn 标签来表示 liveIn 关系，实例"鲫鱼" < liveIn > "淡水河"表示如下。

```
< owl:Class rdf:about = "#鲫鱼" >
  < owl:liveIn rdf:resource = "#淡水河"/ >
```

&lt;/owl:Class &gt;

(3) plant 关系

plant 关系是指人类对植物之间的种植关系，其表现形式为：概念 A ＜plant＞ 概念 B。例如，"药农" ＜plant＞ "田七"，"菜农" ＜plant＞ "白菜"。在 OWL 中定义 owl：plant 标签表示 plant 关系，实例 "菜农" ＜plant＞ "白菜" 表示如下。

&lt; owl:Class rdf:about = "#菜农" &gt;
&lt; owl:plant rdf:resource = "#白菜"/ &gt;
&lt;/owl:Class &gt;

(4) breed 关系

breed 关系与 plant 关系类似，它指人类对动物之间的饲养关系，其表现形式为：概念 A ＜breed＞ 概念 B。例如，"动物学家" ＜breed＞ "老鼠"，"牧民" ＜breed＞ "绵羊"。在 OWL 中定义 owl：breed 标签表示 breed 关系，实例 "牧民" ＜breed＞ "绵羊" 表示如下。

&lt; owl:Class rdf:about = "#牧民" &gt;
&lt; owl:breed rdf:resource = "#绵羊"/ &gt;
&lt;/owl:Class &gt;

(5) affects 关系与 affectedBy 关系

affects 关系的表现形式为：概念 A ＜affects＞ 概念 B，指概念 A 对概念 B 在某种程度上起作用，使得概念 B 的存在状态、方式或地点等发生了变化。举例如下："光照强度" ＜affects＞ "光合作用"，"政策" ＜affects＞ "房价"，"运动" ＜affects＞ "健康"。在 OWL 中定义 owl：affects 标签表示 affects 关系，实例 "光照强度" ＜affects＞ "光合作用" 表示如下。

&lt; owl:Class rdf:about = "#光照强度" &gt;
&lt; owl:affects rdf:resource = "#光合作用"/ &gt;
&lt;/owl:Class &gt;

affectedBy 关系与 affects 关系互逆，如果概念 A 和概念 B 之间存在关系：概念 A ＜affects＞ 概念 B，则概念 B ＜affectedBy＞ 概念 A 同时存在。在 OWL 中定义 owl：affectedBy 标签表示 affectedBy 关系，实例 "光合作用" ＜affectedBy＞ "光照强度" 表示如下。

&lt; owl:Class rdf:about = "#光合作用" &gt;
&lt; owl:affectedBy rdf:resource = "#光照强度"/ &gt;
&lt;/owl:Class &gt;

(6) harm 关系和 harmedBy 关系

harm 关系的表现形式为：概念 A ＜harm＞ 概念 B，表示概念 A 对概念 B 起到负面影响，损害了概念 B 的健康、运行状态、价值等。举例如下："汽车尾气" ＜harm＞ "空气"，"雾霾" ＜harm＞ "人居健康"，"大气污染" ＜harm＞ "环境健康"。在 OWL 中定义 owl：harm 标签表示 harm 关系，实例 "汽车尾气" ＜harm＞ "空气" 表示如下。

```
< owl:Class rdf:about = "#汽车尾气" >
  < owl:harm rdf:resource = "#空气"/ >
</owl:Class >
```

harmedBy 关系与 harm 关系互逆,如果概念 A 和概念 B 之间存在关系:概念 A < harm > 概念 B,则概念 B < harmedBy > 概念 A 同时存在。在 OWL 中定义 owl:harmedBy 标签表示 harmedBy 关系,实例"环境健康" < harmedBy > "大气污染"表示如下。

```
< owl:Class rdf:about = "#环境健康" >
  < owl:harmedBy rdf:resource = "#大气污染"/ >
</owl:Class >
```

(7) subprocessOf 关系

如果某个事件是另一个事件的步骤之一,则这两个事件之间存在 subprocessOf 关系,其表现形式为:概念 A < subprocessOf > 概念 B。例如,"巴氏杀菌法" < subprocessOf > "牛奶加工","厌氧发酵" < subprocessOf > "沼气工程"。在 OWL 中定义 owl:subprocessOf 标签表示 subprocessOf 关系,实例"巴氏杀菌法" < subprocessOf > "牛奶加工"表示如下。

```
< owl:Class rdf:about = "#巴氏杀菌法" >
  < owl:subprocessOf rdf:resource = "#牛奶加工"/ >
</owl:Class >
```

### 6.5.9 时间关系

时间关系(time relation)是指事件发生的先后或指时间概念的先后关系。时间关系可分为三类:before 关系、after 关系和连贯关系。

before 关系的表现形式为:概念 A < before > 概念 B,指概念 A 的发生时间早于概念 B 的发生时间。例如:"中药提取" < before > "中药浓缩","开花" < before > "结果","鱼卵" < before > "稚鱼"。在 OWL 中定义 owl:before 标签表示 before 关系,实例"中药提取" < before > "中药浓缩"表示如下。

```
< owl:Class rdf:about = "#中药提取" >
  < owl:before rdf:resource = "#中药浓缩"/ >
</owl:Class >
```

after 关系的表现形式为:概念 A < after > 概念 B,指概念 A 的发生时间晚于概念 B 的发生时间。例如:"中药浓缩" < after > "中药提取","结果" < after > "开花"。在 OWL 中定义 owl:after 标签表示 after 关系,实例"结果" < after > "开花"表示如下。

```
< owl:Class rdf:about = "#结果" >
  < owl:after rdf:resource = "#开花"/ >
</owl:Class >
```

连贯关系是指那些连续发生的概念,这些概念的发生有一定的顺序。以"哺乳动物的发育过程"为例，发育过程包括"胚胎期""幼儿期""成年期""老年期"，这4个过程之间的关系为连贯关系。发育过程可能在某个阶段中断，但是肯定不会跳跃发生。对连贯关系的表达需要两步，以"哺乳动物的发育过程"为例，首先把"胚胎期""幼儿期""成年期""老年期"与"哺乳动物的发育过程"建立 subprocessOf 关系，然后用 before 关系或 after 关系定义连续两个时期的关系，即"胚胎期" <before> "幼儿期"，"幼儿期" <before> "成年期"，"成年期" <before> "老年期"，这样就完整地定义了连贯关系。

### 6.5.10 能愿关系

能愿关系（wish relation）主要指概念之间存在的3种意义：可能、意愿和必须，它反映了两个概念间的一种内在联系。一些主要的能愿关系列举如下。

（1）need 关系

need 关系是指概念 A 对概念 B 的依赖关系，表示为：概念 A <need> 概念 B。例如，植物生长的过程离不开水分，所以"植物生长"和"水分"之间存在 need 关系，表示为："植物生长" <need> "水分"。有些 need 关系是可逆的，有些是单向的，如"植物生长"和"水分"之间的 need 关系就是单向的。

（2）control 关系

control 关系是指概念 A 对概念 B 的控制关系，表示为：概念 A <control> 概念 B。例如，物体压力在某种程度上可以决定一个物体的摩擦力，所以"压力"和"摩擦力"之间存在 control 关系，表示为："压力" <control> "摩擦力"。大部分 control 关系都是单向的。

（3）develop 关系

develop 关系是指概念 A 对概念 B 的促进关系，表示为：概念 A <develop> 概念 B。例如，经济是一个国家首要发展的事项，所以"国家"和"经济"之间存在 develop 关系，表示为："国家" <develop> "经济"。大部分 develop 关系都是单向的。

（4）like 关系和 love 关系

like 关系和 love 关系都是指一个概念对另一个概念存在喜欢的感情，只是它们所代表的程度有所不同。这两种关系表示如下：概念 A <love> 概念 B；概念 A <like> 概念 B。like 关系和 love 关系一般都是双向的。例如，"丈夫" <love> "妻子"表示丈夫爱妻子，在一般情况下，该关系的逆关系也存在，即"妻子" <love> "丈夫"。

（5）want 关系

want 关系是指一个概念对另一个概念存在占有的感情，表示为：概念 A <want> 概念 B。例如，"海豹" <want> "企鹅"。需要说明的是，want 关系与 need 关系是不同的。在概念 A <want> 概念 B 这个例子中，概念 A 一般是有主观思想的生物，希望拥有概念 B 但并不一定需要概念 B。在之前提到的例子中，海豹不捕食企鹅也能生存，它们可以捕食其他生物。在概念 A <need> 概念 B 中，如果没有概念 B，概念 A 就会受到影响。

（6）hope 关系

hope 关系是指一个概念对另一个概念存在期望的感情，表示为：概念 A <hope> 概念 B。

例如,"人类"<hope>"幸福"。

### 6.5.11 空间关系

空间关系(space relation)是指事物之间的位置关系。空间关系有很多种,包括locatedIn关系、beOn关系、beInTheLeftOf关系、beInTheRightOf关系等。

locatedIn关系的表现形式为:概念A<locatedIn>概念B,表示事物的地理位置。例如,"故宫博物院"<locatedIn>"北京市","埃菲尔铁塔"<locatedIn>"巴黎","夏威夷群岛"<locatedIn>"美国"。在OWL中定义owl:locatedIn标签来表示locatedIn关系,实例"埃菲尔铁塔"<locatedIn>"巴黎"表示如下。

```
<owl:Class rdf:about="#埃菲尔铁塔">
  <owl:locatedIn rdf:resource="#巴黎"/>
</owl:Class>
```

beOn关系表示某一事物位于另一事物的表面。例如,"花冠"<beOn>"花萼"。在OWL中定义owl:beOn标签表示beOn关系,实例"花冠"<beOn>"花萼"表示如下。

```
<owl:Class rdf:about="#花冠">
  <owl:beOn rdf:resource="#花萼"/>
</owl:Class>
```

以上介绍了本体OWL概念关系建立方法,人类知识是在积累和继承中不断前行的,随着本体研究不断深入,将会看到更多概念关系的建立。例如,联合国粮农组织开发的Agrontology[①],设定的第一层级概念关系目前有39种,分别为Causative relationship(因果关系),Has antonym or Has opposite(反义或对立关系),Has composition(有……成分),Has host or Is vector for(有宿主或是……的载体),Has member(有成员),Has parent(有父项),Has part(有部分),Has substitute(有替代),Has symptom(有症状),Has type(有类型),Has vector or Is host for(有载体或是……的宿主),Included in(包含于),Includes(包含……),Indicates(表示),Influences(影响),Instrumental relations(作用关系),Is composition of(是……组成部分),Is derived from(来源于),Is influenced by or Depends on(受影响或依赖于),Is input for(是……的输入),Is made from(由……做成),Is member of(是……成员),Is output from(由……产出),Is parent of(是……的父项),Is part of(是……的一部分),Is source of(是……来源),Is studied by(被……研究),Is substitute for(代替),Is use of(使用……),Is used as(用作),Is used in(用于),Is used to make(是用来做……),Make use of(利用),Quantitative relationship(数量关系),Spatial relations(空间关系),Study(研究),Taxonomic relationship(分类关系),Temporal relations(时间关系),Type of(是……类型)。

---

① Agrontology [EB/OL]. [2024-03-28]. http://aims.fao.org/agrovoc/agrontology.

# 第七章 生态系统视角的知识组织

生态学（ecology）是研究有机体及其周围环境相互关系的科学①。本章将生态学的原理和方法引入知识组织中，提出知识组织生态系统概念②，分为实例个体、概念种群、词表群落和生态系统4个层次，分别说明知识组织生态系统的研究内容③。主要内容基于2015年国家社会科学基金项目"面向叙词表构建的知识组织生态系统研究"的成果展开④，介绍和总结知识组织生态系统的研究思路与研究成果。

## 7.1 生态系统视角的知识组织系统总体构架

### 7.1.1 生态系统与知识系统研究对象的对应关系

生态学主要分以下4个组织层次：个体（individual）、种群（population）、群落（community）和生态系统（ecosystem）。这些研究对象与知识组织过程有着理想的对应关系，分别介绍如下。

（1）实例个体的对应关系

个体层次的生态学，主要研究生物个体与环境之间的相互关系，包括生物个体对环境的适应性，环境包括生物环境和物理环境。概念和实例是构成知识组织系统的重要成分，其中的实例（实体）与生态学中生物个体有着天然的对应关系，对应的英文都是"individual"。例如，草原上的一棵三叶草、一只羊、一头牛、一匹马、一只虎等，都是不同的生物个体，分别组成自己的物种种群，与生存的物理环境，如温度、湿度、阳光和水等发生联系。人名、地名、机构等实体名词，出现在文献标题、摘要、关键词、正文等不同位置。每次出现都可以看作一个实例个体，这些实例个体存在于文献环境中，不同实例个体组成各自的概念，与文献环境存在着词形、词义、语境、语义等关联关系。实例个体来源于文献环境，同时也是文献环境的组成成分。

---

① 牛翠娟，娄安如，孙儒泳，等. 基础生态学 [M]. 3版. 北京：高等教育出版社，2015：1-4.
② 常春. 面向叙词表构建的知识组织生态系统研究 [J]. 图书情报工作，2016，60（15）：101-107.
③ 常春，杨婧，李永泽. 知识组织生态系统构架形成与研究进展 [J]. 图书情报工作，2019，63（7）：146-150.
④ 国家社科基金项目"面向叙词表构建的知识组织生态系统研究"（项目编号：15BTQ030）[EB/OL]. [2024-03-28]. http://fz.people.com.cn/skygb/sk/index.php/Index/seach.

## 第七章　生态系统视角的知识组织

**（2）概念种群的对应关系**

种群是栖息在同一地域中同种生物个体组成的集合。种群是由个体组成的群体，并在群体水平上出现了个体层次不具备的特征，如出生率、死亡率、增长率、性别比、种内关系、种间关系、年龄结构、空间分布等属性特征。例如，草原上的羊群，群内有领头羊，头羊往哪个方向走，其他羊就都会跟着它的步伐和方向走。羊群有种群的行为和特征，例如，以年为单位统计小羊出生率、死亡率，羊群年龄结构的统计，头羊的重要性等特征。在知识组织中，与种群对应的是概念，概念是思维的单元，是由实例个体组成的集合。概念同样有诞生、热点研究、停用特征，存在优选词与非优选词的等同关系及相关关系、等级关系。基于概念的词频变化可以判定其成熟度，也具有等同率统计特征。物种种群与知识组织的概念有着完全一致的对应关系。

**（3）词表群落的对应关系**

生物群落指特定空间或生态环境内不同物种种群有规律的集合，是栖息在同一地域中的动物、植物和微生物组成的集合。在群落层次上，其生态特征包括群落的结构、演替、多样性、稳定性等；在陆地上其分类有草原群落、湿地群落、森林群落、高山群落等。不同程度语义关系的KOS，与生物群落相对应，词表同样有着宏观结构、微观结构、词表更新、概念多样性、概念稳定性等特征，有参照度、关联比等参数统计特征，有领域词表和综合词表的区分。因此，领域词表与生物群落可以进行对应。

**（4）生态系统的对应关系**

生态系统是在一定空间中生物群落和非生物环境的集合。主要研究内容集中在物质循环、能量流动、信息传递等方面。对应知识组织活动的系统性特征，在KOS的构建和应用中，同样存在知识的传递、词表应用等系统性特征。地球上的能量流动表现在绿色植物（生产者）将光能转化为化学能，存储在有机物中；草食动物（初级消费者）通过对绿色植物的采食，将一部分能量转移到草食动物层；肉食动物（次级消费者）对草食动物的捕食，将一部分能量又转移到肉食动物层。能量在生态系统中表现出单向传递、逐级递减的特征。人类在生产和社会活动中创造的知识，转化为出版社的著作、杂志社的期刊论文、会议的论文集等，经过网络渠道、图书馆等将知识传递给读者；知识组织体系的等级结构，从概念泛指到概念专指的属分关系传递过程，知识也有能量传递的特征。总之，KOS的构建和应用过程也符合生态系统的系统性特征。

### 7.1.2　知识组织生态系统框架

**（1）知识组织生态系统的定义**

基于生态学研究对象与知识组织因素的完整对应，将生态学原理和方法引入知识组织过程中，提出知识组织生态系统（knowledge organization ecosystem，KOES）概念[1]。研究KOES的结构功能和属性特征，借鉴生态学理论方法，从理论上确立词表研究体系，解释

---

[1] 常春．面向叙词表构建的知识组织生态系统研究［J］．图书情报工作，2016，60（15）：101-107．

词表的工作原理，为 KOS 的构建和应用提供理论依据。本书将知识组织生态系统定义为：应用生态学原理，从生态系统属性特征出发，将 KOS 与生物对应，文献信息与生物环境对应，其中概念为 KOS 的单位，生物种群为生物的单位，由实例个体、概念种群、词表群落、信息环境等因素构成相互作用、相互关联的知识组织生态系统。

（2）知识组织生态系统基本思路

生态系统具有系统性特征，KOS 的知识组织与检索功能同样具有系统性特征。在生物圈中，无论是生物个体还是生物种群，都存在生老病死的生命周期特征。在 KOS 中，无论是单个概念还是整体词表，同样存在新概念诞生、使用和停用，词表的构建、更新维护甚至消亡。在一个特定生态系统中，物种数量与种类基本上是稳定的；在一部专业的词表中，概念的数量与含义也是稳定的。在一个生态系统中，以物种为单位，通过物质循环、能量流动和信息传递，各因子间存在各种关联关系。在 KOS 及其应用中，以概念为单位，同样存在着等级关系、相关关系等概念间关系，以及 KOS 标引过程中的概念与领域知识覆盖等关系。

鉴于 KOS 及其工作环境与生态系统的生物与环境在结构功能方面具有相似性，面向词表构建，研究 KOES 特征，主要从概念遴选和概念关系建立出发。例如，概念遴选思路来源于物种种类数量稳定性特征。物种间利用同一种有限资源会产生相互抑制作用，表现为同一生态位趋向于只能有一种生物生存。此外，食物种类趋于集中，食物数量相对增加，以保证不同物种的独立存在。物种竞争的结果是在一个生态系统中，物种种类和数量基本是稳定的。对 KOS 来说，不同概念如果可标引的文献主题有重叠，则这些概念间存在竞争关系。在叙词表的更新维护中，需要将这些概念含义逐步明确，进化为一个概念一个含义，概念竞争的结果是在一个 KOES 中，概念的种类和数量基本稳定，表现为同一知识生态位只能用一个概念去表达。概念间关系建立研究思路，可以来源于物种间的捕食、竞争、寄生、共生等关系，如食物链关系，生物物种之间基于食物关系形成食物链，"大鱼吃小鱼，小鱼吃虾米"就是一种水生生物的食物链，多种食物链会汇集成食物网，通过食物链将物种联系起来。相应地，概念间也可以建立类似食物链的概念关系。

（3）知识组织生态系统结构与组成

图 7.1 显示了知识组织生态系统的结构与组成。生态系统由生物与环境构成，生物的单位层次可分为由不同生物个体组成生物种群，不同生物种群组成生物群落，生物群落与生物环境组成生态系统。对应生态系统，由不同实例组成概念，不同概念组成词表，由词表和文献环境共同组成知识系统。生态系统的环境对应使用 KOS 进行标引与检索的文献信息。生物分类最小单位为物种，每个物种都会有自己的种群，将生物的种群对应 KOS 的概念，概念既可以是词表的优选词所代表的概念，也可以是分类法的一个类目或本体的一个类（class）。生态系统中不同物种种群变化与分布对应 KOS 概念的遴选与覆盖；种群内生物数量对应 KOS 同一概念内的实体数量或概念词频数量，物种内生物个体关系对应概念的优选词与非优选词之间关系，或者在文献中处于不同位置的概念术语之间的关系；物种之间的关系，对应概念之间的关系；物种种群与环境的关系对应概念与文献信息的关

第七章 生态系统视角的知识组织

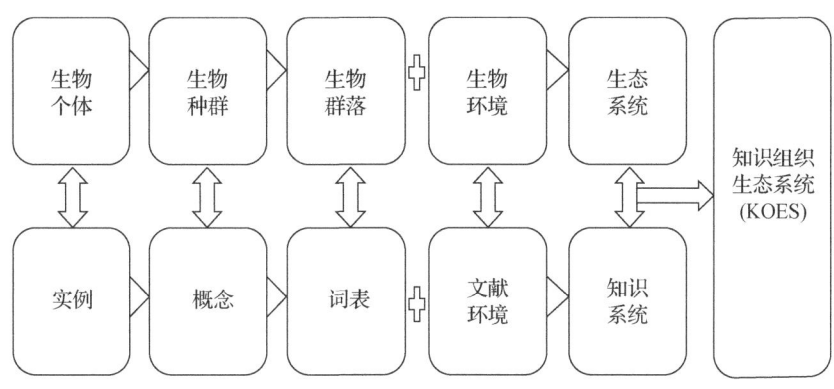

图 7.1 知识组织生态系统框架图

系,整体形成 KOES。

## 7.1.3 知识组织生态系统的研究方向

从实例个体、概念种群、词表群落和生态系统 4 个层次,分别介绍 KOES 的研究方向。详细内容见表 7.1。

表 7.1 知识组织生态系统的研究方向

| 研究领域 | 研究方向 |
| --- | --- |
| 实例个体层面 | ①文献环境实体名词挖掘研究<br>②实例个体源于自然语言研究<br>③实例个体词频统计变化研究<br>…… |
| 概念种群层面 | ①个体概念成熟过程特征研究<br>②同义近义概念种内关系研究<br>③等级相关概念种间关系研究<br>…… |
| 词表群落层面 | ①词表概念可度量特征研究<br>②词表概念多样性特征研究<br>③词表概念稳定性特征研究<br>…… |
| 生态系统层面 | ①范畴等级结构的系统性研究<br>②词族等级结构的系统性研究<br>③食物链等能量流动特性研究<br>…… |

实例个体层面研究方向：限定在术语、语词等实体层面，主要研究语词的词形、词义规范化，如优选词的遴选方法①；文献文本的自然语言处理，通过分词获取专业术语；通过数据挖掘自动获取人名、地名、机构名等专有名词实体数据；研究同义词②与同形异义词的识别方法③。所有语词层面的研究都可以归入实例个体层面的研究方向。

概念种群层面研究方向：生物分类以物种种群为单位，KOS的构建与应用以概念为单位。在概念层面，基于物种种群特征，可以开展大量研究。例如，通过词频统计研究概念的成熟周期④；通过概念的领域分布判断专业概念⑤和通用概念⑥；同义近义概念种内关系研究⑦；概念间等级关系的建立方法⑧；概念间相关关系的建立方法⑨。以生物种群为单位，构成物种的视角下，对应概念为单位，进行KOS的构建与应用，研究概念的属性、概念的关系，存在大量有意义的研究方向。

词表群落层面研究方向：生物群落关注的是各类物种种群聚集成的集合，在多种生物组成群落的基础上，研究群落结构、生物多样性等特征。对应到KOS，每部词表含有不同数量的概念，在词表层面，研究概念多样性问题；研究概念生态位空间结构，决定概念稳定性特征⑩；研究概念的数量特征，如参照度、关联比等各种语义关系计量参数等；研究概念关系组成的等级结构⑪或网络结构等；词表更新维护的概念动态演替研究等。

生态系统层面研究方向：从系统性出发，研究生态系统物质循环、能量流动、信息传递等特征。对应到KOS，同样存在系统性特征。例如，基于自然语言的叙词表自动构建研究⑫；范畴体系的系统性研究；词族结构的系统性研究等；词表系统之间的互操作问题研究等⑬。生态系统层面除系统性特征以外，也涉及环境的因素，KOS的基础应用就是对文献信息的标引和检索，所以，词表检索相关研究属于生态系统层面的研究方向⑭。

---

① 陈白雪，常春，刘春燕，等．叙词表概念优选词选择方法研究［J］.情报杂志，2015，34（12）：170-175.
② 王刘安，常春．用代传导中同义术语识别研究［J］.情报理论与实践，2014，37（9）：97-100，91.
③ 陈白雪，常春．同形异义词机器辅助识别方法研究［J］.数字图书馆论坛，2015（5）：8-13.
④ 杨婧，常春．基于Logistic种群增长规律的概念词频变化研究［J］.情报科学，2017，35（8）：15-18.
⑤ 常春，赖院根．专业概念机器辅助分类方法研究［J］.现代图书情报技术，2011（10）：34-39
⑥ 常春，赖院根．数字环境下通用概念获取方法［J］.图书情报工作，2011，55（23）：22-25.
⑦ 张冰，常春．基于术语原形化的英文同义词群构建方法研究［J］.情报杂志，2014，33（7）：171-175.
⑧ 邓盼盼，常春．叙词表编制中的概念多重属分关系研究［J］.情报科学，2015，33（5）：59-62.
⑨ 李永泽，常春．基于生态学种间关系的叙词表相关关系分类研究［J］.图书情报工作，2018，62（8）：123-129.
⑩ 杨婧，常春．基于生态位法则的概念稳定性研究［J］.图书情报工作，2016，60（13）：27-32.
⑪ 李永泽，常春．基于生态学能量传递的词族层次结构研究［J］.情报杂志，2017，36（3）：161-165，172.
⑫ 杜慧平，何琳，侯汉清．基于聚类分析的自然语言叙词表的自动构建［J］.国家图书馆学刊，2007（3）：44-49.
⑬ 常春，曾建勋，吴雯娜，等．《汉语主题词表》与英文超级科技词表概念映射构架设计［J］.数字图书馆论坛，2012（12）：27-31.
⑭ 常春．叙词表的术语服务方式研究［J］.图书情报工作，2012，56（22）：12-15.

## 7.2 基于种群增长规律的概念成熟过程

本节基于种群增长规律,将单个种群个体数量的增长过程与单个概念词汇的文献数量增长过程对应,具体使用概念词频统计研究概念词频的变化规律,初步总结出概念术语的成熟过程,并介绍在概念术语的遴选和概念关系的建立方面的应用。更多详细内容请参考论文《基于 Logistic 种群增长规律的概念词频变化研究》[1] 和《基于生物种群增长规律的概念词频变化特征研究》[2],本书又进行了数据更新。

### 7.2.1 种群个体数量增长模型

研究种群个体数量在时间和空间上的变动规律,在生物资源的合理利用、生物保护等方面具有重要的应用价值。生态学研究中,常常用数学模型模拟和研究种群变动规律。本小节引用牛翠娟等《基础生态学》一书介绍种群的增长模型(图 7.2 和图 7.3 均引自该书)[3]。生态学中一个著名的与种群个体密度有关的种群连续增长模型就是 Logistic 种群增长模型(图 7.2),描述的是在开始阶段(开始期),物种个体数量增长缓慢;随着物种个体的增加,物种个体密度进入迅速增加阶段(加速期);当物种个体增加到环境容量的一半左右,物种个体增加速度达到最大(转折期);以后随着资源和环境的限制,物种密度增加变缓(减速期);当物种个体达到环境饱和数量时,物种密度停止增长(饱和期)。这是一个典型的"S"形增长曲线,对应的数学模型公式为:$dN/dt = rN(1 - N/K)$,其中,$r$ 为增长率,$N$ 为种群生物个体数量,$K$ 为环境可以容纳的最大种群生物个体数量。

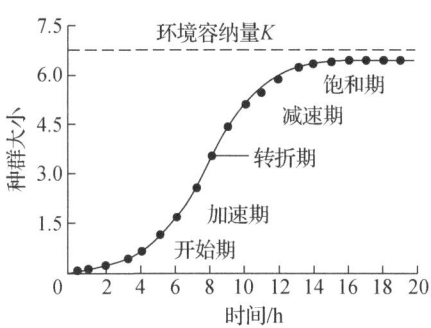

**图 7.2 种群在有限环境下的连续增长模型**

针对 Logistic 种群增长模型,书中给出了历史上绵羊和草履虫两个实际例子进行说明,见图 7.3。绵羊将近 100 年的种群增长过程,或者草履虫密度的变化过程,均表现出 Lo-

---

[1] 杨婧,常春. 基于 Logistic 种群增长规律的概念词频变化研究[J]. 情报科学,2017,35(8):15-18.
[2] 常春,杨婧. 基于生物种群增长规律的概念词频变化特征研究[J]. 情报科学,2018,36(10):128-132.
[3] 牛翠娟,娄安如,孙儒泳,等. 基础生态学[M]. 3 版. 北京:高等教育出版社,2015:75-80.

gistic 种群增长模型的"S"形曲线特征,并且补充说明,当环境发生波动时,种群数量也会发生波动,存在稍微超过种群密度平衡值的时期,这是由于密度对增长率的作用存在一个时滞造成的。

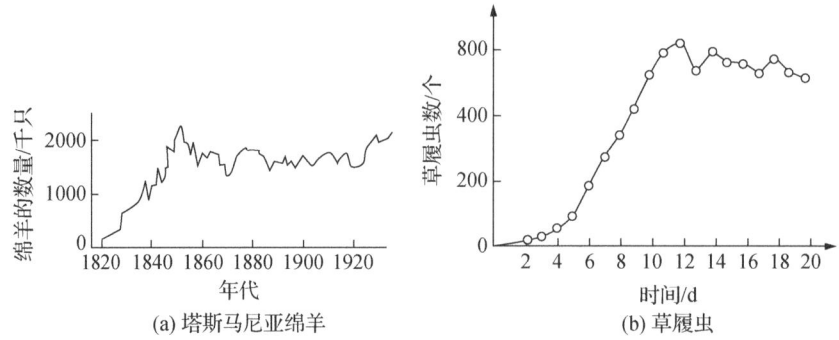

图 7.3 所观察到的实际种群的个体数量增长

### 7.2.2 "本体"概念词频增长规律研究

(1) 假设的提出

依据 KOES 研究框架,将单个种群与单个概念对应,种群个体增长存在 Logistic 增长规律,假设单个概念所标注的文献数量随着时间的推移其增长也存在同样的规律。这样的假设是否成立,我们同样找一个例子来验证。在国内图书情报领域,编者较早关注了"本体"概念的研究和发展变化[①]。从 2000 年左右开始,国内出现了"本体"概念,到 2010 年左右发展成知识组织的一个热点研究领域,随后本体概念研究逐步深入,保持着平稳的研究态势。用"本体"这个概念来验证其文献数量是否存在 Logistic 增长规律,通过以"年"为单位的概念词频统计来体现。

(2) 概念词频统计方法

2024 年 7 月 8 日,使用中国知网(CNKI)网络数据库[②],选高级检索,在检索框中输入"本体"进行主题检索,网站列出了历年文献总数,同时提供了文献数量按年统计发展趋势图。本小节的统计数据与统计图均由 CNKI 在线生成。CNKI 还提供了分领域(学科)进行检索及文献量统计功能,"本体"涉及的学科包括:计算机软件及计算机应用(14 063)、哲学(7915)、电力工业(5915)、自动化技术(5318)、中国语言文字(4219)、建筑科学与工程(3064)、互联网技术(2873)、中国文学(2807)、有机化工(2806)、图书情报与数字图书馆(2603)等学科。检索时,CNKI 提示,只对前 4 万条记录进行了年度分组,"本体"全部记录显示为 87 831 条,因此完全可以用于统计对比词频大小、发展趋势等讨论。

---

① 常春. Ontology 在农业信息管理中的构建和转化[D]. 北京:中国农业科学院,2004.
② 中国知网[DB/OL]. [2024-07-08]. http://www.cnki.net.

点击平台左侧文献数量年度变化的可视化展示功能，生成"本体"概念词频发展变化统计图（图7.4）。可以看出，图7.4、图7.2和图7.3总体趋势上存在完美的一致性，呈现出典型的"S"形曲线图，同样存在一些波动；2023年和2024年文献数降低，应该是CNKI收集期刊论文滞后的原因引起的。根据这个统计图，至少可以说明"本体"概念词频变化存在Logistic增长规律特征。

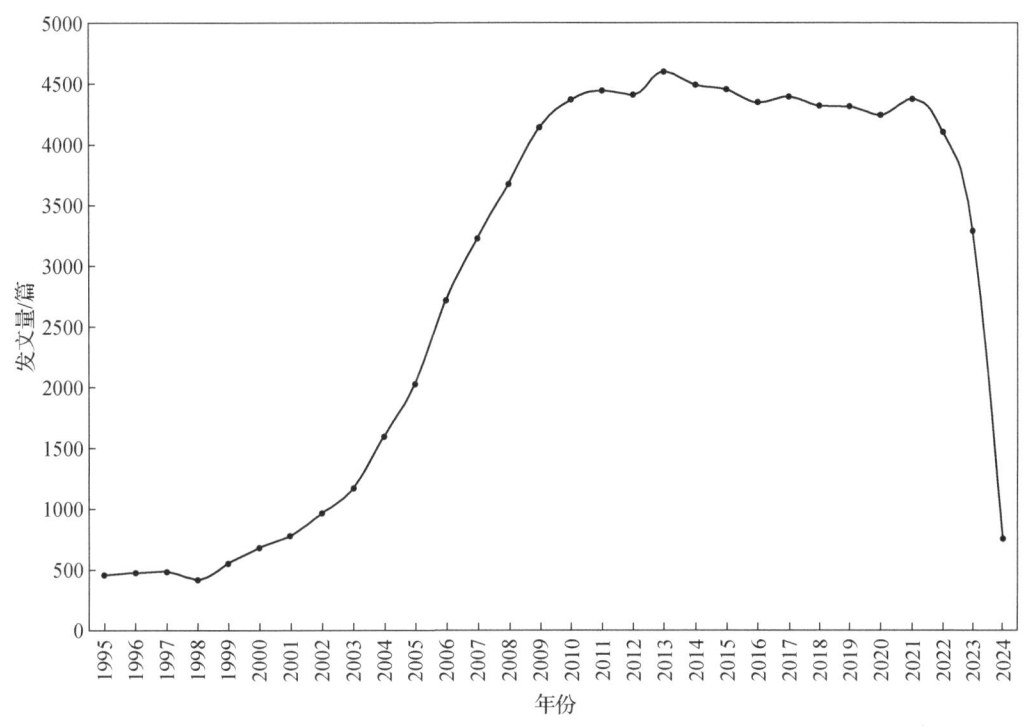

图7.4 "本体"在全部学科中历年文献数量变化趋势（1995—2024年）

（3）"本体"在单个学科领域的概念词频变化对比分析

"本体"最早是一个哲学领域的概念，研究天地万物的存在问题，后来成为计算机科学和人工智能领域的热点研究方向。2000年以后，随着"本体"在语义网中具有知识组织核心功能的提出，图书情报领域也开始关注这一研究方向。CNKI具有分学科统计历年文献数量的功能，我们选计算机软件及计算机应用、哲学、互联网技术、图书情报与数字图书馆4个学科，分别检索"本体"在这4个学科中历年发表的文献数量，并生成相应的统计图，将4个趋势图合并统一显示制作为图7.5。

从图7.5可以看出，"本体"在"计算机软件及计算机应用"和"互联网技术"两个学科中，文献增长趋势基本一致，表现出在2010年左右呈现出Logistic增长规律的特征，而在2010年以后，均出现了下降的趋势。如果"本体"在全部学科中在2010年以后保持平稳态势，那么从这两个学科中的下降趋势推理出在其他一些学科中应该是增加的。图中可见，在"哲学"学科中文献数量是增加的，在"图书情报与数字图书馆"学科中有波

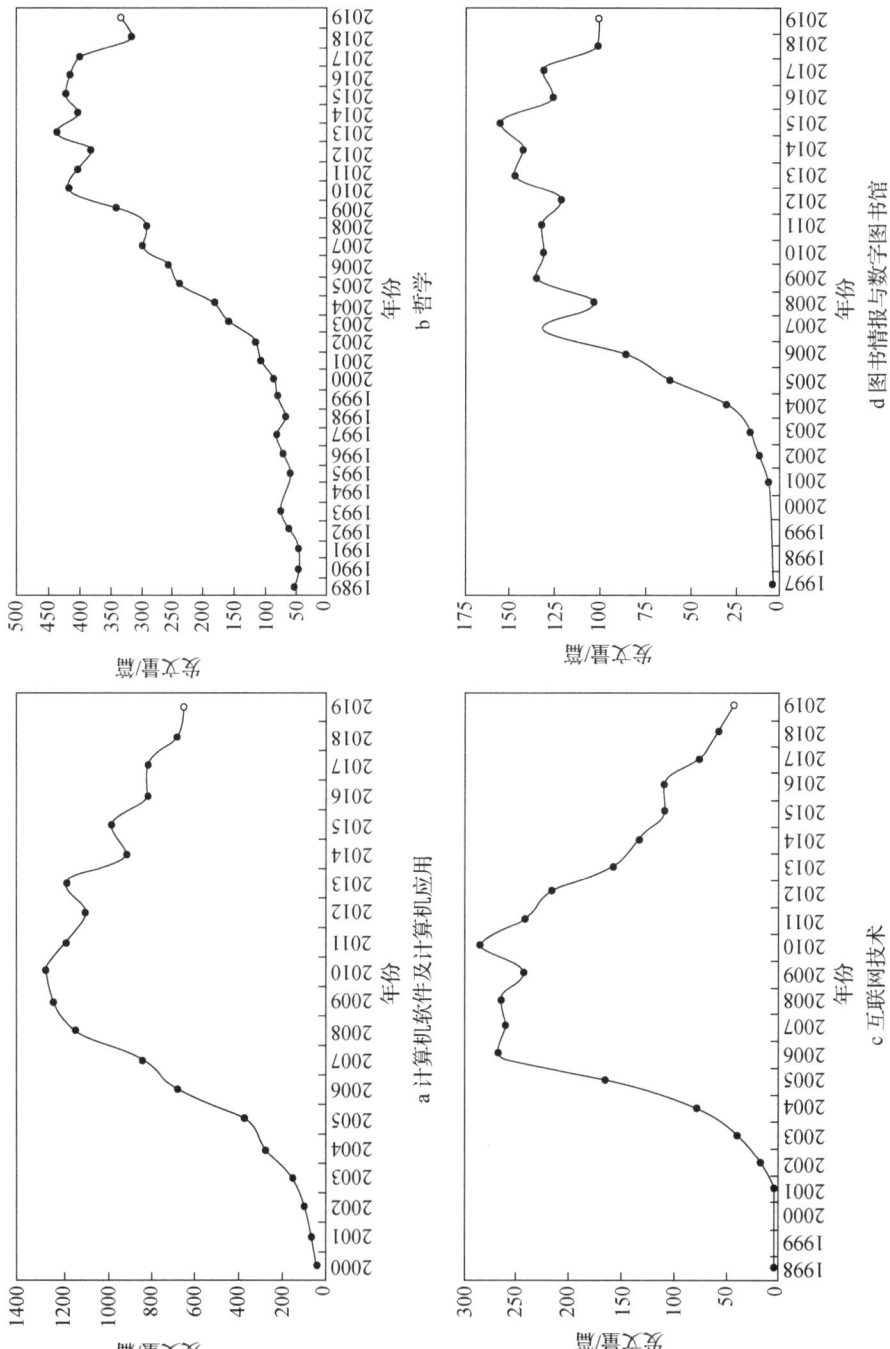

图 7.5 "本体"在不同学科中历年文献数量变化趋势

动也有增长的趋势。

通过对图 7.5 的分析可以有以下两点启示：①"本体"概念在相关分领域中，同样具有 Logistic 增长规律特征。在"计算机软件及计算机应用"和"互联网技术"两个学科中，2010 年以前的增长规律符合这一规律；2010 年以后趋势有所下降，可以解读为经过 Logistic 增长以后，如果没有新的研究进展，技术已经成熟了，则出现了向下波动的趋势。②概念研究热点在分领域间的转移现象。在 2010 年左右，"本体"研究热点转入"图书情报与数字图书馆"等其他领域，转入本体构建、本体概念关系建立等方面的研究。这表现出一个概念相关的主题研究，从一个学科转移到另一个学科，或者在一个学科中有"降温"的现象，而在另一个内在相关的学科中成为研究热点。

（4）"本体"概念词频研究结论与讨论

通过以上分析，我们仅针对"本体"一个概念，通过概念词频统计说明了在一定的时间范围内，一个概念被认可的过程，或者被持续关注或研究的过程，可以从固定时间单位产出的文献量上体现。这表现出 Logistic 增长规律，即概念词频增长过程呈现为一条"S"形曲线。在增长后期，由于研究问题的解决或研究问题的转移，概念词频有下降的趋势。

需要讨论的是，以上结论仅基于"本体"一个概念，试图得出普遍结论显然存在局限性。是否每个概念的词频增长过程都具有 Logistic 增长规律特征？在 CNKI 这样的大型科技论文文献数据库中表现出这样的特征，如果使用其他数据库，类似改变了生物种群环境是否还会表现出同样的增长规律？如使用专利数据库进行概念词频统计会出现什么特征或规律？或者使用外文文献数据库，如使用 Web of Science、EI 或 SpringerLink 数据库会出现什么情况？这些问题都需要通过具体实证才能得出更负责任的结论。

### 7.2.3 多个概念词频增长规律研究

（1）全学科中多个概念词频增长规律的统计分析

为了验证其他概念词频增长过程是否也遵循 Logistic 增长规律，本研究选择与图书馆学、情报学相关的 4 个概念进行同样的统计分析，领域为全学科，4 个概念分别为"信息检索""搜索引擎""数字图书馆""可视化"。

通过对 CNKI 网络数据库中的数据进行统计并生成了相应的趋势图（图 7.6）。从图 7.6 中可以看出，"信息检索""搜索引擎""数字图书馆"3 个概念同样符合 Logistic 增长规律。在各自的研究到达饱和点之后，均呈现出不同程度的下降趋势。这一变化可以解释为相关的研究问题已经得到一定程度的解决，如果没有新的突破、新的创新，则经过 Logistic 增长以后，文献篇幅呈下降趋势。只有"可视化"表现出强劲的快速增长趋势，我们把它归入 Logistic 增长模型的加速期，同样符合 Logistic 增长规律。

（2）子领域中多个概念词频增长规律研究

选择"信息检索""搜索引擎""数字图书馆""可视化"这 4 个主题词作为研究对象，是因为我们在 2016 年就开始通过概念词频研究概念成熟过程，当时研究的就是这

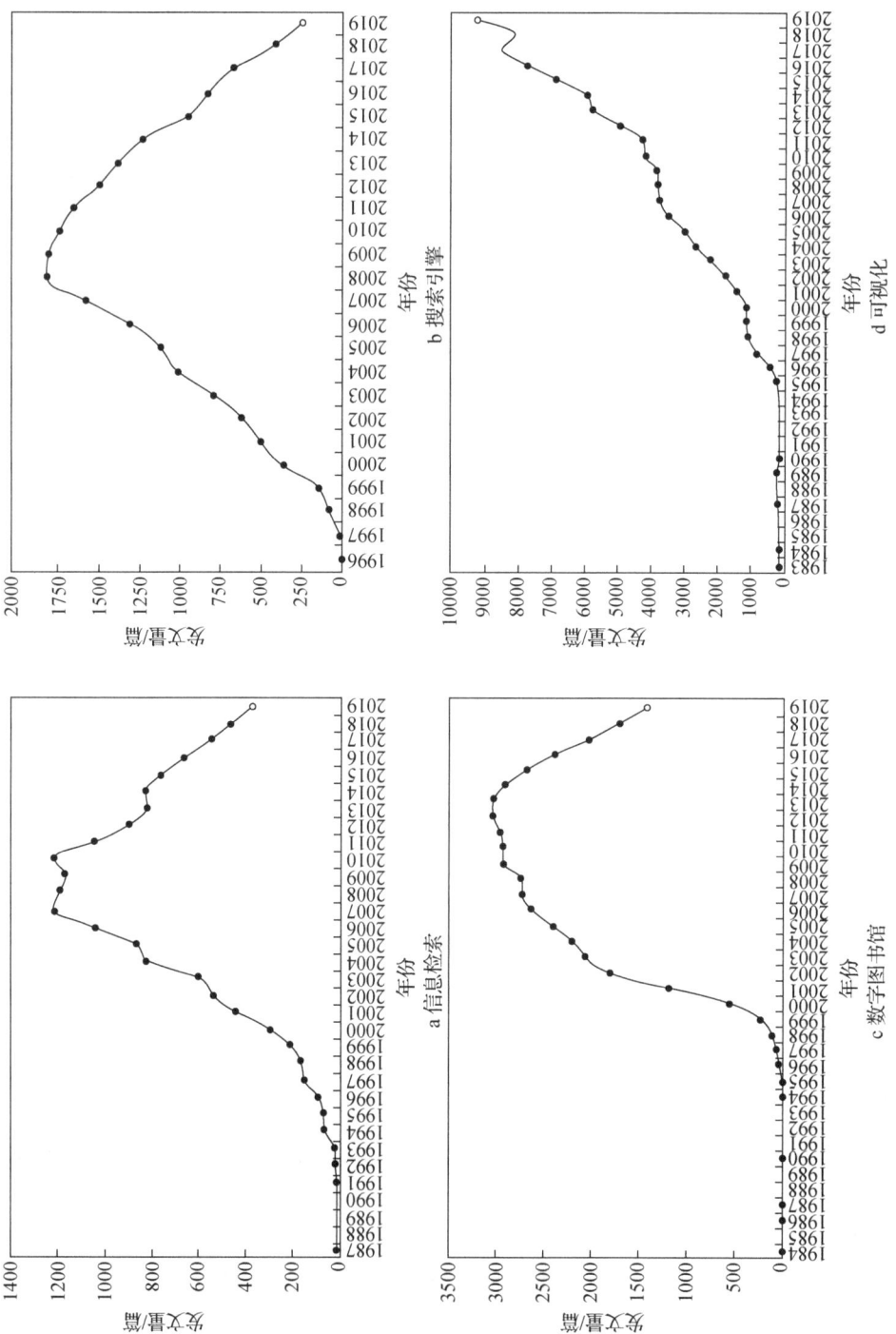

图7.6 4个主题词在全学科中历年文献数量变化趋势

4个概念，但检索范围限定在"图书情报与数字图书馆"子领域中，统计时间限定为1996年至2015年。为了验证数据的可重复性，统计的概念仍然使用这4个概念。更多相关研究细节与结论请参见《基于Logistic种群增长规律的概念词频变化研究》[①]一文。这里只介绍一些结论性的内容。

研究进行了人工统计和绘制趋势图，不同的是将4个概念的词频变化趋势整合在同一个坐标图中进行了展示，见图7.7。从图7.7中可以看出，"信息检索"与"搜索引擎"在"图书情报与数字图书馆"子领域中，同样表现出Logistic增长后概念词频出现下降的趋势，这与在全学科中的统计结果一致。"可视化"在子领域中的增长特征也与在全学科中的趋势相一致，即在"图书情报与数字图书馆"领域，"可视化"同样表现出加速期的增长态势。"数字图书馆"概念在全学科与子领域中的发展趋势不同：在全学科中表现为正常的"S"曲线增长后略有下降；而在子领域中是处于加速增长的特征。

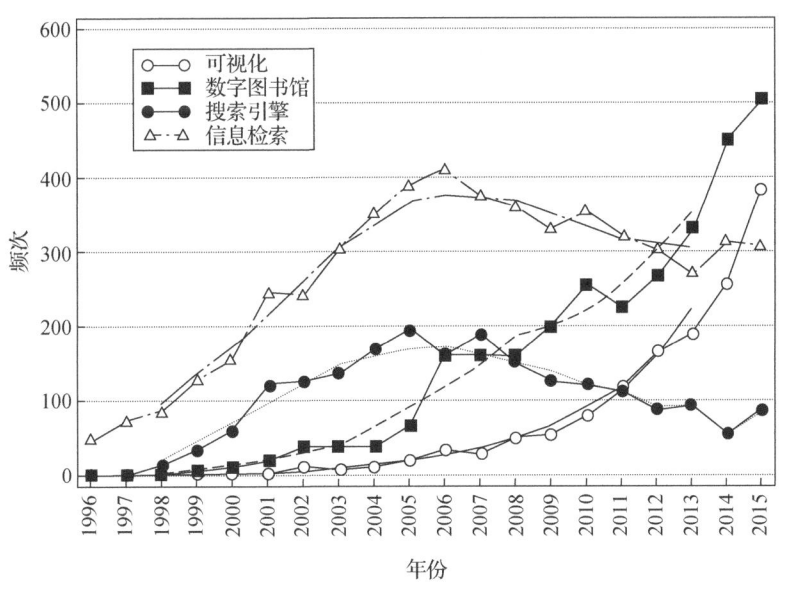

图7.7 4个主题词在子领域中历年文献数量变化趋势

子领域统计的概念词频变化结论主要包括以下两个方面。①多个概念在子领域中，概念词频增长规律同样具有Logistic增长特征，呈现出"S"形曲线增长趋势，到达增长顶点后，可能保持稳定波动或呈现出下降的特征。我们将这个变化过程认定为一个概念的成熟过程，即经过Logistic增长曲线后，概念逐渐发展成熟。②根据概念词频变化趋势、变化幅度等特征，对于变化趋势一致的两个或几个概念，推荐为具有某种关联的概念对或概念群，机器提取后推荐给相关的领域专家，由专业人员判断它们之间存在何种关系。例如，本次统计中，"信息检索"与"搜索引擎"在各种条件下词频趋势的一致性表明这两

---

① 杨婧，常春. 基于Logistic种群增长规律的概念词频变化研究[J]. 情报科学，2017, 35(8)：15-18.

个概念存在着强关联性,因此在叙词表中推荐这两个概念为相关关系。

经过从 2016 年开始的两次实验统计分析表明,通过概念词频统计的研究办法来判断一个概念的成熟过程是可行的。同时,概念词频的变化趋势对概念关系的建立具有一定参考价值。

鉴于语言表达、文献主题和概念语义等的复杂性,本研究结论仅限于统计概念的成立,更多概念的结果有待扩展不同数据库领域,统计和归纳更多数量的概念特征,在等同大数据的环境下归纳出所有概念的成熟过程,并有望得出更科学的概念词频增长模型来定义概念成熟规律。

## 7.3 基于种群特征的概念属性

### 7.3.1 基于生态位法则的概念稳定性

在一部领域叙词表中,概念数量是稳定的,概念含义保持着"一词一义"的特征。在一个稳定的生态系统中,物种数量也是稳定的,每个物种在生物环境中占据着一个生态位,保持着一个生态位对应一个物种的关系。我们提出假设,领域叙词表概念在文献环境中的分布遵循生态位法则,以下介绍相关研究内容和结论,详细内容见《基于生态位法则的概念稳定性研究》一文[①],更多研究内容请参考学位论文《基于物种稳定性的叙词表概念更新维护研究》[②]。

(1) 生态位法则

生态位(niche)是生态学中的一个基本概念,不同研究者关注的角度和研究的方法各不相同,给出各自的定义,使得生态位的词义越来越明确。最早学者关注的是不同物种在生态环境中的空间分布特征,例如,森林中各种鸟类在森林不同高度的生存范围区分。后来有学者关注生物群落范围,研究在生物群落中,物种的食物与天敌的关系,即一个物种在生态环境中的功能定位。早期关注的多为动物的生态位,其实对植物来说,森林中高大乔木、低矮灌木、阔叶林、针叶林等,是针对阳光的不同生态位;各种植物开花季节不同、花期长短各异,是针对气候的不同生态位;垂直高度如不同海拔高度上存在的不同生物、高山氧气稀薄环境下的动植物、陆地动植物等,每种生物都有自己的生态位。还有学者用数学语言,将影响物种生存的外在环境因素用不同维度去描绘,如将温度、湿度、食物 3 个因子作为参数,描绘物种生存的三维空间范围,添加其他因子可以描绘出多维生存空间,称为基本生态位。但自然界中存在生存竞争,所以也可以描绘出实际生态位。综合这些生态位相关研究,给出的生态位定义是指一个种群在生态系统中所占据的位置及其相关种群之间的相互作用,这种位置包含时间与空间上的关系。

---

① 杨婧,常春. 基于生态位法则的概念稳定性研究 [J]. 图书情报工作,2016,60 (13):27-32.
② 杨婧. 基于物种稳定性的叙词表概念更新维护研究 [D]. 北京:中国科学技术信息研究所,2017.

## 第七章 生态系统视角的知识组织

生态位法则是指在一个稳定的生态系统中，每一个物种都有自己各自的生态位，一个物种对应一个生态位。在生态平衡的环境中，不同物种的生态位在理论上不会重叠，如果有重叠则处于不稳定的状态。如果两个物种的生态位有重叠，则这两个物种存在竞争关系，它们将趋向于空间分离，以保证自身物种更易获取食物，同时获得最优的繁殖空间。最终，通过竞争削弱生态位的重叠关系，结果是每个生态位仅有一种物种占主导地位，从而达到局部环境的稳定状态。最终结果是在一个稳定的生态系统中，各个物种接近于分别独立占据相应的生态位，或者一个生态位生存着一个相对独立的物种。

(2) 概念所属的生态位法则

①概念数量生态位法则。在一个稳定的生态系统中，如繁茂的草原或原始森林，不同生活习性的物种分布在不同的生态空间中，一个物种对应一个生态位。在生态平衡没有被破坏的前提下，生态系统中的生态位和物种数量保持稳定状态。如果相似的生态位受到外来物种的大量入侵，导致生态位重叠，土著物种生存区域会缩减，甚至导致一个物种的灭绝。这就是竞争排除原则，其中生态位本身没变，只是由一个新的物种代替原有的物种占据了这个生态位。依据 KOES 框架，我们可以将物种与概念对应，生物环境与文献环境对应，由此，物种与生物环境组成的生态系统，便与概念与文献环境组成知识系统形成了类似的对应关系，则概念在文献环境中也应该遵循类似的生态位法则，即概念数量的稳定性特征。在一个学科领域中，会存在大量的相关的文献信息，随着大数据时代的到来，文献数量快速增加，但同一领域研究的知识主题种类在数量上基本上保持稳定。不同主题按照生态位法则分布在文献环境中，每个主题在文献中表达一个知识点，与一个概念相对应。知识系统通过这些不同的概念共同描述和编织。尽管文献数量可以无限增加，但研究主题数量、知识点数量，或者说表示文献研究内容的概念数量是稳定的。随着时间的推移，一些研究主题也会出现停滞或消失，同时会有新的研究主题出现，类似生态位的竞争排除原则，概念会经过停用、修改和新增，但总体数量仍然保持稳定。只有新概念的诞生、新研究主题的出现，如"非典""大数据""共享单车"等新生事物、热点研究主题，才有新概念的增加，而且研究主题永远与概念保持着一一对应的关系，这与生态位与物种之间的对应关系相类似。

②概念含义的生态位法则。在一个平衡的生态系统中，生态位总体数量的稳定性源于每个生态位个体的清晰性，这是经过物种之间相互竞争并通过适应环境而固定下来的时间和空间位置。如果多个物种存在食物资源上的重叠，则物种之间会存在生态位的空间分割或时间限定。例如，鹰击长空、鱼翔浅底，各自占有清晰的空间生态位；在草原生态中，草食动物采食绿色植物，肉食动物捕食草食动物，如狮子白天显威、老虎傍晚横行、群狼夜里觅食，每个物种都有自己清晰的生态位和明确的属性特征，这些生态位与生物环境中的其他生态位存在着食物链、竞争、合作或共生等功能关系。如果一个物种占据了不同的生态位，随着时间的推移，该物种也会逐渐选择并集中在一个最适合繁衍和获取食物的生态位中。生态位法则决定了物种生存的功能特征是稳定的，并具有自己特定的食物渠道和生存空间。人类知识存在继承和不断积累的特点，各类概念含义在文献中都得到了基本的

认同,每个主题对应一个概念,并通过一个优选词来表达。这种概念含义的稳定特征,就是优选词的"一词一义"原则。一条文献或一篇论文,通常含有几个关键词,这些关键词是标引论文研究主题的优选词,等同于描述论文主题的概念。在一个学科领域,大量的相关领域知识文献信息同样包含着大量的研究主题,这些主题也是通过大量的关键词体现的。如果几个关键词代表的知识点相同,则可以将这几个关键词归并为一个概念,并从中选一个规范化的关键词作概念的优选词,其他关键词为非优选词。这样,一个概念就可以表达一个文献主题。对于同一主题,如果不同文献用具有语义重叠的不同概念来表达,随着时间的积累,主题研究内容越来越清晰,这些有部分语义重叠的概念,其中一个得到大家认同的高词频概念就可以脱颖而出,成为代表该主题的主力概念。例如,对于研究"布尔逻辑"的文献主题,开始有人使用"信息检索""信息检索技术""信息素养"或"信息检索课程"进行标引,随着认同度的提高,"信息检索技术"的文献概念词频逐步上升,最终"信息检索技术"作唯一概念,与"布尔逻辑"的文献主题一一对应。

(3)实证研究与结语

基于生态位法则,生态位与物种一一对应,主题与概念一一对应,并遵循概念数量稳定及概念含义"一词一义"的原则。从理论上分析是成立的,但如何进行实证,如何证明这个原理是成立的呢?假设在一个领域中有 1000 个研究主题,类似于有 1000 个生态位,这 1000 个主题是如何"数"出来的?为何不是 1100 个主题?或者说领域中的研究主题能"数"吗?生态环境中的生态位能"数"吗?

实证方法采用相对的方法来反映概念生态位法则的存在。具体方法使用 CNKI 期刊网络数据库[1],限定 2006—2016 年的时间范围,检索"数字图书馆""信息检索""竞争情报"3 个主题词,得到的文献各自组成子领域文献库,抽取 1000 篇文献作为样本,导出每篇文献的关键词用于统计试验。每个子领域的文献随机分为 A 和 B 两个文献数据库,分别统计与对比 A 和 B 文献库中的概念数量。如果概念数量接近,则证明概念数量稳定性成立;如果核心概念相同,则证明概念的"一词一义"原则成立。概念是通过关键词同义归并后得到的,概念词频的统计是将含有相同含义关键词的文献数量求和得到的。具体统计和试验数据请查阅相关文献[2]。

表 7.2 是将 3 个子领域各自随机分为 A 组和 B 组后,抽取样本含有的全部关键词数、去重关键词数和同义归并为概念后的数量。可以看出,到了概念水平,统计得到的数量是趋于一致的,"数字图书馆"A 组的概念数是 852 个,B 组的概念数是 848 个,概念总数是一致的。由此可见,相同领域的文献环境,含有的文献主题数总量或概念总数是稳定的。

实验也统计了 A 组与 B 组中概念频次大于 6 的高频概念,发现两组间有 70% 的概念是相同的。这表明在同一文献领域,无论是 A 组还是 B 组,核心主题和核心概念是一致

---

[1] 中国知网 [DB/OL]. [2024-03-28]. http://www.cnki.net.
[2] 杨婧,常春. 基于生态位法则的概念稳定性研究 [J]. 图书情报工作,2016,60(13):27-32.

的,所表达的概念含义也是一致的。表现在文献中,即使相同领域进行了分组,组间使用的与主题相关的核心关键词仍然重复。这进一步证明了概念含义的"一词一义"原则成立。

表 7.2 数据处理结果　　　　　　　　　　　　　单位:个

| 分组 | 信息检索 | 数字图书馆 | 竞争情报 |
| --- | --- | --- | --- |
| A 组 | 2278 | 1892 | 1946 |
| B 组 | 1868 | 1867 | 1978 |
| A 组去重 | 865 | 871 | 939 |
| B 组去重 | 797 | 868 | 957 |
| A 组归并后 | 803 | 852 | 901 |
| B 组归并后 | 746 | 848 | 927 |

通过实验实证得到如下结论。物种与概念对应,生物环境与文献环境对应;物种与生物环境组成生态系统,概念与文献环境组成知识系统。物种在生物环境中的分布遵循生态位法则,即在一个稳定的生态环境中,一个物种对应一个生态位,所有物种都有各自独立的生态位,生态位的数量保持稳定,表现为物种数量保持稳定。生态位的空间分布具有一定的稳定规律;如果不同物种的生态位有重叠,则生物通过竞争趋向于食物与生存空间的细分,最终形成生态位与物种的一一对应。体现到一个学科领域中,一个文献主题对应一个概念,领域中的主题总数保持稳定,即概念总数保持稳定。这些概念按一定的语义关系分布在文献信息环境中。概念的含义保持稳定,表现在叙词表中就是概念优选词的"一词一义"原则。

### 7.3.2 基于物种多样性的概念稳定性

叙词表概念稳定性在叙词表的新建和更新维护中具有重要作用。在生态系统中,群落物种具有多样性特征,而生态学研究表明,物种多样性能够促进群落的稳定性。依据 KOES 框架,物种与概念对应,能否以此假设叙词表概念同样具有多样性,并据此说明叙词表概念稳定性的形成原因呢?课题组进行了相关研究,参见论文《基于生态学视角的叙词表概念多样性研究》[1] 和《基于生态学视角的叙词表概念稳定性研究》[2],更多详细研究内容参见相关学位论文[3]。

(1) 物种多样性与叙词表概念多样性

对物种多样性的特征进行分析,并寻找概念与物种的相似点,从四方面说明概念具有多样性。

---

[1] 邢福元,常春.基于生态学视角的叙词表概念多样性研究[J].情报杂志,2018,37(11):186-191.
[2] 邢福元,常春.基于生态学视角的叙词表概念稳定性研究[J].情报杂志,2019,38(7):146-150.
[3] 邢福元.基于物种多样性的叙词表概念稳定性研究[D].北京:中国科学技术信息研究所,2019.

**数量多样性特征**：物种多样性是指地球上所有生物物种及其各种变化的总称，是生物多样性在物种水平上的表现形式。物种种类数量巨大，物种个体数目多，共同构成了物种多样性的基础。叙词表中概念有着与其相近的特征。据统计，我国目前所编制的叙词表有150多部，其中几十部词表收词量超过了1万条。叙词表概念与物种多样性在数量规模上存在相似性，数量是物种多样性形成的前提，叙词表的词量规模充分满足了多样性提出的数量前提。

**系统多样性特征**：物种多样性除了表现在物种数量多样上，同样表现在多物种间相互依存而构成的整个系统。物种间存在着捕食关系、竞争关系、共生关系和寄生关系。生态系统中存在着大量的食物链、食物网、功能链和结构链，每一种生物都在这些网络上占据着某一特定的位置，互相依存、互相影响。叙词表具有系统性特征，词间关系是叙词表重要的属性特征，概念通过等级关系和相关关系共同构成一个小型知识语义系统。叙词表的概念占据着知识组织系统生态位的一部分，各概念之间相互关联、相互影响。物种间的关系网络，为物种共存、群落建立奠定了基础，而概念间词族链、相关关系项同样展现了这种系统性。由此可见，在系统结构上，概念和物种具有一致的多样性特征。

**分布及影响因素多样性特征**：从多样性的分布及影响因素角度来看，物种多样性存在着分布不均匀的特点，受环境因素、时间因素和人为因素等影响。对于叙词表的概念，同样存在多样性分布不均匀的情况，其影响因素也类似于物种的环境与人为因素，如现阶段国家大力支持人工智能学科发展，其概念增速大于其他学科。

**计量多样性特征**：从多样性的计量角度来看，物种多样性在深入了解群落组成和结构中占据核心与主体地位。叙词表也包含概念数量计量和概念间关系计量的指标，指标的大小也能够说明概念多样性大小。同样可以借鉴生态学相关指标，计算某一领域的概念多样性，从而对叙词表的词族构建提供参考。从这一角度，叙词表概念也能够和物种多样性特征进行对应。

综合以上几点，概念具有和物种相似的多样性，叙词表概念多样性指在一定时间和学科领域内，概念数量、概念在文献中的个体数量及其分布情况的多样性。

（2）群落稳定性与叙词表概念稳定性

物种多样性能够促进群落稳定性，将生态学原理应用到叙词表中，用以解释概念的稳定性特征。生态位原理是概念稳定性的重要原因，关于概念稳定性，还与食物网和冗余机制相关。

**概念稳定性与食物网**：食物网是一个动态的开放系统，是由区域内的物种按照捕食和被捕食的关系联系在一起组成的复杂系统。叙词表具有系统性特征，词间关系是叙词表的重要属性特征，叙词表中存在由概念和等级关系及相关关系联系在一起的概念网络。类比来看，食物网中网络节点是物种，网络的边是物种间关系；概念网络的节点是概念，网络的边则是概念间的等级关系和相关关系。在生态系统中，能量和物质流动起着十分关键的作用，能量通路即能量和物质流动的路径，是维持生命活动的重要载体。早在1955年，生态学家 MacArthur 根据食物网理论提出稳定性随着能量通路的增加而提高的理论[①]。对叙词表来说，概念与概念之间通过等级关系和相关关系连接，语义信息通过这些关系通路进行传递。概念数量多，会提高概念间等级关系和相关关系建立的可能性。关系通路多的概念网络，可以通过多种路径实现对某一概念的查找，即使概念网络中的某一路径缺失了一个节点，也可以从其他的语义连接找到该概念，保持叙词表的稳定性。由此从能量通路的角度解释了概念稳定性的形成原因。

概念稳定性与冗余机制：生态学理论认为，冗余可以提高生态系统的稳定性。生态学的冗余是存在一种或者以上的物种或者成分可以执行某种特定功能的能力。叙词表具有相似的概念冗余特点，对一篇文献进行标引时，每一主题都可以使用具有相似含义的概念进行标引。当其中一个概念被移除时，另一相似概念或是用现有概念进行组配形成的新概念，可以对其进行替换，这种概念冗余的可替换机制保持了叙词表的稳定性。冗余机制虽然维持了系统的稳定性，但却与有益产出形成矛盾。以人工培育的作物个体为例，由于生存资源有限，个体无法在保持冗余的同时还能够提升自身的产量，所以人工管理的群落中可以通过去除冗余，释放有限资源，来保证实现增产。叙词表同样是受人工控制的受控词表，冗余确实可以增加系统的稳定性，然而过多的冗余则会导致叙词表系统资源的浪费，具体体现在：编制工作量加大；词表研制成本增加；词表使用便捷性下降；词表的维护工作变得更加困难。由此可以看出，概念稳定性是存在限度的，不会存在多样性无限增长而稳定性也随之越来越牢固的情况。

（3）结论与应用价值讨论

叙词表概念多样性指标可以对叙词表状态进行描述，由此可对某领域叙词表或其中的范畴进行概念多样性的量化。这有助于了解不同时期该学科领域的发展情况，通过对同一时间内不同学科领域概念多样性的对比，可以发现学科之间的发展差异。多样性较低的学科可能是研究人员进一步增加新概念的重要对象。概念稳定性包括数量稳定性和网络稳定性，受此启发，在对某版本叙词表进行更新维护时，可以参考该表以往版本的概念数量，从而确定新版本叙词表的大致词量，如 MeSH 主题词表，其概念在动态稳定的同时保持着稳定增长。对于概念间关系的构建，叙词表的词间关系较为稳定，变化幅度较小且大部分为增加态势。

物种多样性是有着一定限度的，物种数量无法无限扩张，也不存在多样性越高越稳定的说法。维持一定的生物多样性能够对生态系统起保护作用。多样性过低会导致生态系统失衡，产生生物数量锐减和环境迅速退化等问题。多样性过高会导致群落内部生物数量增加，生存资源稀缺，生存空间被压缩，物种间和物种内部竞争加剧，从而导致生物数量减少。因此，在一个群落中的物种多样性是有限度的，过高或者过低都会产生问题。概念多样性同样存在着限度，概念量不足以覆盖整个学科的主题或者概念的专指度过低，会导致叙词表收录概念数目过少，大大降低检索的查准率。概念间内涵交叠程度较高或者概念的

---

① MACARTHUR R. Fluctuations of animal populations, and a measure of community stability [J]. Ecology, 1955, 36 (3): 533-536.

专指度太高,会导致叙词表收录概念数目过多,影响检索的查全率。除此之外,也会使词表成本和维护工作量大大增加。

### 7.3.3 基于边缘效应的叙词表交叉概念多样性

基于生态学中群落交错区存在的边缘效应原理,将学科交叉文献类比群落交错区,叙词表交叉概念类比交错区物种,假设叙词表交叉概念具有较高的多样性。引入数量生态学,提出概念种类和概念相对密度指标,建立叙词表交叉概念多样性模型,以生物和农业学科背景为例,统计对比单学科和学科交叉文献环境中的概念多样性指数。结果表明,在相同大小文献环境中,生物-农业交叉概念的概念数量最多,概念多样性指数也最大,符合叙词表交叉概念多样性较高的假设。课题组进行了相关研究,更多相关内容参见期刊论文《基于生态学边缘效应的叙词表交叉概念多样性研究》[①] 和学位论文《基于生态学边缘效应的叙词表交叉概念属性研究》[②]。

(1) 生态学边缘效应与叙词表交叉概念

详细分析群落交错区、边缘效应和叙词表交叉概念的属性特征,提出群落交错区物种与叙词表交叉概念间的对应关系假设。

群落交错区与边缘效应特征分析:群落交错区又称生态过渡带或生态交错带,是指两个或多个区域生态系统产生重叠交集并相互影响相互作用后形成的一个生态系统转化区域。由于同时兼具不同种生物群落的物质、能量、结构和功能体系,群落交错区内多种生态要素在或对抗或联合的强烈作用下容易发生突变,经常出现生态环境复杂、多个物种共生、种群密度不稳定等现象,物种多样性偏高的可能性也大大增加,因而具有抵抗外力能力弱、异质性强、恢复能力差、信息量大、自由度高等特征。

叙词表交叉概念特征分析:不同学科领域对"交叉概念"的界定不同。教育学研究中认为其是一种具有理工学科特点的教育理念;学科交叉研究中有观点认为,只有当"多种学科概念的内涵真正融合在一起,并且超越二者时"才能构成"交叉概念"。知识组织系统的研究中,叙词表概念作为基本单位,存在基本属性和学科属性等多重属性,其中,"学科"被国标定义为"相对独立的研究体系",具备自身的研究对象、研究方法、研究目的等要素。这里将叙词表交叉概念定义为:存在于两个或两个以上的学科中、具有多重属性、在不同学科中其属性侧重各异的概念。例如,概念"细胞",在生物学中,侧重于细胞是生命的基本组成单位,如动物由动物细胞组成、植物由植物细胞组成;在医学中,侧重于维持人体组织正常代谢的生理病理机能特性,如血红细胞通过血液流动为人体各个器官输送氧气;在农业学科中,侧重于生产性能、病虫害防治等,如可以改变细胞壁、细胞膜的厚度来增强对病毒的抵抗能力。

---

① 李凌宇,常春. 基于生态学边缘效应的叙词表交叉概念多样性研究 [J]. 情报杂志,2022,41(6):142-147,156.

② 李凌宇. 基于生态学边缘效应的叙词表交叉概念属性研究 [D]. 北京:中国科学技术信息研究所,2022.

## 第七章　生态系统视角的知识组织

群落交错区物种与叙词表交叉概念的特征对应：在一定时间的有限空间中，同种生物的个体集合组成种群，各种生物的种群集合形成狭义上的群落，多个狭义群落与所处的非生物环境一同组成广义上的生物群落。边缘效应是对两个及两个以上群落间交错过渡区域内物种整体属性的概括。因此，基于生态学边缘效应的叙词表交叉概念的研究，实则为群落交错区物种与叙词表交叉概念的对应研究，主要包括空间特征对应及物种多样性与交叉概念数量、密度对应。

（2）叙词表交叉概念的多样性

引入数量生态学的物种观测指标，从概念种类和概念相对密度两个维度建立交叉概念多样性模型，定量分析叙词表交叉概念的多样性属性。数量生态学的所有观测指标都有测定范围的限制，因此多样性模型的所有测定范围均为大小相同的文献环境（文献数量相同），交叉概念多样性较高是相对某一学科内的专指概念而言。

交叉概念种类：群落内部的物种种类数量作为一种生态学观测指标，方便且易于估计，能够客观反映规定面积生态环境中物种的丰富程度。定义概念种类为文献中表达主题的关键词概念的数量，一篇文献的概念种类即为其关键词概念的个数，多篇文献的概念种类等于所有不重复关键词概念的个数总和。估计交叉概念种类就是估计学科交叉文献的关键词概念中，具有分属不同学科类目的多个范畴号的交叉概念数量。以生物-农业交叉概念为例，在生物学领域和农业学科领域的文献中，利用生物学方法研究农业问题，或利用农业知识处理生物难题，以及其他同时涉及两学科的文献属于生物-农业的学科交叉文献，一定篇数的该类文献中，生物-农业交叉概念种类指所有同时标有生物、农业范畴号的关键词概念数量。

交叉概念相对密度：密度代表群落内部单位空间某个物种的个体数量。当不同群落进行比较时，数值受样方选取影响较大；当群落内物种比较各自密度时，数值受群落结构影响较大，均不利于对比分析。所以，形容群落内各物种数量间比例的相对密度更适合反映群落物种分布的均匀程度。定义概念相对密度为文献中某关键词概念出现的词频与全部关键词概念的总词频的比值。估计交叉概念的相对密度则是估计学科交叉文献的关键词概念中，每个具有分属不同学科类目的多个范畴号的概念词频，在所有多范畴号概念的总词频中的占比情况。仍以生物-农业交叉概念为例，一定篇数的生物-农业学科交叉文献中，某个生物-农业交叉概念的相对密度指其出现的词频与所有同时标有生物、农业范畴号概念总词频的比值。

交叉概念多样性模型：物种种类数量和相对密度作为数量生态学中最常见的观测指标，对群落物种的描述各有侧重但相对单一。若进一步研究某个群落的物种多样性，常采用综合性指标——总多样性（通常意义中的物种多样性，以下仍简称多样性）作为测定指标[①]。对标物种多样性并结合对概念种类和概念相对密度的定义，套用物种多样性的经典测定指标——香农-威纳指数，概念多样性指数在文献环境中的计算公式如式7.1所示。

---

① 杨婧，常春. 基于生态位法则的概念稳定性研究 [J]. 图书情报工作，2016，60 (13)：27-32.

$$H = -\sum_{i=1}^{s} P_i \log_2 P_i \text{。} \quad (\text{式} 7.1)$$

使用交叉概念替换公式中的所有概念建立交叉概念多样性模型，综合反映交叉概念在学科交叉文献环境中的种类丰富程度和分布均匀程度。原香农-威纳指数指信息熵（信息出现的不确定性），数量生态学用其形容物种出现的不确定性，指数值越大，不确定性越高，说明物种多样性越大。同理，较之于单领域文献环境中的概念多样性指数，若交叉概念多样性模型的指数值越大，说明交叉概念的多样性越高。

（3）实证

研究方法：交叉概念多样性高低是相较于单一学科概念而言。通过对比两个独立的学科文献环境与二者相交的学科交叉文献环境的概念多样性指数，来验证叙词表交叉概念具有多样性属性的假设。实证以生物和农业两个学科领域为背景展开。首先，对一个生物-农业交叉概念进行主题检索。由于交叉概念在不同学科的文献中均有可能出现，借助专家咨询法，人工判断检索到的文献，模拟出3个包含文献环境的不同类型群落样方。其次，筛选出生物学文献里只标有生物学范畴号的关键词概念，农业科学文献里只标有农业科学范畴号的关键词概念，以及生物-农业学科交叉文献里同时标有这两个学科范畴号的关键词概念，模拟不同类型群落内的物种集合。最后，将统计到的三个文献环境中的概念数量与词频分别带入概念多样性模型的公式中，若学科交叉文献环境中的交叉概念多样性指数较大，即可验证叙词表交叉概念多样性相对较高的假设。

数据来源：本文选取科技知识组织体系（STKOS）中的"英文超级科技词表"（以下简称"英表"）作为概念范畴号的来源词表。"英表"涵盖理、工、农、医四大研究领域，包含60多万个概念，是一部概念来源广泛、体量庞大的综合性词表[①]。结合编制和使用情况，建立了一套完整的概念范畴体系，虽然与《汉表》的范畴表类型不同，但是同样能够实现大多数文献的关键词概念学科划归。其中，生物学概念的一级范畴类目包括"16 生物学（Biology）""17 植物学（Plants）"和"18 动物学（Animals）"，农业科学概念的一级范畴类目包括"51 农学（Agronomy）""52 林业科学（Forestry）""53 畜牧科学（Animal husbandry）"和"54 水产、渔业、狩猎（Hunting, fishing, conservation, related technologies）"。"英表"收录的概念通过对国外数十部大型来源词表进行术语更新、质量控制等规范化处理后得到的，与英文文献适配度更高。因此，本文选取 Web of Science 核心数据库作为文献数据的来源。

数据统计与数据分析：经过统计文献数据和概念数据，从而计算概念多样性，具体方法如下。将关键词概念的种类数量及概念词频带入交叉概念多样性模型，见表7.3。一个关键词概念模拟一个物种，以统计概念种类；每个概念的词频模拟物种在群落内的个体数量，测得概念相对密度，进而计算出3种类型文献环境的概念多样性指数。

---

① 常春，曾建勋，吴雯娜，等.《汉语主题词表》与英文超级科技词表概念映射构架设计[J].数字图书馆论坛，2012（12）：28-32.

## 第七章　生态系统视角的知识组织

**表 7.3　文献环境的概念多样性模型**

| 文献类型 | 概念种类 S | 概念总词频 N | 概念多样性指数 H |
| --- | --- | --- | --- |
| 生物学领域文献 | 8 | 174 | 1.02 |
| 农业科学领域文献 | 8 | 262 | 2.62 |
| 生物-农业交叉文献 | 28 | 1190 | 3.21 |

比较发现，在利用概念"avena sativa（燕麦）"模拟出的文献环境模型中，从概念种类指标来分析，单学科文献环境的概念种类较小，生物学的概念种类与农业科学的概念种类相同，而生物-农业交叉概念的概念种类大于二者。这说明在相同篇数的文献环境下生物-农业交叉概念最丰富。从概念多样性指数来分析，生物-农业交叉概念的总词频远远高于生物学和农业科学的任何一种，由此计算得到的概念多样性指数也最大。这表明在相同篇数的文献环境下，生物-农业交叉概念的多样性最高，与叙词表交叉概念多样性较高的假设一致。

判定实证结果符合本文基于生态学边缘效应提出的叙词表交叉概念属性：学科交叉文献环境中，叙词表交叉概念种类较多，概念多样性高于各自单学科文献环境。

结论：本研究从生态学视角观察叙词表交叉概念的群体属性，基于知识组织生态系统理论体系，分析叙词表交叉概念与群落交错区物种的对应关系。提出叙词表交叉概念属性具有类比于生态学"边缘效应"的物种属性特征。参照物种测度指标，定义了概念计量指标——概念种类和概念相对密度，并建立了交叉概念多样性模型。在实证环节中，通过检索特定的生物-农业交叉概念，模拟小型学科交叉文献环境，计算得出相同大小的不同学科文献环境中，生物-农业交叉概念种类最多，概念多样性指数最大，这验证了叙词表交叉概念的多样性属性，并提出了叙词表概念多样性的量化方法。考虑到本文选取的实验数据量较小，对概念多样性指数的计算可能存在干扰，今后需扩大数据量以进一步提升实验效果。同时，基于本文提出的叙词表交叉概念属性与生态学群落交错区的物种属性对应关系，未来研究可以沿用该思路，从概念间语义关系的维度出发，同样通过实证数据验证叙词表交叉概念间语义关系的属性。

### 7.3.4　基于捕食者-猎物模型的概念词频比较

捕食关系在生物界普遍存在，生物界的物种与知识组织系统的概念相对应，具有捕食关系的物种数量变化规律，在具有"捕食"关系的概念间应该同样存在类似的规律。课题组开展了相关研究，详细内容参见"基于 Lotka-Volterra 捕食者-猎物模型的概念间相关关系研究[①]"一文。更多内容参见学位论文《基于食物链的叙词表相关关系构建研究》。[②]

---

① 郑影，常春. 基于 Lotka-Volterra 捕食者-猎物模型的概念间相关关系研究[J]. 中华医学图书情报杂志，2022，31（12）：7-13.

② 郑影. 基于食物链的叙词表相关关系构建研究[D]. 北京：中国科学技术信息研究所，2023.

（1）Lotka-Volterra 捕食者 – 猎物模型与概念词频的对应

1）研究基础

在课题组之前的研究中，已经基于生态学种间关系对国际标准 ISO 25964 – 1 中的相关关系进行了分类[①]。本研究是在此基础上进行了更加深入的探索，因此首先对相关的分类原则进行简述。

根据之前的研究，将相关关系的语义特征（方向性、依赖性）、字面组配特征、数量特征与种间关系的自身特征（方向性、依赖性）、物质能量传递、数量特征进行了理论上的特征对应分析，并将概念之间是否具有依赖性和方向性作为概念关系判断的主要特征，将数量特征作为判断的辅助标准。具体的判断方式及根据此判断方式划分为"捕食"关系的相关关系类型，见表 7.4。

表 7.4 "捕食关系"判断依据

| 对象 | 条件 | | |
| --- | --- | --- | --- |
| | 单向性 | 依赖性 | 数量特征 |
| 研究的学科或领域和研究的对象或现象 | 是 | 否 | 多 |
| 行为和它的对象或目标 | 是 | 否 | 少 |
| 人工制品和它的部分 | 是 | 否 | 多 |
| 物体或过程和它的反作用者 | 是 | 否 | 少 |
| 复合语词和它的中心名词 | 是 | 否 | 少 |

由表 7.4 可以看出，国际标准 ISO 25964 – 1 中共有 5 种类型的相关关系被划分为"捕食"关系，其主要划分依据是具有单向性，并且具有非依赖性。数量特征作为辅助特征，当出现两个具有相关关系的概念，无法直接由语义信息来判断是否具有单向性和依赖性时，再用来进行辅助判断。举例来说，物体或过程和它的反作用者：除草剂与杂草这两个概念，除草剂对杂草有着损害甚至消灭的作用，杂草是被动承受者，二者之间有着明显的方向性，符合单向性的特征，且从语义关系上来看，除草剂和杂草这两个概念并不具有依赖性，因此二者可以从核心特征直接划分为"捕食"关系。而对于有些概念，如"胴体"和"家禽"，二者语义特征不够明显，"胴体"既可以指除去头、尾、四肢等部位之后的牲畜，也可以指人的躯体，而"家禽"是泛指人工圈养的鸡鸭等动物，因此无法准确从核心特征进行判断。但按照数量特征来看，从《农业科学叙词表》中查询可知，"家禽"共有产蛋性能、雏禽、蛋、动物疾病、胴体、护理设备、肌胃、集装箱、经济动物、农业运输、品种类型、腺胃、野禽、宰后检验、专用车辆 15 个相关概念，而"胴体"共有出肉率、分级、活体测定、家禽、家畜、肉品检验 6 个相关概念。二者与生态学中的大型捕食者与小型捕食者类似，因此也可以依据此特征将其划分为"捕食"关系。

---

[①] 李永泽. 基于生态学种间关系的叙词表相关关系分类研究 [D]. 北京：中国科学技术信息研究所, 2017.

## 第七章 生态系统视角的知识组织

2) Lotka-Volterra 捕食者 – 猎物模型与概念词频的实例分析

"除草剂"和"农药"在《农业科学叙词表》中存在着相关关系[①]。分析二者的语义特征，农药可泛指作用于农作物的药品，除草剂是指消灭杂草而对农作物不造成损害的一类药品。从方向性上来看，农药包含除草剂，二者之间属于包含与被包含的关系，因此具有方向性。而从依赖性上来看，二者均拥有完整的语义信息且可以单独存在，因此二者关系为非依赖性。从单向性和非依赖性可以看出二者属于"捕食"关系。

在中国知网（CNKI）中分别将"除草剂"和"农药"作为主题词进行检索，在全领域范围内对2000—2021年历年论文量进行统计，统计结果见表7.5。

表7.5 "除草剂"与"农药"文献统计量

| 年份 | 除草剂 | 农药 |
| --- | --- | --- |
| 2000 | 1026 | 5213 |
| 2001 | 938 | 5538 |
| 2002 | 1129 | 6689 |
| 2003 | 1236 | 6993 |
| 2004 | 1378 | 7946 |
| 2005 | 1335 | 8430 |
| 2006 | 1502 | 9474 |
| 2007 | 1564 | 9946 |
| 2008 | 1529 | 10 100 |
| 2009 | 1669 | 10 400 |
| 2010 | 1613 | 10 400 |
| 2011 | 1625 | 10 000 |
| 2012 | 1663 | 9980 |
| 2013 | 1725 | 10 300 |
| 2014 | 1668 | 10 400 |
| 2015 | 1772 | 10 100 |
| 2016 | 1545 | 10 000 |
| 2017 | 1507 | 9905 |
| 2018 | 1432 | 9665 |
| 2019 | 1288 | 9130 |
| 2020 | 1056 | 8104 |
| 2021 | 975 | 7317 |

---

① 农业部情报研究所. 农业科学叙词表［M］. 北京：中国农业出版社，1994.

将统计所得数据导入到统计软件 SPSS 中，绘制"除草剂"和"农药"二者的文献量随年份变化的趋势图，见图 7.8。

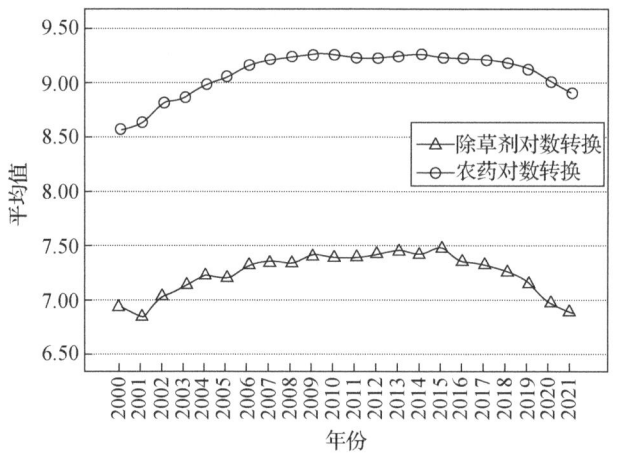

图 7.8 "除草剂"与"农药"发文量折线图

分析二者的发展趋势图可以发现，二者的总体发展趋势是一致的，数量都呈现出先增加后减少的发展特征。在 Lotka-Volterra 捕食者 – 猎物模型中，捕食者与猎物数量间也呈现出一致的发展规律，因此我们假设叙词表中具有"捕食"关系的概念的数量关系，同样符合生态学中 Lotka-Volterra 捕食者 – 猎物模型。

（2）概念词频对比实证

1）实验方法

尝试将生态学中捕食者与猎物之间的数量变化特征运用到同样具有"捕食"关系的相关概念上，验证具有"捕食"关系的相关概念间的数量变化特征是否也满足捕食者与猎物数量类似的变化趋势。在使用相关叙词表对相关概念进行获取后，依据一定的判断规则对获取的概念及相关关系进行清洗，然后使用 SPSS 统计分析软件对数据进行图表绘制、相关性分析等统计，最后基于统计结果进行分析，看是否能验证相关概念间数量变化特征。

2）数据选取

本研究目的主要是试图使用生态学的思想为《汉语主题词表（生物医学农业卷）》的编制提供跨学科的方法和思路，因此在做实证分析时我们选择了农业领域的叙词表，使研究结果更加具有借鉴意义。从《农业科学叙词表》中随机选取概念"动物油"，将其作为一个起点主题，在词表中进行相关概念的扩展延伸，共得到胴体、动物产品、植物油、榨油、食用油等 25 个概念，30 对相关关系，获取得到的全部概念及相关关系见图 7.9。

3）数据处理

数据清洗依据前面的判断规则，对我们获取得到的 30 对相关关系进行一一判断，挑选出符合"捕食"关系的概念。对于"捕食"关系的具体判断依据见表 7.6。

# 第七章 生态系统视角的知识组织

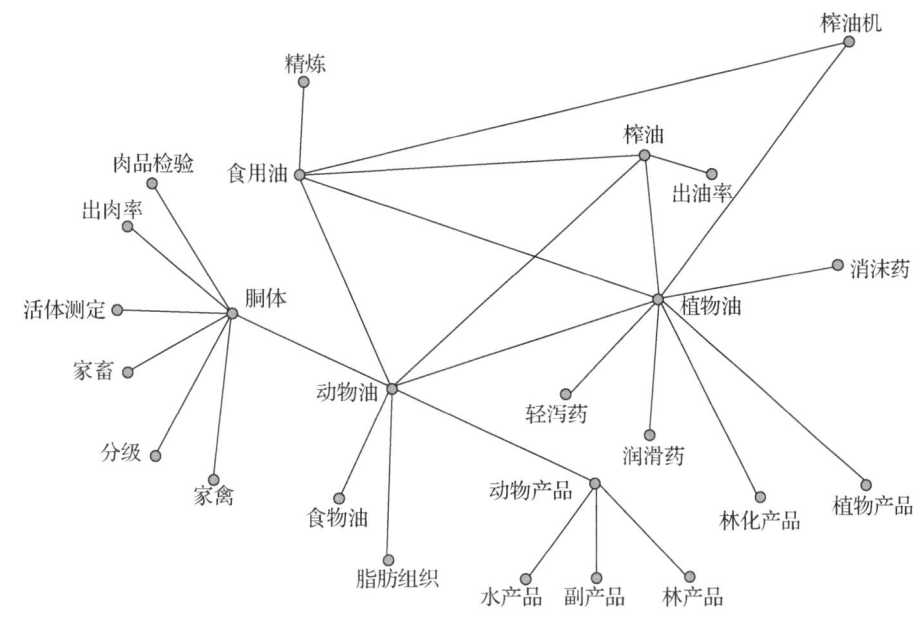

图 7.9 概念与概念关系

表 7.6 相关概念判断依据

| 概念 | 相关概念 | 概念关系 | 判断依据 | | |
|---|---|---|---|---|---|
| | | | 方向性 | 依赖性 | 数量特征 |
| 动物油 | 动物产品 | 捕食 | "动物产品"包含"动物油",包含与被包含关系 | 二者均可独立存在 | 无须使用 |
| | 胴体 | 捕食 | "动物油"即动物油脂,包含于"胴体" | 二者均可独立存在 | 无须使用 |
| | 食用油 | 捕食 | "动物油"包含于"食用油"中 | 二者均可独立存在 | 无须使用 |
| 胴体 | 家禽 | 捕食 | 无明显方向性 | 二者均可独立存在 | "家禽"共有 15 个相关概念,"胴体"共有 6 个相关概念,分别对应生态学中大型捕食者与小型捕食者 |
| | 家畜 | 捕食 | 无明显方向性 | 二者均可独立存在 | "家畜"共有 13 个相关概念,"胴体"共有 6 个相关概念,分别对应生态学中大型捕食者与小型捕食者 |

续表

| 概念 | 相关概念 | 概念关系 | 判断依据 | | |
| --- | --- | --- | --- | --- | --- |
| | | | 方向性 | 依赖性 | 数量特征 |
| 食用油 | 榨油 | 捕食 | 先有"榨油"这一动作，再有"食用油"这一产物 | 二者均可独立存在 | 无须使用 |
| | 精炼 | 捕食 | "精炼"是对"食用油的"一种操作 | 二者均可独立存在 | 无须使用 |
| 植物油 | 轻泻药 | 捕食 | "植物油"可以作为"轻泻药"使用，而"轻泻药"并不仅仅是指"植物油" | 二者均可独立存在 | 无须使用 |
| | 润滑药 | 捕食 | "植物油"可以作为"润滑药"使用，而"润滑药"并不仅仅是指"植物油" | 二者均可独立存在 | 无须使用 |
| | 消沫药 | 捕食 | "植物油"可以作为"消沫药"使用，而"消沫药"并不仅仅是指"植物油" | 二者均可独立存在 | 无须使用 |
| | 榨油 | 捕食 | 先有"榨油"这一动作，再有"植物油"这一产物 | 二者均可独立存在 | 无须使用 |
| | 植物产品 | 捕食 | "植物油"被包含于"植物产品" | 二者均可独立存在 | 无须使用 |
| | 食用油 | 捕食 | "植物油"包含于"食用油"中 | 二者均可独立存在 | 无须使用 |

对概念间的关系映射到种间关系的结果进行选取，选择其中具有"捕食"关系的相关概念，并使用中国知网主题检索对概念进行全领域的一一检索，在发表年度栏中进行2000—2021年文献数量的统计。由于研究的是具有"捕食"关系的相关概念，若相关概念间数据量差距过大，那么对应到生态学中的捕食者与猎物的关系中，就是猎物与捕食者数量差距过大，可理解为捕食者或猎物中有一方已经濒临灭绝，那么研究就没有太大的意义。因此在选择数据时，我们剔除了一些数据量差异过大的概念，选择后的具体数据见表7.7。

表7.7 概念文献量统计

| 年份 | 动物油 | 动物产品 | 胴体 | 家禽 | 家畜 | 食用油 | 精炼 | 植物产品 | 榨油 | 植物油 |
| --- | --- | --- | --- | --- | --- | --- | --- | --- | --- | --- |
| 2000 | 208 | 113 | 194 | 888 | 1496 | 380 | 491 | 41 | 55 | 319 |
| 2001 | 195 | 159 | 213 | 901 | 1661 | 421 | 535 | 49 | 54 | 354 |

续表

| 年份 | 动物油 | 动物产品 | 胴体 | 家禽 | 家畜 | 食用油 | 精炼 | 植物产品 | 榨油 | 植物油 |
|---|---|---|---|---|---|---|---|---|---|---|
| 2002 | 255 | 282 | 253 | 1049 | 1872 | 470 | 510 | 75 | 67 | 386 |
| 2003 | 230 | 304 | 254 | 1171 | 2113 | 553 | 616 | 63 | 72 | 420 |
| 2004 | 233 | 322 | 303 | 1850 | 2334 | 652 | 685 | 44 | 74 | 425 |
| 2005 | 236 | 289 | 309 | 1634 | 2377 | 675 | 752 | 55 | 71 | 464 |
| 2006 | 266 | 327 | 353 | 1973 | 2928 | 861 | 821 | 90 | 70 | 489 |
| 2007 | 314 | 350 | 408 | 1873 | 2948 | 1190 | 852 | 109 | 69 | 781 |
| 2008 | 359 | 486 | 427 | 1895 | 3167 | 1365 | 979 | 94 | 71 | 838 |
| 2009 | 299 | 339 | 415 | 2030 | 3330 | 1282 | 1136 | 99 | 79 | 687 |
| 2010 | 342 | 457 | 468 | 1876 | 3284 | 1622 | 1113 | 90 | 95 | 689 |
| 2011 | 322 | 418 | 430 | 1509 | 2954 | 1266 | 1179 | 58 | 75 | 660 |
| 2012 | 283 | 347 | 433 | 1554 | 2802 | 1313 | 1250 | 76 | 72 | 699 |
| 2013 | 252 | 386 | 417 | 2136 | 2877 | 1298 | 1269 | 34 | 80 | 742 |
| 2014 | 287 | 326 | 449 | 1977 | 3119 | 1275 | 1293 | 29 | 123 | 722 |
| 2015 | 239 | 372 | 409 | 1680 | 3154 | 1270 | 1146 | 37 | 96 | 775 |
| 2016 | 205 | 326 | 395 | 1757 | 3702 | 1069 | 938 | 46 | 78 | 692 |
| 2017 | 191 | 239 | 321 | 1694 | 3688 | 1106 | 1104 | 53 | 79 | 617 |
| 2018 | 174 | 182 | 376 | 1560 | 3153 | 942 | 1019 | 37 | 78 | 623 |
| 2019 | 160 | 200 | 343 | 1556 | 3152 | 844 | 874 | 37 | 52 | 578 |
| 2020 | 188 | 160 | 322 | 1692 | 3353 | 840 | 723 | 43 | 55 | 552 |
| 2021 | 161 | 159 | 329 | 1390 | 3201 | 777 | 625 | 42 | 56 | 501 |

数据统计使用 SPSS 统计软件来进行统计分析。在进行实验时，按照相关关系来将概念进行分组，同样以"动物油"这一概念为起点，将其与相关概念划分为第一组，然后再以各个相关概念为起点，分别将其与相关概念划分为其他组。实验中共有 10 个概念，10 对相关关系，具体的划分结果见表 7.8。

表 7.8 具有"捕食"关系的概念具体分组

| 组号 | 概念 | 相关概念 |
|---|---|---|
| 1 | 动物油 | 动物产品<br>胴体<br>食用油 |

续表

| 组号 | 概念 | 相关概念 |
|---|---|---|
| 2 | 胴体 | 家禽<br>家畜 |
| 3 | 食用油 | 精炼<br>榨油 |
| 4 | 植物油 | 植物产品<br>榨油<br>食用油 |

将上表中的 4 组具有"捕食"关系的概念，运用 SPSS 软件进行折线图的绘制，分别对四组概念的文献量进行统计分析，折线图结果见图 7.10。

4）数据分析

在上述 4 组折线图中，可以基本判断以下相关概念总体发展趋势大概一致：动物油 - 动物产品、动物油 - 胴体、动物油 - 食用油、胴体 - 家禽、胴体 - 家畜、食用油 - 精炼、食用油 - 植物油、食用油 - 榨油。为了进一步说明概念间的相关性，我们选择 SPSS 的相关性检验来进行进一步的辅助验证。在 SPSS 的相关性检验中，我们选用 Spearman 相关系数来作为判断指标。在使用 Spearman 相关系数时，一般规定：相关系数 0.8~1.0 极强相关，0.6~0.8 强相关，0.4~0.6 中等程度相关，0.2~0.4 弱相关，0.0~0.2 极弱相关或无相关。我们使用双尾检验，并勾选标注显著性相关性，具体结果见表 7.9。

表 7.9 相关性检验结果

| 相关概念 | Spearman 相关系数 | 双尾 | 判断结果 |
|---|---|---|---|
| 动物油 - 动物产品 | 0.846 | 0.001 | 极强相关，且相关性显著 |
| 动物油 - 胴体 | 0.634 | 0.002 | 强相关，且相关性显著 |
| 动物油 - 食用油 | 0.625 | 0.002 | 强相关，且相关性显著 |
| 胴体 - 家禽 | 0.607 | 0.003 | 强相关，且相关性显著 |
| 胴体 - 家畜 | 0.468 | 0.028 | 中度相关，且相关性显著 |
| 食用油 - 精炼 | 0.889 | 0.000 | 极强相关，且相关性显著 |
| 食用油 - 植物油 | 0.899 | 0.000 | 极强相关，且相关性显著 |
| 食用油 - 榨油 | 0.660 | 0.001 | 强相关，且相关性显著 |

从表 7.9 可以看出，除了胴体 - 家畜这对相关概念，其余七组概念均显示为极强正相关或强正相关关系，且胴体 - 家畜也显示为中等程度的正相关。因此，在此次实验中，以"动物油"一词为起点，共获取了 25 个概念、30 对相关关系。在对相关关系进行判断及

第七章 生态系统视角的知识组织

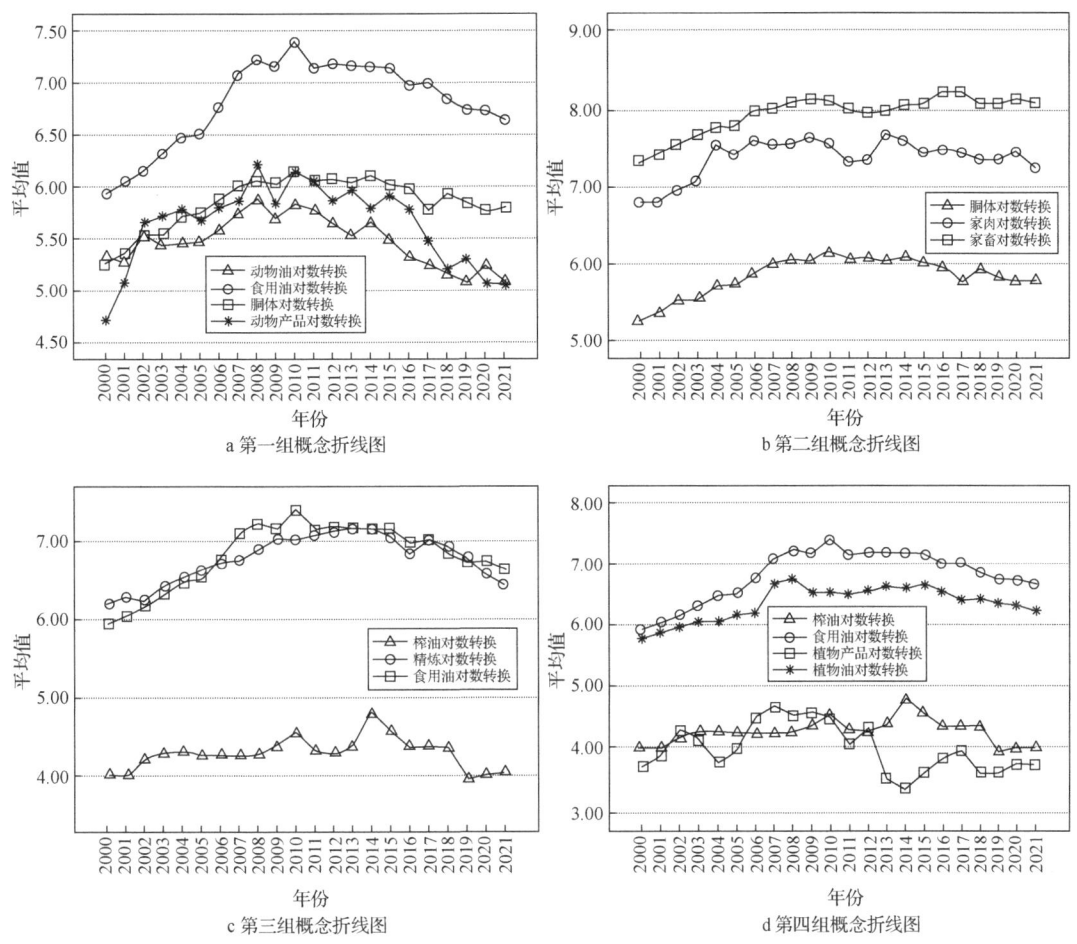

图 7.10 概念折线图

清洗之后，一共有 10 个概念、10 对相关关系，概念间的"捕食"关系约占全部相关关系的 33.3%。在 10 对"捕食"关系的相关关系中，经过相关性检验，有 3 对相关关系呈现出极强的正相关，占 30%，4 对相关关系呈现出强相关，占 40%；1 对相关关系呈现出中等强度的正相关，占 10%。总体来说，在这 10 对相关关系中，结合折线图和相关性检验二者的分析结果，有 80% 的相关概念的文献量都呈现出基本一致的变化趋势，可以判定概念间也同样存在着与生态学中 Lotka-Volterra 捕食者－猎物模型类似的发展规律。

（3）结语与应用展望

生态学中具有捕食关系的物种间存在 Lotka-Volterra 捕食者－猎物模型规律。依据知识组织生态系统的研究，将物种间关系与概念间关系进行映射，本研究通过对具有"捕食"关系的概念词频进行统计分析，发现概念间在以年为单位的历年词频统计中呈现出一致的发展趋势，具体表现为二者的折线图一致及二者相关性较高且显著。结果显示，80% 的概念符合 Lotka-Volterra 捕食者－猎物模型，实证了在具有"捕食"关系的相关关系概念之间，同样存在着生态学中 Lotka-Volterra 模型捕食者与猎物数量类似的发展规律。

通过叙词表相关关系中的 Lotka-Volterra 概念模型规律，可以促进叙词表相关关系的构建和维护。例如，在上述数据中，榨油与榨油机的统计分析显示二者词频发展曲线几乎完全一致，但在《农业科学叙词表》中查询时，二者并没有建立任何联系。考虑到二者存在着较强的语义关联，建议在叙词表的更新维护中建立相关关系。此外，还可以对已经建立好的关系进行检验，尤其是具有"捕食"关系的相关概念，若二者的词频发展相关性不高，可以结合具体情况考虑是否需要清除此相关关系。

## 7.4 基于种间关系的概念语义关系

### 7.4.1 基于种间关系的叙词表相关关系分类

叙词表相关关系，是指概念间除了等级关系，在语义层面存在重要关联。其有两个重要特点，一是限于概念之间的关系；二是排除等级关系以后的重要关联。当叙词表编制者意识到两个概念存在显著关系，但又无法精确说明它们之间的具体关系，便会直接定义为相关关系，实现了知识组织系统对知识的完整描述。对照本体能够精确描述概念之间的关系，也有人将叙词表认定为轻量级的概念语义工具。

对于相关关系的分类，尽管不同研究者、不同机构及相关国家标准、国际标准，都有一些分类方法，总结出因果关系、能动关系、整体与部分关系等类型，但始终没有全面、明确、统一的类型，都是列举出一些种类，并说明有哪些重要的相关关系。

在生态系统中，物种间存在着捕食、竞争、寄生和共生的关系。依据 KOES 框架，物种与概念对应，环境与文献对应，可否假设概念之间也存在捕食、竞争、寄生和共生的关系呢？为了验证这一假设，我们进行了相关研究探索，相关成果已发表在《基于生态学种间关系的叙词表相关关系分类研究》[1] 一文中，更多详细研究内容参见相关学位论文[2]。

（1）种间关系类型及其与相关关系对应的语义分析

物种之间主要有 4 种关系，分别是捕食、竞争、寄生和共生。捕食关系是指一种生物以另一种生物个体的全部或部分为食，前者是捕食者，后者是被捕食者，物质和能量从被捕食者流动到捕食者。例如，草原上羊采食牧草，狼吃羊等都是捕食关系。竞争关系是指不同物种为获取有限的相同资源而发生的相互竞争。例如，狼吃羊，老虎也吃羊，狼和老虎就是竞争关系。寄生关系是指一种生物（寄生物）生活在另一种生物（寄主）体内或体表，从寄主获取营养为生，像人身体里的蛔虫，菟丝子缠绕到植物上等，主要从寄主身上汲取营养，这就是寄生关系。共生关系是指两个物种共同生活在一起，在食物或生存空

---

[1] 李永泽，常春．基于生态学种间关系的叙词表相关关系分类研究 [J]．图书情报工作，2018，62（8）：123-129.

[2] 李永泽．基于生态学种间关系的叙词表相关关系分类研究 [D]．北京：中国科学技术信息研究所，2018.

间等方面存在对双方都有利的相互依存关系，像根瘤菌与豆科植物的关系，开花植物与传粉动物之间的互利共生关系等。

通过方向性和依赖特性可以区分4种种间关系，见表7.10。方向性分为单向性和双向性。单向性如寄生关系，是寄生物单向从寄主获取营养等有利资源，只对一方有利；捕食关系也是捕食者到被捕食者的单向关系。双向性如共生关系，是两种生物互利共生，对双方生物均有利的生活方式；竞争关系也是相互的，一方竞争力强；另一方相对受到抑制，影响是相互的。依赖特性分为依赖性和非依赖性两种类型。寄生关系和共生关系的生物存在依赖性，只是单向与双向的区分；捕食关系和竞争关系不存在依赖性，捕食有选择性和替代性，不一定必须依赖某一特定食物；竞争也是针对资源的，任何生物只要存在争夺相同资源的现象，就会产生竞争，相互之间没有依赖性。

表7.10 区分种间关系的语义类型

| 方向性 | 依赖特性 | |
| --- | --- | --- |
| | 依赖性 | 非依赖性 |
| 单向性 | 寄生关系 | 捕食关系 |
| 双向性 | 共生关系 | 竞争关系 |

叙词表概念间关系包含等级关系和相关关系两种类型。等级关系是概念包含关系，主要是属种关系，属种关系与生物分类学中的界、门、纲、目、科、属、种纵向分类关系对应。种间横向关系可以与相关关系对应，相关关系主要是语义相关，可以从方向性和依赖性两方面分析概念间的语义关系。如果两个概念词之间具备相关关系，需要分析它们之间是单向的还是双向的关系。单向性是指只能从一个概念指向另一个概念，如因果关系是从"因"到"果"的单向过程；操作与对象也是单向过程，如"数据分类"和"数据"具有单向性，使用"数据分类"技术对"数据"进行分类。概念单向关系可以与寄生关系和捕食关系对应。双向性是指概念与概念之间是相互指向和相互作用的，如"数据仓库安全"与"数据仓库"，"数据仓库安全"肯定是为"数据仓库"服务的，"数据仓库"也肯定有"安全"问题，是双向的。而双向可以对应物种之间的共生关系和竞争关系。概念之间的依赖性语义关系是指一个概念是另一个概念的前提条件，如"海量存储"与"海量存储系统"，"海量存储"功能依赖"海量存储系统"来实现，"海量存储系统"的工作原理又需要"海量存储"技术的支持，它们是相互依赖的，也是双向相互作用的，与物种间的共生关系相对应。"恒温器"与"恒温控制"也是类似物种共生关系的类型。单向依赖的概念关系可以对应物种间的寄生关系，如概念和它的测量单位之间的关系，"电流"与"安培"是相关关系，"电流"是客观存在的，先有"电流"，"安培"是"电流"的计量单位，"安培"是单向依靠"电流"而生，没有"电流"，其单位"安培"也不会存在，所以是单向依赖性的寄生关系。

（2）基于种间关系对相关关系的分类

通过方向性和依赖特性的相关关系语义分析，可以将相关关系区分为 4 种物种关系的关系类型。为了测试可行性，项目将叙词表国际标准 ISO 25964-1 的所有相关关系类型逐一进行分析①，可以全部唯一地对应到 4 种物种关系中，而且也在《汉表》中找出了相应的具体例证，这里介绍如下。

1）竞争关系的相关关系

竞争关系的两个物种为争夺资源而相互抑制，但相互之间没有依赖性，自己可以单独存在。依据以上特性，概念语义范围有重叠的相关关系，属于竞争关系，主要有以下类型。

矛盾概念之间的相关关系，如"行车安全"与"行车事故"。

对立概念之间的相关关系，如"技术伪装"与"天然伪装"。

并列概念之间的相关关系，如"小规模集成电路"与"大规模集成电路"。

数量与质量之间的相关关系，如"数密度"与"质量密度谱"。

表示类似事物、原理、过程之间的相关关系，如"汽油"与"柴油"、"飞机"与"航空器"。

互相渗透的学科之间的相关关系，如"生物物理学"与"生物化学"。

近义优选词之间的相关关系，如"交易"与"贸易"。

2）捕食关系的相关关系

捕食关系的两个物种，捕食者以被捕食者的全部或部分为食，能量从被捕食者流动到捕食者，具有单向性；没有捕食者，被捕食者可以正常生存。例如，牧草并不依靠草食动物生存，草食动物也不只采食一种牧草，所以捕食关系之间的物种相互没有依赖性。在相关关系中，两个概念的语义关系如果具有单向性，但相互之间没有依赖性，就是捕食关系类型的相关关系，主要包括以下类型。

事物及其构成材料之间的相关关系，如"蛋白质"与"氨基酸"。

某种行为与其受体之间的相关关系，如"扫盲"与"文盲"、"收割"与"作物"。

学科、理论与研究对象之间的相关关系，如"水文学"与"河流"。

没有建立等级关系的事物整体与部分之间的相关关系，如"飞机"与"机械设备"。

3）共生关系的相关关系

共生关系的物种之间，经过长期进化相互之间形成稳定的互利关系，两个物种之间相互依赖，具有依赖性和双向性，共生对象一般只有一个。具有相关关系的两个概念之间，如果在语义上相互依赖，组成一一对应的关系，可以认定为具有共生关系的相关关系，主要包括以下类型。

事物（学科、理论）与其应用之间的相关关系，如"飞机"与"雷达导航"。

---

① Information and documentation—Thesauri and interoperability with other vocabularies—Part 1：Thesauri for information retrieval：ISO 25964-1：2011［S/OL］.［2024-03-28］. https：//www. iso. org/standard/53657. html.

原理、方法、工艺等与相应设备、工具之间的相关关系，如"超精加工"与"超精加工机"。

事物与其性质、成分之间的相关关系，如"磁场"与"磁场强度"、"毒药"与"毒性"、"放射性物质"与"放射性"等。

4）寄生关系的相关关系

寄生关系的物种之间，寄生物从寄主单向获取营养等资源，是单向的，而且是单向依赖的，人体内并不需要蛔虫，植物没有菟丝子会生长得更好，单向依赖性成为寄生关系的重要特征。如果具有相关关系的两个概念，语义关系是单向依赖的，则属于寄生关系类型的相关关系，主要包括以下类型。

表示影响关系之间的相关关系，如"电流密度"与"电流分布"。

事物与性质或特征之间的相关关系，如"反刍动物"与"复胃"。

概念和它的测量单位，或形式与内容之间的相关关系，如"pH"与"酸性"。

事物与其研究手段、方法之间的相关关系，如"电位器"与"电压测量"、"飞机"与"飞机试验"。

因果概念之间的相关关系，如"潮湿"与"腐蚀"等。

（3）结论与分类应用价值讨论

通过方向性与依赖特性的分析，加上相关关系数量特征等其他属性特征分析，可以将相关关系分成竞争关系、捕食关系、共生关系和寄生关系4种类型。基于物种之间关系整体的复杂性，这4种关系连接成食物链、食物网等网状系统，符合一定的逻辑推理功能。例如，已知老虎与羊是捕食关系，狼与羊是捕食关系，它们争夺同一种食物，则可以推理老虎和狼是竞争关系。人类已经编制了大量的叙词表等知识组织体系，已经明确了许多概念间的语义关系。在叙词表编制或修订过程中，可以根据一些物种关系规律，机器自动推理可能存在的关系。例如，已知"视频对象提取"与"视频对象"是捕食关系，"视频对象分割"与"视频对象"也是捕食关系，那么，机器可以自动推荐"视频对象提取"与"视频对象分割"存在竞争关系。这种关系推荐给叙词表编制专业人员，最后人工根据编制规则确定是否建立这种竞争关系类型的相关关系，为机器辅助推荐相关关系提供了自动推理方法。

关于概念之间存在竞争关系、捕食关系、共生关系和寄生关系，具体表现为优选词之间存在这些物种间关系。一般情况下，如果有人说两个词是捕食关系，没有语境很难理解其含义。我们试图使用图书情报学的专业术语，取代竞争、捕食、共生和寄生4种概念间语义关系名称，但是到目前为止，还没有找到更合适的术语名称，所以，目前仍然使用竞争关系、捕食关系、共生关系和寄生关系4种相关关系类型名称。

## 7.4.2 基于群落交错的叙词表交叉概念语义关系多样性

群落交错区的物种更丰富，种间关系更多样。将物种与知识组织体系的概念相对应，可以推理交叉学科、交叉领域文献中的概念关系也会更加丰富和多样。课题组进行了相关研究,更多相关内容参见学位论文《基于生态学边缘效应的叙词表交叉概念属性研究》①。

数量生态学在计量群落内部多个物种之间的关系时,测度指标通常围绕种间亲和性展开,"用种间关联程度和相关程度来表示"②。但此处所指的种间关联和种间相关用来形容的是物种之间相互吸引、相互排斥的性质,表征物种的联结程度,而不是物种的关系数量。与叙词表交叉概念间语义关系对应的交错区物种的种间关系多样性的指代不同。针对叙词表交叉概念在语义关系层面的属性,旨在分析关系数目的多寡和相对分布情况,本质上与交叉概念多样性同属一类观测模式,可以套用叙词表交叉概念多样性模型进行评估。评估过程中,首先需要分别解释叙词表交叉概念等级关系和相关关系的量化依据,然后依此建立叙词表交叉概念的语义关系多样性模型。

(1) 等级关系多样性量化依据

叙词表概念间的等级关系分为通用关系、整体部分等级关系和实例关系3种类型。在叙词表的范畴体系中,一个交叉概念先是作为下位概念被来自不同学科范畴的不同族首词层层所指,再作为上位概念指向分属于不同学科范畴的概念,形成多等级结构,关系示意见图7.11。以下分别借助不同关系类型的实例解释叙词表交叉概念的等级关系结构。

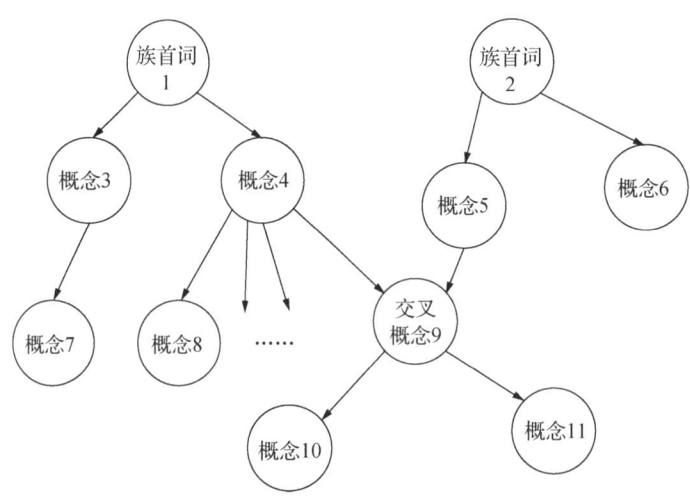

图7.11 叙词表交叉概念的等级关系示意

①通用等级关系,形容"种类、范畴与其成员、组成部分之间的联系",满足条件是上位概念与下位概念在逻辑上服从"全部与部分测试"。以概念"反刍动物"为例,《汉表》基础词库为其标注的范畴分类是"S农业科学""Q生物科学""R医药卫生",属于生物、医学、农业三学科交叉概念,"反刍动物"的下位概念包括"骆驼""绵羊""水牛""山羊""鹿""牛",这些概念均服从"全部是反刍动物"的条件,其中来自农业科学的概念"骆驼""绵羊""山羊"属于范畴类目"S82 家畜",来自生物学的概念"鹿"

---

① 李凌宇. 基于生态学边缘效应的叙词表交叉概念属性研究 [D]. 北京: 中国科学技术信息研究所, 2022.
② 张金屯. 数量生态学 [M]. 3版. 北京: 科学出版社, 2018: 1-146.

属于范畴类目"Q959 动物分类学",以及生物-农业交叉概念"牛"(范畴分类为 Q、S)均服从"全部与部分测试",存在通用等级关系。

②整体部分等级关系,形容整体与部分之间的联系,当下位概念以系统的一个部分或一个实体的形式唯一属于某上位概念时,称上下位概念间具有整体部分等级关系。以概念"生物学"为例,《汉表》为其标注的范畴分类是"Q 生物科学",在《汉表(自然科学卷)》中其上位概念"自然科学"属于范畴类目"N 自然科学总论",在《汉表(工程技术卷)》中其下位概念"纳米生物学""辐射生物学""放射生物学"同属于范畴类目"Q 生物科学","生物学"与其上位概念和下位概念均满足事物及其组成部分的条件,存在整体部分等级关系。

③实例关系,形容描述一类事或物的一般概念与某个特指概念之间的联系。以概念"地亚农"为例,《汉表(工程技术卷)》为其标注的范畴分类为"S4 植物保护"和"TQ453 杀虫剂",属于农业-化学交叉概念。地亚农作为化学物质是有机磷杀虫剂的一种,与来自化学工业的上位概念"有机磷杀虫剂"(范畴分类为 TQ453 杀虫剂)存在等级关系。

叙词表与其他词汇表的主要区别之一便是能够体现等级关系的这种次序结构,因此理论上叙词表交叉概念等级关系复杂,符合多样性指标的测量依据,可以进行量化。

(2)相关关系多样性量化依据

叙词表概念间的相关关系分为"具有重叠含义的术语与概念间的关系"及其他情况下的相关关系两种类型。建立叙词表的初衷之一就是将收录在不同范畴类目、但语义上因相似或相反而存在关系的概念关联起来,从而提高信息资源的组织效率。在叙词表的范畴体系中,一个分属于不同学科范畴的交叉概念,既可能与来自这些学科范畴的领域概念或交叉概念的含义产生重叠,也可能与更多属于其他学科范畴的领域概念或交叉概念的含义存在强烈暗示,形成相关关系网络,关系示意见图 7.12。以下分别借助不同关系类型的实例解释叙词表交叉概念的相关关系结构。

①具有重叠含义的术语与概念间的关系,形容处于不同词族的、时而能够互换使用时而不能的一对概念之间的联系。以概念"蛋白质"与"有机质"为例,《汉表(工程技术卷)》为"蛋白质"标注的范畴分类是"Q51 蛋白质"和"TS201.4 食品营养学",为"有机质"标注的范畴分类是"O62 有机化学""P593 生物地球化学、气体地球化学"和"S1 农业基础科学"。两个概念均属于交叉概念,当蛋白质被生物学关注的属性侧重为一种有机质时,二者因满足语义重叠的条件形成相关关系。此外,与"有机质"存在相关关系的概念还包括"有机质丰度""无机质""烃源岩"等;与"蛋白质"存在相关关系的概念还包括"营养成分""渗析""奶粉""蛋白粉"等,这些概念间出于各种各样的原因最终形成了数量较多、结构复杂的关系网络。

②其他情况下的相关关系,形容相互带有强烈暗示的一对概念之间的联系。以概念"固氮作用"为例,《汉表(自然科学卷)》为其标注的范畴分类包括分属 4 个学科范畴的"O621.255 有机取代(置换)反应""P734 海洋化学""Q945 植物生理学"和"S5 农作

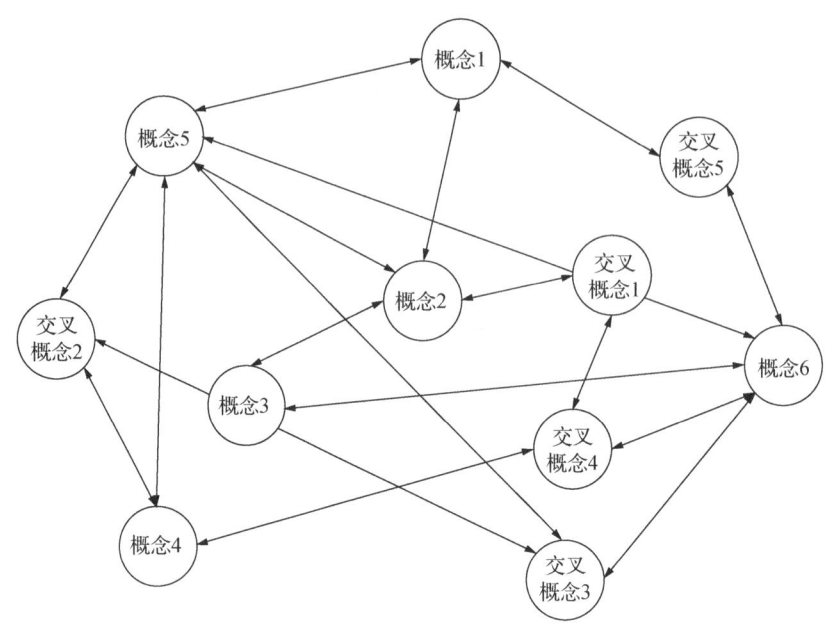

图 7.12 叙词表交叉概念的相关关系示意

物",属于一个多学科交叉概念。与其存在相关关系的概念中,"氮"作为固氮作用的研究对象符合研究与研究对象的暗示条件,"氮化合物"和"氨"作为固氮作用的分解产物符合活动与活动产物的暗示条件,而"氮化合物"又与"氨"在内的其余 8 个概念存在相关关系。

通过以上实例发现,从一个叙词表交叉概念出发,追踪与其具有相关关系的概念,再由该概念往外扩展,可以逐渐挖掘出一个相关关系网络。当学科交叉文献环境中的叙词表交叉概念种类较多时,交叉概念的相关关系网络极有可能伴随着概念语义的丰富而丰富。因此,理论上叙词表交叉概念相关关系复杂、数量较多,符合多样性指标的测量依据,可以进行量化。

(3) 交叉概念语义关系多样性模型

对照叙词表的概念多样性模型,将每两个概念间的一组关系带入"概念种类"列进行统计,同一组关系出现的频次带入"概念词频"列进行统计,建立叙词表概念语义关系的多样性模型。概念反映文献主题、出自文献,测定概念的多样性水平以文献为环境背景展开;语义关系反映概念的学科属性、联结概念,测定概念语义关系的多样性水平以概念为环境背景展开。

在模拟的文献环境模型的基础上,语义关系的概念环境为该文献环境内标注了相同类型范畴号的叙词表概念的集合。以表 7.11 模拟的概念环境模型为例,概念间等级关系记作 $X_i$,对应等级关系出现的频次记作 $E_i$,概念间相关关系记作 $Y_i$,对应相关关系出现的

频次记作 $F_i$，则概念间等级关系的多样性指数 $H'$ 的计算如式 7.2 所示，概念间相关关系的多样性指数 $H''$ 的计算如式 7.3 所示。

表 7.11　叙词表概念语义关系测定模型

| 等级关系 | 等级关系出现频次 | 相关关系 | 相关关系出现频次 |
| --- | --- | --- | --- |
| $X_1$ | $E_1$ | $Y_1$ | $F_1$ |
| $X_2$ | $E_2$ | $Y_2$ | $F_2$ |
| …… | …… | …… | …… |
| $X_i$ | $E_i$ | $Y_i$ | $F_i$ |
| 总计 $X = \sum X_i$ | 总计 $E = \sum_{i=i}^{X} E_i$ | 总计 $Y = \sum Y_i$ | 总计 $F = \sum_{i=i}^{Y} F_i$ |

$$H' = -\sum_{i=i}^{X} \frac{E_i}{E} \log_2 \frac{E_i}{E}; \quad \text{（式 7.2）}$$

$$H'' = -\sum_{i=i}^{Y} \frac{F_i}{F} \log_2 \frac{F_i}{F}。 \quad \text{（式 7.3）}$$

测定叙词表交叉概念的语义关系多样性，就是测定一定篇数文献中一定数量的叙词表交叉概念所具有的等级关系多样性指数和相关关系多样性指数。较之于单学科领域文献环境中，领域叙词表概念的语义关系多样性指数，学科交叉文献环境中叙词表交叉概念的语义关系多样性指数值越大，说明交叉概念语义关系多样性水平越高。理论上，在学科交叉文献环境中的叙词表交叉概念的等级关系和相关关系丰富，叙词表交叉概念的等级关系多样性指数和语义关系多样性指数也应当较大。

（4）实证与结论

选取概念多样性实证部分筛选出的概念集合作为语义关系的概念数据来源，选取"英文超级科技词表"（以下简称"英表"）作为概念的语义关系来源词表，统计 3 种类型文献环境内部生物学领域叙词表概念、农业科学叙词表概念和生物-农业叙词表交叉概念的等级关系、相关关系及每组关系出现的频次，分别建立叙词表概念等级关系多样性模型和概念相关关系多样性模型。通过计算并对比不同类型叙词表概念的等级关系多样性指数和相关关系多样性指数的指数数值大小，分析叙词表交叉概念在等级关系层面和相关关系层面具有的语义关系多样性属性。经过实证，证实生物-农业交叉概念的等级关系多样性指数最大，说明该实证环节模拟出的相同种类的概念环境下生物-农业交叉概念的等级关系最丰富，与叙词表交叉概念语义关系多样性较高的假设一致。

在比较概念多样性实证数据的 3 种文献环境中，每个环境各截取 12 个概念模拟出的概念环境模型。结果显示，农业科学领域叙词表概念具有的相关关系种类最少，相关关系多样性指数最小，且在概念多样性实证环节，其概念种类也最小，仅为 12 个，说明在相同篇数的文献环境下，农业科学领域叙词表概念在相关关系层面的语义关系多样性最低。相比之下，生物学领域叙词表概念和生物-农业交叉概念的两项指标数值则较为接近。其中，生物－农业交叉概念具有的相关关系种类略多、相关关系多样性指数略大，说明该实证环节模拟出的在相同种类的概念环境下生物－农业交叉概念的相关关系最丰富。推导出在相同篇数的文献环境下，生物－农业交叉概念的相关关系多样性最高，这与叙词表交叉概念语义关系多样性较高的假设一致。

以生物学和农业科学领域的文献为例，将从模拟概念环境中统计到的概念语义关系数据分别带入叙词表交叉概念的等级关系多样性模型和相关关系多样性模型。实证结果显示，数据与叙词表交叉概念在概念等级关系和相关关系多样性均较高的假设一致。判定符合基于生态学边缘效应提出的叙词表交叉概念在概念语义关系多样性层面的属性：在学科交叉文献环境中，叙词表交叉概念的概念语义关系多样性高于各自单学科文献环境。这验证了研究假设，即叙词表交叉概念的语义关系多样性属性较高。

### 7.4.3 食物链能量流动递减视角下概念相关性研究

通过比较生态学中的食物链与叙词表相关关系连接成的特定概念链，将食物链的能量流动递减理论应用于相关关系的构建中，为叙词表编制工作提供新的思路。以一个主题概念为起点，逐级获取相关概念，并按照"概念链"的构造方法，将概念依次连接成概念链。统计概念链是否符合假设。课题组开展了相关研究，详细内容参见"食物链能量流动递减视角下叙词表概念相关性研究"[①]一文。更多内容参见学位论文《基于食物链的叙词表相关关系构建研究》[②]。

（1）研究方法

生态学中各物种通过食物链进行连接，各相邻营养级的能量传递是逐级递减的。概念链中概念间的语义传递也是逐级递减的，具体表现为随着概念链的延伸，概念与起点概念间的相关性也在逐级减弱。因此，本节进行了实证研究，以"农药"这一概念为起点，通过《农业科学叙词表》逐级获取相关概念，并应用概念间"捕食"的判断规则——进行判定，将判定为"捕食"关系的概念对按照一致的"捕食"方向逐级连接成概念链。使用中国知网（CNKI）获取某一概念链中每个概念的年度发文量，并使用 SPSS 软件进行相关性分析，验证概念链中概念间相关性逐级递减的理论假设。

（2）样本选取

叙词表与生态学属于两个不同的学科，有着不同的学科体系，具有一定程度上的学科差异。在生态学中，大多数生物都存在于一条或几条食物链中以维持自身的生存，但在叙词表中并非所有的概念都能够存在于概念链中，因此，有些概念虽然符合概念"捕食"的特征，但并不一定能够构成概念链。本节不选取此类概念，而是对符合要求的一对"捕食"概念分别进行相关概念的查找，并对新查找到的概念与原概念进行"捕食"关系

---

[①] 郑影，常春. 食物链能量流动递减视角下叙词表概念相关性研究[J]. 中华医学图书情报杂志, 2022, 31(10): 48-55.

[②] 郑影. 基于食物链的叙词表相关关系构建研究[D]. 北京：中国科学技术信息研究所, 2023.

的判断。选取的概念既要符合"捕食"关系，也要符合概念链的单向性。若在获取概念时，发现新获取的概念虽然满足"捕食"关系但并不满足方向性的要求时，则从另一个方向重新进行数据获取，直至可以满足构成概念链的条件。经过在《农业科学叙词表》中查找，共找到以下概念作为本次实验的样本：农药、除草剂、肥料学、制剂、农用物资、原动机、拖拉机、底盘构造、仪表、植物营养、营养诊断、缺素症、缺肥、农业化学、肥料、肥料类型、肥料管理、化学肥料、肥料种类、土地污染、农田污染等。

(3) 样本处理

将获取得到的概念与相关概念按照上述"捕食"关系的判断规则进行一一判断之后，并按照"捕食"关系一致性构成概念链。在自然界中，食物链的长短不一，但大多集中在3至5级。概念链有着和食物链一样的结构，因此概念链由于概念间的相关性也不会无限地延长。为了更直观地看出概念间相关性的变化规律，本研究统一选择由3个概念构成的概念链进行实证分析，共得到15条3级概念链，分别为：农业化学→农药→除草剂、农业化学→肥料学→植物营养、制剂→农药→除草剂、农用物资→农药→除草剂、农田污染→农药→除草剂、农用物资→拖拉机→原动机、农用物资→拖拉机→底盘构造、农用物资→拖拉机→仪表、肥料→肥料类型→肥料管理、肥料→肥料类型→化学肥料、肥料→肥料种类→化学肥料、土地污染→农田污染→农药、土壤污染→农田污染→农药、植物营养→营养诊断→缺素症、植物营养→营养诊断→缺肥。

在获取到实验所需的概念链之后，将概念链中的每个概念分别在中国知网（CNKI）中进行主题检索，统计每个概念的年度发文量。

(4) 数据分析

使用 SPSS 软件进行概念间相关性的测度，分别将概念链中的起点概念与第二级相关概念及第三级相关概念进行相关性分析，以 Spearman 相关系数的大小表示概念间相关程度的强弱。概念间的 Spearman 相关系数及 $P$ 值的计算结果见表 7.12。

表 7.12 概念链中各概念的相关系数

| 相关概念 | Spearman 相关系数 | $P$ 值 |
| --- | --- | --- |
| 农业化学→农药 | 0.797 | 0.000 |
| 农业化学→除草剂 | 0.638 | 0.001 |
| 农业化学→肥料学 | 0.534 | 0.010 |
| 农业化学→植物营养 | 0.839 | 0.000 |
| 制剂→农药 | 0.738 | 0.000 |
| 制剂→除草剂 | 0.676 | 0.001 |
| 农用物资→农药 | 0.420 | 0.051 |
| 农用物资→除草剂 | 0.339 | 0.123 |
| 农田污染→农药 | 0.472 | 0.027 |

续表

| 相关概念 | Spearman 相关系数 | $P$ 值 |
| --- | --- | --- |
| 农田污染→除草剂 | 0.343 | 0.118 |
| 农用物资→拖拉机 | 0.415 | 0.055 |
| 农用物资→原动机 | 0.472 | 0.027 |
| 农用物资→底盘构造 | -0.107 | 0.636 |
| 农用物资→仪表 | 0.247 | 0.267 |
| 肥料→肥料类型 | 0.780 | 0.000 |
| 肥料→肥料管理 | 0.639 | 0.001 |
| 肥料→化学肥料 | 0.926 | 0.000 |
| 肥料→肥料种类 | 0.747 | 0.000 |
| 土地污染→农田污染 | 0.893 | 0.000 |
| 土地污染→农药 | 0.386 | 0.076 |
| 土壤污染→农田污染 | 0.915 | 0.000 |
| 土壤污染→农药 | 0.382 | 0.079 |
| 植物营养→营养诊断 | 0.770 | 0.000 |
| 植物营养→缺素症 | -0.11 | 0.626 |
| 植物营养→缺肥 | -0.12 | 0.595 |

计算结果显示，有个别概念间的相关系数为负值，说明 Spearman 相关系数计算的是具有"捕食"关系的相关概念，相关概念间并不一定都是正向联系，负相关关系同样存在。本研究主要考虑的是概念之间的相关性强弱，因此在进行 Spearman 相关系数的比较时，统一采用计算结果的绝对值。

将计算所得到的 Spearman 相关系数的绝对值代入到构建的概念链中，观察随着概念链的延伸，起点概念与概念链上另外两个概念间的 Spearman 相关系数是否也在逐渐减小。具体结果见表 7.13。

表 7.13 概念链上概念间相关系数的变化

| 概念链 | Spearman 相关系数变化 | 是否符合递减规律 |
| --- | --- | --- |
| 农业化学→农药→除草剂 | 0.797→0.638 | 是 |
| 农业化学→肥料学→植物营养 | 0.534→0.839 | 否 |
| 制剂→农药→除草剂 | 0.738→0.676 | 是 |
| 农用物资→农药→除草剂 | 0.420→0.339 | 是 |
| 农田污染→农药→除草剂 | 0.472→0.343 | 是 |

## 第七章 生态系统视角的知识组织

续表

| 概念链 | Spearman 相关系数变化 | 是否符合递减规律 |
| --- | --- | --- |
| 农用物资→拖拉机→原动机 | 0.415→0.472 | 否 |
| 农用物资→拖拉机→底盘构造 | 0.415→\|-0.107\| | 是 |
| 农用物资→拖拉机→仪表 | 0.415→0.247 | 是 |
| 土地污染→农田污染→农药 | 0.893→0.386 | 是 |
| 肥料→肥料类型→肥料管理 | 0.780→0.639 | 是 |
| 肥料→肥料类型→化学肥料 | 0.780→0.926 | 否 |
| 肥料→肥料种类→化学肥料 | 0.747→0.926 | 否 |
| 土壤污染→农田污染→农药 | 0.915→0.382 | 是 |
| 植物营养→营养诊断→缺素症 | 0.770→\|-0.11\| | 是 |
| 植物营养→营养诊断→缺肥 | 0.770→\|-0.12\| | 是 |

表 7.13 显示，在 15 条由具有"捕食"关系的相关概念构成的 3 级概念链中，有 11 条（占 73.3%）概念链都表现出了概念间距离越远，则概念间的相关性就越弱的现象，即随着概念链的延伸，概念之间的相关性逐渐降低。因此，这验证了本研究的理论假设成立，即在概念链中也同样存在着类似于食物链中能量传递递减的规律。

（5）结论

相关关系是叙词表概念间关系的一种重要且复杂的类型，对具有相关关系的概念进行特征研究可以更好地促进相关关系的构建及维护。本研究基于知识组织生态系统，尝试把食物链层面的能量流动理论引至叙词表相关关系的构建中，通过类比研究叙词表相关关系的构建机制，为叙词表的编制提供新的思路和方法。

概念链与食物链结构类似，都是由具有"捕食"关系的"物种"顺次连接而成。同样的结构决定了二者在某些方面具有类似的特性。在食物链中，处于相邻营养级的物种之间具有捕食关系，二者之间具有直接的"捕食－被捕食"的关系；对于非相邻营养级的物种来说，处于第二营养级的物种与食物链的起点物种（生产者）会具有更直接的作用关系，相对而言，处于第三营养级的物种与生产者之间的直接作用则较弱。类似地，在概念链中，处于相邻位置的概念具有直接的相关关系，二者之间相关性较高，而随着概念链长度的延伸，处于第三级、第四级等位置的概念与起点概念的联系逐渐减小，相关性逐渐降低。在理论分析的基础上，本研究提出并验证了理论假设。从《农业科学叙词表》中随机选取一个起点概念，并逐层进行相关概念的扩展，将所有符合"捕食"关系并能够构成概念链的概念都作为此次的实验样本，共得到 15 条概念链。使用 Spearman 相关系数将概念间的相关性进行量化，发现概念链上的语义信息传递也在逐级递减，证明了本研究的理论假设成立。

通过假设检验的方法，证明了概念之间相关性的变化规律与能量流动递减理论存在共通之处，可以利用能量流动规律为相关关系的构建提供跨学科的思想和方法。此外，虽然本研究的假设在目前的统计数据中成立，但在后续的研究中仍需进一步扩大数据量和领域范围，以增强实验的准确性与普适性。

### 7.4.4 概念间相关关系的信息传递

能量流动、物质循环、信息传递构成了生态系统的主要特征，其中物种之间的信息传递是生态系统食物链、食物网的重要通道。在 KOES 中，物种与概念对应，生物环境与文献环境对应，物种之间具有物理、化学和行为 3 种类型的信息传递方式，并且具有一定的特征和渠道，对应到叙词表概念间横向相关关系，是否也存在同样的信息传递特征，以下介绍一些研究进展，详细内容见《基于生态学信息传递模式的叙词表相关关系特征研究》[①] 一文。

（1）物种间信息传递类型与相关关系的对应

物种之间具有物理、化学和行为 3 种类型的信息传递方式，分别与相关关系信息传递方式对应如下。

物理方式的信息传递：生物物种之间，通过声音、光、颜色、电磁波等物理方式进行信息传递，是通过生物感官直接接收并处理信息，是较为直观的信息传递方式。例如，虎啸、狼嚎既是同种生物之间的信息传递，也是对生态链上其他物种的声音提醒与警示；花朵鲜艳的颜色能够吸引昆虫来授粉等，都是物理方式的信息传递类型。在相关关系中，如果两个概念优选词之间存在字面部分匹配，类似前方一致、后方一致、包含等匹配方式，只是简单的字面部分一致，如果它们之间具有相关关系，我们将这种概念相关关系看作物理方式的相关关系，如"数据保护"与"数据隐藏"之间存在"数据"字面一致的信息传递。物理信息传递只对有关联关系的物种有效果，例如，彩色花朵对传粉昆虫有作用，但对其他物种没有作用，空中飞鸟看到花朵鲜艳的颜色也不会有反应。相对应地，也不是所有的优选词字面存在匹配就有相关关系，如"数据保护"与"弹道数据"就没有相关关系。

化学方式的信息传递：生物产生的各类次生代谢产物，如各类生物碱、激素等化学物质可以传递排斥或吸引其他生物的信息，这类化学物质类信息不属于直观信息，生物必须有相应的信息接收器才能做出反应。例如，开花植物除了用鲜艳的颜色吸引传粉昆虫，花朵的气味也是重要的方式。黄鼠狼受到追击时发出浓烈气味攻击追敌，用于逃生，也是用化学物质传递信息。对应到叙词表相关关系中，如果两个概念没有字面匹配，是通过概念语义建立的相关关系，这类属于化学方式的信息传递类型。例如，"数据采集"与"波形处理"之间是相关关系，它们之间没有简单的字面匹配重叠，但存在语义关系，"波形数据分析系统"可以将采集来的数据进行"波形处理"，获取"波形图"等信息，这些概念

---

[①] 李永泽，常春. 基于生态学信息传递模式的叙词表相关关系特征研究 [J]. 图书情报工作，2017，61（18）：107-112.

具有语义关联，是通过概念知识传递建立的相关关系。这类信息传递模式与物种间的化学信息传递方式相似。

行为方式的信息传递：生物通过一些动作行为方式，抵御来自其他物种或环境因子的侵害，发出反应信息等，属于通过某种行为进行的信息传递过程。例如，具有共生关系的虎鱼与枪虾，在危险情况下通过尾巴碰触的方式进行预警；含羞草遇到外力的碰触，它的叶片就会闭合，叶柄下垂，以躲避外力对它的伤害，如果是其他动物的碰触，含羞草也会以这种合拢叶子的自卫方式警示动物；母鸡遇到掠食者攻击时，通常会蹲下来，张开翅膀，把小鸡护在翅膀底下，并且发出大声的咯咯叫声，以逼退侵犯来敌。所有这些行为都能实现物种间信息传递的功能。对应到相关关系的构建中，概念在文献中的共现特征，就是指两个概念优选词总是同时在文献中成对出现，概念间通过共现行为实现了信息传递。又如，概念在文献中的词频信息，词频高说明这个概念在文献环境中重要性大，能够代表文献主题，词频信息也是概念的行为信息。例如，"数据编码"与"数据压缩"总是在计算机科学类文献中同时出现，这种共现行为属于行为类型的信息传递方式。

（2）物种间信息传递特征、过程与相关关系的对应

1）物种间信息传递特征

物种间信息传递具有多样性和双向性的特征。相关关系也表现出同样的特征，分别对应如下。

物种信息传递内容和方式具有多样性：生态系统中的物种接收着来自环境和其他物种的大量信息，同时为了适应环境并在生态链中占据有利地位，不断调整自己，发出调整信息，在生命周期的不同时期处理着多样化的信息传递。例如，不同物种发出的化学类信息成分合并，即使同一种化学信息对不同的物种反应也是不同，总体表现出信息内容的多样性特征。开花植物既有鲜艳的花朵，又有浓香的气味，以吸引昆虫传粉；动物通过龇牙发出威胁，也可以通过展示红色等视觉信号进行示警，不同的信号有不同的传递方式。相关关系同样具有多样性特征，一个概念可以从不同属性特征方面与另一个概念建立相关关系。例如，"数据采集"与"波形处理"是共现率高的语义关系，与"数据采集器"是工具与功能的相关关系，与"数据传输信道"是信息传递通道类相关关系，与"主动代码"是内容与形式的相关关系。依据知识组织系统的需求，可以构建多种多样的相关关系。

信息传递的双向性特征：物种间信息传递是相互作用的。例如，狼捕食羊，狼是发起者，是主动的一方，作用于被动的一方，羊是被动接受的一方，只要主动方与被动方连接起来，反过来就是羊被狼捕食，这种捕食与被捕食的关系是同时成立的。相对于叙词表相关关系，两个概念如果建立了相关关系，虽然有时有主动与被动的特征，但一定是闭合的相关关系，如果A与B相关，那么必定存在B与A也相关。生态系统的系统性特征决定了生态因子之间、物种之间的信息传递是相互的。例如，雨水充沛、气候适宜，则草原上牧草茂盛，牛羊食物充足，种群增大；草食动物大量增加，鉴于信息传递的滞后性，使得草食动物的总量超过牧草能承载的数量，结果是草食动物由于食物短缺而影响繁殖和生

存，草食动物总量又呈下降趋势，牧草不足的信息传递到草食动物，草食动物数量下降。因此，捕食关系也存在相互的信息传递，信息传递具有双向性。

2）物种间信息传递过程

按照信息学原理，信息传递存在信源、信道、信宿3个环节，信源发出信息，通过信道进行信息传递，信宿是信息的接收方。例如，开花植物浓香的芬芳气味是信源，空气传播是信道，传粉昆虫是信宿，组成一个完整的信息传递过程。对应相关关系，"数据采集"概念语义对应信源，通过计算机科学、可视化技术类文献环境对应信道，生成"波形处理"类可视化图形展示，也是一个概念知识的完整传递过程。物种在生命过程中要发出大量信息，同时也要接收大量信息，达到种间关系的相互调节。例如，牧草—草食动物—肉食动物组成的食物链，草食动物包括马、牛、羊、兔等多种类型，形成复杂的食物网，每个物种在这个网中发出和接收不同信息，既是信源又是信宿。对应相关关系，在一部叙词表中，含有多种类型的相关关系，每个概念具有多种不同的语义属性特征，通过相关关系与其他概念进行关联，同样形成一个网状结构。每个概念处于网络节点，与其他概念形成多种不同信息传递类型的相关关系，表现出叙词表概念在网状知识系统中既是知识的发出者，也是知识的接收者，发出和接收的知识是不同的。

（3）基于信息传递的相关关系构建应用与讨论

通过物种间信息传递的对照分析，得到叙词表概念间相关关系具有同样的拟合特征。物种间物理信息的传递与概念间字面匹配方式对应；物种间化学信息的传递对应概念间非字面匹配的语义关联相关关系类型；物种间行为方式的信息传递对应概念共现等信息传递方式。物种间关系具有多样性和双向性，概念间的相关关系同样具有多样性和双向性，并且传递过程也表现出一致性。通过信息传递的特征分析，可以为叙词表相关关系的建立提供形式化的参考方法。例如，2009年开始新型《汉表》的修订和重新编制工作，探索了基于后方一致的叙词表词间关系的获取方法[①]，这是物理方式的概念信息传递类型。通过概念共现方式获取词间关系[②③]，这是通过行为方式进行信息传递的模拟。按照物种间信息传递方式的不同类型，可以推理出使用化学方式的信息传递方式；计算概念间的语义距离，建立相关关系，也应该是一个建立相关关系的途径。

## 7.4.5 概念等级关系的生态学能量流动原理

物质循环、能量流动和信息传递是生态系统的重要特征。能量流动如自然界存在太阳能、绿色植物、草食动物、肉食动物的能量流动过程，表现出能量流动的单向性、递减性和能量传递通常为3~5级的特征。等级关系是知识组织系统最重要也是最基础的概念关系，例如，叙词表的范畴体系和叙词表词族中的概念等级关系。鉴于等级关系也存在单向

---

① 常春，吴雯娜，曾建勋. 基于后方一致获取词间关系 [J]. 情报科学，2009，27（7）：1085-1088.
② 常春，赖院根. 基于文献标题词汇共现获取词间关系研究 [J]. 图书情报工作，2009，53（8）：17-20.
③ 袁旭，常春，朱明. 使用词汇共现方法构建叙词表相关关系 [J]. 情报理论与实践，2014，37（2）：127-130，102.

性、递减性等层次结构特征,假设叙词表概念等级关系也遵循生态学能量流动原理,进行了相关的探索研究。主要内容如下,详细内容请参考《基于生态学能量传递的词族层次结构研究》[①]一文。

(1) 生态学能量流动规律

在自然界生态系统中,存在着能量流动的特征,地球上生态系统的总体能量流动见图7.13。太阳照射到地球上的光能,经过绿色植物的光合作用,将光能转化为化学能,储存在有机体中。绿色植物也叫作生产者,生产者转化的化学能通过呼吸作用消耗一部分,代谢物、尸体等有机物经分解者分解释放一部分能量,剩下的能量传递给初级消费者,如草食性动物。初级消费者同样通过呼吸作用和分解作用消耗一部分能量,剩下的能量传递给次级消费者,如小型肉食动物。次级消费者以同样的方式将能量传递给三级消费者,如大型肉食动物。总体表现为生产者固定的化学能,经过不同级别消费者利用和传递,实现生态系统的能量传递过程。在这个传递过程中,能量存在转化、固定、传递、散失的过程,表现为单向流动、逐级递减等特征。在不同营养级的能量传递过程中,一般有10%~20%的能量能够传递到下一级[②]。

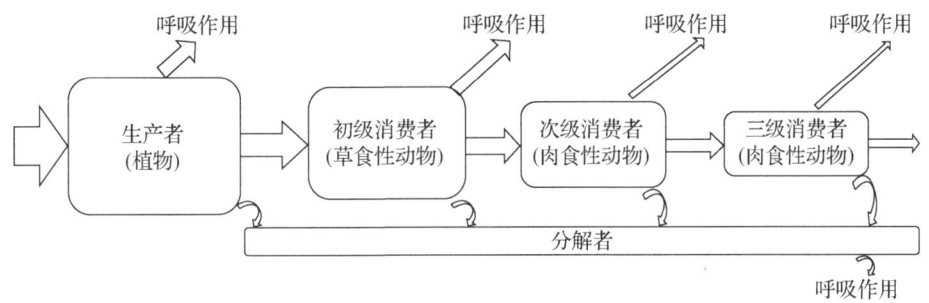

**图7.13 生态系统能量流动模式**

(2) 概念等级关系生态学能量传递特征

概念外延逐级传递性生态特征:概念是思想的单元,是客观世界在人脑中抽象思维的结果,概念是通过内涵和外延进行描述与定义。内涵是概念具有的内容,是对象本质属性在概念上的反映;外延是概念所指的对象,可以是具体的事物,也可以是事物的属性或关系。叙词表中的概念等级关系表现为上位概念与下位概念的包含关系,当概念A是上位概念,概念B是下位概念,A和B就构成了等级关系,如"动物"与"哺乳动物"的关系。A与B两个概念是等级关系,一个重要特点是:A部分是B,B全部是A,"动物"部分是"哺乳动物","哺乳动物"全部是"动物"。对于概念内涵与外延,"动物"泛指所有可以自主移动的异养生物,"动物"比"生物"增加了"移动""自养"的特征,内涵变大了,也通过这种限定使"动物"外延变小了;"哺乳动物"是指具有哺乳特征的胎

---

① 李永泽,常春.基于生态学能量传递的词族层次结构研究[J].情报杂志,2017,36(3):161-165,172.
② 李振基,陈小麟,郑海雷,等.生态学[M].4版.北京:科学出版社,2014:1-48.

生动物，多了"哺乳"和"胎生"两个特征，内涵更大了，增加了这些限定，外延变得更小了。所以，在"生物""动物""哺乳动物"这个上下位等级结构链中，是一个概念外延逐渐变小的过程，上位概念外延全部包含下位概念，下位概念外延是上位概念的一部分。这种关系与生态学能量从上一营养级流动到下一营养级有着非常相似的对应关系，从上位营养级到下位营养级，能量经过营养级自身呼吸作用、分解作用等，只有部分能量传递到下一营养级，下位营养级能量全部来源于上位营养级，上位营养级能量部分传递给下位营养级，生态学的能量变小过程与概念等级关系中的外延变小过程完全对应。

概念等级关系外延递减生态特征：生态系统能量流动过程也是一个能量在各级营养级中递减过程。一般情况下，能量能够传递3～5个营养级，如果更长，会因为没有足够的能量而难以生存，所以，自然界中通常是绿色植物、草食动物、小型肉食动物、大型肉食动物这样的营养级顺序。叙词表概念的等级关系虽然外延难以量化或计算，但同样表现出逐级递减的特征。例如，《汉表（工程技术卷）》中，概念"航空母舰"的上位词是"水面战斗舰艇"；下位词包括"常规动力航母""反潜航母""攻击航母""核动力航母""护航航母""轻型航母""超级航母"；与"舰载飞机"是相关关系。"航空母舰"的外延分别按不同属性限定，传递给7个下位概念和1个相关概念，具体每个下位概念或相关概念只继承了一部分外延。多等级结构的树形上下位关系链一般也应该是3～5级，如果链太长，会造成概念颗粒度太细，专指度过高，结果无法更细地区分出不同的外延特征，而无法形成独立的概念。

（3）实证、结论与应用讨论

1）等级关系主要为3～5级的实证统计

在《汉表（工程技术卷）》编制过程中，记录了不同时期等级结构链的长度和数量的统计。为了进行对比，这里给出编制初期和编制结束两组数据进行对比。不同时期具有等级关系链的层级和数量统计见表7.14。编制初期等级结构的词族为5177个，编制结束词族为4305个，词族数量减少，说明是将短链归并或接续到其他链中了。

表7.14 《汉表（工程技术卷）》编制不同阶段等级关系层级与数量统计

单位：个

| 时期 | 层级 | | | | | | | |
|---|---|---|---|---|---|---|---|---|
| | 2 | 3 | 4 | 5 | 6 | 7 | ≥8 | 总计 |
| 编制初期 | 1337 | 1547 | 1176 | 685 | 301 | 92 | 39 | 5177 |
| 编制结束 | 594 | 1197 | 1213 | 778 | 358 | 116 | 49 | 4305 |

为了更直观地表达层级深度与数量的变化趋势，将以上数据转化为柱状图，见图7.14。从只有2级深度的等级链看，编制初期为1337个，到结束只有594个，3级等级链数量也减少了，从4级开始，等级链的数量到结束时都有所增加，最终统计显示3～5级的等级链占比约为74%。这一数据很好地验证了叙词表的等级深度与生态系统能量传

递的长度一致,主体都是 3~5 级。另外,等级层次从浅变深的过程是接近等级关系真实情况的过程。

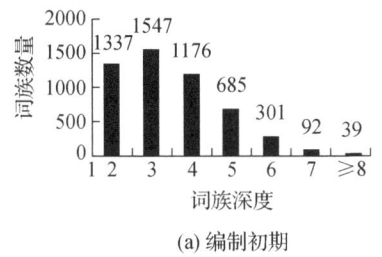
(a) 编制初期

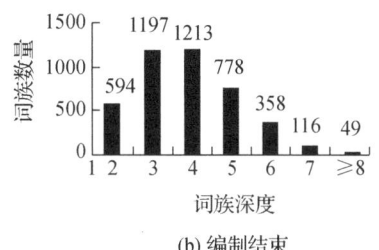
(b) 编制结束

图 7.14 词族深度数量分布

2) 等级关系深度符合能量传递的结论

叙词表概念等级关系是表达知识结构的重要途径之一。从族首词到最专指的概念,是一个包含与被包含的过程,表现为外延递减的特征,等级层次的深度一般为 3~5 级。这些特征与生态系统能量传递的特征一致,从生产者到初级消费者、次级消费者和三级消费者,能量是一个逐级递减的过程,通常情况下能够传递 3~5 个营养级。研究通过《汉表（工程技术卷）》的词族层次深度统计进行了实证,符合预期的假设。

3) 对叙词表等级关系构建的可能应用

叙词表概念等级关系的能量流动生态特征在叙词表编制和维护中具有一些参考价值。例如,上下位等级关系的概念间,下位概念外延变小。通过概念外延大小,可以判断叙词表的等级关系,对知识组织体系中其他具有等级关系的各种类型词表同样具有借鉴意义。例如,"水库"是一个概念,如果增加"生态"限定,限制为有生态功能的水库,即"生态水库",其外延变小,可以建立上下位等级关系。如果是同一类事物,只要增加了限定,缩小了外延,就可以自动推荐为上下位等级关系。

概念等级关系的逐级递减特征也可以应用于等级关系的审校或维护过程中。例如,同一个族首词"蔬菜作物",有以下 3 个等级关系层次链：蔬菜作物—豆类蔬菜—蚕豆—大粒蚕豆,蔬菜作物—根菜类—萝卜—大萝卜,蔬菜作物—绿叶蔬菜—青菜—洋芹[①]。如果在更新维护中出现了这样一个链：蔬菜作物—芥菜—叶用芥菜—包心菜,虽然外延也是逐级减小的,也是 4 级,但放到一个词族中对比就会发现问题。已有词族族首词"蔬菜作物"下第一级限定为"……类"蔬菜,例如,"豆类蔬菜""根菜类""绿叶蔬菜"。新加等级关系链中,"蔬菜作物"下第一层下位词是"芥菜",而不是表示范围的"……类"蔬菜,外延没有逐级递减,而是跨越式减小了,因此存在问题。正确的结构应该是：蔬菜作物 - 芥菜类 - 芥菜 - 叶用芥菜 - 包心菜,增加了"芥菜类"后,放到"蔬菜作物"词族中,等级结构就成立了。

---

① 农业部情报研究所. 生物分类叙词表 [M].北京：中国农业出版社,1994：921 - 922.

## 7.5 基于生态学能量流动的图书馆知识传递

通过对生态学能量流动规律的研究，联想到人类知识流动的特征，特别是经过图书馆环节的知识流动特征。图书馆被誉为知识的殿堂，一个国家的国家图书馆建筑和用户服务通常是该国的文化标志。有人认为，即使现代文明因核战或其他不测事件毁灭，只要保留一个完整的国家图书馆，人类文明就可以恢复。然而，近年来也出现了图书馆可能被替代的生存危机的讨论①。本节借助生态学能量流动特征，从知识流动的角度分析图书馆在人类知识流动环节中的特征，详细内容见《基于生态学能量流动原理的图书馆知识传递研究》②一文。

### 7.5.1 图书馆的知识传递与生态学能量流动的对应关系

图 7.15 展示了生态系统能量流动过程与图书馆环节的知识传递过程的对应关系。人类通过生产实践、科学研究等社会活动，发明创造了大量知识，这些知识与太阳能对应；经过著作、论文、科技报告、网络等图书情报文献资料对这些知识的"固定"，起到了生产者的作用，对应绿色植物对太阳能的固定和转化；图书馆根据自己的资源建设需求，采集相关的图书文献资料，等同于初级消费者从生产者处获取能量的过程，所以图书馆与初级消费者草食动物对应；图书馆经过对知识的编目和上线等服务，将知识传递给用户，用户与次级消费者肉食动物相对应。自然界的能量传递过程是：太阳能—绿色植物—草食动物—肉食动物，其中肉食动物还可以分出小型肉食动物和大型肉食动物。相应地，人类社会的知识流动过程为：人类社会知识—图书文献资料—图书馆—用户。用户可以进一步分为图书馆从事定题服务、参考咨询等学科馆员服务类人员及需要获取知识的终极用户。无论是能量传递的营养级，还是知识传递的层次，均为4层或5层。

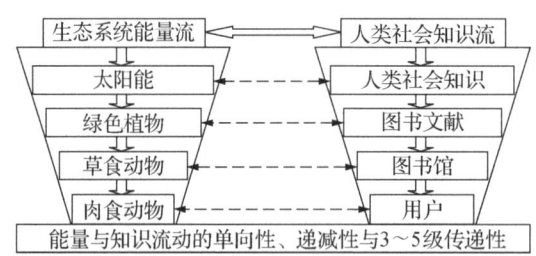

图 7.15 生态系统能量流动与图书馆知识传递结构功能对应框架图

---

① 张晓林. 颠覆数字图书馆的大趋势 [J]. 中国图书馆学报，2011，37（5）：4-12.
② 常春，黄桂英. 基于生态学能量流动原理的图书馆知识传递研究 [J]. 图书馆理论与实践，2018（1）：25-28.

## 7.5.2 图书馆知识传递的能量流动生态特征

知识传递的单向性：生态系统能量传递是单向的，这个方向依次为太阳能、绿色植物、草食动物到肉食动物。对应到人类社会的知识流动也是单向的，依次为人类社会知识、图书文献资料、图书馆到用户。人通常要经过幼儿园、小学、中学和大学的专门学习过程，但更多的知识是在工作中获取的，这就是终生学习的观点。人是知识的终极消费者，也是知识的创造者。人类创造的知识通过文献资料和图书馆单向传递给其他用户，这个单向性依然成立。例如，在 Web 2.0 时代，数字图书馆的用户在获取知识的同时，也会上传自己的体验和知识，通过数字图书馆平台传递给其他用户，这仍然是单向传递的过程。

知识传递的递减性：在生态系统中，能量传递过程中由于每个营养级自己的呼吸作用和分解作用，只有部分能量传递到下一营养级，传递效率为 10%~20%。对应到人类社会知识、图书文献资料、图书馆到用户的知识传递过程也是递减的。人类社会知识有些是显性的，有些是隐性的，只有部分显性知识被记录到图书文献资料中得到"固化"。虽然知识也可以通过知识传承人传递，但人的寿命有限，必须在生前传递。图书馆采集适合自己资源建设目的的图书文献资料，因为是选择性采集，所以知识总量有所减少。具体到每个用户，用户只选择自己感兴趣或有需求的知识，加上不同知识背景的用户获取知识的能力不同，导致到用户个体的知识量又有所递减。

3~5 级传递链生态特征：在生态系统中，能量传递通常为 3~5 个营养级。如果营养级过长，由于能量递减的特征，使得更高营养级的生物没有足够的能量而无法生存。例如，自然环境中到了老虎这样的大型肉食动物后，就很难存在更高的营养级。对应到图书馆的知识传递过程，从人类社会知识、图书文献、图书馆到用户是 4 个"营养级"。在当今数字网络环境下，出现了一些数据库商，他们对图书文献等各类信息进行了标准化的采集，可以为图书馆提供专门的便利服务，如中国知网、万方数据、维普资讯等期刊数据库商，如果图书馆购买这些资源，可以理解为在图书馆前面加了一个"营养级"。图书馆的参考咨询、定题服务等学科馆员的知识服务活动也可以看作图书馆与最终用户之间增加了一个"营养级"。这样，目前可见的图书馆知识传递的最长链为 5 个"营养级"。

## 7.5.3 讨论与结论

知识传递的单向性决定了图书馆的工作重点要聚焦到从图书馆向用户的知识传递过程。在图书馆一端，需要提升自己的服务能力，准确定位用户特征和需求，并针对用户的需求进行资源建设，为适合用户获取知识提供所有可能的便利。例如，国家图书馆全年 365 天全部时间都开放就是这种理念的体现。在用户这一端，应培育用户的知识素养和知识需求，让用户将图书馆当成生活的第三空间。在这个空间中能够自由、方便地获取自己需要的知识。

知识传递的递减性决定了图书馆努力实现最大的知识传递。理论上，资源建设的知识总量越大，按比例传递的知识越多，但每个图书馆的资源建设经费是有限的，这使得这一办法不可能简单地发挥作用。提高传递能力包括遴选适合读者需求的文献资源，将文献资源进行主题分类等知识组织精细活动，为用户提供个性化和精准服务等，以提高知识传递的效率。

知识传递的3~5级生态性特征包括以下两个方面。一是图书馆对数据库商的依赖性，数据库商为图书馆的资源建设提供了极大的便利，减轻了图书馆员的工作量，提高了资源采集的效率。但如果图书馆完全依赖数据库商，则存在一定的风险，这相当于在图书馆前增加了一个"营养级"，为知识的递减人为增加了一个环节。即使数字信息总量有所提升，但也失去了知识传递的主动性。因此，数据库商资源应作为图书馆资源的重要补充，而不能过度依赖。二是图书馆提供的参考咨询、定题服务等学科馆员的知识服务不宜再细分，增加更多的"营养级"。如果任意增加知识传递环节，延长传递链条，试图在学科馆员知识服务的基础上，提供知识发展趋势、战略情报或智慧服务等，所有这些超过5个"营养级"的服务都需要推敲其实现的可能性。

经由图书馆传递的知识符合生态系统能量流动规律，表现在人类社会知识经过图书文献资料对知识的"固化"，传递给图书馆，最终到用户。在这个知识传递过程中，表现出知识传递的单向性特征、逐级递减特征和3~5级传递链比较适合特征。依据这些现象，图书馆需要加强资源建设工作，提高资源知识组织能力，促进知识传递比例，谨慎延长知识服务功能范围，为用户获取知识提供最大的便利。

# 第八章 信息组织在医疗健康系统中的应用

## 8.1 信息组织在医疗健康领域的角色

在当今社会,信息组织在医疗健康领域扮演着关键的角色,其影响力贯穿医疗服务的各个环节。信息组织不仅为医护人员提供全面的医学知识和研究成果支持,也为患者提供更便捷、高效的医疗服务体验。本章将介绍信息组织在医疗健康领域中的关键角色和重要功能,包括实时动态监控公共卫生事件、保障居民健康出行、助力健康生活管理等。通过深入了解这些角色,可以更好地理解信息组织在医疗健康领域中的重要性和影响力。

### 8.1.1 实时动态监控公共卫生事件

信息组织在公共卫生中发挥了关键作用,助力公共卫生监控与管理,实现了实时动态监控。各地政府建立了相应的公共卫生事件监测系统,通过实时收集、分析和发布公共卫生事件数据,实现了对公共卫生事件传播情况的及时监控和跟踪。首先,各地政府和卫生部门建立了公共卫生事件数据汇总平台,实现了各级医疗机构和卫生部门之间的信息共享和数据交换。通过这些平台,可以实时收集和整理各地的公共卫生事件数据,包括确诊病例数、疑似病例数、密切接触者情况等,为公共卫生事件防控决策提供了科学依据。其次,利用大数据分析和人工智能技术,可以对公共卫生事件数据进行快速、准确的分析和预测。例如,可以通过数据挖掘技术识别出公共卫生事件传播的规律和趋势,及时预警可能出现的公共卫生事件高发区域和人群,有针对性地采取防控措施,降低公共卫生事件传播风险。同时,利用信息技术还可以实现对密切接触者的追踪和管理。通过建立公共卫生事件追踪系统,可以快速找到和跟踪密切接触者的行踪轨迹,及时进行隔离和医学观察,阻断公共卫生事件传播链条,降低公共卫生事件扩散的风险。此外,利用信息组织还可以加强公众的公共卫生事件防控意识和知识普及。通过发布公共卫生事件防控指南、健康知识科普等信息,引导公众正确理解和应对公共卫生事件,避免恐慌情绪和不良行为的产生,共同参与到公共卫生事件防控的行动中来。

总体来说,在公共卫生事件期间,信息组织发挥了重要作用,实现了公共卫生监控与管理的实时动态监控。通过信息的收集、整理、分析和发布,有力支持了公共卫生事件防控工作的开展,为保障公众健康安全提供了有力保障。

## 8.1.2 智能化抗击公共卫生事件

在公共卫生事件期间，各地区纷纷采用大数据、人工智能、云计算等技术，打响了数字化公共卫生事件防控阻击战，展现了信息技术在公共卫生事件应对中的重要作用。例如，利用 5G 技术远程会诊，体现了数字化技术在医疗卫生领域的应用。通过 5G 技术，医师可以实现远程诊断和会诊，提高了医疗资源的利用效率，也为公共卫生事件期间医疗服务的连续性和高效性提供了支持。利用大数据识别途经机场人员活动轨迹的举措，彰显了大数据在公共卫生事件防控中的重要作用。通过分析和挖掘海量数据，可以快速准确地识别出人员的活动轨迹，有针对性地实施隔离和管控措施，有效防止公共卫生事件的传播和扩散。为防控公共卫生事件提供"智慧"支撑，则体现了云计算技术在公共卫生事件防控中的应用。云计算可以提供高效的数据存储和处理能力，为政府部门和医疗机构提供强大的信息化支持，有利于统筹协调各方资源，加强公共卫生事件防控工作的组织和管理。

通过上述例子我们可以发现，大数据、人工智能、云计算等数字化技术在公共卫生事件防控中发挥了重要的作用。这些措施不仅提升了公共卫生事件防控效率，也为未来类似突发公共卫生事件的应对提供了宝贵经验和参考。

## 8.1.3 助力居民健康生活管理

在当今社会，信息组织在居民健康生活管理中也发挥着越来越重要的作用。通过运动激励 App、饮食健康管理 App、喝水时间 App 等工具，居民可以更加科学地进行健康生活管理。例如，运动激励 App 为用户提供了全方位的运动管理服务。它不仅可以精确记录用户的运动路线、时间和运动数据，还提供了运动百科、达人社区、专业的健身课程与计划等丰富内容，为用户提供了专业的健身建议和指导。这些信息组织不仅可以激发用户的运动热情，还可以帮助他们制订科学的健身计划，提高健康水平。饮食健康管理 App 为用户提供了个性化的饮食管理服务。无论是不知道吃什么、怎么吃才健康的普通用户，还是有特殊需求如抗糖、减肥等用户，都可以在这些 App 上找到满意的解决方案。通过定制的饮食计划和个性化的营养建议，用户可以更加科学地控制自己的饮食，改善健康状况。喝水时间 App 则着重于养成健康的饮水习惯。它不仅可以提醒用户每天喝水的时间，还可以教导用户如何正确地喝水，并提供喝水小知识，帮助用户养成良好的饮水习惯。这种信息组织可以有效预防脱水，改善肾功能，促进新陈代谢，对于健康减肥有着积极的促进作用。通过运动激励 App、饮食健康管理 App、喝水时间 App 等工具，信息组织为居民提供了全方位、个性化的健康生活管理服务。这些工具不仅提升了居民的健康意识和健康水平，也为健康管理领域的发展提供了有力支持。

## 8.1.4 服务全民健身新路径

短视频信息组织服务在全民健身中开辟了新的路径，通过各种平台的推广和内容生产，促进了健康意识和健身活动的普及。以抖音刘畊宏健身直播为例，在 2022 年年初，抖音刘畊宏健身直播一周吸粉3000万[①]。数据显示，2022年4月7日"刘畊宏"搜索指数环比增长突破2280.33%，"毽子操"正式出圈。刘畊宏在短时间内吸引了数千万粉丝的关注，展现了短视频平台在传播健身知识和激发健身热情方面的巨大潜力[②]。通过抖音等短视频平台，健身明星、专业教练、演艺明星等各领域的名人纷纷加入健身直播行列，为广大用户提供丰富多样的健身课程和指导。这种健身直播的形式不仅使用户可以随时随地参与健身活动，也增加了健身的趣味性和互动性，激发了用户的积极性。抖音推出的全民健身计划进一步扩大了健身直播的影响力和参与度。通过邀请世界冠军、演艺明星等知名人士开展健身直播课程，抖音为用户提供了丰富且高质量的健身内容，吸引更多人参与到健身活动中来。这种全民健身计划的推出，不仅能够促进健康生活方式的普及，也有利于打造一个更加健康、积极向上的社交平台氛围。

### 8.1.5 短视频医疗科普

短视频医疗信息组织在实现全民科普方面也具有重要意义。随着短视频平台的普及和用户数量的增加，医疗科普开始借助短视频的形式，以更直观、生动的方式向大众传播医学知识和健康科普。首先，短视频医疗信息组织提供了一种简洁易懂的传播方式。医学知识通常较为专业和抽象，对一般大众来说很难理解。通过短视频，医学专家可以利用图文并茂、语言通俗易懂的方式，将复杂的医学知识解释得更加简单明了，让更多的人能够轻松理解和接受。其次，短视频医疗信息组织具有很强的传播性和影响力。短视频的特点是传播速度快、观众覆盖面广，能够在短时间内迅速传播到更多的用户群体中。通过短视频平台，医疗科普内容可以迅速扩散，触达到更广泛的受众群体，提高全民的健康素养和医学常识。另外，短视频医疗信息组织也能够增强公众对医学领域的信任感和科学意识。通过短视频平台传播的医学知识通常由权威专家或医疗机构发布，内容经过专业审核和筛选，具有较高的可信度和权威性。这有助于消除公众对医学信息的疑虑和误解，提高大众对医学科学的认同感和信任度。

### 8.1.6 医疗服务自动化

信息组织助力医疗服务全流程自动化，是现代医疗服务体系的重要发展方向之一。通过信息技术的应用，医院可以实现自动化的挂号、缴费、分诊、取药等服务，提高医疗服务效率，优化患者就医体验。首先，医院自动挂号系统可以让患者通过网络或手机App实现在线挂号，无须到医院现场排队等候。患者可以根据自己的需求和时间选择合适的挂号时间，大大节省了等候时间，提高了就医效率。同时，医院可以通过系统管理预约信息，合理安排医师的诊疗时间，提高了资源利用效率。其次，自动缴费系统让患者可以在

---

[①] 7天涨粉近3000万，刘畊宏现象背后：知识类直播偷袭直播带货 [EB/OL]. [2024-03-02]. https://www.bilibili.com/read/cv16274492/.

[②] 熊淑婷, 覃思熠, 杨明霞. 后疫情时代现象级主播的身体叙事研究：以刘畊宏健身直播为例 [J]. 新闻前哨, 2022, (24): 31-33.

就医前或就医后通过线上支付完成医疗费用，无须现场排队缴费，节省了患者的时间成本。同时，医院可以通过系统管理费用信息，提供透明的费用结算服务，减少了费用纠纷和管理成本。另外，医院自动分诊系统可以根据患者的病情和就诊需求，将患者分配到相应的科室和医师，提高了就医效率和就医体验。医院可以通过系统管理患者信息和医疗资源，实现合理分配和调度，优化就诊流程。最后，自动取药系统让患者可以在就诊结束后直接通过自助取药机领取药品，无须再次排队等候，节省了患者的时间和精力。同时，医院可以通过系统管理药品信息和库存信息，提供及时准确的药品供应服务，确保患者的用药安全和便捷。

### 8.1.7 破题"看病难"

互联网医疗平台的出现，为解决"看病难"问题提供了新的解决方案。在传统的医疗体系中，患者常常面临着挂号难、看病费用高、专家资源匮乏等问题，而互联网医疗平台的出现改变了这一局面，为患者提供了更加便捷、高效的医疗服务。

首先，互联网医疗平台为患者提供了线上挂号、预约专家号、在线问诊等服务，使患者可以足不出户就能完成就医前的各项准备工作。通过互联网医疗平台，患者可以随时随地进行医师预约和挂号，避免了排队等候的时间和精力浪费，大大提高了就医效率。其次，互联网医疗平台通过在线问诊、视频会诊等形式，让患者可以与医师进行远程交流和咨询。这种形式不仅方便了患者，尤其是一些身体不便或居住在偏远地区的患者，还为医师提供了更多的就诊机会和服务对象，缓解了医疗资源分布不均的问题。另外，互联网医疗平台还为患者提供了多元化的医疗服务选择。患者可以根据自己的实际情况和需求，在互联网医疗平台上选择合适的医师、医院和医疗项目，享受到更加个性化、专业化的医疗服务，提高了就医的满意度和质量。互联网医疗平台通过整合医疗资源、优化医疗服务流程，为患者提供了更加便捷、高效、优质的医疗服务体验，有力破解了"看病难"的问题。随着互联网医疗技术的不断发展和完善，相信互联网医疗平台将会在未来发挥更加重要的作用，为构建更加健康、便捷的医疗服务体系作出更大的贡献。

然而，我们也必须要警惕信息组织在医疗健康领域可能带来的负面影响。魏则西事件就是一个值得深思的例子。这是 2016 年 4 月至 5 月发生的一起牵涉医疗诈骗广告及网络搜寻服务公司未尽企业社会责任的社会事件。受害者魏则西及其家人，因在百度推荐的武警二院接受了未经审批且效果未经确认的治疗方法，导致耽误治疗，最终于 2016 年 4 月 12 日不治去世。这一事件凸显了信息组织在医疗健康领域可能存在的误导、不准确甚至危险的信息传播，主要原因在于信息的来源和质量无法保障。在互联网时代，大量的医疗健康信息涌入网络，但很多信息缺乏权威性和科学性，甚至存在虚假、夸大的情况。许多患者容易被这些不准确的信息所误导，选择不合理的治疗方案，导致健康风险甚至生命危险。对于这种情况，政府部门、医疗机构和专业医疗组织应该加强对医疗健康信息的审核和发布管理，确保信息的真实性、准确性和可信度。同时，通过开展健康教育活动、推广科学医疗知识等方式，增强患者对医疗健康信息的辨识能力，减少被误导的可能性。此外，网络平台应该建立健全的信息审核机制，严格审核发布的医疗健康信息，防止虚假、误导性信息的传播。

## 8.2 医疗健康系统中的信息组织方式

### 8.2.1 医疗健康信息组织方式的重要性

随着互联网和技术的快速发展，人们接触到的信息越来越多，有效地组织和管理信息变得至关重要。信息组织不仅仅是简单地分类和存储，它更是一种艺术和科学的结合，能够帮助我们厘清思路，提高工作效率，更好地利用所掌握的知识。接下来，我们将通过几个例子来探讨信息组织方式的重要性，从而能够应用不同的方法和工具来有效地组织和管理信息，更好地适应当今快速变化的信息环境。

例1："盲人摸象"

尔时大王，即唤众盲各各问言："汝见象耶?"，众盲各言："我已得见。"王言："象为何类?"

其触牙者即言象形如芦菔根，其触耳者言象如箕，其触头者言象如石，其触鼻者言象如杵，其触脚者言象如木臼，其触脊者言象如床，其触腹者言象如瓮，其触尾者言象如绳。

盲人摸象的例子相信大家都很熟悉。在这个例子中，不同盲人触摸到大象的不同部位，根据自己的感受提出不同的描述，但这些描述却未能全面把握整体形象，揭示了以偏概全、片面性看问题的局限性。同样的，在医疗健康领域中，如果只侧重于个别症状或体征，而忽略了整体的医学信息，可能导致对疾病的误解和不全面的治疗决策。

例2：健康医疗信息角色

①法国启蒙思想家伏尔泰曾说过："医师们开着自己不太熟悉的药，诊治着自己不甚了解的病情，评判着自己一无所知的人体。"

②美国20世纪80年代中期的统计数据显示：有3%~5%的患者因药物反应而住院，18%~30%的住院患者产生药物反应，住院患者死亡原因中有3%以上是药疗事故，约占医疗事故的30%。

③药物信息与病患健康息息相关。

④中国每年因医学影像信息被误诊5700万次。

⑤信息情报对灾害中的医疗救援非常重要。

从这些数据中，我们可以看到医疗健康信息不全对健康与社会的危害。医师对药物不够熟悉、对病情不够了解，导致药物反应增加，甚至产生医疗事故。这凸显了在医疗决策中，信息的不全面和不准确可能带来巨大的健康风险。

例3：信息不对称理论

①信息不对称理论是由3位美国经济学家——约瑟夫·斯蒂格利茨、乔治·阿克尔洛

夫和迈克尔·斯彭斯提出的。

②医患双方信息不对称在造成供给诱导需求的同时也容易导致医疗纠纷。

③地域性医学信息不对称导致了各地医疗水平不平衡。在一些县级医院，许多过时的医疗技术和医疗设备还在应用。

在这个例子中，信息不对称理论强调了医患之间信息不对称可能导致的供需失衡和医疗纠纷。患者缺乏对医学信息的充分了解，而医师也可能受到地域性医学信息不对称的影响。这种不对称使得患者无法做出明智的医疗决策，医师也难以提供最恰当的医疗建议。

通过上述3个例子，我们可以得出结论，在医疗健康领域，信息组织方式的选择至关重要。我们需要采用全面、科学、权威的信息组织方式，以确保医患之间的信息对称，提高医师和患者的医学知识水平，从而更好地维护个体健康和社会健康。通过规范信息的组织和传播，能够提高医疗决策的准确性和有效性，促进医疗服务的优质发展。

### 8.2.2 传统医疗健康信息系统信息组织

（1）医疗健康信息类型

医疗健康信息类型的多样性反映了医疗健康领域的复杂性和广泛性，每种类型的信息都在不同程度上对医疗健康管理、决策和服务提供有重要意义。按照信息来源，我们可以将医疗健康信息分为以下几类。

**医疗健康文献信息**：这类信息包括各种医学期刊、学术论文、研究报告等记录的医疗卫生信息。这些文献信息是医疗健康领域研究、教育和实践的重要依据，通过对医学文献的阅读和分析，可以获取最新的医疗技术、科学研究成果以及临床实践经验。

**医疗健康数据信息**：这类信息包括医药卫生行业各管理信息系统、业务系统等的数据信息。医疗健康数据是医疗机构和卫生部门日常运营的重要依据，包括患者信息、疾病统计、医疗费用等各方面的数据。通过对这些数据的分析可以揭示医疗健康领域的趋势和问题，指导决策和规划。

**医疗健康网络信息**：这类信息主要来源于网络，包括正式信息如医疗健康网站、在线医学期刊等及非正式信息如社交媒体、医疗健康论坛等。网络信息具有即时性和广泛性的特点，可以为用户提供医疗健康知识、经验分享、健康咨询等服务，但也需要注意信息的准确性和可信度。

**医疗健康机构信息**：这类信息涵盖了医疗卫生领域各种学术团体、教育机构、企业和商业部门、国际组织和政府机构、行业协会等的描述性信息。这些信息反映了医疗健康领域的组织架构、政策法规、服务项目、科研成果等方面的情况，对于了解医疗健康行业的发展趋势和政策环境具有重要意义。

**医疗服务人员信息**：这类信息包括医疗健康专业技术人员与信息管理人员所拥有的知识信息。这些人员的专业知识和技能是医疗健康服务的核心，他们通过不断学习和更新医学知识，提供高质量的医疗服务，为患者的健康保驾护航。

按照其他的分类方式，我们还可以将医疗健康信息分为以下几类。

静态信息：静态信息指固定不变的信息，通常用于记录患者的基本情况、医疗历史和治疗记录。这类信息包括病人的基本信息（如姓名、年龄、性别）、就诊历史记录、常规检查记录（如血压、心率、体温）、出院诊断书、诊断证据、住院手术记录等。静态信息是医疗记录的基础，为医护人员提供了对患者病情的全面了解和诊断依据。

动态信息：动态信息是指不断更新的、实时的信息，能够反映患者当前的状况和变化。例如，实时的患者体征数据（如血压、心率、呼吸频率）、监测数据（如心电图、血氧饱和度）、实时状态（如病情变化、手术进程）等。动态信息对医护人员而言是非常重要的，可以帮助他们及时了解患者的病情变化，采取相应的治疗和护理措施。

过程信息：过程信息是经过分析形成的客观的、动态的临床过程指标、评价和建议等信息。这类信息不仅包括患者的临床检查结果，还涉及对这些结果的分析和评价及基于分析结果制定的个性化治疗方案。例如，通过听力诊断、视听检查、体温检测等手段可以获取患者的临床进展情况，医护人员再结合个性化治疗方案进行个性化的治疗，帮助患者获得更好的治疗效果。

管理信息：管理信息是指由多人参与的群组讨论、互相传递信息的活动形成的信息。这类信息包括临床咨询会议、专家研讨会、患者日程表、培训会议等。管理信息有助于医护人员之间进行沟通与协作，促进团队合作，提高医疗服务的质量和效率。同时，管理信息也为医疗机构的管理和运营提供重要参考依据，有助于规范医疗流程和提升医疗服务水平。

（2）医疗健康信息组织的层次与内容

按照医疗健康信息组织的层次与内容，我们可以将其分为宏观管理、中观管理和微观管理。

宏观管理：一种面向国家的战略管理，一般由国家级信息管理部门运用经济、法律和必要的行政手段加以实施。

主要内容包括：①国家宏观信息管理中具有普遍适用性的部分，包括国家卫生信息化方针、政策，针对合理使用卫生信息和保障卫生信息安全制度的有关法律、规定、管理条例等，主要对卫生信息管理起指导、规范、控制等作用，保证卫生信息开发和利用活动顺利进行；②由国家卫生信息管理部门作为管理主体，专门以卫生信息作为管理对象的管理活动。

中观管理：一般由各地区、各系统的卫生信息管理部门通过制定地区或系统性政策法规和管理条例来组织、协调本地区、本系统内部的卫生信息的开发和利用活动及地区间、系统间的卫生信息交流关系。

主要内容包括：①研究和分析卫生事业发展的信息需求，研究国际上信息化程度高的国家在卫生信息化建设方面的成功经验和不足之处，分析本国和本地区卫生信息化的发展现状和存在问题。在此基础上，提出本地区、本系统卫生信息开发和利用的总体规划，制订相应的阶段发展计划，并组织实施；②制定卫生信息管理相关的法律和法规、管理条例，明确参与卫生信息管理的各方的责、权、利，以保证卫生信息化的顺利进行；③研究和制定本地区、本系统卫生信息管理过程中的各项规范和标准，集中管理重要的卫生信息；④综合运用多种措施，建立卫生信息安全保障体系；⑤为卫生管理决策和社会卫生需求提供信息服务。

微观管理：最基层的卫生信息管理，一般由各个具体的医药卫生企事业单位，包括医院、卫生防疫部门、药厂、医学院校等基层组织负责实施。

主要内容包括：①分析基层卫生组织机构对信息的需求；②分析组织机构内外的信息环境，制定组织机构的信息政策和规划；③组织开发信息技术并对其进行集成化管理，确定组织的信息标准规范，健全组织的信息系统；④管理信息工作人员，保障组织机构范围内各层次、各部门的信息流畅通，促进信息的全面共享，为管理决策提供信息支持。

（3）医疗健康信息组织方法

按信息的认识层次划分，信息组织可以划分为语法组织、语义组织和语用组织。

1）语法组织

语法组织关注的是信息的结构和形式，即信息的语法结构和逻辑关系。在语法组织中，信息按照一定的规则和语法结构进行排列和组织，以确保信息的清晰和连贯。这包括了使用适当的语法规则、标点符号、段落结构等来组织文本，以便读者能够准确理解信息的含义和逻辑关系。

常见的语法组织有：

字顺组织：按照文字出现的顺序来组织信息的方式。在写作中，通常会按照事件发生的时间顺序或者描述事物的结构，依次叙述或描述。这种方式常用于叙事文学、新闻报道等文体，以确保信息的流畅性和连贯性。

代码法：通过代号或者编号的方式来组织信息的方法。在写作中，作者会为不同的主题或者段落赋予特定的代码或编号，以帮助读者更快地理解文章的结构和内容。这种方法常用于学术论文、报告、手册等文体，有助于读者快速定位和查找所需信息。

时空组织法：按照时间和空间的关系来组织信息的方式。在写作中，作者会根据事件发生的时间顺序或者事物存在的空间位置来安排文章的结构和内容。这种方法常用于历史记录、旅行游记、科技报道等文体，有助于读者更清晰地理解事件的发展和事物的关联。

2）语义组织

语义组织关注的是信息的含义和意义，即信息的语义结构和语义关联。在语义组织中，信息按照其含义和相关性进行组织，以便读者能够理解信息的内在含义和逻辑关系。包括使用词汇、术语、概念等来表达信息的含义，以及确保信息之间的逻辑关联和一致性。

常见的语义组织有：

分类组织法：将信息按照共同特征或属性进行分类和归纳的方式。在写作中，作者会根据事物的共性将其分为不同的类别或类属，以便更清晰地组织和呈现信息。这种方法常用于教科书、百科全书、分类目录等文体，有助于读者更系统地理解和掌握知识。

主题组织法：将信息按照主题或者中心思想进行组织和展示的方式。在写作中，作者会围绕一个核心主题或者中心思想展开论述，以确保文章的逻辑性和连贯性。这种方法常用于议论文、评论文、研究报告等文体，有助于突出论点和观点的一致性和重要性。

本体：在语义学中，本体指的是研究实体及其相互关系的一个领域。本体论是一种语义组织的理论和方法，旨在建立一种形式化的、结构化的知识表示体系，以便计算机能够更好地理解和处理信息。本体论在语义网、语义搜索等领域有着广泛的应用，能够帮助计算机理解和处理复杂的语义信息。

3）语用组织

语用组织关注的是信息的使用和应用，即信息的语用结构和语用功能。在语用组织中，信息按照其使用场景和目的进行组织，以便读者能够根据需要进行信息的获取、交流和应用。包括考虑信息的受众、目的、情境等因素，以及选择合适的表达方式和沟通策略来达到预期的交流效果。

常见的语用组织有：

权值组织法：一种根据信息的重要性或权重来组织和处理信息的方式。在这种方法中，信息被赋予特定的权值，以反映其在信息体系中的重要程度或优先级。在处理信息时，具有更高权值的信息会被更重视，更加突出地呈现或处理。这种方法常用于信息检索、搜索引擎排名、决策支持系统等领域，以帮助用户更快速地找到相关重要的信息。

概率组织法：一种根据概率统计原理来组织和处理信息的方式。在这种方法中，信息的出现和使用被视为随机事件，其发生的概率由统计分析来确定。在处理信息时，根据信息的概率分布和相关性进行选择和排列，以提高信息的可信度和准确性。概率组织法常用于自然语言处理、机器学习、数据挖掘等领域，以帮助计算机更好地理解和处理自然语言信息。

（4）医院信息系统

医院信息系统（hospital information system，HIS）是指利用计算机软硬件技术和网络通信技术等现代化手段，对医院及其所属各部门的人流、物流、财流进行综合管理，对在医疗活动各阶段产生的数据进行采集、存储、处理、提取、传输、汇总，加工形成各种信息，从而为医院的整体运行提供全面的自动化管理及各种服务的信息系统。

医院信息系统是现代化医院运营的必要技术支撑和基础设施，其目的是以更现代化、科学化、规范化的手段来加强医院的管理，提高医院的工作效率，改进医疗质量，从而树立现代医院的新形象。

医院信息系统是用于管理医院各项业务和信息的综合性系统，包含多个功能模块，如门诊管理、住院管理、运维管理、药品管理、统计决策和医技管理，每个功能模块中又包含多个子系统。

门诊管理：包括一卡通管理系统、门急诊挂号系统等，具有预约挂号、患者排队、医师接诊、处方开具等功能。患者可以通过系统进行预约挂号，医院可以根据挂号情况进行排班，医师可以在系统中查看患者的基本信息和病历记录，开具处方并进行处方审核。

住院管理：包括住院医师工作站、临床路径管理系统等，可以管理患者的入院登记、床位安排、病历记录、医嘱执行等。医护人员可以通过系统实时掌握患者的入院情况和病历资料，医师可以开具住院医嘱并进行追踪和执行。

运维管理：包括运维管理系统、门急诊管理系统等，可以对设备、人员、物资等资源进行运维管理。系统可以记录设备的维修保养情况、人员的考勤情况、物资的库存和采购情况等，保证医院的正常运转。

药品管理：包括药库管理系统、住院药房管理系统等，可以管理药品的采购、入库、配药、发药和库存等环节。医院可以通过系统掌握药品的使用情况和库存情况，保证药品的供应和使用的安全有效。

统计决策：包括财务综合查询、院长综合查询等，可以收集和整理医院各项业务数据，包括财务报表、医疗费用情况等。通过对这些数据进行统计分析，可以为医院的决策提供科学依据，优化资源配置和医疗服务。

医技管理：包括医技计费管理系统、手术管理系统等，可以管理医技科室的各项业务，包括检验、放射、超声等医技检查的申请、执行和结果报告。医师可以通过系统提交医技检查申请，技师可以接收并执行检查任务，并将结果录入系统供医师查阅。

总体来说，医院信息系统在医疗服务的各个环节发挥着关键作用。在院前阶段，它为患者提供便捷的预约服务，包括院前急救、预检分诊和全预约等功能，使患者能够更加方便地安排就诊时间，加快医疗救治的响应速度。在院中阶段，医院信息系统提供全自助服务、智能诊疗、药品追踪、便捷支付等功能，提高医疗服务的效率和准确性，让患者就医更加便捷和舒适。在院后阶段，医院信息系统通过医院门户、患者随访和数据挖掘等功能，实现对患者的全方位管理和服务，提高医疗服务的质量和连续性。在院间阶段，医院信息系统支持双向转诊、转检转验和远程会诊等功能，实现医疗资源的优化配置和共享，提高医疗服务的整体水平和覆盖范围。医院信息系统在院前、院中、院后、院间各个环节的应用，为医疗服务的全面提升和改善提供了强有力的支持。

### 8.2.3 互联网+医疗健康信息系统信息组织

互联网医疗是一种融合了互联网技术与传统医疗健康服务的创新模式。以互联网为载体，结合移动通讯技术、云计算、物联网及大数据等先进信息技术，互联网医疗为人们提供了更便捷、高效的医疗健康服务。通过互联网医疗平台，患者可以实现在线预约挂号、远程医疗咨询、医疗资讯获取等服务，无须受时间和空间的限制，可享受到全方位的医疗健康管理。同时，互联网医疗还促进了医患之间的信息互通与分享，提升了医疗资源的配置效率，推动了医疗服务的普惠性和可及性。随着科技的不断发展和应用，互联网医疗将继续深化与传统医疗的融合，为人们的健康生活带来更多便利与可能。

（1）互联网医疗发展

起步期：互联网医疗始于2000年，丁香园等线上医疗咨询平台崭露头角，为互联网医疗的起步奠定了基础。接下来的十年间，好大夫等多个寻医问药企业相继涌现，为在线医疗行业带来了更多的关注和发展机会。

发展期：我国的互联网医疗真正迈入发展轨道是从"十二五"时期开始的。春雨医师、平安好医师等知名企业纷纷成立，标志着互联网医疗迈入了发展的新阶段。2014年，国家开始发布支持政策，资本的积极推动下，互联网医疗行业呈现出百花齐放的局面。医药电商如叮当快药也开始大力发展，患者端和医师端的应用场景不断丰富。

求索期：进入"十三五"时期，互联网医疗面临着政策摇摆的挑战，发展态势先抑后扬。2016—2018年，商业模式创新遇到了瓶颈，资本投资趋于理性，政策力度减弱，行业发展步入缓慢发展阶段。然而，2018年国家发布了《国务院办公厅关于促进"互联网+医疗健康"发展的意见》，为互联网医疗行业带来了新的政策利好，推动了盈利模式的日渐清晰，互联网医院等新模式逐渐崭露头角。

展望期：2019年年底新冠疫情暴发，成为互联网医疗行业发展的催化剂。新冠疫情加速了互联网医疗的发展步伐，促进了新零售消费习惯的养成，并预示着处方药外流和医保支付瓶颈的解除。在这一背景下，互联网医疗将进入加速发展阶段，不断衍生出新的业态和模式，为医疗健康服务的创新与发展注入了新的活力和动力。

（2）互联网医疗规模

近年来，中国互联网医疗行业呈现出快速发展的态势，规模不断扩大，涵盖了在线医疗咨询、预约挂号、远程医疗、电子健康档案、医疗保健电商等多个方面。越来越多的互联网医疗平台涌现，服务范围和覆盖面不断拓展。随着移动互联网的普及和用户健康意识的提高，越来越多的人开始使用互联网医疗服务。患者通过手机App、网站等平台进行医疗咨询、预约挂号、在线问诊等，形成了庞大的用户群体。根据中国互联网络信息中心（CNNIC）于2023年8月发布的第52次《中国互联网络发展状况统计报告》（以下简称"报告"）显示，截至2023年6月，我国互联网医疗用户规模达3.64亿人，较2022年12月增长162万人，占网民整体的33.8%。《报告》指出，互联网医疗行业快速增长。目前全国互联网医院超过3000家，诊疗服务超过2590万人次。大型平台如京东健康、阿里健康实现高速增长。远程医疗服务覆盖率达100%，已覆盖2.4万余家医疗机构。政策推动提质升级，如定点零售药店纳入门诊统筹服务，电子处方流转和药品医保即时结算也在多地实现，提升了参保人员就医购药便利性。

（3）互联网医疗商业模式

互联网医疗的商业模式主要分为以下四类。

单纯在线咨询的信息提供类：这种模式通过互联网平台将注册医师与患者进行线上对接，患者可以向医师咨询各类医疗信息和建议，包括病情诊断、治疗方案、药物使用等。医师会根据患者提供的信息进行在线诊断和建议，并收取相应的费用。

单纯医药电商：这种模式通过建立自身供应链和与第三方线下药店的合作，提供非处方药的线上购买服务。患者可以通过互联网平台浏览并购买药品，然后选择配送或到指定药店自取。

预约类服务：这种模式通过互联网平台提供预约挂号、体检、医美类等预约服务。患者可以通过手机App或网站预约医师的门诊时间，或者预约进行体检或美容整形等服务，从而节省等待时间和提高就诊效率。

综合平台型：这种模式是在互联网医疗平台的基础上，提供一站式的医疗服务。除了在线问诊和预约挂号，还包括线上首诊、开具处方（提供医疗方案）、社保对接、医药配送、线上复诊、疾病大数据管理等综合性闭环服务。患者可以在平台上完成从初诊到治疗的全过程，享受便捷的医疗服务体验。

这些商业模式都是基于互联网技术和移动互联网的发展，不仅为患者提供了更加便捷、高效的医疗服务方式，也为医疗机构和医师提供了新的商业模式和服务渠道。

（4）互联网医疗类型

"医院+互联网"模式：这种模式指的是实体医疗机构与互联网技术的结合。医院作为实体存在，同时设立了互联网医院作为其延伸，以补充传统医疗服务的不足。这样的互联网医院通常作为医院的第二名称存在，提供在线咨询、预约挂号、检查报告查询等服务。它们的运营模式与传统医院相似，但提供了更便捷的医疗服务渠道，如北京大学第一医院的"首都在线"。

"互联网+医院"模式：这种模式则是依托实体医疗机构而设立的独立互联网医院。这些互联网医院不仅提供线上医疗服务，还可能有自己的医师团队和线上诊疗体系，完全独立于传统医院的管理和运营。它们以互联网技术为核心，提供在线问诊、药品配送、健康管理等服务。例如，平安好医师和微医就是这种模式的代表。

（5）第三方医疗服务平台

第三方医疗服务平台是指那些起源于互联网的医疗机构，它们建立了自己的医师团队，并与多点执业医师合作，提供在线问诊、药品配送等服务。这些平台与传统的线下医院自建或与第三方企业合作运营的互联网医院有所不同。代表性的第三方医疗服务平台包括微医、平安好医师、春雨、好大夫等。它们利用互联网技术，为患者提供便捷的医疗服务，使患者可以随时随地通过手机或电脑进行在线咨询和购买药品，从而实现医疗资源的均衡和医疗服务的普惠化。

（6）互联网医院服务生态圈

互联网医院服务生态圈是指在互联网技术的支持下，以互联网医院为核心，整合了医疗资源、医疗服务提供者、患者及健康人群、药店及流通企业、医疗支付等各方参与者，在互联网平台上形成的一个复杂而多元的医疗服务体系，包括健康管理、院后管理、远程诊疗、远程诊断4个模块。

健康管理是通过互联网技术提供的一系列健康服务，旨在帮助个人管理自己的健康和疾病风险，包括家庭医师服务、医养结合、健康教育等。通过互联网健康管理平台，个人可以随时随地获取健康相关的信息和建议，促进健康管理和预防保健。

院后管理是指患者在出院后的医疗服务和健康管理。通过互联网技术，医院可以实现对出院患者的远程随访、用药指导、病情监测、康复训练等服务，帮助患者更好地康复和治疗疾病。同时，院后管理也包括对患者的健康教育和健康管理指导，帮助患者建立良好的生活方式和健康意识。

远程诊疗是通过互联网技术实现医师与患者之间的远程医疗服务。患者可以通过手机、平板电脑或电脑等终端与医师进行视频或文字交流，进行病情咨询、诊断、治疗等过程，而无须亲临医院。远程诊疗可以节省患者的时间和成本，尤其适用于一些简单的病情咨询和复诊。

远程诊断是医师利用互联网技术对患者进行远程影像诊断、远程超声诊断、远程病理诊断、远程心电、血压、血糖、胎心监测等。比如，医师可以通过互联网平台接收患者的影像资料（如 X 光片、CT 扫描等），进行诊断并提出治疗建议。远程诊断可以帮助患者在较短的时间内获取专家意见，缓解了地域医疗资源不均衡的问题。

在互联网医院服务生态圈中，各方参与者之间相互关联、相互依存，共同构建起一个完整的医疗服务体系。这种生态圈的形成，推动了医疗服务的数字化、智能化发展，提高了医疗资源的利用效率，也为患者提供了更加便捷、高效的医疗服务体验。

（7）互联网医院业务模式

直接就诊模式：在这种模式下，患者可以直接通过互联网医院进行预诊，无须到医院现场进行面诊。如果病情需要，患者可以选择线下预约医师进行面诊，形成初诊病例后，再通过互联网医院进行后续的复诊服务。这种模式使得患者可以足不出户地获得医疗服务，同时提高了就诊的效率和便利性。

视频问诊模式：在这种模式下，患者可以通过互联网医院进行视频问诊，医师可以通过视频与患者进行实时沟通和诊断。医师根据患者的病情，可以开具电子处方。这些电子处方会经过药师审核后，发送至线下的药店，患者可以直接在药店购买所需药品。这种模式不仅节省了患者就医的时间，也提高了医疗资源的利用效率，还方便了患者的购药流程。

（8）远程医疗

远程医疗是利用通信技术和信息技术，使医师与患者之间可以实现不受时间和空间限制的医疗服务，包括了远程诊疗、远程会诊、远程监护等多种形式。按照商业模式的不同，可以分为 B2B 平台模式和 B2C 平台模式。

B2B 平台模式：即某医疗机构（以下简称邀请方）直接向其他医疗机构（以下简称受邀方）发出邀请，受邀方运用通讯、计算机及网络技术等信息化技术，为邀请方患者诊疗提供技术支持的医疗活动，双方通过协议明确责权利。

B2C 平台模式：即邀请方或第三方机构搭建远程医疗服务平台，受邀方以机构身份在该平台注册，邀请方通过该平台发布需求，由平台匹配受邀方或其他医疗机构主动对需求做出应答，运用通信、计算机及网络技术等信息化技术，为邀请方患者诊疗提供技术支持的医疗活动。邀请方、平台建设运营方、受邀方通过协议明确责任权利。

（9）互联网医疗信息类型

以在线医疗平台好大夫在线为例（图 8.1），互联网医疗信息类型可以分为医师信息、就医经验信息、科普信息、医疗服务信息、医师动态信息等。

医师信息：这类信息主要涉及注册医师的个人资料、专业领域、医疗经验、教育背

图 8.1 好大夫在线信息示意

景、职称等。患者可以通过互联网平台查找到合适的医师，了解其专长和擅长治疗的疾病类型，为就诊提供参考。

就医经验信息：这类信息主要是患者在就医过程中的经历和感受，包括就医环境、医师态度、诊疗效果等。患者可以通过分享就医经验，帮助其他患者更好地选择医院和医师。

科普信息：这类信息涵盖了各种医学知识、健康常识、疾病预防、治疗方法等方面的内容。通过科普信息，患者可以了解疾病的病因、症状、诊断方法、治疗方案等，增强健康意识，预防疾病。

医疗服务信息：这类信息涵盖了医疗机构的基本信息、医疗服务项目、挂号预约、就诊流程等内容。患者可以通过互联网了解到医院的位置、科室设置、医师团队等信息，为就诊提供便利。

医师动态信息：这类信息包括医师的最新动态、科研成果、学术讲座、医学会议等内容。患者可以通过关注医师的动态信息，了解医师的学术水平和临床经验，为选择合适的医师提供参考。

(10) 医疗健康信息组织服务

医疗健康信息组织服务是指利用信息技术和数据管理方法，对医疗健康领域的信息进行收集、整理、存储、分析和提供的服务。这些服务旨在帮助医疗机构、医师、患者及其他相关方更好地管理和利用医疗健康信息，提升医疗服务的质量和效率。

信息需求的提出产生信息服务。为了更好地提供服务，需要关注信息需求，包括潜在信息需求、现实信息需求、客观信息需求、主观信息需求等，同时关注信息需求是否表达的问题。正确认识信息需求是提供信息服务的前提，见图 8.2。

# 第八章 信息组织在医疗健康系统中的应用

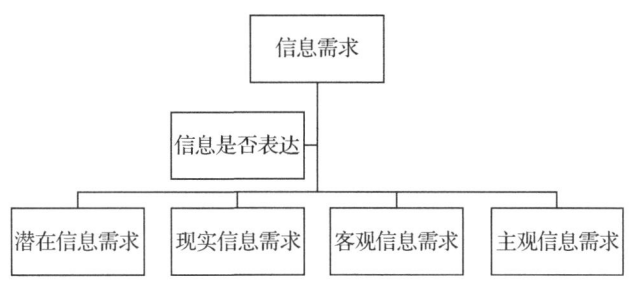

**图 8.2 医疗健康信息组织服务模式**

医疗健康信息的服务模式包括传递模式、使用模式和问题解决模式。

在传递模式中，信息服务内容由信息服务者提供给信息用户，如医师向患者提供医疗建议，在这一过程中要关注信息服务策略。在使用模式中，信息服务者需要考虑信息服务的策略，如医师对患者的诊断和治疗决策应该如何传达给患者。在解决模式中，信息内容产生信息服务产品，涉及医师和患者如何利用信息解决医疗问题，以及信息系统如何支持医疗决策和实践。

此外，医疗健康信息组织服务生成模式可以分为交互-增值模式、平台-自主模式、用户-吸引模式、内容-承包模式 4 种。

交互-增值模式：这种模式下，信息组织服务提供者与用户之间保持密切的交互关系，通过用户与服务提供者的互动，用户可以获得增值的服务体验。例如，咨询服务平台提供在线咨询、专家答疑等增值服务。

平台-自主模式：在这种模式下，用户参与程度较高，可以自主选择和使用服务。服务提供者建立了一个信息传递或数据库检索平台，用户可以通过平台自助地获取所需的医疗健康信息。例如，文献传递服务平台提供学术论文的获取和检索服务；数据库检索平台提供医学文献、疾病资讯等的检索服务。

用户-吸引模式：在这种模式下，服务提供者通过吸引用户来实现服务的提供。服务提供者根据用户的需求和偏好，提供各种吸引人的信息服务内容和服务策略，以增加用户的使用和参与度。例如，医疗健康应用程序通过提供个性化的健康管理方案、健康咨询等吸引用户的注意和参与。

内容-承包模式：在这种模式下，服务提供者在信息服务的整个过程中承担主导地位，为用户提供全方位的服务。服务提供者负责信息的生成、管理和传递，用户则通过使用服务提供者提供的内容和服务策略来获取所需信息。例如，健康管理公司为用户提供全面的健康管理服务，包括健康评估、疾病预防、健康咨询等。

这些不同的服务生成模式在医疗健康信息组织中起着重要的作用，满足了用户不同的需求和偏好。

### 8.2.4 医疗健康信息组织服务案例：丁香园如何进行卫生信息组织服务

（1）丁香园介绍

丁香园是中国知名的医疗健康服务平台之一，成立于2000年7月23日，原名《丁香园医学文献检索网》《丁香园医学主页》。该平台提供多种医疗健康服务，包括医疗资讯、医疗社区、在线问诊、健康管理等。丁香园致力于为用户提供权威、可靠的医疗健康信息，并通过医师、专家提供在线咨询和医疗建议等服务。丁香园利用互联网技术整合医疗资源，为用户提供便捷、高效的医疗服务平台。起初，丁香园是一个医学文献检索平台，旨在为医务人员和科研人员提供便捷的医学知识资源共享。随着发展，丁香园已经成长为拥有超过278万专业会员的生命科学综合论坛，涵盖医学专业领域的讨论交流及生命科学领域的多方面内容，成为医务人员、科研人员及普通用户获取医疗健康信息、分享经验、交流讨论的重要平台。未来，丁香园有望发展成为生命科学综合性门户网站。这意味着它将进一步扩展内容和服务范围，涵盖更广泛的生命科学领域，提供更多元化、更专业化的信息和服务，以满足用户不断增长的需求，成为用户在生命科学领域中的首选信息和交流平台。

（2）丁香园主要服务功能

丁香园是中国最大的面向医师、医疗机构、医药从业者及生命科学领域人士的专业性社交网站。它提供一个交流平台，让专业人士分享经验、讨论问题、获取最新医学资讯，并建立人脉关系。丁香园在中国医疗行业享有极高的知名度。全国范围内，超过90%的三甲医院医务工作者知晓丁香园。目前，丁香园拥有超过350万医学、药学和生命科学领域的专业工作者，每月新增会员数量达到3万名。丁香园旗下拥有多个网站产品，包括丁香人才、丁香会议、丁香通、丁香客、用药助手、PubMed中文网、调查派等。这些网站产品覆盖了医疗行业的不同领域，为用户提供丰富的信息资源和服务平台，满足不同用户群体的需求。

（3）丁香园的信息组织服务生成模式

交互增值模式：丁香园通过交互与用户建立密切的关系，并为用户提供增值服务。这种模式下，丁香园与用户之间进行双向交流，用户可以在平台上获取医学知识、参与讨论和分享经验等，同时丁香园提供的服务也在不断地提升用户体验，满足用户需求，实现价值增值。

平台自助模式：丁香园提供自助服务平台，用户可以根据自己的需求和兴趣，自主浏览信息、参与讨论和查阅资料等。这种模式下，用户参与程度较高，可以根据自己的需求自由地选择服务内容和参与方式，提高了用户的满意度和参与度。

用户吸引模式：丁香园通过提供丰富多样的服务内容和活动吸引用户。丁香园作为中国医疗领域内知名度极高的平台，吸引了大量的医学、药学和生命科学领域的专业人士加入和使用，形成了庞大的用户群体和活跃的用户社区。

(4) 案例解读：患者有过敏性鼻炎，手术或是保守治疗？

面对"患者有过敏性鼻炎，动手术或是保守治疗？"这一问题，医师需要深入了解用药选择、治疗方案和病情分析。为了满足这些信息需求，医师可以利用多种信息服务策略。首先，医师可以通过文献数据库获取最新的医学研究成果和临床试验结果，以了解不同治疗方法的效果和安全性。其次，医师可以查阅相关的指南共识，这些指南提供了专家对于治疗方案的建议和权威性的医学观点，有助于医师进行科学的决策。此外，医师还可以参与专业论坛，与其他医师交流经验、分享案例，从而获取来自实践的宝贵经验和建议。

在上述过程中，我们可以对丁香园的商业模式有一个较为直观的认识和了解。其重要伙伴包括出版社和医药企业，这些合作为丁香园提供了丰富的医学文献和医药观察数据。关键业务主要围绕文献和数据的收集与观察展开，而核心资源则包括庞大的文献库、医药数据库及所有丁香园网站。

丁香园的价值主张体现在多个方面。首先，为医师提供免费文献和学术工具，帮助他们获取最新的医学知识。其次，通过医药观察数据，为医药企业和生物企业提供了一个有效的宣传平台。此外，丁香园还通过医药人才招聘平台为医疗行业搭建了人才交流和招聘的桥梁。

客户关系主要通过论坛和所有丁香园网站实现，这些平台为医师、医院、科研机构、医药企业、生物企业和大众患者等客户提供了互动交流的机会。渠道通路同样以论坛和所有丁香园网站为主，通过这些渠道传递各类医学信息。

在明确上述信息的基础上，医师可以根据丁香园提供的文献检索服务进行信息搜寻，参考用药指南和药品采购选择，为患者作出手术或是保守治疗的诊断。

## 8.3 信息组织在医疗健康研究中的应用

我们在医疗健康研究中探索了信息组织的部分应用，如在移动医疗服务研究中的应用[1]和在慢病管理研究中的应用[2]，这里简述如下。

### 8.3.1 信息组织在移动医疗服务研究中的应用

(1) 研究背景

健康医疗领域面临迅速的技术发展，移动健康（mHealth）服务作为特定和个性化的医疗服务方式逐渐受到重视。与在线健康服务相比，mHealth 服务的移动性使其具有独特的优势，包括便携性、无缝数据传输和足够的处理能力，以满足患者的实时和多样化

---

[1] WANG L, WU T, GUO X, et al. Exploring mHealth monitoring service acceptance from a service characteristics perspective [J]. Electronic Commerce Research and Applications, 2018, 30: 159-168.

[2] LIU J, WANG L, ZHANG L, et al. Predictive analytics for blood glucose concentration: an empirical study using the tree-based ensemble approach [J]. Library Hi Tech, 2020, 38 (4): 835-858.

需求。

调查显示，移动医疗用户规模近半数用户处于观望状态。11.5%的现有用户不愿意继续使用移动医疗服务，可能成为潜在流失用户；而在未使用用户中，有16.2%愿意尝试服务，可能成为潜在流入用户；约45%的用户对移动医疗使用持谨慎态度。因此，了解这些用户的需求并进行精准营销，对于扩大用户规模具有重要作用①。

同时，未来的潜在用户更加注重医疗服务的资质和信誉。对未使用用户来说，他们更信任线下医院的亲身体验，也对医师的资质有一定的担忧。其中，21.5%的用户甚至没有听说过移动医疗服务，这表明移动医疗平台需要加强用户触达，以覆盖更多的潜在用户群体。之前的研究表明，mHealth服务的服务特性（如服务匹配、服务能力和服务相关性）是用户接受或采纳该服务的主要因素。服务匹配指服务能否满足用户的感知需求，服务能力指个体与环境交互时的情感反应和展示个体才能和能力的机会，而服务相关性指个体对服务的感知。然而，虽然服务特性被认为会影响用户的态度，但对这种影响的研究仍然有限。有必要探索服务匹配和服务能力如何影响用户的态度和使用意向，以及服务相关性如何调节态度与使用意向之间的关系。同时，有研究发现，态度是影响mHealth服务采纳和使用意向的重要预测因素。态度可分为认知态度和情感态度，前者强调用户的信仰、信念和信任，后者强调用户的情感和情绪。然而，对不同态度成分对使用意向的影响的研究仍然较少。综上所述，本研究旨在探索服务特性如何影响用户对mHealth服务的使用意向，特别是从服务匹配、服务能力和服务相关性的角度，以及不同态度成分在这一过程中的调节作用。

（2）研究内容及方法

本研究旨在探索以下问题：①mHealth服务匹配和服务能力如何影响用户对mHealth服务的认知和情感态度？②mHealth服务相关性如何调节认知和情感态度对使用意向的影响？研究框架见图8.3。

为了解决上述问题，本研究基于mHealth的服务特性及认知和情感态度开发了一个综合模型。通过对调查数据的分析，本研究发现，mHealth服务匹配和服务能力通过认知和情感态度间接影响使用意向。此外，研究还证实，mHealth服务相关性对情感态度和使用意向之间的关系具有负面影响，但对认知态度和使用意向之间的关系影响不显著。

（3）研究意义

对技术接受模型（TAM）的贡献：通过增加服务特性的视角，补充了对TAM的理解，侧重于个体对特定服务的感知。研究证实了服务匹配和服务能力对用户态度的积极影响，并为理解使用意向提供了新的视角。证实了服务相关性对情感态度与使用意向之间的关系具有负面调节效应，拓展了服务相关性在使用意向中的作用。

对mHealth服务的贡献：展示了服务匹配和服务能力如何影响用户的认知和情感态

---

① 观望、期待与焦虑：移动医疗用户调研报告 | 企鹅智酷 [EB/OL]. [2024-03-03]. https：//www.sohu.com/a/153038169_455313.

# 第八章 信息组织在医疗健康系统中的应用

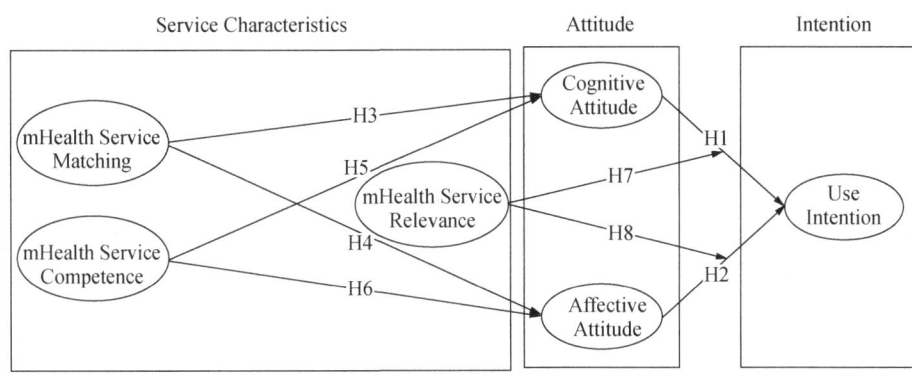

图 8.3 研究模型

度,以及服务相关性如何调节情感态度与使用意向之间的关系。提供了一种新的视角,帮助理解 mHealth 服务的本质,融入其服务特性。

对 App 设计的实际启示:验证了服务匹配和服务能力对用户态度的积极影响,以及服务相关性对情感态度与使用意向之间关系的负面调节效应。提供了关于设计 mHealth 应用程序功能的见解,为设计者在创建设计功能时提供了重要参考。

## 8.3.2 信息组织在慢病管理研究中的应用

(1) 研究背景

本研究聚集于糖尿病(DM),一种代谢性疾病,其特征表现为血糖(BG)水平异常升高。全球约有 4.25 亿糖尿病患者,且随着生活水平的提高,糖尿病患者数量持续增加,这使得血糖管理显得尤为重要。在正常情况下,空腹血糖浓度应在 3.6~6.1 mmol/L,高于 7.0 mmol/L 则被诊断为糖尿病。临床上,糖尿病患者需要频繁监测血糖值,并通过胰岛素注射控制血糖水平。然而,准确的胰岛素剂量常受饮食和活动等因素影响。因此,本研究利用历史临床和体征数据构建 BG 浓度预测模型,旨在提高预测模型性能,帮助医务人员更好地理解 BG 浓度与输入指标之间的关系。

(2) 研究内容及方法

本研究采用 BG 预测框架,主要包括特征选择和 BG 预测两个部分。特征选择阶段采用多数投票特征选择方法,结合带 AIC 的 Lasso 回归、带 BIC 的 Lasso 回归和 RF 来选取区分性指标,以用于后续的 BG 预测。BG 预测阶段将数据集划分为训练和测试数据集,通过参数调整构建 4 个基于树的集成模型,并将其应用于测试数据集进行预测,得出预测结果以供比较。

实验结果表明:

① 4 个基于树的集成模型对血糖浓度的预测效果较好。个人临床/生理指标与血糖浓度密切相关,可作为预测的重要数据源。

② 多数投票特征选择方法是有效的特征选择策略,选取了最具区分性的指标用于血糖

预测。RF 和 GBDT 的预测性能得到提升。特征选择结果表明，年龄、红细胞血红蛋白浓度、红细胞体积分布宽度、红细胞体积和白细胞计数是预测血糖最重要的 5 个临床/物理指标。

③参数调整是训练更好的预测模型的关键步骤。树的数量和集成模型类型对预测性能产生影响。

④顺序基于树的集成模型（如 AdaBoost-DT 和 GBDT）的预测性能优于并行集成模型（如 Bagging-DT 和 RF），因为顺序模型能够更好地整合弱学习器，从而提高预测性能。

(3) 研究意义

在实践层面，本研究提出了一种全新的血糖预测框架，为医疗保健领域的预测分析提供了更为有效的工具和方法。通过这一框架，医疗从业者可以更准确地预测糖尿病患者的血糖浓度变化趋势，有助于制定个性化、精准的治疗方案，提高患者的治疗效果和生活质量。此外，这一框架还为医疗机构和医疗保健相关企业提供了更有效的数据分析工具，有助于优化资源配置、提高服务质量，推动医疗保健行业的数字化和智能化发展。

在社会层面，本研究将医学背景与机器学习技术相结合，旨在应对糖尿病这一全球性健康挑战，减少糖尿病的发病率和并发症风险。通过提高糖尿病预测和管理的精准度，可以有效降低医疗资源的消耗，减轻医疗系统的压力，提升公共卫生水平。此外，这一研究也为将人工智能技术应用于医疗保健领域树立了良好的示范，促进了医疗信息化和智慧医疗的发展，为构建健康中国、促进全民健康事业作出了积极贡献。

## 8.4 医疗健康领域信息组织未来趋势

### 8.4.1 医疗健康信息组织方法集成化

(1) 集成化趋势

信息化集成对医疗健康管理的推广和实现具有重要作用。信息化集成包括采用云计算、大数据、人工智能等技术及建立医疗信息化平台，将医师、患者、医院、医疗设备等资源进行整合，实现全流程的数据共享和医疗保健的协同。

医疗健康信息组织方法集成化的实施对医疗健康管理产生了深远影响。首先，它提高了医疗服务的效率和质量。通过整合医疗信息化平台，医师和医疗机构能够更快速、更准确地获取患者信息，实现诊断和治疗过程的优化。其次，集成化方法提升了医疗决策的准确性。医师可以利用大数据和人工智能技术分析患者数据，获取更深入的洞察，为患者提供个性化的医疗方案，从而提高治疗效果和患者满意度。

(2) 挑战与解决方案

然而，医疗健康信息组织方法集成化也面临着一些挑战。首要的挑战之一是数据安全和隐私保护。随着医疗信息的集成化，数据泄露、黑客攻击等安全威胁日益严重，这要求医疗机构采取更加严格的数据安全管理措施。另一个挑战是技术标准和互操作性。不同医疗信息系统之间的技术标准不一致，缺乏统一的数据格式和通信协议，使得信息共享和交换变得困难。

为了应对这些挑战，需要采取一系列的解决方案。首先是加强数据安全管理。医疗机构应建立健全的数据安全管理制度，包括加密技术、访问控制、安全审计等措施，以确保医疗信息的安全和隐私。其次，制定统一的技术标准和规范。政府和行业组织可以共同制定统一的技术标准，促进不同医疗信息系统之间的互操作和数据共享。此外，加强人员培训和意识教育也是关键。医务人员和患者需要接受关于医疗信息集成化的培训，加强对数据安全和隐私保护的认识，增强信息安全意识。最后，持续监测和改进是必不可少的。建立监测和评估机制，定期检查医疗信息集成系统的安全性和有效性，及时调整和改进系统，以应对新的安全威胁和技术挑战。通过采取这些解决方案，我们可以克服医疗信息集成化过程中遇到的挑战，实现医疗健康信息组织方法集成化对医疗健康管理的有效推广和实施。

综上所述，医疗健康信息组织方法集成化是医疗健康管理领域的重要趋势，它不仅提升了医疗服务的效率和质量，也促进了医疗决策的准确性和个性化。随着技术的不断发展和应用，我们可以预见医疗信息集成化将越来越深入地渗透到医疗健康领域的各个方面。未来，我们可以期待医疗信息的更加智能化、个性化和全面化。然而，实现医疗健康信息组织方法集成化仍然面临着诸多挑战，需要政府、医疗机构和科技企业共同努力，加强合作，制定有效的政策和标准，加强数据安全和隐私保护，提升人员的培训和意识教育，不断创新和改进技术和管理模式。相信在各方的共同努力下，医疗健康信息组织方法集成化将为医疗健康管理带来更加广阔的发展空间，为人类的健康福祉作出更大的贡献。

## 8.4.2 医疗健康信息组织技术智能化

在当今数字化时代，医疗健康信息组织技术智能化正成为医疗健康领域的一大趋势。随着信息技术和人工智能的不断发展，智能化技术正在被广泛应用于医疗健康领域的各个方面，从医疗服务到护理管理，从临床决策到医疗资源的优化。这一趋势不仅为医疗健康管理带来了巨大的变革，也为患者提供了更加智能化和个性化的医疗服务体验。

（1）智慧医疗

首先，智慧医疗致力于整合院内各医疗系统的数据，通过实时监测和分析，当诊断、病历、用药、检验、检查出现冲突时，系统能够及时提醒医护人员，从而降低医疗错误的发生率，提高诊疗的准确性和安全性。其次，大数据和人工智能技术在智慧医疗中扮演着重要角色。通过建立决策模型，融合循证医学知识库，系统能够为医师提供智能化的诊疗决策支持。这意味着医师可以更快速、更准确地制定诊疗方案，提高医疗效率和治疗效果。另外，智慧医疗还包括语音识别技术的应用。语音识别集成于电子病历系统，医师可以通过语音输入病历内容，系统能够实时识别并将语音转换为文字。这项技术极大地提高了医师记录病历的效率，节省了医疗资源，使医疗过程更加便捷高效。最后，移动医疗应用是智慧医疗中的另一个重要方面。移动医师工作站的出现，实现了医师在移动端进行查房、心电监测、影像检查等医疗应用。这使得医师可以随时随地获取患者信息和医疗数据，提高了医疗服务的及时性和灵活性。

（2）智慧服务

利用互联网、物联网等信息化手段，医疗健康领域正在迅速发展和创新。这些技术为患者提供了一系列便利的服务，包括预约诊疗、候诊提醒、院内导航、检查检验结果查询、划价缴费及健康教育等。

通过在线预约系统，患者可以方便地预约医师的门诊时间，避免长时间等候。候诊提醒系统则通过短信或应用程序提醒患者就诊时间，有助于提高就诊率和医疗资源利用效率。院内导航系统为患者提供了在医院内部导航的便利，使他们更容易找到目的地。检查和检验结果查询系统允许患者随时随地查看他们的检查结果，减少了等待时间并提供了及时的信息。划价缴费系统使患者可以在线完成医疗费用的结算，减少了现场排队的时间和不便。此外，医疗健康平台还提供丰富的健康教育资源，帮助患者了解疾病预防、健康管理等知识，促进健康意识和自我管理能力的提升。

总体而言，这些服务使得医疗服务流程更便捷、更高效，提升了患者的就医体验和医疗服务的质量。

（3）智慧护理

医疗健康领域正日益受益于物联网传感和无线通信技术的广泛应用。智能输液系统、智能床位监测系统及患者体温监护系统等创新技术的引入，标志着医疗设备的智能化转型。这些系统利用物联网技术和传感器，实现了智能化、动态无线监控，取代了传统的人工监护方式。例如，通过智能输液系统，医护人员可以远程监控输液情况，并实时调整药物剂量，确保患者安全。智能床位监测系统可以监测患者的体位、活动情况和睡眠质量，提前发现异常情况并及时介入。而患者体温监护系统则能够实时监测患者的体温变化，帮助医护人员快速判断患者的健康状况。

此外，采用芯片腕带结合物联网技术，人工核对工作得以自动化进行。这项技术的应用使得原本烦琐的核对过程变得更加高效，大大提升了医疗服务的质量和效率。医护人员可以利用手机直接完成各类记录，数据随时同步到系统中，极大地简化了数据处理流程。而且，系统还能自动生成评估单，避免了多次录入的重复劳动，使医疗信息的管理更加便捷和精准。这一系列智能化应用的引入，不仅提高了医疗服务的效率，也增强了医疗设备的智能化水平，为医疗健康行业的发展注入了新的活力。

（4）智慧管理

智慧管理在医疗健康领域的应用已经成为一种趋势。其中，运用大数据技术进行内部管理是其中的重要一环。通过大数据分析，医疗机构能够更好地理解和利用海量的数据，从而作出更为准确、科学的管理决策。大数据技术的应用能够帮助医疗机构更好地了解患者的需求和医疗服务的供给情况，优化资源配置，提高医疗服务的质量和效率。配备"智慧管家"也是智慧管理的重要手段之一。这些智能化系统能够整合医疗机构的各个部门和业务流程，实现信息的共享和交流，提高医疗机构的综合管理水平。智慧管家可以通过智能化的方式，帮助医疗机构实现精细化管理，监测医疗服务的各个环节，发现问题并及时处理，提升医疗服务的质量和效率。

（5）挑战与解决方案

当然，医疗健康信息组织技术智能化也面临着诸多挑战。首先是数据安全和隐私保护的挑战。随着医疗信息的数字化和智能化，医疗数据的安全性和隐私保护面临着严峻挑战。医疗数据的泄露或盗用可能导致严重的后果，包括患者隐私泄露、医疗信息被篡改等问题，因此，加强数据安全管理是智能化技术发展过程中必须要解决的重要问题。另一个挑战是技术标准和互操作性所带来的挑战。由于不同医疗信息系统之间存在着技术标准不一致的问题，以及缺乏统一的数据格式和通信协议，导致医疗信息的交换和共享困难，影响了智能化技术的应用和发展。

针对数据安全和隐私保护的挑战，可采取一系列解决方案。首先是加强数据加密和访问控制措施，确保医疗数据在传输和存储过程中的安全性。其次是建立完善的数据监管和审计机制，对医疗信息系统进行定期的安全审查和监测，及时发现和处理安全漏洞。此外，加强医疗从业人员的安全意识和培训，提高他们对数据安全和隐私保护的重视程度，从而减少人为因素对数据安全的威胁。针对技术标准和互操作性所带来的挑战，可通过制定统一的技术标准和规范来解决。政府和相关行业组织可以制定统一的数据格式和通信协议，促进不同医疗信息系统之间的互操作性和数据共享。同时，推动智能化技术的开放式发展，鼓励各方共同参与和贡献，推动技术的创新和进步。通过这些举措，可以有效应对技术标准和互操作性带来的挑战，推动医疗健康信息组织技术智能化的发展和应用。

综上所述，医疗健康信息组织技术智能化趋势正成为医疗健康管理领域的主要发展方向。通过整合大数据、人工智能等先进技术，智能化技术正在为医疗健康领域带来更高效、更便捷、更智能的解决方案。随着技术的不断进步和应用，我们可以期待智能化技术在医疗健康领域发挥越来越重要的作用，为医疗服务的质量提升、医疗资源的优化及患者的健康福祉作出更大的贡献。

### 8.4.3 医疗健康信息内容揭示深入化

（1）内容揭示深入化趋势

医疗健康信息内容揭示深入化是当今医疗健康领域发展的重要趋势之一。随着信息技术的不断进步和医疗数据的不断积累，医疗健康信息不再局限于基本的诊断和治疗记录，而是向着更加深入、更加细致的方向发展。这一趋势不仅为医疗工作者提供了更丰富、更准确的信息支持，也为患者提供了更全面、更个性化的医疗服务体验。

首先，基础医疗信息不断深入意味着医疗健康领域的数据将更加详尽和全面。随着医疗信息系统的不断发展和完善，医疗数据的积累和存储变得更加便捷和高效。基础医疗信息的深入挖掘意味着我们可以更加全面地了解患者的健康状况、疾病诊断与治疗情况、药物使用情况等关键信息，为医疗决策和临床实践提供更为准确和可靠的支持。其次，知识推理与知识图谱的应用将为医疗健康信息的深入揭示提供重要支持。未来的医疗健康信息组织将以专家系统为基础，通过知识推理和知识图谱的应用，实现对医疗信息的深度处理和分析。这意味着系统将能够动态地联系、判断、分析、比较、推理等，从而提供更加深入的语义和语用处理。通过建立知识图谱，系统能够将医疗信息进行语境化处理，实现知识表达和知识推送。这样，用户可以获取更深入、更有用的医疗健康知识，帮助他们更好地理解和管理自身健康。

（2）挑战与解决方案

医疗健康信息内容揭示深入化也面临着多重挑战。其中之一是数据质量和一致性的挑战。随着医疗信息系统的增加和数据来源的多样化，医疗数据的质量和一致性成为一个关键问题。不同系统中的数据格式、数据定义及数据标准可能存在差异，导致数据的准确性和一致性受到影响，从而影响医疗信息的深入揭示和利用。

针对这一挑战，可以采取一系列解决方案。首先是建立统一的数据标准和规范，确保不同系统中的数据具有一致的格式和定义，从而提高数据的可比性和可信度。其次是加强数据质量管理，包括数据清洗、数据验证、数据修复等环节，确保医疗数据的准确性和完整性。此外，引入先进的数据集成和数据管理技术，实现医疗数据的集中管理和共享，减少数据冗余和不一致性，提高数据的价值和利用效率。

在医疗健康信息内容揭示深入化的发展过程中，通过不断探索和创新，我们可以充分挖掘医疗健康信息的潜力，为医疗服务的提升和健康管理的改善作出更大的贡献。随着技术的进步和应用的推广，相信医疗健康信息内容揭示的深入化将为未来的医疗健康领域带来更加美好的发展前景。

### 8.4.4 医疗健康信息组织系统兼容化与标准化

（1）兼容化与标准化趋势

医疗健康信息组织系统兼容化与标准化是医疗信息技术领域的重要趋势，旨在实现不同系统、国家、组织和领域之间的数据交互和共享的顺畅性和高效性。随着医疗信息技术的发展和应用，不同医疗机构和服务提供者之间的数据交流日益频繁。因此，系统兼容化与标准化成为确保医疗信息系统互操作性和数据可靠性的重要手段。

首先，系统兼容与标准化意味着医疗信息系统在设计和实施时应遵循一套统一的技术标准和规范。这种标准化的设计和实施方式有助于不同系统之间的数据交换和互操作，提高了系统之间的兼容性和协同性。其次，国内外兼容与标准化强调了在国际标准的基础上发展本国的医疗信息技术标准。国际标准的采纳和本国标准的制定可以促进国内外医疗信息系统之间的兼容性和互操作性，从而更好地服务于全球化背景下的医疗健康信息管理需求。跨组织兼容与标准化考虑了不同医疗机构、医院及医疗服务提供者之间的数据共享和交流。通过统一的数据标准和互操作性协议，各个医疗组织可以实现医疗信息的共享和集成，提高医疗服务的质量和效率。最后，跨领域兼容与标准化强调了医疗信息技术与其他相关领域的数据交换和整合。例如，将医疗信息技术与生物信息学、健康管理、医药研发等领域的数据进行整合，可以促进医疗信息的深度挖掘和跨学科应用，为医疗健康领域的发展带来新的机遇和挑战。

（2）挑战与解决方案

医疗健康信息组织系统兼容化与标准化面临的挑战包括：一是标准的多样性和更新迭代速度慢的挑战。医疗信息技术标准的制定涉及多个国家、组织和利益相关方，标准的制定周期长，更新迭代速度慢，导致标准与实际需求之间存在差距，影响了标准化的推进和应用。二是系统兼容性的挑战。不同医疗信息系统之间存在着技术平台、数据格式、数据交换协议等方面的差异，导致系统之间的数据交换和共享存在困难，影响了医疗信息的整合和利用。

针对标准的多样性和更新迭代速度慢的问题，首先应该加强国际的标准协调和合作，建立统一的标准制定机制，促进不同国家和组织之间的标准互认和互通，加快标准的制定和更新速度。其次是引入灵活的标准管理机制，允许标准根据技术和市场的变化进行及时调整和更新，确保标准与实际需求的一致性和适用性。此外，加强标准的普及和推广，提高医疗从业人员对标准的认知和应用水平，也是推动标准化工作的重要手段。

针对系统兼容性的问题，首先可以建立统一的数据交换标准和协议，促进不同系统之间的数据交换和共享，提高系统的互操作性和兼容性。其次是推动医疗信息系统的集成和统一平台的建设，通过统一的技术架构和数据模型，实现不同系统的无缝集成和数据共享。此外，加强医疗信息技术人才培养和技术支持，提高医疗信息系统的设计和实施水平，也是解决系统兼容性问题的重要途径。

我们完全有理由相信，医疗健康信息组织系统兼容化与标准化的推动将为医疗信息技术的发展和医疗服务的提升带来深远影响。通过统一的标准和规范，不仅可以实现不同系统之间的数据共享和交换，也有助于促进国际医疗信息的互通互联。在未来，随着技术的进步和标准的完善，医疗健康信息组织系统的兼容化与标准化将为全球医疗健康事业的发展提供更加坚实的基础和支持。

### 8.4.5 医疗健康信息组织工具易用化

（1）易用化趋势

医疗健康信息组织工具易用化也是当前医疗信息技术领域的重要趋势之一。随着医疗信息系统的不断发展和应用，用户对于医疗健康信息管理工具的易用性和用户体验提出了越来越高的要求。在这一背景下，医疗健康信息组织工具的易用化成为技术研发和产品设计的重要方向。通过引入自然语言的应用、用户界面的可视化及人机界面的多样化等技术手段，致力于提升医疗信息系统的易用性和用户满意度，为医护人员和患者提供更加便捷、高效的医疗健康信息管理工具。这一趋势不仅能够改善医疗信息管理的效率和质量，还能够促进医疗服务的普及和提升，为医疗健康领域的发展带来新的机遇和挑战。

首先，自然语言的应用是医疗健康信息组织工具易用化的重要手段之一。随着自然语言处理技术的不断发展，医疗信息系统可以更加智能地识别和理解用户的语言输入。这意味着用户可以自然语言与系统进行交流和沟通，无须专业的技术训练或指导。这种自然语言的应用不仅降低了用户的学习成本和操作难度,也大大提高了系统的易用性和用户满意度。通过自然语言的应用,医疗健康信息的获取和管理变得更加便捷和高效,为医护人员和患者提供了更好的使用体验。

其次,用户界面可视化是医疗健康信息组织工具易用化的关键要素之一。通过直观、友好的用户界面设计,医疗信息系统能够更好地展示医疗健康信息,为用户提供清晰、直观的操作界面和信息展示效果。用户界面的可视化设计使得用户能够直观地了解医疗信息,快速找到所需内容,并进行相应的操作和管理。这种直观的交互方式大大提升了用户的工作效率和满意度。

另外,人机界面的多样化也是医疗健康信息组织工具易用化的重要手段。除了传统的键盘和鼠标输入方式,医疗信息系统还可以采用文字识别、声音识别、触摸屏输入等多种交互方式。这种多样化的人机界面使得用户可以根据个人喜好和习惯选择最适合自己的操作方式,提高了系统的灵活性和适用性。无论用户是喜欢书面输入、语音交互还是触摸操作,都能够得到满足,从而更加方便地进行医疗信息的管理和操作。这种人机界面的多样化为用户提供了更加舒适和便捷的使用体验,推动了医疗信息技术的普及和应用。

(2) 挑战与解决方案

医疗健康信息组织工具易用化面临的挑战在于:技术复杂性和用户需求多样性的挑战。医疗信息系统涉及的技术领域较广,包括自然语言处理、图像识别、用户界面设计等多个方面,技术复杂度较高。同时,不同用户群体的需求和习惯也各不相同,对于医疗健康信息组织工具的易用性提出了不同的要求,这给系统设计和开发带来了挑战。

针对这一问题,首先应该加强用户需求分析和用户体验设计,深入了解不同用户群体的需求和习惯,根据实际情况调整系统设计和功能设置,提高系统的针对性和适用性。其次是采用模块化设计和开放式架构,将系统功能拆分成多个独立的模块,使用户可以根据自身需求灵活选择和组合功能,提高系统的灵活性和可定制性。此外,加强用户培训和技术支持,提供及时有效的技术帮助和指导,帮助用户快速掌握系统的操作技巧和功能使用,也是提高系统易用性的重要手段。

总体来说,医疗健康信息组织工具易用化旨在通过自然语言的应用、用户界面的可视化和人机界面的多样化等手段,提高医疗信息系统的易用性和用户体验,为医护人员和患者提供更加便捷、高效的医疗健康信息管理工具。随着技术的不断进步和应用的推广,相信医疗健康信息组织工具易用化将成为未来医疗信息技术发展的重要趋势之一,为医疗健康管理和服务提供更加优质的支持。

# 中文术语索引

| | |
|---|---|
| DC 元数据 | 37 |
| 本体 | 7、165 |
| 编目 | 86、158 |
| 标题法 | 89 |
| 标准通用置标语言 | 48 |
| 参照度 | 131 |
| 层累标记制 | 76 |
| 查全率 | 17、18 |
| 查准率 | 17、18 |
| 超文本置标语言 | 49 |
| 抽词标引 | 14 |
| 词汇控制 | 15 |
| 词频 | 13、14 |
| 词族索引 | 126 |
| 单元词法 | 89 |
| 等级关系 | 110、178、238 |
| 等级体系分类法 | 67 |
| 等同关系 | 106、177 |
| 杜威十进分类法 | 83 |
| 范围注释 | 105 |
| 分类 | 57 |
| 分类标引 | 86 |
| 分类表 | 62 |
| 分类法 | 61 |
| 分类索引 | 126 |
| 分类系统 | 61 |
| 分面标记制 | 77 |
| 分面分类法 | 68 |
| 复杂概念 | 103 |
| 概念 | 20、168、199 |
| 概念与实例关系 | 113 |
| 公共卫生事件 | 245 |
| 共现 | 13 |
| 关键词 | 90、143 |
| 关键词法 | 90 |
| 国际专利分类法 | 60 |
| 国家自然科学基金项目分类 | 59 |
| 含义注释 | 105 |
| 汉语主题词表 | 87、91、130 |
| 后组 | 12 |
| 互联网医疗 | 255 |
| 回归标记制 | 77 |
| 混合标记制 | 76 |
| 机读目录 | 29 |
| 机构本体 | 168 |
| 基础词库 | 147 |
| 集成化 | 264 |
| 计算语言学 | 13 |
| 检索语言 | 11 |
| 简单知识组织系统 | 53 |
| 交叉组配 | 97 |
| 句法控制 | 15 |
| 科技名词术语 | 147 |
| 科研项目分类法 | 64 |
| 可扩展置标语言 | 51 |
| 空号技术 | 80 |
| 类 | 61 |
| 轮排索引 | 15、127 |
| 内涵 | 20 |
| 能量流动原理 | 238 |

| | | | |
|---|---|---|---|
| 农业多语种叙词表 | 92 | 信息组织 | 1 |
| 配号方法 | 77 | 叙词法 | 89、96 |
| 普通名词 | 101 | 学科分类与代码 | 60 |
| 起讫标记制 | 77 | 医疗健康信息 | 249 |
| 情报 | 3 | 英汉对照索引 | 126 |
| 情报检索语言 | 11 | 映射 | 39、85、152 |
| 人工语言 | 10 | 用户检索词 | 150 |
| 入口词表 | 126 | 语义网 | 163 |
| 入口率 | 130 | 元数据 | 24 |
| 生态位法则 | 206 | 元数据标准 | 40 |
| 生态系统 | 194 | 整体与部分关系 | 111 |
| 时间本体 | 167 | 知识 | 4 |
| 实例 | 172 | 知识分类 | 18 |
| 事物分类法 | 66 | 知识组织生态系统 | 194 |
| 属分参照度 | 131 | 知识组织系统 | 5、194 |
| 属性 | 169 | 智能化 | 265 |
| 属种关系 | 22、110 | 置标语言 | 48 |
| 树形结构 | 16 | 中国分类主题词表 | 153 |
| 数据 | 4 | 中国图书馆分类法 | 82 |
| 顺序标记制 | 76 | 中国图书资料分类法 | 64、83 |
| 外延 | 20 | 种间关系 | 224 |
| 网络本体语言 | 52 | 主题标引 | 158 |
| 网络分类法 | 58 | 主题法 | 89 |
| 网络信息分类法 | 65 | 主题检索 | 90 |
| 文献分类法 | 64 | 专有名词 | 102 |
| 无关联词 | 130 | 资源描述框架 | 52、165 |
| 先组 | 12 | 自动标引 | 160 |
| 限定词 | 15、104 | 自动分类 | 14、87 |
| 相关参照度 | 131 | 自动文摘 | 14 |
| 相关关系 | 100、115 | 自然语言 | 10 |
| 相关关系细化 | 92、125、129 | 字顺表 | 126 |
| 信息 | 4 | 字顺索引 | 126 |
| 信息传递 | 236 | 族首词 | 100 |
| 信息检索 | 4 | 组配 | 96、103 |
| 信息检索系统 | 17 | 组配式分类法 | 68 |
| 信息检索语言 | 11 | 组织机构分类法 | 66 |

# 参 考 文 献

[1] 蔡捷．农业专业分类表［M］．北京：北京图书馆出版社，1999．
[2] 常春．Ontology 在信息管理领域的研究背景［J］．现代图书情报技术，2003（6）：4－7．
[3] 常春．Ontology 在农业信息管理中的构建和转化［D］．北京：中国农业科学院，2004．
[4] 常春．叙词表的术语服务方式研究［J］．图书情报工作，2012，56（22）：12－15．
[5] 常春．网络环境下叙词表编制与发展［M］．北京：科学技术文献出版社，2015：19－59．
[6] 常春．面向叙词表构建的知识组织生态系统研究［J］．图书情报工作，2016，60（15）：101－107．
[7] 常春，赖院根．基于文献标题词汇共现获取词间关系研究［J］．图书情报工作，2009，53（8）：17－20．
[8] 常春，赖院根．数字环境下通用概念获取方法［J］．图书情报工作，2011，55（23）：22－25．
[9] 常春，赖院根．专业概念机器辅助分类方法研究［J］．现代图书情报技术，2011（10）：34－39．
[10] 常春，卢文林．基于叙词表映射的农业跨语言检索系统设计［J］．情报学报，2008，27（增刊）：294－296．
[11] 常春，吴雯娜，曾建勋．基于后方一致获取词间关系［J］．情报科学，2009，27（7）：1085－1088．
[12] 常春，杨婧．基于生物种群增长规律的概念词频变化特征研究［J］．情报科学，2018，36（10）：128－132．
[13] 常春，杨婧，李永泽．知识组织生态系统构架形成与研究进展［J］．图书情报工作，2019，63（7）：146－150．
[14] 常春，曾建勋，吴雯娜，等．《汉语主题词表》与英文超级科技词表概念映射构架设计［J］．数字图书馆论坛，2012（12）：27－31．
[15] 陈白雪，常春．同形异义词机器辅助识别方法研究［J］．数字图书馆论坛，2015（5）：8－13．
[16] 陈白雪，常春，刘春燕，等．叙词表概念优选词选择方法研究［J］．情报杂志，2015，34（12）：170－175．
[17] 程恺，陈刚，尹成祥，等．作战行动序列核心本体建模及其推理方法［J］．系统工程与电子技术，2018（4）：805－814．
[18] 邓盼盼，常春．基于精确匹配的概念映射关系规则研究［J］．图书情报工作，2013，57（16）：25－29．
[19] 邓盼盼，常春．中英文词表概念映射关系及处理方案研究［J］．情报杂志，2013，32（10）：127－130，192．
[20] 邓盼盼，常春．叙词表编制中的概念多重属分关系研究［J］．情报科学，2015，33（5）：59－62．
[21] 杜慧平，何琳，侯汉清．基于聚类分析的自然语言叙词表的自动构建［J］．国家图书馆学刊，2007（3）：44－49．
[22] 发展历程［EB/OL］．［2024－04－02］．https：//ischool.sysu.edu.cn/zh-hans/ischool/history．

［23］付苓．基于大数据的领域本体动态构建方法研究：以养生领域本体构建为［J］．情报理论与实践，2018，41（1）：135－138．

［24］观望、期待与焦虑：移动医疗用户调研报告丨企鹅智酷［EB/OL］．［2024－03－03］．https：//www.sohu.com/a/153038169_455313．

［25］关于《中分表》［EB/OL］．［2024－04－02］．http：//clc.nlc.cn/ztfzfbgk.jsp．

［26］国家社科基金项目数据库"面向叙词表构建的知识组织生态系统研究"（项目编号：15BTQ030）［EB/OL］．［2024－03－28］．http：//fz.people.com.cn/skygb/sk/index.php/Index/seach．

［27］国家图书馆．新版中国机读目录格式使用手册［M］．北京：北京图书馆出版社，2004．

［28］国家图书馆《中国图书馆分类法》编辑委员会．中国分类主题词表［M］．2版．北京：北京图书馆出版社，2005．

［29］国家图书馆《中国图书馆分类法》编辑委员会．中国分类主题词表［M］．3版．北京：国家图书馆出版社，2017．

［30］国家图书馆《中国图书馆分类法》编辑委员会．中国图书馆分类法［M］．5版．北京：国家图书馆出版社，2010．

［31］国家自然科学基金委员会代码查询［EB/OL］．［2024－04－02］．https：//www.nsfc.gov.cn/publish/portal0/tab1545/．

［32］国务院学位委员会教育部关于印发《研究生教育学科专业目录（2022年）》《研究生教育学科专业目录管理办法》的通知［EB/OL］．［2024－04－02］．http：//www.moe.gov.cn/srcsite/A22/moe_833/202209/t20220914_660828.html．

［33］海关总署．海关总署公告2021年第78号（关于发布2022年版《协调制度》修订目录中文版的公告）［EB/OL］．［2024－06－08］．http：//www.customs.gov.cn//customs/302249/302266/302267/3957083/index.html．

［34］《汉语主题词表》服务系统［EB/OL］．［2024－04－02］．https：//ct.istic.ac.cn/site/organize/index#．

［35］胡小菁．国际编目标准现状与进展［C］//中国图书馆学会学术研究委员会信息组织专业委员会．回顾与展望：新媒体时代下信息组织方法的创新与发展：第五届全国文献编目工作研讨会论文集．北京：国家图书馆出版社，2017．

［36］黄河水利委员会．黄河水利科技主题词表［M］．郑州：黄河水利出版社，2010．

［37］黄河水利委员会办公室．黄河水利委员会公文主题词表［M］．郑州：黄河水利出版社，2009．

［38］贾黎莉．Ontology构建中概念关系的研究［D］．北京：中国农业科学院，2007．

［39］军用主题词表编制委员会．军用主题词表（字顺表）［M］．北京：军事科学出版社，1990：1164．

［40］科技部关于发布科技基础资源调查专项2019年度项目指南的通知［EB/OL］．［2024－08－08］．https：//www.gov.cn/zhengce/zhengceku/2019-12/03/content_5457766.htm．

［41］李凌宇，常春．基于生态学边缘效应的叙词表交叉概念多样性研究［J］．情报杂志，2022，41（6）：142－147，156．

［42］李凌宇，常春．面向叙词表编制的生物、医学、农业间学科交叉现象研究［J］．中华医学图书情报杂志，2020，29（4）：40－46．

［43］李凌宇．基于生态学边缘效应的叙词表交叉概念属性研究［D］．北京：中国科学技术信息研究所，2022．

［44］李永泽．基于生态学种间关系的叙词表相关关系分类研究［D］．北京：中国科学技术信息研究

所，2018.

[45] 李永泽，常春. 基于生态学能量传递的词族层次结构研究［J］. 情报杂志，2017，36（3）：161-165，172.

[46] 李永泽，常春. 基于生态学信息传递模式的叙词表相关关系特征研究［J］. 图书情报工作，2017，61（18）：107-112.

[47] 李永泽，常春. 基于生态学种间关系的叙词表相关关系分类研究［J］. 图书情报工作，2018，62（8）：123-129.

[48] 李振基，陈小麟，郑海雷，等. 生态学［M］. 4版. 北京：科学出版社，2014：1-48.

[49] 联合国粮食及农业组织［EB/OL］.［2024-04-02］. http：//www. fao. org/home/zh.

[50] 刘香檀. 重思施密特的马克思主义生态学"生态本体构建"［J］. 福建师范大学学报（哲学社会科学版），2023（6）：82-92.

[51] 罗翀. 国家图书馆RDA本地化的探索与践行［J］. 数字图书馆论坛，2018（2）：2-6.

[52] 牛翠娟，娄安如，孙儒泳，等. 基础生态学［M］. 3版. 北京：高等教育出版社，2015：1-4.

[53] 农业部情报研究所. 农业科学叙词表［M］. 北京：中国农业出版社，1994.

[54] 欧石燕. 语义网与数字图书馆［M］. 南京：南京大学出版社，2017：22-25.

[55] 《普通高等学校本科专业目录（2024年）》［DB/OL］.［2024-04-02］. http：//www. moe. gov. cn/srcsite/A08/moe_1034/s4930/202403/W020240319305498791768. pdf.

[56] 全国科学技术名词审定委员会. 地理学名词［M］. 2版. 北京：科学出版社，2007.

[57] 全国科学技术名词审定委员会［EB/OL］.［2024-04-02］. http：//www. cnctst. cn.

[58] 全国科学技术名词审定委员会电力名词审定委员会. 电力名词［M］. 2版. 北京：科学出版社，2009.

[59] 全国信息分类与编码标准化技术委员会. 学科分类与代码：GB/T 13745—2009［S］. 北京：中国标准出版社，2009.

[60] 全国信息技术标准化技术委员会. 信息技术元数据注册系统（MDR）第3部分：注册系统元模型与基本属性：GB/T 18391. 3—2009［S/OL］.［2024-04-02］. https：//openstd. samr. gov. cn/bzgk/gb/newGbInfo？hcno = C11EA014B6B338840A94C02F98126454.

[61] 全国信息与文献标准化技术委员会. 信息与文献—都柏林核心元数据元素集：GB/T 25100—2010［S］. 北京：中国标准出版社，2010.

[62] 全国信息与文献标准化技术委员会. 信息资源的内容形式和媒体类型标识：GB/T 3469—2013［S］. 北京：中国标准出版社，2014.

[63] 全国信息与文献标准化技术委员会. 信息与文献叙词表及与其他词表的互操作第1部分：用于信息检索的叙词表：GB/T 13190. 1—2015［S］. 北京：中国标准出版社，2015：3.

[64] SARS事件［EB/OL］.［2024-04-02］. https：//baike. baidu. com/item/SARS% E4% BA% 8B% E4% BB% B6/7702261？fr = aladdin.

[65] 水库［EB/OL］.［2024-04-02］. https：//baike. baidu. com/item/% E6% B0% B4% E5% BA% 93/2537919.

[66] 水利部水利水电规划设计总院. 水利水电工程技术术语标准：SL26—2012［S］. 北京：中国水利水电出版社，2012.

[67] 水利部信息研究所. 水利水电科技主题词表［M］. 郑州：黄河水利出版社，1998.

[68] 司莉,刘尧. 人物传记资料本体构建与可视化:以《图书馆学家彭斐章九十自述》为例[J]. 国家图书馆学刊,2023,32(4):78-90.

[69] 司莉,曾粤亮,陈辰. 信息组织原理与方法[M].2版. 武汉:武汉大学出版社,2020:2.

[70] 司莉,庄晓喆,贾欢,等. 基于内容的多语言信息组织与检索[M]. 武汉:武汉大学出版社,2023.

[71] 宋姗姗,钟永恒,刘佳,等. 面向企业技术创新风险管理的本体构建及应用探索[J]. 数字图书馆论坛,2023,19(9):47-57.

[72] 谭界雄,任翔,李麒,等. 论新时代水库大坝安全[J]. 人民长江,2021,52(5):149-153.

[73] 7天涨粉近3000万,刘畊宏现象背后:知识类直播偷袭直播带货[EB/OL].[2024-03-02]. https://www.bilibili.com/read/cv16274492/.

[74] 万方数据知识服务平台[EB/OL].[2024-04-02]. http://wanfangdata.com.cn/details/detail.do?_type=perio&id=skxjz200503003.

[75] 万方数据知识服务平台[EB/OL].[2024-07-08]. https://w.wanfangdata.com.cn.

[76] 王刘安,常春. 用代传导中同义术语识别研究[J]. 情报理论与实践,2014,37(9):97-100,91.

[77] 王铁君,王维兰. 唐卡领域本体研究与构建[J]. 吉林大学学报(理学版),2017(2):363-370.

[78] 闻心玥,许浩,吴丹. 线性文化遗产双语本体构建研究:以嘉兴运河文化为例[J]. 图书情报工作,2023,67(7):107-120.

[79] 邢福元. 基于物种多样性的叙词表概念稳定性研究[D]. 北京:中国科学技术信息研究所,2019.

[80] 邢福元,常春. 基于生态学视角的叙词表概念多样性研究[J]. 情报杂志,2018,37(11):186-191.

[81] 邢福元,常春. 基于生态学视角的叙词表概念稳定性研究[J]. 情报杂志,2019,38(7):146-150.

[82] 熊淑婷,覃思熠,杨明霞. 后疫情时代现象级主播的身体叙事研究——以刘畊宏健身直播为例[J]. 新闻前哨,2022,(24):31-33.

[83] 徐乘. 三门峡水库移民社会经济发展战略[M/OL].[2024-04-02]. 郑州:黄河水利出版社,2000. https://book.douban.com/subject/1607235/.

[84] 杨锦锋,梁先桂,王刘安,等. 基于Prompt策略的医疗对话生成[J]. 中文信息学报,2023,37(4):118-126.

[85] 杨婧. 基于物种稳定性的叙词表概念更新维护研究[D]. 北京:中国科学技术信息研究所,2017.

[86] 杨婧,常春. 基于生态位法则的概念稳定性研究[J]. 图书情报工作,2016,60(13):27-32.

[87] 杨婧,常春. 基于Logistic种群增长规律的概念词频变化研究[J]. 情报科学,2017,35(8):15-18.

[88] 杨鑫,陈涛. 基于BIBFRAME 2.0的侨批档案本体构建研究[J]. 图书馆杂志,2023,42(6):105-112.

[89] 俞君立. 中国文献分类法百年发展与展望[M]. 武汉:武汉大学出版社,2002:104-112.

[90] 袁旭,常春,朱明. 使用词汇共现方法构建叙词表相关关系[J]. 情报理论与实践,2014,37(2):127-130,102.

[91] 张冰,常春. 基于术语原形化的英文同义词群构建方法研究[J]. 情报杂志,2014,33(7):

171－175.

[92] 张海敏．汉英水文水资源词汇［M］．北京：科学出版社，1999．

[93] 张晓林．颠覆数字图书馆的大趋势［J］．中国图书馆学报，2011，37（5）：4－12．

[94] 张自然，何琳，范炜，等．信息组织［M］．北京：科学出版社，2023：5．

[95] 郑影，常春．基于 Lotka-Volterra 捕食者－猎物模型的概念间相关关系研究［J］．中华医学图书情报杂志，2022，31（12）：7－13．

[96] 郑影，常春．食物链能量流动递减视角下叙词表概念相关性研究［J］．中华医学图书情报杂志，2022，31（10）：48－55．

[97] 郑影．基于食物链的叙词表相关关系构建研究［D］．北京：中国科学技术信息研究所，2023．

[98] 中国标准化研究院．国民经济行业分类：GB/T 4754—2017［S］．北京：中国标准出版社，2017．

[99] 中国大百科全书总编委会．本体论．中国大百科全书［M］．2版，2册．北京：中国大百科全书出版社，2009：269．

[100] 中国大百科全书总编委会．人．中国大百科全书［M］．2版，18册．北京：中国大百科全书出版社，2009：349－350．

[101] 中国电力企业联合会．水电站基本术语：GB/T 40582—2021［S］．北京：中国标准出版社，2021．

[102] 中国机读目录格式 WH/T 0503－1996［EB/OL］．[2024－04－02]．https：//hbba. sacinfo. org. cn/stdDetail/0af17950d29518d84035e38cc476d93b．

[103] 中国科学技术信息研究所．汉语主题词表（工程技术卷）［M］．11册．北京：科学技术文献出版社，2014．

[104] 中国科学技术情报研究所．汉语主题词表自然科学（增订本）［M］．北京：科学技术文献出版社，1991．

[105] 中国人民大学哲学系逻辑教研室．逻辑学［M］．北京：中国人民大学出版社：9－20．

[106] 中国水利百科全书编辑委员会．中国水利百科全书［M］．北京：中国水利水电出版社，2006．

[107] 《中国图书馆图书分类法》编委会．中国分类主题词表［M］．北京：华艺出版社，1994．

[108] 中国知网［DB/OL］．[2024－07－08]．http：//www. cnki. net．

[109] 朱美华．关联数据时代的 BIBFRAME 2.0［J］．数字图书馆论坛，2018（3）：47－52．

[110] Agrontology［EB/OL］．[2024－04－02]．http：//aims. fao. org/agrovoc/agrontology．

[111] AGROVOC multilingual thesaurus［EB/OL］．[2024－04－02]．http：//aims. fao. org/standards/agrovoc/functionalities/search．

[112] BERNERS-LEE T. Artificial intelligence and the semantic web［EB/OL］．[2024－04－02]．http：//www. w3. org/2006/Talks/0718-aaai-tbl．

[113] BERNERS-LEE T, HENDLER J, LASSILA O. The semantic web［J］. Scientific American, 2001, 284(5)：28－37．

[114] CHANG C, LU W. Agricultural cross languages information retrieval schema based on multi-thesaurus mapping［C］//Computer and Computing Technologies in Agriculture Ⅱ, 2008, 1, New York：Springer, 2009：357－364．

[115] Classes［EB/OL］．[2024－04－02]．https：//www. w3. org/TR/owl-time/#classes．

[116] Codes for the representation of names of countries and their subdivisions—Part 2: Country subdivision code：ISO 3166－2：2020［S/OL］．[2024－04－02]．https：//www. iso. org/standard/72483. html．

[117] Engineering village thesaurus search [2024-04-02]. https://www.engineeringvillage.com/search/thesaurus.url.

[118] Gene ontology consortium [EB/OL]. [2024-03-28]. http://www.geneontology.org/.

[119] Individuals [EB/OL]. [2024-04-02]. https://www.w3.org/TR/owl-time/#Individuals.

[120] Information and documentation—The Dublin Core metadata element set—Part 1: Core elements: ISO 15836-1: 2017 [S/OL]. [2024-04-02]. https://www.iso.org/standard/71339.html.

[121] Information and documentation—Thesauri and interoperability with other vocabularies—Part 1: Thesauri for information retrieval: ISO 25964-1: 2011 [S/OL]. [2024-04-02]. https://www.iso.org/standard/53657.html.

[122] Information and documentation—Thesauri and interoperability with other vocabularies—Part 2: Interoperability with oth-er vocabularies: ISO 25964-2: 2013 [S/OL]. [2024-04-02]. https://www.iso.org/standard/53658.html.

[123] Information technology—Metadata registries (MDR)—Part 3: Metamodel for registry common facilities: ISO/IEC 11179-3: 2023 (en) [S/OL]. [2024-04-02]. https://www.iso.org/obp/ui/#iso: std: iso-iec: 11179: -3: ed-4: v1: en.

[124] Information technology—Universal coded character set (UCS): ISO/IEC 10646: 2020 [EB/OL]. [2024-04-02]. https://www.iso.org/standard/76835.html.

[125] JOUDREY D N, TAYLOR A G. The organization of information [M]. 4th ed. Westport, Conn: Libraries Unlimited, 2017.

[126] LIU J, WANG L, ZHANG L, et al. Predictive analytics for food glucose concentration: an empirical study using the tree-based ensemble approach [J]. Library Hi Tech, 2020, 38 (4): 835-858.

[127] MACARTHUR R. Fluctuations of animal populations, and a measure of community stability [J]. Ecology, 1955, 36 (3): 533-536.

[128] OWL 2 web ontology language conformance (Second Edition) [EB/OL]. [2024-04-02]. https://www.w3.org/TR/owl2-conformance/.

[129] Properties [EB/OL]. [2024-04-02]. https://www.w3.org/TR/owl-time/#properties.

[130] ProQuest [DB/OL]. [2024-04-02]. https://search.proquest.com/index.

[131] Protégé [EB/OL]. [22024-04-02]. https://protege.stanford.edu/.

[132] RDF current status [EB/OL]. [2024-04-02]. http://www.w3.org/standards/techs/rdf#w3c_all.

[133] Search: (ontology) WN all fields [EB/OL]. [2024-04-02]. https://www.engineeringvillage.com.

[134] SKOS simple knowledge organization system reference [EB/OL]. [2024-04-01]. https://www.w3.org/TR/skos-reference/.

[135] SpringerLink [DB/OL]. [2024-04-02]. https://link.springer.com/.

[136] Standards [EB/OL]. [2024-04-02]. http://www.w3.org/standards/.

[137] The organization ontology [EB/OL]. [2024-03-28]. http://www.w3.org/TR/2014/REC-vocab-org-20140116/.

[138] The unicode consortium [EB/OL]. [2024-04-02]. http://unicode.org/.

[139] Time ontology in OWL [EB/OL]. [2024-03-28]. https://www.w3.org/TR/2022/CRD-owl-time-20221115/.

[140] WANG L, WU T, GUO X, et al. Exploring mHealth monitoring service acceptance from a service characteristics perspective [J]. Electronic Commerce Research and Applications, 2018, 30: 159-168.

[141] Web of Science [DB/OL]. [2024-04-02]. http://isiknowledge.com.

[142] XML current status [EB/OL]. [2024-04-02]. http://www.w3.org/standards/techs/xml#w3c_all.

[143] ZENG M L, SALABA A. Toward an international sharing and use of subject authority data [EB/OL]. [2024-04-02]. http://www.oclc.org/research/events/frbr-workshop/presentations/zeng/zeng_salaba.ppt.